Uni-Taschenbücher 1535

Eine Arbeitsgemeinschaft der Verlage

Wilhelm Fink Verlag München
Gustav Fischer Verlag Stuttgart
Francke Verlag Tübingen
Paul Haupt Verlag Bern und Stuttgart
Dr. Alfred Hüthig Verlag Heidelberg
Leske Verlag + Budrich GmbH Opladen
J. C. B. Mohr (Paul Siebeck) Tübingen
R. v. Decker & C. F. Müller Verlagsgesellschaft m. b. H. Heidelberg
Quelle & Meyer Heidelberg · Wiesbaden
Ernst Reinhardt Verlag München und Basel
F. K. Schattauer Verlag Stuttgart · New York
Ferdinand Schöningh Verlag Paderborn · München · Wien · Zürich
Eugen Ulmer Verlag Stuttgart
Vandenhoeck & Ruprecht in Göttingen und Zürich

Wolfgang Tischler

Ökologie
der Lebensräume

Meer, Binnengewässer,
Naturlandschaften, Kulturlandschaft

91 Abbildungen und 2 Tabellen

Gustav Fischer Verlag · Stuttgart

Prof. Dr. **Wolfgang Tischler**, geb. 2.8. 1912 in Heidelberg, Emeritus Universität Kiel. Nach dem Studium der Naturwiss. in Kiel und Ithaca, N.Y. 1936 Promotion. 1936–1939 Assistent der Biol. Reichsanstalt für Land- und Forstwirtschaft, dann am Zool. Institut der Univ. Kiel. 1941 Habilitation und Dozent. 1949–1963 Lehr- und Forschungsauftrag für Phytopathologie an der Landw. Fakultät, 1957–1963 Leiter der Abteilung «Ökologie und Angewandte Biologie» an der Naturwiss. Fakultät. 1963 Berufung auf den ersten in Deutschland errichteten «Lehrstuhl für Ökologie» der Universität Kiel. Seit 1977 emeritiert.
Ehrenmitglied: Entomol. Ges. der Akademie der Wiss. der UdSSR, Ges. für Ökologie, Naturwiss. Verein für Schleswig-Holstein.
Buchveröffentlichungen: Grundzüge der terrestrischen Tierökologie. Vieweg, Braunschweig 1949 – Synökologie der Landtiere. Gustav Fischer, Stuttgart 1955 – Agrarökologie. Gustav Fischer, Jena 1965 – Grundriß der Humanparasitologie. Gustav Fischer, Jena, 1. Aufl. 1963, 3. Aufl. 1982 – Ökologie/Wörterbücher der Biologie. Gustav Fischer, Jena, 1. Aufl. 1975, 2. Aufl. (zus. mit M. Schaefer) 1983 – Einführung in die Ökologie. Gustav Fischer, Stuttgart, 1. Aufl. 1976, 3. Aufl. 1984 – Biologie der Kulturlandschaft. Gustav Fischer, Stuttgart 1980.
Arbeitsgebiete: Entomologie, Aut- und Synökologie mit Schwerpunkt Agrarökologie; über 100 wiss. Publikationen.
Anschrift: Lehrstuhl für Ökologie, Biologiezentrum der Universität, Am Botanischen Garten 1/9, D–2300 Kiel

CIP-Titelaufnahme der Deutschen Bibliothek

Tischler, Wolfgang:
Ökologie der Lebensräume : Meer, Binnengewässer,
Naturlandschaft, Kulturlandschaft / Wolfgang Tischler. –
Stuttgart : G. Fischer, 1990
　(UTB für Wissenschaft : Uni-Taschenbücher ; 1535)
　ISBN 3-437-20439-4
NE: UTB für Wissenschaft / Uni-Taschenbücher

© Gustav Fischer Verlag · Stuttgart · 1990
Wollgrasweg 49, D-7000 Stuttgart 70
Das Werk einschließlich aller seiner Teile ist urheberrechtlich geschützt. Jede Verwertung außerhalb der engen Grenzen des Urheberrechtsgesetzes ist ohne Zustimmung des Verlages unzulässig und strafbar. Das gilt insbesondere für Vervielfältigungen, Übersetzungen, Mikroverfilmungen und die Einspeicherung und Verarbeitung in elektronischen Systemen.
Gesetzt in der 9/10p Sabon auf LTC 300
Gesamtherstellung: Graph. Großbetrieb Friedrich Pustet, Regensburg
Umschlaggestaltung: Alfred Krugmann, Stuttgart
Printed in Germany

Charles Elton
dessen 1927 erschienene «Animal Ecology»
eine neue Ära der Ökologie einleitete.

Vorwort

Es gibt nunmehr auch in deutscher Sprache eine ganze Anzahl von Büchern verschiedenen Umfangs über «Allgemeine Ökologie», die jedem Interessenten eine reiche Auswahl ermöglichen. Daher griff ich den Vorschlag meines Kieler Kollegen Prof. Dr. Hubert Pschorn-Walcher auf, den zweiten Teil der 3. Auflage meiner «Einführung in die Ökologie», der die Lebensräume der Erde behandelt, in erweiterter Form neu zu bearbeiten und als Taschenbuch herauszubringen. Hier besteht nämlich eine ausgesprochene Lücke im Schrifttum, zum mindesten aus der Hand eines einzigen Autors.

Ich hatte das Glück, in die alte Kieler Tradition der Ökologie hineingewachsen zu sein, die mit Karl Möbius, Friedrich Dahl, Karl Brandt und Viktor Hensen verknüpft ist und von bedeutenden Forschern wie meinen Lehrern Adolf Remane und August Thienemann fortgeführt wurde. Dazu kamen die Anregungen des Ökologen James G. Needham, die ich in einem Studienjahr an der Cornell Universität in den USA erhielt. So wurde ich mit mariner, limnischer und terrestrischer Ökologie vertraut. Später habe ich auch ihre angewandte Seite in drei Forschungsjahren an der «Biologischen Reichsanstalt für Land- und Forstwirtschaft» kennengelernt.

Nun ist ein eigenständiges und abgerundetes Buch gleichsam über die «Spezielle Ökologie» entstanden, in die ich noch vieles zufügen konnte, das der «Einführung» fehlte. Außer neuen Tatsachen im gesamten Text enthält das Buch jetzt besondere Abschnitte z. B. über Thermalquellen am Tiefseeboden, Röhricht, Kleingewässer in Wäldern, Nadelwälder im Areal des Sommergrünen Laubwaldes, Trockenrasen und Heiden, Subantarktische Inseln und Antarktis. Am stärksten wurden Agrar- und Stadtlandschaft umgearbeitet, die stets Schwerpunkte eigener Forschung gewesen sind. Durch geänderte Anordnung der Kapitel, straffere Gliederung, größere Übersichtlichkeit und durch Vermehrung der Abbildungen konnte der Stoff auch didaktisch verbessert werden.

Die umfangreiche Bibliographie ist nicht nur zum Nachschlagen für an speziellen Fragen Interessierte gedacht. Viele Literaturangaben haben zugleich historischen Dokumentationswert, der heute zu Unrecht oft vernachlässigt wird. Das auf anderen Gebieten der Biologie meist schnelle Veralten des Wissens trifft für die Synökologie nicht zu. Im Gegenteil, hier liegt ein Bereich vor, in dem erst durch Jahrzehnte gesammelte Bausteine ein immer vollständigeres Bild ergeben können. Zudem gewinnt scheinbar Veraltetes unter anderem Aspekt neue Bedeutung.

Zur Änderung lange eingebürgerter Namen von Ordnungen oder Familien der Pflanzen, die jetzt nach einem typischen Gattungsvertreter benannt werden, konnte ich mich nicht entschließen. Daher habe ich die Bezeichnungen Leguminosen für Fabales, Umbelliferen für Apiaceae (Doldenblütler), Cruciferen für Brassicaceae (Kreuzblütler), Compositen für Asteraceae (Korbblütler), Gramineen für Poaceae (Gräser) bewußt beibehalten.

Im Gegensatz zur üblichen Handhabung erschien es mir sinnvoller, anstelle der Bezeichnungen Phyto-, Zoo-, und Sapro*phagie* oder Herbi-, Carno- und Sapro*vorie* die Ausdrücke Phyto-, Zoo- und Sapro*trophie* zu verwenden, wenn es sich um Organismen handelt, die sich von grünen Pflanzen, von Tieren oder von totem organischen (meist Mikroflora enthaltenden) Material ernähren. «Phagein» heißt fressen, «vorein» verschlingen; beides kann sich nur auf Tiere beziehen. Dagegen paßt «trophein» (sich ernähren) für alle Organismen (wie es ja auch durch die Begriffe Auto- und Heterotrophie zum Ausdruck kommt). Rostpilze und Blattkäfer sind gleicherweise phytotroph, Sonnentau *(Drosera)* und Raubtiere zootroph, viele Bodenbakterien und die Regenwürmer saprotroph.

Für manchen Leser mag durch die Fülle der als Beispiele angeführten Arten die Lektüre des Buches manchmal etwas mühsam erscheinen. Die wesentlichen Prinzipien lassen sich aber auch von denjenigen leicht erfassen, die weniger mit den vielen Namen vertraut sind, obwohl möglichst große Artenkenntnis eine Grundlage zum Verständnis ökologischer Vorgänge in der freien Natur bleibt.

Mein besonderer Dank gilt den Herren Verlegern Bernd von Breitenbuch und Dr. Wulf von Lucius für ihr Eingehen auf den Druck des Buches, ihr Interesse an meiner Arbeit und ihr in jeder Hinsicht großes Entgegenkommen. Die Mitarbeiter des Verlages seien in den Dank eingeschlossen. Frau Dorothea Olimart danke ich für die gezeichneten Abbildungen und für mannigfache sonstige Hilfe.

Kiel, im Frühjahr 1989 *Wolfgang Tischler*

Inhalt

Einleitung		1
1	Meer	6
1.1	Das Meer als ökologische Einheit	6
1.1.1	Lebensbereiche	7
1.1.2	Vertikalzonierung	8
1.1.3	Funktionelle Aspekte	12
1.2	Region des Kontinentalschelfs (Flachmeer)	16
1.2.1	Bereich der Großpflanzen (Phytal)	16
1.2.2	Verknüpfung von freiem Wasser und Meeresgrund	17
1.2.3	Verschmutzungen	20
1.3	Korallenriffe	21
1.3.1	Stoffkreislauf	23
1.3.2	Biozönotischer Konnex	24
1.4	Ozeanische Region	27
1.4.1	Oberer Bereich	27
1.4.2	Tiefsee	29
2	Brackgewässer	35
2.1	Lebensbedingungen und Lebensansprüche	36
2.2	Ökologische Besonderheiten	39
2.3	Relativität der Biotopbindung	40
3	Meeresküsten	44
3.1	Besonderheiten der ökologischen Grenze Meer – Land	44
3.2	Felsküsten	47
3.2.1	Eulitoral	47
3.2.2	Übergangsbiotope	50
3.2.3	Supralitoral	51
3.3	Sandstrand und Küstendünen	53
3.3.1	Verzahnung von Meer und Land	53
3.3.2	Zone des Strandanwurfs	57
3.3.3	Trockener Innenstrand und Dünen	60
3.4	Marschküsten	64
3.4.1	Watt	64
3.4.2	Salzwiesen	68
3.5	Mangroven	72
3.5.1	Anpassungen der Pflanzen	73

X Inhalt

3.5.2	Anpassungen der Tiere	75
3.5.3	Verzahnung und Dynamik im Ökosystem	76

4	**Binnengewässer**	**79**
4.1	Besonderheiten des Süßwassers	79
4.2	Grundwasser	81
4.3	Höhlen	83
4.4	Quellen	86
4.5	Fließgewässer	88
4.5.1	Bergbach und Tieflandfluß	90
4.5.2	Flußufer	92
4.6	Stehende Gewässer	95
4.6.1	Seen	95
4.6.2	Seeufer	101
4.6.3	Kleinere stehende Gewässer	104
4.7	Anthropogene Einflüsse	105
4.7.1	Einsetzen anderer Arten	105
4.7.2	Verschmutzung und Abwasserreinigung	106

5	**Sumpflandschaften**	**110**
5.1	Röhricht	110
5.2	Flachmoor	113
5.3	Bruchwald	114
5.4	Auenwald	115
5.5	Sumpfzypressen-Wald	116
5.6	Hochmoor	117

6	**Wälder**	**122**
6.1	Tropische Regenwälder (Hylaea)	123
6.1.1	Strukturierung	125
6.1.2	Charakteristische Züge der Lebewelt	128
6.1.3	Artenreichtum und Individuenarmut	131
6.1.4	Stoffumsatz	133
6.1.5	Jahresperiodik	136
6.1.6	Auswirkungen von Eingriffen des Menschen	137
6.2	Hydroperiodische Tropenwälder (Semihylaea)	138
6.3	Temperierte Regenwälder (Pseudohylaea)	140
6.4	Hartlaubwälder (Skleraea)	141
6.5	Sommergrüne Laubwälder (Silvaea)	145
6.5.1	Lebensbedingungen und Stoffkreislauf	146
6.5.2	Lebensvorgänge	149

6.5.3	Teilsysteme	154
6.5.4	Nadelwälder im Silvaeabereich	158
6.5.5	Anthropogene Einflüsse	162
6.6	Boreale Nadelwälder (Taiga)	164
6.6.1	Waldverjüngung	167
6.6.2	Besonderheiten der Lebewelt	168
7	**Offene Trockenlandschaften**	173
7.1	Wüsten und Halbwüsten	173
7.1.1	Lebensbedingungen	173
7.1.2	Überlebensstrategien	175
7.1.3	Biozönotische Konnexe	186
7.1.4	Oasen und Flüsse, Einsprengsel in Wüsten	188
7.1.5	Halbwüsten der gemäßigten Zone	188
7.2	Savannen	190
7.2.1	Wirkung von Feuer	190
7.2.2	Lebensformen der Pflanzen	191
7.2.3	Besonderheiten der Tierwelt	194
7.3	Steppen	201
7.3.1	Lebensbedingungen	202
7.3.2	Ursprüngliche Steppen als Restlandschaften	203
7.3.3	Umwandlung der Steppe in Weideland und Getreidefelder	206
7.4	Trockenrasen und Heiden	209
7.4.1	Kalk-Trockenrasen	209
7.4.2	Sand-Trockenrasen	211
7.4.3	Zwergstrauchheiden	212
8	**Offene Kältelandschaften**	214
8.1	Arktische Tundra	214
8.1.1	Lebensbedingungen	215
8.1.2	Landschaftsgliederung	216
8.1.3	Besonderheit der Lebewelt	218
8.1.4	Tages- und Jahresrhythmik	220
8.1.5	Dynamik, Stoffkreislauf, Produktion	223
8.1.6	Menschen	227
8.2	Hochgebirge	227
8.2.1	Geographische Unterschiede	228
8.2.2	Klima und Boden	229
8.2.3	Zonierung	231
8.2.4	Anpassungen der Pflanzen	235

8.2.5	Tierwelt	236
8.2.6	Menschen	238
8.3	Subantarktische Inseln	238
8.4	Antarktis	239

9 Agrarlandschaft 243

9.1	Domestikation von Tieren und Pflanzen	243
9.2	Allgemeine Aspekte der Landwirtschaft	245
9.2.1	Veränderungen der Landschaft	245
9.2.2	Probleme tropischer Landwirtschaft	247
9.2.3	Intensität der Landwirtschaft	248
9.3	Herkunft der Agrar-Organismen in der gemäßigten Zone	251
9.3.1	Pflanzen	251
9.3.2	Tiere	252
9.4	Umstellung auf neue Wirte	253
9.4.1	Übergang von Phytotrophen auf Kulturpflanzen	253
9.4.2	Entstehung spezifischer Humanparasiten	256
9.4.3	Tiere als ständiges Reservoir von Humanparasiten	257
9.5	Grünland und Felder	257
9.5.1	Grundbestand der Lebewelt	257
9.5.2	Wiesen und Weiden	265
9.5.3	Felder	269
9.6	Hecken, Gehölze, Obstanlagen, Bäume an Landstraßen	273
9.6.1	Heckennetz	274
9.6.2	Feldraine	278
9.6.3	Feldgehölze	280
9.6.4	Obstanlagen	281

10 Urbanlandschaft 282

10.1	Kulturfolger und Synanthrope	282
10.2	Die Stadt, ein Mosaik von Lebensräumen	286
10.3	Grünflächen (Gärten, Parks)	289
10.4	Ruderalgelände, Brachflächen, Mülldeponien	291
10.5	Häuser- und Straßenbereich	293
10.6	Mensch und Stadt	297
10.7	Ökologische Gesetzmäßigkeiten	298

Ausklang 301

Literatur 303

Register 345

> Nature cannot be understood
> by pretending that it is simple.
>
> *Charles Elton*

Einleitung

Stets werden sich die Menschen in ihren Ansichten über die Natur unterscheiden. Dies beginnt schon mit der Frage «Was ist Leben?» Nach dem Physiker Erwin Schrödinger [570] ist Leben «Ordnung aus Ordnung» im Gegensatz zur anorganischen Welt mit ihrer «Ordnung aus Unordnung». Der Biologe definiert Leben als Fähigkeit zu Stoffwechsel, Reizbarkeit, Verwertung von Information, Regelvorgängen, Selbstreproduktion und erblichem Wandel. Der indianische Naturbeobachter Crowfoot bedient sich der Sprache des Bildes als pars pro toto, indem er sagt «Leben ist das Aufblitzen eines Leuchtkäfers in der Nacht. Es ist der Atem eines Büffels im Winter. Es ist der kleine Schatten, der über das Gras läuft und sich bei Sonnenuntergang verliert» [418].

Alle Antworten enthalten Wahrheiten, jedoch aus unterschiedlicher Sicht. Der Biologe Bogen [53] meint daher: «Leben ist dadurch charakterisiert, das es sich jeder umfassenden Definition entzieht». Die Naturwissenschaft kann die Rätselhaftigkeit und Mehrdeutigkeit der Welt und des Lebens nicht beseitigen. Vieles läßt sich nur nachvollziehen, doch nicht kausal begründen. Grundlage der Biologie wird daher immer die natur*historische* Betrachtung bleiben, die auf Beobachtung und Vergleichen beruht. Selbstverständlich sind quantitative Untersuchungen und Experimente auch in der ökologischen Forschung notwendig. Doch dürfen Qualitäten, Bewertungen und Sinnfragen nicht ausgeklammert werden [696].

«Wir müssen unsere eigenen Vorstellungen über Wertmaßstäbe der Umwelt ablegen und uns statt dessen auf das konzentrieren, was die Organismen wahrnehmen, indem wir versuchen, die Struktur der Umwelt durch deren Sinne zu sehen. Dies war in der alten Naturgeschichte der Fall, und in dem stürmischen Drang wissenschaftlich anerkannt zu werden (d. h. quantitativ und abstrakt), haben wir oft die Pflanzen und Tiere hinter uns gelassen» [769].

Die Welt ist aus Systemen aufgebaut. Unter System versteht man einen Komplex von Komponenten, die in einem strukturierten Gefüge in gesetzmäßigen Beziehungen zueinander stehen. Jeder Systemteil übt eine Funktion im Ganzen aus. Die Gesamtfunktion ergibt eine neue Qualität, die mehr ist als die Summe der Teile. Qualitäten bestimmen den Informationsgehalt, die Ordnung eines Systems.

Im Bereich der biologischen Systeme gibt es zwei verschiedene Ordnungstypen [510]. Die **programmierte Ordnung** umfaßt die räumlich und zeitlich eindeutig definierten Organismen. Diese treten als Individuen der Einzeller, Vielzeller (Zellstaaten) und als Individualitäten höheren Ranges auf.

Zu den letztgenannten gehören Zellaggregate der Schleimbakterien (Myxobacteriales) und Schleimpilze (Myxomycetes); höhere Pflanzen, die sich nach vegetativer Vermehrung nicht in Einzelindividuen trennen; Tierstöcke und Insektenstaaten.

Die **ökologische Ordnung** besteht aus Konnexen von Arten, die in ihrer Zusammensetzung keinem «Bauplan» unterliegen und daher in ihrer Zugehörigkeit zu anderen Systemen austauschbar sind. Beziehungen untereinander verknüpfen die Arten zu Lebensgemeinschaften (Biozönosen), Beziehungen mit der unbelebten Umwelt integrieren das ganze Gefüge zu Ökosystemen. Diese sind gleichsam Lebensmuster als Ergebnis historischer Vorgänge, oft geprägt durch Zufälligkeit von Begegnungen sowie Zusammentreffen mit neuen Situationen. Die Muster unterliegen ständigen Veränderungen, für die nicht nur die Variabilität der Umwelt, sondern auch der genetische Polymorphismus der Arten verantwortlich ist. Die Funktion des Ganzen wird nicht wie bei der

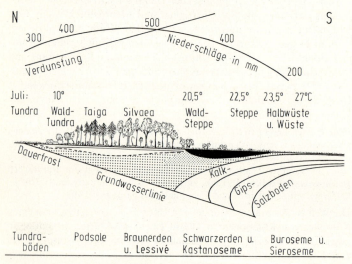

Abb. 1.1: Profil durch die Großlandschaften des europäischen Teils der UdSSR von Norden nach Süden (etw. veränd. aus Kaškarov 1944).

Ordnung in einem Organismus durch Koordination der Komponenten, sondern durch Antagonismus oder Kooperation der Arten gewährleistet [164].

Landschaftsökologie betrifft in erster Linie die komplexen Wirk- und Abhängigkeitsgefüge in den verschiedenartigen Lebensräumen (Biotopen) sowie die Einpassung der Organismen an deren besondere Bedingungen und ihre Funktionen im jeweiligen Ökosystem [709].

Einteilungen der Großlebensräume werden für Meer, Süßwasser und Land nach unterschiedlichen Prinzipien vorgenommen. Im Meer spielen Wassertiefe, Untergrund und Küstennähe eine maßgebliche Rolle. An Meeresküsten ist das Substrat entscheidend, im Süßwasser sind es Strömung, Größe und Tiefe des Wasserkörpers sowie die umgebende Landschaft. Auf dem Lande unterscheidet man Großlebensräume nach der Physiognomie der vorherrschenden Vegetation, die mit dem Klima zusammenhängt (Abb. 1.1 u. 1.2).

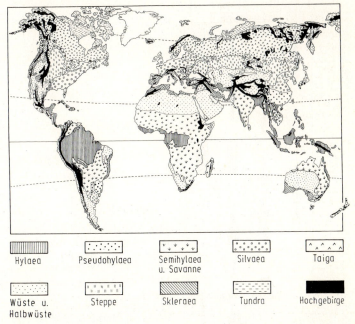

Abb. 1.2: Übersichten über die Großlandschaften der Erde (veränd. nach Walter 1977).

Manche Landschaften bilden **Zonationskomplexe**. Beispiele: (1) Sandstrand, Weißdünen, Graudünen; (2) Schlickwatt, Salzwiese, Süßgraswiese; (3) Röhricht, Flachmoor, Bruchwald. Häufig gibt es **Einsprengsel andersartiger Natur,** etwa Thermalquellen in der Tiefsee, Hochkuppen im Ozean, Oasen in der Wüste, Galeriewälder in der Savanne, Hochmoore in verschiedenen Landschaften.

Die Bindung oder Entfaltung einer Art bezüglich bestimmter Typen von Lebensräumen hat oft nur geographisch beschränkte Geltung. Organismen mit weitem Verbreitungsareal leben in ihrem optimalen Bereich häufig in unterschiedlichen Biotopen. In für sie suboptimalen Gebieten finden sie ihre Lebensansprüche nur noch in ganz bestimmten Landschaften erfüllt. So kommt es dann zu einem Wechsel in der Wahl oder Bevorzugung eines Lebensraums in verschiedenen Zonen ihrer Verbreitung, ohne daß sich die Reaktionsnorm der Art geändert hat. Manche erscheinen z. B. dadurch in ihrem nördlichen Areal mehr xerophil, im südlichen dagegen hygrophil (Abb. 1.3) [614a].

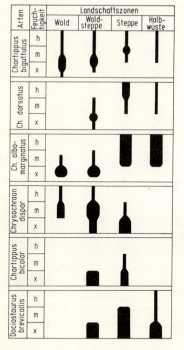

Abb. 1.3: Transzonaler Wechsel der Bevorzugung bestimmter Landschaften, am Beispiel von Heuschrecken Westsibiriens und Kasachstans (veränd. nach Stebaev 1974).
h = hygrophil, feuchteliebend, **m** = mesophil, mittlere Feuchte bevorzugend, **x** = xerophil, Trockenheit liebend.

Zu den ältesten Lebensräumen gehören Meer, Brack- und Süßgewässer, Küsten, Sumpflandschaften und Tropenwälder. Später entstanden Savannen und Hochgebirgstundren. Noch jüngeren Datums sind Wälder der gemäßigten Zonen, Steppen und arktische Tundren. Erst durch den Menschen ist die Kulturlandschaft (Anthropogaea) entstanden, die im engeren Sinne Agrar- und Urbanlandschaft umfaßt.

Erste Landpflanzen waren Psilophyten, die sich von Grünalgen des Süßwassers ableiten. Sie wurden vor über 400 Millionen Jahren Pioniere von Sumpfland. Auch die Wirbeltiere eroberten mit Vorläufern der Amphibien, den Ichthyostegalia, das Festland vom Süßwasser aus. Den verschiedenen Gruppen der Arthropoden gelang das Landleben über das Milieu des feuchten Bodens durch parallele Anpassungen vor allem in Integument, Atmung, Exkretion und Fortpflanzung [232]. Von anderen Tierstämmen konnten nur Vertreter der Protozoen, Würmer und Schnecken das Land besiedeln, wobei die beiden ersten Gruppen, soweit sie nicht Parasiten wurden, im wesentlichen auf feuchte Böden beschränkt blieben.

1 Meer

1.1 Das Meer als ökologische Einheit

Das Weltmeer bedeckt fast 71% der Erdoberfläche, doch ist seine gesamte Netto-Primärproduktion nur halb so groß wie die des Festlands. Als größtes zusammenhängendes Ökosystem bildet es trotz klimatischer und Ernährungs-Varianten ein funktionelles Ganzes [648, 650]. Durch Meeresströmungen stehen nicht nur die verschiedenen horizontalen und vertikalen Bereiche des freien Wassers (Pelagial) miteinander in Beziehung. Sie verknüpfen auch den Untergrund (Benthal) mit dem darüber befindlichen Wasser zu einer biologischen Einheit.

Die Strömungen sind durch Wind, Austauschprozesse zwischen Wasser und Luft, unterschiedliche Temperatur und Dichte verschiedener Wasserkörper bedingt. So entstehen Oberflächen-, Zwischen-, Tiefen- und Bodenströmungen. Ihre Richtung hängt letztlich von der Erdumdrehung, der Form der Kontinente, den untermeerischen Schwellen und der Gezeitenwirkung ab (Abb. 1.4).

Freies Meerwasser hat einen durchschnittlichen Salzgehalt von 3,5%. NaCl ist mit etwa 28 g im Liter das wichtigste Salz. Nach der Menge an gelösten Stoffen im Meer stehen Chlorid-Ionen mit 55% an erster,

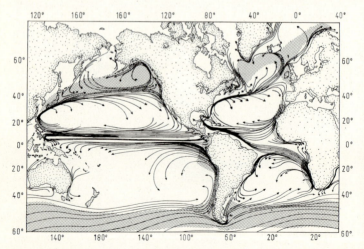

Abb. 1.4: Die wichtigsten Strömungen und Produktionsgebiete im Meer (komb. nach Clarke 1954 u. Lieth 1964/65).

Natrium-Ionen mit etwas über 30,6% an zweiter Stelle. Relativ reichlich kommen Sulfat-Ionen, Magnesium, Kalzium und Kalium vor. Das Innenmedium der meisten wirbellosen Meerestiere ist weitgehend der Konzentration des Meerwassers angepaßt.

1.1.1 Lebensbereiche

Nach dem Leben im freien Wasser und den Grenzzonen zwischen diesem und anderen Medien heben sich drei Bereiche (Endung -al) mit besonderen Lebensformgruppen (-on und -os) heraus.

Pleustal. Die auf der Wasseroberfläche treibenden Arten, z. B. Algen, einige Siphonophoren *(Velella, Porpita, Physalia)* und Schnecken *(Glaucus, Janthina)* gehören zum **Pleuston**. Die einzigen Insekten, die auf dem ruhigen Wasserspiegel tropischer Meere leben, sind Wanzen der Gattung *Halobates* (Gerridae). Sie legen ihre Eier an treibende Algen, an Schalen der *Janthina*-Schnecken und an Schwanzfedern von Seevögeln [93]. Die kleinen in und etwas unter der «Oberflächenhaut» des Wassers vorkommenden Bakterien, Pilze, Diatomeen, Protozoen, Kleinkrebse, Eier und Larven von Fischen faßt man als **Neuston** zusammen [271]. In diesem Bereich ist die Konzentration gelöster organischer Stoffe besonders hoch.

Pelagial. Nach dem Bewegungsmodus unterscheidet man im freien Wasser **Plankton,** pflanzliche und tierische Organismen ohne oder mit geringer Eigenbewegung (meist kleine, aber auch einige größere Arten

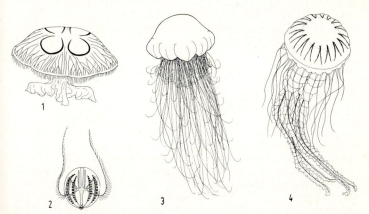

Abb. 1.5: Bewohner des Pelagial: Quallen als Vertreter des Großplanktons (nach Tischler, aus Brohmer / Schaefer 1988).

wie Quallen (Abb. 1.5)), während zum **Nekton** von Strömungen wenig beeinflußte Großtiere zählen, wie Fische, Tintenfische (Cephalopoda), Meeresreptilien, Meeressäuger.

Benthal. Je nach der Substratbeschaffenheit des Meeresgrundes heißen die Bewohner des Felsbodens Lithion, die des Sandes Psammon und die des Schlicks Pelos. Alle zusammen bilden das **Benthos.**

Zusätzlich dient die Vorsilbe Epi- oder Endo- dazu, um den Aufenthalt auf oder im Substrat zu kennzeichnen. Zum Endolithion gehören z. B. Bohrmuscheln und Bohrschwämme, zum Epilithion viele Großalgen, Aktinien, Seepocken und Schnecken. Charakterarten des Endopsammon sind der Wattwurm *(Arenicola)*, aber auch Herzigel *(Echinocardium)* und Klaffmuschel *(Mya)*. Als Vertreter des Epipsammon seien Strandkrabbe *(Carcinus)*, Kammstern *(Astropecten)* und Gründlinge *(Gobiidae)* genannt. Typisch für Endopelos sind Schlickkrebse *(Corophium)* oder der Borstenwurm *Nereis diversicolor,* für Epipelos der Schlangenstern *Amphiura filiformis* und die Wattschnecke *Hydrobia ulvae* (Abb. 1.6) [73 a].

Im Schelfbereich wird das Benthal (dort als Litoral bezeichnet) in die Gezeitenzone (Eulitoral) und das ständig vom Wasser bedeckte Sublitoral unterteilt. Im ozeanischen Bereich gliedert man meist das Benthal noch in Archibenthal und Abyssal (Abb. 1.7).

1.1.2 Vertikalzonierung

Nur in der obersten, stärker **durchleuchteten Zone** ist Photosynthese möglich. In den höheren Breiten dringt genügend Licht im allgemeinen nicht tiefer als 30–50 m, in den niederen Breiten mit transparenterem Wasser bis etwa 100 m. Selbst im klarsten Ozeanwasser ist in 140 m nur noch 1% der an der Oberfläche gemessenen Lichtmenge vorhan-

---

Abb. 1.6: Bewohner des Benthal: **1–9** in oder auf Hartsubstrat, **10–20** in oder auf Weichsubstrat (Sand, Schlick) (nach Schaefer u. Tischler aus Brohmer / Schaefer 1988).

1: Bohrgänge des Borstenwurms *Polydora ciliata* im Kalkstein; **2:** Borstenwurm *Spirorbis spirorbis* auf *Fucus*-Braunalge; **3:** Bryozoe *Membranipora membranacea* auf *Laminaria*-Braunalge; **4:** Purpurschnecke *Nucella lapillus;* **5:** Seenelke *Metridium senile;* **6:** Seerose *Tealia felina;* **7:** Seepocke *Balanus balanoides;* **8:** Strandschnecke *Littorina obtusata;* **9:** *L. saxatilis;* **10:** Wattwurm *Arenicola marina;* **11:** Herzmuschel *Cerastoderma edule;* **12:** Klaffmuschel *Mya arenaria;* **13:** Borstenwurm *Sabellaria spinulosa;* **14:** junge Strandkrabbe *Carcinus maenas;* **15:** Kammstern *Astropecten irregularis;* **16:** Borstenwurm *Nereis;* **17:** Borstenwurm *Lepidonotus squamatus;* **18:** Wattschnecke *Hydrobia ulvae;* **19:** Plattmuschel *Macoma baltica;* **20:** Schlangenstern *Ophiura albida.*

1.1 Das Meer als ökologische Einheit

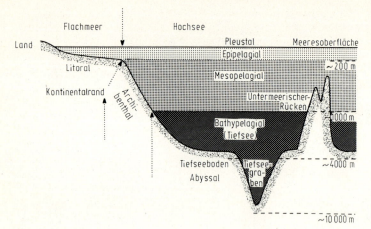

Abb. 1.7: Lebensbereiche des Meeres (etw. veränd. nach Tait 1971).

den. Bereits in der durchleuchteten Schicht nehmen auch Temperatur und Sauerstoff zur Tiefe hin ab.

Die darunter liegende **Dämmerungszone**, deren schwaches blaues Licht für die Photosynthese gewöhnlich nicht mehr ausreicht, geht im Küstenbereich bis zum Meeresgrund, in der Hochsee höchstens 800–1000 m nach unten. Bei den Bahamas fand man allerdings in 270 m Tiefe noch bestimmte Rotalgen, die bei nur 0,0005 % des oben einfallenden Lichts assimilieren können.

Der Untergrund in der Tiefe des Archibenthals besteht vorwiegend aus Sediment, doch kommt an steilen Partien des Kontinentalhangs auch Hartsubstrat vor. Die Makrofauna des Untergrundes nimmt schon bei Tiefen über 250 m beträchtlich ab, während die Mesofauna zunimmt. Letztere ist im wesentlichen eine verarmte Tierwelt des litoralen Weichbodens. Von Metazoen besteht der größte Teil aus Nematoden [670].

In die **Dunkelzone** unterhalb 1000 m dringt kein Licht mehr von oben, doch haben viele Tiere Leuchtvermögen. Am Grund (Abyssal) in Tiefen von 3000–6000 m lagern sich weiche Sedimente aus Resten von Planktern, Kotbällchen, Staub und Ton ab. Sie können von Würmern (Echiurida, Enteropneusta, Sipunculida, Nematoda) wie ein Mullboden auf dem Land durchlöchert und besiedelt sein. Gerade Sedimentfresser, zu denen auch Seegurken und einige andere Echinodermen gehören, geben dem Meeresboden der eutrophen Randzonen und äquatorialer Bereiche der Ozeane ein charakteristisches Gepräge. In den zentraler gelegenen, oligotrophen Tiefseeböden herrschen mehr Suspensionsfresser vor (Schwämme, Hohltiere, Muscheln) [606]. Tiefseegräben (Hadal), in denen Bakterien und Tiere leben, reichen bis 11 000 m nach unten.

Vertikalwanderungen. Viele Zooplankter und Arten des Nekton (unter ihnen Cephalopoden und manche kleinere Fische) konzentrieren sich nachts im Oberflächenwasser. Am Tage halten sie sich in tieferen Schichten auf, im Küstengebiet oft in Nähe des Meeresbodens. Wichtigster Auslöser für regelmäßige, im einzelnen artspezifische Auf- und Abwärtsbewegungen ist das Licht. Der Aufstieg der Plankter beginnt vor Sonnenuntergang und zieht sich über die Dämmerungsperiode hinaus. In der Nacht verteilen sich die Tiere zur Nahrungssuche in einem weiten Bereich, konzentrieren sich aber am Morgen wieder mehr in der obersten Schicht, ehe sie allmählich in die Tiefe absinken. Im Vergleich zum Licht haben sich Temperatur, Turbulenzen und Sauerstoff-Schichtung als zweitrangig erwiesen. Tiere mit derartigen Migrationen ernähren sich hauptsächlich von Phytoplanktern. Auf jeden Fall ist ein tagesperiodisch gesteuerter Ortswechsel für die Ernährung und zur Vermeidung des Zusammentreffens mit den vielen tagaktiven, potentiellen Feinden vorteilhaft (Abb. 1.8).

In der ozeanischen Region steigen abends auch Siphonophoren, größere Fische und Krebse noch aus Tiefen von 750 m in die oberen Wasserschichten, nehmen nachts die dort reichlicher vorhandene Nahrung auf und kehren in der Morgendämmerung nach unten zurück. Andere Tiere verschieben ihren Aktivitätsbereich innerhalb bestimmter Tiefenzonen. Auf diese Weise werden mit den Kotballen solcher Arten, die ihre Nahrungsbereiche wechseln, ständig organische Stoffe schneller in

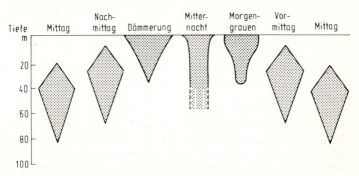

Abb. 1.8: Schema der Vertikalwanderungen vieler Zooplankter im Meer (nach Tait 1971).

die Tiefe gebracht, als wenn sie von selbst nach unten sinken würden [207].

Durch Vertikalwanderungen müssen unter Umständen in kurzer Zeit beträchtliche Unterschiede der Temperatur ertragen werden. Bei manchen pelagischen Fischen – ein Beispiel dafür ist der Schwertfisch *(Xiphias gladius)* – wurde unterhalb des Gehirns ein Organ festgestellt, dessen braunes, stark durchblutetes Gewebe einen Augenmuskel umgibt. Eine derart eingebaute «Heizung» kann Augen und Gehirn beim Schwertfisch um 10–14 °C wärmer erhalten als das umgebende Tiefenwasser. Sie verhindert eine zu schnelle Abkühlung des Zentralnervensystems, durch die das Reaktionsvermögen des Fisches vermindert würde [83].

1.1.3 Funktionelle Aspekte

Im Meer gedeihen an pflanzlichen Organismen außer den Großalgen und einigen Phanerogamen der Küstenregion und den in der ozeanischen Region treibenden Algen der Sargassosee (von rund 8,5 Mill. km^2) vor allem die in der durchleuchteten Wasserschicht lebenden Phytoplankter. Es sind in erster Linie Peridineen (Dinoflagellaten) und Diatomeen (Kieselalgen). Außerdem kommen Cyanobakterien, Coccolithinen, Silicoflagellaten und Vertreter anderer Gruppen vor. Solche Arten mit einem Durchmesser unter 20 µm werden vom feinmaschigen Planktonnetz nicht erfaßt. Sie bilden das Nanoplankton (20 bis 2 µm) und das Picoplankton (2 bis 0,2 µm), die für die Photosynthese im Meer äußerst wichtig sind [484, 179a]. Zu dem erst spät entdeckten Picoplankton gehören im wesentlichen prokaryotische Protochlorophyta von 0,6 bis 0,8 µm Größe. Sie leben vorwiegend in der unteren, 80–150 m tiefen euphotischen Zone, oft in Dichten bis zu 10^5 Individuen im Milliliter.

Über 70% der Phytoplankter werden von Primärkonsumenten, vor allem Zooplanktern, sogleich verzehrt. Der Rest sinkt, zuweilen flockig als Aggregate, mit Partikeln abgestorbener Großalgen, Tierresten und Kotballen aus den oberen Wasserschichten nach unten. Auf diesem Weg dienen die organischen Substanzen im freien Wasser und auf dem Meeresgrund den verschiedenen Tieren zur Nahrung. Unter ihnen befinden sich Suspensionsfresser (Strudler, Filtrierer) und Substratfresser. Von gelöstem organischen Material (Proteine, Polysaccharide, Fettsäuren) ernähren sich außerdem die heterotrophen Bakterien. Es wird auch durch sie wieder in die Nahrungsketten eingefügt [596]. Für Phytosynthate (zwischen 10–50% der Primärproduktion) und andere gelöste Stoffe ergeben sich im Tiefenwasser des Ozeans Konzentrationen von 1 mg/l [321]. Aktlinien können sogar selektiv Aminosäuren aufnehmen.

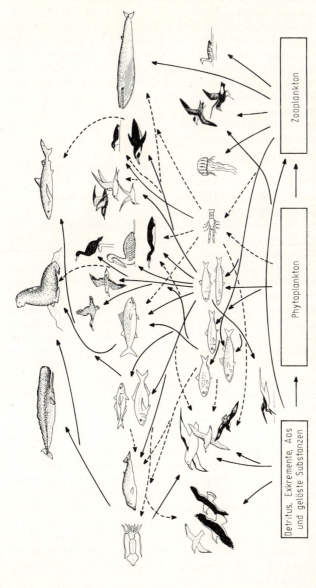

Abb. 1.9: Nahrungsnetz der Makrofauna im Pelagial des Humboldtstroms (nach H. W. Koepcke 1956). → Beziehung nachgewiesen, ⇢ Beziehung vermutet

Schließlich werden alle Stoffe durch Bakterien und Pilze remineralisiert und für die «grünen» Pflanzen wieder verwertbar gemacht [520]. Es bezieht sich vor allem auf die zur Bildung von Eiweiß und Nukleinsäuren nötigen Nitrate, Phosphate und Sulfate. Zwar reichern sie sich mit zunehmender Tiefe an – in der ozeanischen Region liegt ihr Maximum bei 500–1500 m – doch können sie durch Strömungen selbst vom Meeresgrund zum Teil in die obere, durchlichtete Zone gelangen. Dadurch wird das nährstoffreiche, kühle Tiefenwasser unterhalb einer *«thermischen Sprungschicht»*, die es vom warmen Oberflächenwasser trennt, für den Stoffkreislauf im Meer besonders wichtig. Sobald es in die Lichtzone gedrungen ist, kommt es schnell zur Massenvermehrung des Phytoplanktons. Bald darauf konzentrieren sich dort Mengen von Kleinkrebsen, die etwa 70% des Zooplanktons bilden, sowie von kleinen Fischen, welche die Zooplankter fressen oder (in Abkürzung der Nahrungskette) sich von Diatomeen ernähren. Jenseits der oft ausgeprägten Grenze zwischen Auftriebwasser und ozeanischem Wasser halten sich Schwärme größerer Fische auf, die ihrerseits von Haien und Delphinen erbeutet werden. Kleinfische dienen auch den Küstenvögeln zur Nahrung, deren Ablagerung von «Guano» manchen Küsten zugute kommt (Abb. 1.9). Außer durch Aufstieg von Tiefenwasser erfolgt Zufuhr von Nährstoffen für die Pflanzen mit dem Regen und durch das vom Land einströmende Wasser der Flüsse. Die oberflächennahe Gegenströmung vor den Küsten treibt organische Abfallstoffe von der Küste weg. Die Partikel sinken dann in die Tiefenströmung hinunter, wo sie dem Plankton neue Nahrung geben. So schließt sich ein Kreislauf, der den meist gleichbleibend hohen Planktongehalt an der Küste bedingt.

Der größte Flächenanteil der Weltmeere ist biologisch Wüsten vergleichbar, da die Primärproduktivität mit weniger als 0,5 g Trockenmasse je m^2 und Tag nicht mehr weit über den Werten solcher Lebensräume liegt. Nur im Schelfbereich und der Sargassosee entspricht sie mit durchschnittlich 1–2 g eher den Verhältnissen von Steppen und Savannen, weil Brandung, Gezeiten und Zufuhr von Süßwasser viele Nährstoffe in die küstennahen Gebiete liefern. Der Aufstieg von Tiefenwasser ist besonders an den Westseiten der Kontinente durch Unterwasserströmungen ausgeprägt. Der Kalifornische Strom, der Humboldtstrom (vor Peru), der Guinea-Strom, der Benguela-Strom (Südafrika) und der Westaustralstrom erbringen 75% des Weltfischfangs.

Das Auftriebwasser des Humboldtstroms quillt das ganze Jahr empor. In den übrigen für die Fischerei wichtigen Aufquellgebieten dauert es wenigstens 8–9 Monate, eine Zeit, die zur Erhaltung einer ausgeglichenen Lebensgemeinschaft genügt.

1.1 Das Meere als ökologische Einheit

Allein im Gebiet des Humboldtstroms wurde mit etwa 11 Mill. t ein Sechstel der gesamten Fischausbeute aus dem Meer gefangen, die rund 70 Mill. t im Jahr beträgt. Jedoch können die Fangquoten durch Überfischung oder zeitweise Veränderung des Stromverlaufs beträchtlich zurückgehen. So betrug z. B. der Fang vor Peru 1979 nur 3,6 Mill. Tonnen [532]. – Zusätzlich erhöht sich heute die Fischproduktion durch Aquakultur. Allerdings werden dabei wie bei jeder intensiven Tierhaltung die Fäkalien zum Problem. Diese fördern die Massenvermehrung einzelliger Algen, die mit Bakterien vergesellschaftet sind und unter Umständen für andere Organismen toxisch werden. Außerdem stehen Fische in Aquakultur stärker unter Streß.

In **polaren Meeresgebieten** mischen sich wegen der geringen sommerlichen Erwärmung Tiefen- und Oberflächenwasser das ganze Jahr hindurch. Doch gibt es nur in wenigen Monaten genügend Licht und ausreichende Temperatur zur starken Entfaltung des Phytoplanktons als Grundlage für eine größere Sekundärproduktion [500].

Dagegen bildet sich in den **gemäßigten Breiten** im Sommer eine obere Wärmeschicht, die durch die Sprungschicht in etwa 15–40 m Tiefe vom nährstoffreichen Tiefenwasser getrennt bleibt bis die Zirkulation des Wassers in der kalten Jahreszeit wieder genügend Nährstoffe nach oben bringt. Daher liegt der Höhepunkt der «Algenblüte» (d. h. der Massenvermehrung von Planktonalgen) im Frühjahr und Herbst und kommt nur durch anthropogen bedingte Eutrophierung auch im Sommer vor.

In den **tropischen Gebieten** befindet sich die thermische Sprungschicht bei 300–400 m, in den Subtropen bei 500–1000 m Tiefe [725]. In diesen warmen Meeren erhält sich die obere nährstoffarme Zone das ganze Jahr über, sofern nicht ein Unterwasserstrom nährstoffreiches, kaltes Tiefenwasser heraufbringt. Doch selbst dann kann eine zu schnelle Zirkulation, wie etwa durch den Äquatorstrom im Indischen Ozean, biologisch nutzlos sein. Die Plankter geraten nämlich schon wieder in die Tiefe, bevor sie genügend Zeit zur Vermehrung hatten.

Meeresströmungen ermöglichen auch Wanderungen von Fischen. Der Europäische Aal *(Anguilla anguilla)* laicht in der Sargassosee nördlich der Westindischen Inseln. Von dort breiten sich seine Larven in alle Richtungen aus. Diejenigen, die in den Golfstrom gelangen, erreichen in etwa 3 Jahren als «Glasaale» die europäischen Küsten. Dort wandern sie, vom Geruchssinn geleitet, flußaufwärts in Seen, beenden ihre Metamorphose und werden vom 10. Lebensjahr an geschlechtsreif (Blankaal). Die Rückwanderung wird durch angeborene Orientierung nach dem Magnetfeld erleichtert, die sie z. B. auch aus der Nordsee herausführt. Erst über dem Kontinentalhang der Schelfregion wenden sich die Aale zu ihrem endgültigen Kurs nach Westen und treiben mit der kalten Gegenströmung unter dem Golfstrom zur Sargassosee [656].

1.2 Region des Kontinentalschelfs (Flachmeer)

Im Bereich des untergetauchten Sockels des Festlands ist der Meeresgrund 30–300 (Durchschnitt 120) m tief. Schelfgebiete sind wenige km bis 1500 km (im Mittel 100–150 km) breit. Das Flachmeer nimmt weniger als 8% der Fläche des gesamten Meeresbodens und nur 0,2% des Wasservolumens der Ozeane ein. Sein Boden, das Litoral, besteht meist aus einer tiefen Schicht von Ablagerungsstoffen, die zum Teil vom Festland stammen. Im Flachmeer ist die Lebewelt nach Arten- und Individuenzahl sowie in ihrem Spektrum der Lebensformen besonders reichhaltig. Sie ist an stärkere Änderungen von Temperatur und Salzgehalt angepaßt.

Im Litoral kommen außer den Pogonophora Vertreter aller größeren Gruppen der marinen Tiere vor. Von dort aus dürfte im Laufe der Erdgeschichte das Pelagial besiedelt worden sein. Es erforderte ein Leben im freien Wasser durch Schweben und Schwimmen, wie es sich etwa bei Medusen, bestimmten Mollusken (Heteropoden, Pteropoden) und Geißelgarnelen (Sergestiden) zeigt. Die sekundär geschlossenen Statozysten der letzteren lassen an ihrem Falzverschluß noch das ursprünglich offene Gleichgewichtsorgan erkennen, das die erste Antenne der Dekapodenkrebse auszeichnet. Ihre Statolithen sind nun aus Chitin gebildet; im freien Wasser könnten nicht nach jeder Häutung Sandkörnchen hineingebracht werden [672].

So wurde das Wasser in horizontaler und vertikaler Richtung immer mehr vom Leben durchdrungen. Erst später erfolgte die Besiedlung von Flußmündungen, Sümpfen und Land. Besonders die euryöken Litoralformen zeichnen sich außer hoher thermischer und osmotischer Toleranz oft zugleich durch hohe Druckresistenz aus [553].

1.2.1 Bereich der Großpflanzen (Phytal)

Als Produzenten kommen zum Phytoplankton noch am Grund siedelnde, dichte Rasen von Kleinalgen sowie vor allem dort haftende oder wurzelnde große Pflanzen hinzu. Dieses Phytal dient vielen Organismen als Wohnraum, Schutz und Laichplatz, doch sehr wenigen zur direkten Nahrung, obwohl nicht nur einige Tiere, sondern auch Pilze im Meer sich von Algen ernähren. Bakterien greifen im allgemeinen erst geschwächte oder abgestorbene Algen an [509].

Die obere Zone des Phytals besteht aus Grünalgen oder ausgedehnten Wiesen von Seegras *(Zostera)* und anderen Helobiern. Insgesamt haben etwa 50 höhere Pflanzen der Potamogetonaceae und Hydrocharitaceae das marine Milieu erobert. Am bekanntesten sind Arten von

Zostera in extratropischen Meeren, von *Posidonia* und *Cymodocea* im Mittelmeer. Zur Tiefe hin schließen sich meist Braunalgen an, die große Tangwälder bilden können. In noch größerer Tiefe liegt der Optimalbereich der Rotalgen. Sowohl Braun- wie Rotalgen haben außer Chlorophyll noch zusätzliche Pigmente. Hervorgehoben seien das Fucoxanthin (ein Xanthophyll) der Phaeophyceen, das besonders Blaugrün absorbiert, und das Phycoerythrin (ein Phycobilin) der Rhodophyceen, welches das rasch zur Tiefe abnehmende Gelb und Hellgrün (570–540 nm) ausnutzen kann.

Die Großpflanzen ermöglichen Arten von Hartböden sich auch im Bereich der Weichböden anzusiedeln, da besonders *Fucus* für manche sessilen Bewohner eine feste Unterlage bildet. Außer epiphytischen Algen kommen Cnidaria, Bryozoen, Schwämme, Mollusken, Polychaeten, Seepocken und andere Krebse, Echinodermen und Fische in den Tangwäldern und Seegraswiesen im Meer vor. Charakteristisch für die letzteren sind die Seenadeln (Syngnathidae), Fische, zu denen auch das Seepferdchen *(Hippocampus)* gehört. Seegräser nehmen viel Phosphat und Ammoniak aus dem Sediment und aus dem Wasser auf. Da die Blätter wieder viel davon ausscheiden, erhalten auch die Diatomeenrasen und andere Kleinalgen des Benthos an solchen Stellen mehr Nährstoffe. Bestimmte Substanzen der Phytoplankter und Großalgen *(Ulva, Enteromorpha)* stimulieren die Eiablage von Muscheln, Borstenwürmern und Kleinkrebsen.

1.2.2 Verknüpfung von freiem Wasser und Meeresgrund

Im Schelfgebiet ist der Kreislauf der Stoffe «kurzgeschlossen». Dort sinken die abgestorbenen Organismen schnell zum Grund. Nach Freiwerden der Pflanzennährstoffe durch Fraß, bakteriellen Abbau und Ausscheidungen setzt wieder eine neue «Planktonblüte» ein. Im Hochseebereich mit seinen großen Tiefen dauert es viel länger bis die abgestorbenen Plankter usw. nach unten sinken, Nährstoffe für neues Leben freigesetzt werden und durch Zirkulation des Wassers nach oben gelangen.

Das Zooplankton, zu dem pflanzenfressende und räuberische Tiere gehören, ist im Flachmeer größtenteils meroplanktisch, d. h. nicht alle Stadien halten sich im freien Wasser auf. Entweder kommen Eier und Jugendstadien oder wenigstens letztere im Pelagial vor, während die anderen Lebensphasen an das Litoral oder Phytal gebunden sind. Dies gilt z. B. für Schwämme, Cnidarier, Bryozoen, Nemertinen, Polychaeten, Mollusken, Krebse, Echinodermen, Tunikaten, *Branchiostoma*. Die Lebensweise der Meroplankter verknüpft also den Untergrund mit dem freien Wasser [667]. Das Holoplankton, dessen ganzes Leben sich im Pelagial abspielt, wie Pfeilwürmer *(Sagitta)*, Rippenquallen *(Beroe, Pleurobrachia)* tritt im Flachmeer an Artenzahl gegenüber dem Meroplankton sehr zurück.

Um in hocharktischen Küstengebieten zu überleben, muß eine planktonfressende Larve ihre Entwicklung in 4–6 Wochen bei höchstens 2–4 °C durchlaufen können, weil die ständige Produktion des Phytoplanktons nicht länger dauert. Entsprechendes gilt für die Antarktis. Dagegen ermöglicht das Sonnenlicht in tropischen Küstenbereichen, wo 80–85% der Arten planktotrophe, pelagische Larven haben, während des ganzen Jahres Photosynthese. Dadurch steht den Larven stets genug Phytoplankton und andere Nahrung zur Verfügung.

Frisch geschlüpfte Larven wenden sich dem Licht zu und streben daher in oberflächennahe Schichten. Am Ende ihrer Metamorphose gelangen sie durch «negative Phototaxis» (Lichtflucht) wieder in Bodennähe. Die Besiedlung des Untergrunds unterliegt aber keineswegs dem Zufall. Wenn sie nicht das geeignete Substrat finden, vermögen sie ihr pelagisches Leben unter Umständen um Tage oder Wochen zu verlängern. Da sie mit der Strömung Hunderte von km dicht über dem Boden transportiert werden können, haben sie gute Chancen, sich auf einem passenden Untergrund niederzulassen. Solche, die sich auf Sand absetzen, wählen ein Milieu mit nachgiebigem Substrat, das durch stärkere Wasserbewegung leicht umgelagert wird. Diejenigen, die Schlammboden bevorzugen, suchen ein nährstoffreicheres Milieu. Ständige Strömungen aus schmalen Küstengebieten gegen die Hochsee treiben viele Larven aus dem Schelfbereich ab, so daß sie zugrunde gehen. In Bodennähe fallen Larven vor ihrem Festsetzen verschiedenen Arten des Benthos zum Opfer, einschließlich Bodenfischen. Eine mittelgroße Mießmuschel *(Mytilus edulis)* filtert 1,4 Liter Wasser in der Stunde. Dadurch können rund 100 000 pelagische Larven in 24 Stunden von einer einzigen Muschel herausgefiltert und verzehrt werden. Manche räuberische Tiere wechseln zwischen Zeiten reichlicher Nahrungsaufnahme und solchen der Ruhe oder Freßunlust, wobei inaktive Phasen mehrere Wochen lang dauern können. Während dieser Perioden lassen sich viele Plankter nieder und wachsen im Benthal heran.

Die meisten Siedlungen der Bodenfauna sind selbst während langer Zeitspannen in ihrer Zusammensetzung recht konstant, obwohl sich die einzelnen Arten in Fortpflanzung und Entwicklungsweise stark unterscheiden. Solche, die viele Eier erzeugen, erleiden größere Verluste an Nachkommen als die mit geringer Eiproduktion und haben zugleich eine ausgeprägtere Populationsdynamik. Die über weite Areale einförmigen Sand- und Schlammböden lassen Tiergemeinschaften gleicher

1.2 Region des Kontinentalschelfs (Flachmeer)

Lebensformen in den verschiedensten geographischen Gebieten erkennen. So sind auf Sandboden *Venus*-Assoziationen aus Ostgrönland, der Nordsee, Adria und dem Persischen Golf bekannt. Ufernahe *Macoma*-Assoziationen auf gemischtem Weichboden in geringer Tiefe wurden bei Grönland, an der Nordseeküste, vor Ostafrika und vor Vancouver angetroffen.

Der etwa gleichen Artenzahl der Endofauna von der Arktis bis zu den tropischen Meeren steht die Steigerung der Arten der Epifauna zu den Tropen hin gegenüber. Die Artenzunahme des Benthos in den warmen Zonen betrifft also im wesentlichen die Epifauna. Besonders auffällig ist dies an Felsküsten und Steinriffen. Sie umfassen vor allem in der Gezeitenzone eine Fülle von Kleinstlebensräumen, welche Unterschiede in Trockenlage, Sonnenexposition und Algenbewuchs für die Epifauna bieten. In den arktischen und selbst noch den gemäßigten Breiten machen dagegen die kalten Temperaturen und jährlichen Schwankungen der Temperatur den Gezeitenbereich für viele Tiere unbesiedelbar. In den Tropen mit ihren konstanteren Jahrestemperaturen kommt die selektive Wirkung der Mikrobiotope zu voller Geltung. Gerade dort bilden sich auch Korallenriffe aus.

Wo Fortpflanzungszeit und Entwicklungsweise fixierter sind, wie bei den meisten Echinodermen, Mollusken und Crustaceen, ist das jeweilige Verbreitungsareal der Art relativ begrenzt. Kann sich eine Art aber in verschiedenen Meeresgebieten plastischer verhalten, wie es bei vielen Polychaeten der Fall ist, so haben deren Areale der Verbreitung oft beträchtliche Ausdehnung. Von den Polychaeten entlang der westeuropäischen Küsten leben mindestens 28% auch im Indischen Ozean und 18% an der Küste Kaliforniens, dagegen von Echinodermen, Prosobranchiern und Muscheln weniger als 2%.

Für die Fischerei im Flachmeer sind vor allem Hering *(Clupea)*, Lachse (Salmonidae), Dorsche (Gadidae) und Plattfische (Pleuronectidae) wichtig. Die planktonfressenden Heringe und die Lachse als Großräuber halten sich im oberen Pelagial, Dorsche und Plattfische mehr in Bodennähe auf. Schollen *(Pleuronectes platessa)* leben die ersten 6 Monate nach der Metamorphose an sandigen Küsten. Dort fressen sie gern die Siphonen der in Massen vorkommenden Muschel *Tellina tenuis*, die in einem Monat regenerieren. Wird die Population von *Tellina* zu klein, so wählen sich die jungen Schollen Tentakeln von Borstenwürmern als bevorzugte Nahrung [615]. Ausgewachsene Schollen fressen ganze Muscheln.

1.2.3 Verschmutzungen

Im großen Ausmaß gelangen in stark vom Menschen besiedelten Gebieten **Abwasser** und Abfälle durch Flüsse oder direkt an den Küsten ins Meer. Da der Austausch des Wassers zu den Weltmeeren meist langsam vor sich geht, kann es zu regionaler Eutrophierung und dadurch Beeinträchtigung des Sauerstoff-Haushalts kommen. In von Abwässern sehr betroffenen Stellen überdeckt eine einheitliche Lebensgemeinschaft die diskontinuierlichen, scharfen Grenzen, die durch den Charakter des Substrats gegeben sind.

Durch Eutrophierung (besser hieße es Hypertrophierung) vermehren sich manche Planktonalgen (Dinoflagellaten, Chrysophyceen) übermäßig. Das entstehende O_2-Defizit und Toxine der Algen schädigen ganze Nahrungsketten bis zu den Fischen. Weil z. B. Dinoflagellaten der Gattung *Gonyaulax* größere Meeresstriche rot färben können, spricht man im englischen Sprachraum von den «Red Tides». Andere Planktonalgen dieser Gruppe sowie Chrysophyceen rufen eine braune oder gelbgrüne Färbung des Wassers hervor [648].

Unangenehme Folgen für den Menschen durch hohe Konzentration bakterieller **Krankheitserreger** machen sich zuerst in wärmeren Meeren bemerkbar. Unter 12 °C Wassertemperatur ist die Selbstreinigung des Meeres dagegen größer [9].

Durch Erzeugnisse der Industrie geraten **Schwermetalle** (Pb, Cd, Hg) und andere Schadstoffe ins Wasser. Sie vergiften unmittelbar Meerestiere oder werden in Nahrungsketten angereichert.

Zahlreiche Organismen gehen durch **Rohöl** aus Tankern und sonstigen Schiffen zugrunde. Öl wirkt als Gift, verschmutzt den Körper und beeinträchtigt die Atmung. Treibende Ölfelder haben schon viele Seevögel getötet, weil durch Verkleben des Gefieders die natürliche Wärme-Isolation verloren geht und die Vögel sich beim Putzen vergiften. Natürliche Beseitigung von Öl erfolgt nur langsam durch dessen flüchtige Bestandteile, Dispersion, abiotische und biotische Oxidationen. Der Abbau wird hauptsächlich durch Bakterien und Pilze bewirkt, im geringeren Maß durch den Sauerstoff der Luft und des Meerwassers.

Gefährdet sind Küsten durch angetriebene «Wasser-in-Öl-Emulsion», deren Konsistenz von dicker Sahne bis zu Teer oder Klumpen reicht. Die für Organismen besonders giftige «Öl-in-Wasser-Emulsion» ist mit Meerwasser gut mischbar und verteilt sich schnell. Wie auf dem Land nach einem Feuer unverbrannt gebliebene Stellen als Regenerationsinseln bleiben können, so dienen an Felsküsten von Öl verschonte Partien zur Wiederbesiedlung verschmutzt gewesener Flächen. Die zur Bindung von Öl verwendeten Detergentien schädigen noch zusätzlich die marine Flora und Fauna [8]. So wird z. B. der Riechsinn mancher am Boden lebender Tiere blockiert, die dadurch vor räuberischen Seesternen nicht mehr rechtzeitig fliehen. Diese kommen unter Umständen zur Massenvermehrung [178]. Im Watt verarbeiten Bakterien, Pilze und Kieselalgen Ölrückstände, wenn die Oberfläche des Sediments gut belüftet ist.

1.3 Korallenriffe

Im Küstenbereich tropischer Meere können auf Felsuntergrund Korallenriffe entstehen, die ein besonders artenreiches und vielseitiges Ökosystem bilden [574]. Grundlage sind Riffkorallen, die über 20 °C zum Wachstum benötigen. Am besten gedeihen sie zwischen 23° und 28 °C. Daher finden sich solche Riffe im wesentlichen zwischen 30° nördlicher und südlicher Breite. Sie fehlen vor den Westküsten Südamerikas und Afrikas, an denen sich kalte Meeresströme entlangziehen.

In anderen geographischen Breiten gibt es Korallen (z. B. *Lophohelia* vor Skandinavien) nur in größerer Tiefe. Einige Arten leben noch 5000–6000 m tief bei Temperaturen um 1 °C.

Der Aufbau eines Korallenriffs geht langsam vor sich. Ein 50 m hohes Riff ist etwa 1800 Jahre alt. Riffkorallen finden sich kaum über 40–60 m, selten über 70 m, meist nicht einmal 20 m tief. Der Untergrund muß fest sein. Schon vor über 400 Millionen Jahren im Devon sind Korallenriffe entstanden. So ist das Eifelgebirge im Rheinland aus riffbildenden Korallen hervorgegangen. Riffe kamen auch im Erdmittelalter vor; ihre Reste finden sich in manchen Kalkschichten der Alpen, z. B. in den Dolomiten.

Der Beginn der Entstehung eines künstlichen Riffs wurde im Roten Meer 11 Jahre lang verfolgt. Zunächst erschienen unspezifische Pionier-Arten. Dann siedelten sich Kalkrotalgen, Muscheln und Foraminiferen an. Auf den Schalen der abgestorbenen Muscheln und an geschützten Stellen setzten sich später Hart- und Weichkorallen fest. Sie bildeten den Rahmen für die endgültige Lebensgemeinschaft; die Zwischenräume wurden allmählich von anderen Arten ausgefüllt [575].

Man unterscheidet seit Darwin 3 Rifftypen: (1) **Saumriffe** entlang einer Küste und von ihr oft durch eine Zone von Korallensand getrennt. (2) **Barriereriffe** mehrere km von der Küste entfernt und von viel größerer Mächtigkeit an Länge und Breite, so im Nordosten Australiens (oft mit Lagunen zwischen Riffkante und Festland). (3) Ringriffe oder **Atolle**, die trogförmig eine 30–70 m tiefe Lagune einschließen. Bei der Bildung von Saumriffen siedeln sich an felsigem Untergrund vor Küsten

Riffkorallen an, die allmählich zu einem lebenden Wall emporwachsen. Barriere- und Atollriffe sind durch Senkungen des Felssockels, Hebung des Meeresbodens und Schwankungen des Meeresspiegels infolge der Eiszeiten entstanden. Bei Atollen werden Vulkankegel von den Riffen umsäumt. Den Erosionseffekt, der durch Brandung, Bohren von Polychaeten und Mollusken, Abnagen durch Fische (z. B. Papageifische), Lebenstätigkeit von Cyanobakterien und durch chemische Lösung von Kalk hervorgerufen wird, gleichen die Korallen durch ihr Wachstum aus. Außerdem lagert sich «Korallensand» durch Wind und Wellen ab, so daß die Ufer erweitert, die Lagunen flacher werden (Abb. 1.10).

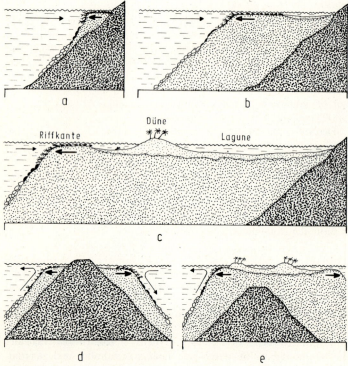

Abb. 1.10: Korallenriffe (etw. veränd. nach Tardent 1979).
a u. b: Saumriffe; **c:** Barriere-Riff; **d u. e:** Atolle. Dünne Pfeile: Strömungsrichtung; dicke Pfeile: Wachstumsrichtung des Riffs. Punktierung fein: Dünen aus Korallensand; mittel: biogene Kalksedimente; grob: Festland bzw. Vulkankegel.

An der Bildung eines Riffs sind außer Steinkorallen viele weitere Organismen beteiligt: Lederkorallen (Alcyonaria), Rindenkorallen (Gorgonaria), Seefedern (Pennatularia), die Milleporiden der Hydrozoen, bestimmte Bryozoen, Seepokken (Cirripedia), Serpuliden, sessile Mollusken. Einige Grün- und Rotalgen (unter letzteren die Corallinacea) lagern Kalk an und in ihren Zellwänden ab und erhöhen durch ihre Krusten, die oft plattenartig aneinander liegen, die Festigkeit des Riffs. Die den Wellen zugewandte Außenseite eines Riffs unterscheidet sich in ihrer Besiedlung von der zum Stillwasser der Lagune gerichteten Innenseite.

Das Ökosystem des Korallenriffs, dessen oberste Teile unter Niedrigebbe trocken fallen, schließt bei Insel- und Atollbildung auch Land mit ein. Die Grenzen zwischen Land und Meer verwischen sich hier und bilden eine neue biologische Einheit [222]. Krabben und Einsiedlerkrebse kommen an Land, legen aber ihre Eier ins Meer ab. Meeresschildkröten gehen zur Eiablage an Land, während sie sonst im Wasser leben. Für die Landvegetation sind Wind, Wasserverhältnisse und Untergrund entscheidende ökologische Faktoren. Sie können eine Insel oder ein Atoll in verschiedene Zonen gliedern, einen mit sukkulenten Chenopodiaceen bewachsenen Strand, einen aus Sträuchern (z. B. *Casuarina*) bestandenen Streifen und ein dahinter liegendes Gebiet höherer Bäume. Die Formation des Regenwaldes auf großen Atollen ist keine Seltenheit.

1.3.1 Stoffkreislauf

Für die Polypenköpfchen der Korallen sind Bakterien und gelöste organische Stoffe (Hydrolysate von Algenprotein usw.), die in Konzentrationen von etwa 1 mg im Liter vorkommen, eine wichtige Nahrung [607]. Nachts wird vor allem das in die oberflächennahe Wasserschicht schwimmende Zooplankton erbeutet [239]. Phytoplankton wird nur wenig gefressen.

Eine besondere Bedeutung für den Stoffkreislauf hat die Symbiose von Korallen mit Algen. In einem Korallenstock ist dreimal so viel pflanzliches wie tierisches Gewebe enthalten. Den Hauptanteil der Symbionten bilden die im Kalkgerüst lebenden Grünalgen, den geringeren Anteil die in den Polypenköpfchen befindlichen Zooxanthellen (*Gymnodinium* der Peridineen). Algen liefern ihrem Wirt Sauerstoff, entfernen zu eigenem Gebrauch CO_2 und andere Endprodukte des Stoffwechsels ihres Partners. Durch die Photosynthese der Algen erhalten die Polypen organische Stoffe als Energiequelle zum Skelettaufbau, der wiederum den Schutz der Algen vor pflanzenfressenden Protozoen erhöht. Tötet man die Symbionten, indem man beide Partner im Dunkel hält, sterben die Korallen nicht, gedeihen aber viel schlechter [454, 474].

Da außer Phytoplankton und Algensymbionten auch große Grünalgen, Braunalgen und Rotalgen ein Riff besiedeln, kommt es zu hoher Primärproduktivität inmitten des Meeres, Oasen in einer Wüste vergleichbar. Nur dadurch ist das reiche, hiervon abhängige Tierleben möglich. Viele Bakterien und Pilze bauen das organische Material ab und stellen es damit den Algen wieder zur Verfügung. Sie überziehen die abgestorbenen Korallen und wirken wie das Tropffiltersystem einer Abwasserkläranlage, in der das Gedeihen der Mikroben durch stark belüftete Oberflächen gefördert wird. Vor allem beschleunigt sich der Kreislauf von Stickstoff und Phosphor [136]. Es ist hier ein «kurzgeschlossenes System» des Stoffkreislaufs entstanden, das im Prinzip dem im Tropischen Regenwald entspricht.

1.3.2 Biozönotischer Konnex

Trotz Unterschiede im Artenbild zwischen see- und lagunenwärts gerichteter Seite oder solcher zwischen Korallenbänken verschiedener geographischer Lage sind die Grundorganisation des Ökosystems, Lebensaktivität, Vielfalt an Farben und Formen, das Wirken von Pro- und Antibiosen für die Erhaltung eines so komplexen Ganzen im Prinzip überall gleich (Abb. 1.11). Wichtig für die Zonierung der Arten sind Strömungsverhältnisse und die Verteilung von Licht und Schatten [423].

Neben dem Reichtum an Korallen gibt es Seeanemonen, Schwämme, Tunikaten, Polychaeten und andere Würmer, Garnelen, Krabben, Seepocken, Schnecken und Muscheln, alle Gruppen der Echinodermen und eine Fülle an Fischen. Die Poren, Hohlräume und von bohrenden Tieren selbst erzeugten Löcher bieten zahlreichen Organismen gute Versteck- und Schutzmöglichkeiten [225]. Es gibt sogar einen Einsiedlerkrebs, *Paguritta harmsi,* der in den Kalkröhren eines Polychaeten wohnt und sich mit seinen gefiederten Fühlern Plankton zur Nahrung herbeistrudelt [576]. Verschiedene Garnelen mit buntem Farbmuster leben als Kommensalen in sessilen Tieren (Muscheln, Tunikaten). Andere sind mit Echinodermen vergesellschaftet [78].

In Korallenriffen der Südsee leben die Palolowürmer *(Eunice viridis, E. furcata),* in selbstverfertigten Röhren verborgen. Beim letzten Mondviertel in der Zeit zwischen Oktober und Mitte November, und dann nur in bestimmten Nachtstunden (Verknüpfung von Lunar- und Tagesrhythmik), verlassen die abgestoßenen Hinterenden der Würmer das Riff und schwärmen in das flachere Wasser der Lagunen oder Küsten, um Eier und Spermien zu entleeren. Zur Reifung und Entwicklung des Hinterendes ist ein im Kopf des Wurms gebildetes Hormon verantwortlich [265].

1.3 Korallenriffe 25

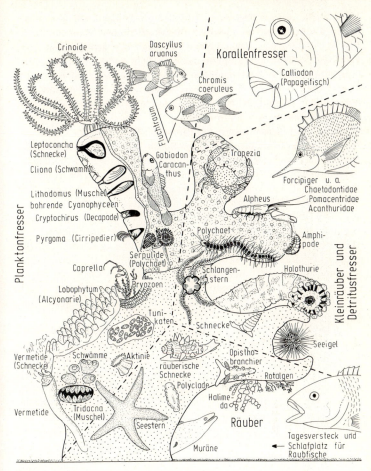

Abb. 1.11: Schema der Makrofauna von Korallenriffen der Malediven (etw. veränd. nach Gerlach 1960).

Viele Fische weiden Algen und Korallen ab. Unter ihnen spielen die Papageifische (Scaridae) mit ihrem charakteristischen Maul eine wichtige Rolle. Ihre fleischigen Lippen bedecken den größten Teil eines Gebisses, dessen Zähne zu plattenartigen Reib- und Mahlorganen verschmolzen sind. Sie fressen mit den Algen und Polypen auch vom Kalkskelett und stoßen mit ihrem Kot große Wolken von feinem Kalksand aus. An den Bermuda-Riffs lagert sich durch Papageifische mindestens 1 Tonne Kalksand je ¼ ha im Jahr ab.

Vorwiegend Fleischfresser sind Riffische (Pomacentridae), Drückerfische *(Batistes)*, Feilenfische *(Oxymonacanthus)*, Fahnenfische *(Chaetodon)*. Letztere befreien mit ihrer Pinzettenschnauze die Korallen außerdem von Sinkstoffen und Algenbelag, unter deren harter Kruste die Polypen sonst ersticken würden. Sehr gefräßig sind die Muränen, Verwandte der Aale. Sie sitzen am Tage mit dem größten Teil ihres Körpers in einer Höhlung und wedeln mit dem Kopf, auf Beute lauernd. Nachts jagen sie im umgebenden Wasser, wobei ihnen ihr ausgeprägter Geruchssinn hilft. Sie werden bis 150 cm lang und 6 kg schwer. Der Biß ihrer scharfen Hakenzähne ist giftig, ebenso ihr Blut. Die durch Querstreifung auffälligen Clownfische (*Amphiprion, Premnas, Percula* u. a.) finden Schutz im Tentakelwald großer Seeanemonen, nachdem sie sich mit einem spezifischen Nesselschutzstoff ihres Wirtes imprägniert haben [551].

Ein Beispiel für Mutualismus bieten die Putzerfische (z. B. *Labroides dimidiatus*). Sie haben sich darauf spezialisiert, andere Fische, etwa Papageifische oder den Zackenbarsch *Epinephelus striatus*, von Parasiten und krankem Gewebe zu befreien. Hierzu schwimmen sie durch deren Mundhöhle in die Kiemenregion. Andererseits gibt es ähnlich aussehende Arten bei den Blenniidae (z. B. *Aspidontus taeniatus*), die dann ganze Fleischfetzen aus ihrem Wirt herausreißen. Hier schlägt das «Vorbild» einer Putzersymbiose in Antibiose um [766].

Manche Fische und Krebse zeichnen sich durch Verbergetracht aus. Andere sind gerade auffällig gefärbt und haben eine Warntracht. Letztere mag allerdings auch das Erkennen der Geschlechtspartner erleichtern. Bei Algen und Korallen handelt es sich mehr um «physiologische» (Chlorophyll, Karotine) als um «ökologische» Farben.

Trotz des großen Reichtums an Arten kann eine einzelne sich doch so stark vermehren, daß sie örtliche Störungen des ganzen Wirkgefüges hervorruft. So verdaut der stachlige, rotbraune Seestern *Acanthaster planci*, der mit seinen bis zu 21 (meist 11–17) Armen einen Durchmesser von 50 cm erreicht, Polypen von Steinkorallen. Von ihm werden immer wieder größere Strecken des Barriereriffs vor Australien und Guam zerstört. Natürliche Feinde des Seesterns sind Schnecken (Tritonshorn *Charonia tritonis, Linkia laevigata*) und Garnelen *(Hymeno-*

cera elegans). Für das Massenauftreten des Seesterns wurden indirekte Einflüsse durch den Menschen (Verschmutzung des Wassers) verantwortlich gemacht. Wahrscheinlich handelt es sich jedoch um natürliche Fluktuationen, wobei sich die Korallen in Zeiten geringer Häufigkeit des Dornkronen-Seesterns wieder erholen können [68].

Es darf nicht unerwähnt bleiben, daß für das ganze System auch pelagische und migratorische Fische außerhalb der Riffe eine Rolle spielen. Sie kommen nahe an ein Riff heran, um sich dort von den kleinen Korallenfischen zu ernähren oder um zu laichen [327]. In dem heute größtenteils als Naturpark geschützten «Großen Barriere-Riff» vor Australien (2000 km entlang der Küste von Queensland) mit einer Fläche von 344 000 km^2 wurden u. a. 4000 Arten Mollusken, 1500 Fische, 300 Korallen, 24 Vögel und 6 Arten Schildkröten festgestellt [538].

1.4 Ozeanische Region

Außerhalb des Kontinentalschelfs mit seinem stark abfallenden Hang liegt die ozeanische Region oder Hochsee, deren mittlere Tiefe etwa 4 km beträgt. Der Boden der Ozeane ist nicht eben, sondern besitzt untermeerische Rücken, Kuppen und Gräben, die den Gebirgen auf dem Land entsprechen. Manche Kuppen steigen bis auf 275 m unter den Meeresspiegel auf und bilden für küstennahe Arten einen isolierten Lebensraum in der umgebenden, für sie lebensfeindlichen Hochsee. Viele Bewohner solcher höher ragenden Kuppen stammen aus dem Schelfgebiet, sind aber nicht auf ständigen Nachschub von dort angewiesen, sondern können wegen der besonderen Strömungsverhältnisse unabhängige Populationen bilden.

1.4.1 Oberer Bereich

Die vom Licht durchdrungenen Wasserschichten sind arten- und individuenärmer als die ihnen entsprechenden im Flachmeer. Das gilt nicht nur für Plankton und Nekton, sondern auch für Bakterien und Pilze.

In etwa 10–50 m Tiefe, unterhalb des Maximum des Phytoplanktons, betragen Höchstwerte der Bakterien einige 100/ml im Vergleich zu einigen 100 000/ml im Flachmeer. Während Infrarotstrahlen schon in den obersten 2 m vom Wasser absorbiert werden und auch UV-Licht sehr schnell aufgenommen wird, können rotgelbe Wellenlängen bei trüber und bewegter See 50–100 m eindringen. Blaues Licht ermöglicht im transparenten Wasser der Hochsee noch in 100–140 m Photosynthese.

Das Zooplankton besteht vorwiegend aus holoplanktischen Formen, deren ganzer Lebenszyklus, oft mit abgekürzter Entwicklung (Neotenie, Viviparie), im freien Wasser durchlaufen wird. Auch die Eier der meisten Arten schwimmen im Pelagial, sofern sie nicht bis zum Schlupf der Jungen am Körper der Mutter bleiben.

Die größten im Meer lebenden Wirbeltiere sind Filtrierer von Plankton. Daher halten sich die großen Furchenwale: Blauwal *(Balaenoptera musculus)*, Finnwal *(B. physalus)* und Seiwal *(B. borealis)* meist in den obersten 10–50 m auf, wo sie sich von Euphausiden (Krill), Pteropoden und anderen Planktern ernähren, obwohl sie selbst in Tiefen von 500 m und mehr bis etwa 40 Minuten tauchen können. Der Blauwal mißt bei seiner Geburt 7 m und erreicht eine Länge von 33 m mit einem Gewicht, das dem von 30 Elefanten entspricht. Nach 4–6 Jahren wird er geschlechtsreif. Die größten Haie der Hochsee haben Kiemenreusen. Der über 15 m lange Riesenhai *(Cetorhinus maximus)* muß ca. 2000 t Wasser in der Stunde filtrieren, um genügend Nahrung zu bekommen. Der sich ebenfalls von Plankton ernährende Raubhai *(Rhinodon typus)* erreicht sogar eine Länge von 18 m.

Einen Übergang zu Räubern bilden die zu den Trughechten gehörenden Fliegenden Fische *(Exocoetus)*. Sie fressen Plankton, aber auch kleine Fische. Durch Ausbreiten ihrer Brustflossen vermögen sie 1–2 m weit, bei günstigen Windverhältnissen 20–30 m oder weiter durch die Luft zu gleiten, um den sie verfolgenden Thunfischen und Makrelen zu entgehen.

Die Großräuber jagen ihre Beute auch in größeren Tiefen. Zu ihnen zählen die nach dem Rückstoßprinzip schwimmenden Cephalopoden, von denen Arten der Gattung *Architeuthis* mit einer Länge bis 22 m die größten Wirbellosen sind. Tintenfische und räuberische Großfische (z. B. Thunfische) bilden die Hauptnahrung mancher Zahnwale, etwa des Pottwals *(Physeter macrocephalus)*. Dieser hat ein großes hauptsächlich im Kopf befindliches, bindegewebiges mit Öl getränktes Organ, das Walrat (Spermaceti). Es reguliert den Auftrieb, indem es je nach der Temperatur seine Dichte in den verschiedenen Wassertiefen ändern kann. Dadurch wird es dem Wal möglich, längere Zeit unbeweglich an einer bestimmten Stelle den Tintenfischen aufzulauern. Sogar in 1000 m Tiefe kann der Pottwal eine Stunde unter Wasser bleiben, da er Sauerstoff in Muskeln, Lungen und Blut speichert. Zu den Zahnwalen gehören ferner Delphine *(Delphinus* u. a.), Tümmler *(Tursiops)* und Schwertwale *(Orcinus)*, die in Herden leben und gut kommunizieren können. Schwertwale fressen nicht nur Fische und Robben, sondern erjagen in Herden von 50–100 Individuen auch große Wale; sie tauchen bis zu mehreren 100 m tief [602].

Andere Großjäger sind die Blauhaie, von denen der Menschenhai *(Prionace glauca)* 6–7 m erreicht, sowie die mit den Makrelen verwandten Schwertfische *(Xiphias)* von 2,5–3 m Länge. Thunfische (Thunnidae) und Makrelen (Scombridae) geben die Grundlage für die Hochseefischerei.

Schließlich gibt es unter den Tieren der Hochsee eine ganze Reihe von Vögeln, die sich nur zur Brutzeit an Land aufhalten: Eissturmvögel *(Fulmarus)* der nördlichen, Albatrosse *(Diomedea)* der südlichen, Fregattvögel *(Fregata)* der tropischen Meere und die Sturmschwalben (Hydrobatidae) als Weltmeervögel von weitester Verbreitung. Sie sind an die Nahrung des Oberflächenwassers gebunden. Fregattvögel jagen z. B. Fliegende Fische. Albatrosse haben mit 70 cm Flügellänge die größten Schwingen aller Vögel.

An der Steilhangzone, mit der die Schelfregion zur Hochsee abfällt, lebt bis zu 800 m Tiefe, insbesondere im Gebiet des Indischen Ozeans um Madagaskar und den Komoren, der etwa 1,8 m lange Quastenflosser *Latimeria chalumnae,* der seine Beute in der Dunkelheit wahrscheinlich mittels Elektrorezeptoren erspürt. Er gehört zu denjenigen Crossopterygiern, die im Laufe der Erdgeschichte an die Grenze zur Tiefsee vorgedrungen sind. Die ausgestorbenen Rhipidistia dagegen erschlossen sich das Süßwasser als neuen Lebensraum und wurden zur Stammgruppe der Tetrapoda, der landlebenden Wirbeltiere.

1.4.2 Tiefsee

Kälte (außer bei Thermalquellen), Dunkelheit, hoher Wasserdruck und meistens geringe Wasserbewegung sind die Lebensbedingungen für Bewohner der eigentlichen Tiefsee, dem Bereich unterhalb 800–1000 m Tiefe.

Manche von ihnen kommen allerdings auch im Mesopelagial vor. Die pelagischen Tiere der Tiefsee beschränken sich oft auf bestimmte Schichten. Dies führt zu ähnlicher «Stratifikation» wie in einem Wald. In jeder Etage leben sie als Partikelfresser, Jäger und Lauerer. In Anpassung an die relative Nahrungsarmut haben die räuberischen Fische oft große Mundöffnung, kräftige Bezahnung und einen dehnbaren Magen. Daher können sie Beute verschlingen, die größer ist als sie selbst. Die meisten Fische der Tiefsee sehen bizarr aus. Viele sind mit Längen von 5–10 cm recht klein; seltener messen sie über 30 cm, und nur wenige erreichen 1–2 m (Abb. 1.12) [552, 738].

Abb. 1.12: Tiefseetiere (komb. nach verschied. Autoren aus Günther u. Dekkert 1950).

a: Pelikanaal *(Eurypharynx pelecanoides)*, **b:** Tiefsee-Tintenfisch *(Lyctoteuthis diadema)* auf der Jagd nach Schleimkopf-Fischen *(Melamphaes)*, **c:** Kreuzzahnbarsch *(Chiasmodon niger)* mit großem Beutefisch im erweiterten Magen, **d:** Tiefsee-Maulstachler *(Eustomias satterlei)* auf der Jagd nach einer Leuchtsardine *(Myctophum)*, **e:** Teufelsfisch *(Borophryne apogon)*, **f:** Flohkrebs *(Thaumatops magna)* – Vergleichmaßstab für alle: Länge von **a** in nat. Größe = 16 cm.

1.4.2.1 Einpassung an die allgemeinen Bedingungen

Biolumineszenz. Einige Krebse und Fische der Tiefsee und sogar ein Cephalopode haben im Gegensatz zu ihren Verwandten aus der belichteten Zone rückgebildete oder fehlende Augen. Dafür verfügen sie über guten Vibrations- und Tastsinn. Viele besitzen verlängerte Fühler, Beine oder Flossenstrahlen. Bei etlichen Arten andererseits sind die Augen gerade besonders groß. Dies beginnt schon in der Dämmerungszone und hängt mit dem Leuchtvermögen von Tiefseebewohnern zusammen. Zwar gibt es Biolumineszenz auch bei Flagellaten *(Ceratium, Noctiluca)* und den zu den Tunikaten gehörenden Feuerwalzen *(Pyrosoma)* des Flachmeers, doch kommt sie unterhalb von etwa 500 m bei den verschiedensten Tieren vor. So leuchten bestimmte Medusen, Würmer und Echinodermen. Ihnen fehlen noch spezielle Leuchtorgane wie sie für Cephalopoden, Krebse und Fische typisch sind. In einigen Fällen wird Biolumineszenz durch symbiotische Leuchtbakterien hervorgerufen, die an bestimmten Stellen der Haut lokalisiert sind; in anderen Fällen wird ein eigener Leuchtstoff erzeugt. Große Leuchtorgane dieses zweiten Typs haben die meisten Tintenfische. Ferner befinden sich solche oft neben den Augen oder an der Kopflaterne von Fischen sowie bei Krebsen auf Augenstielen und anderen Körperteilen. Bei Nichtarthropoden sind sie einem Linsenauge ähnlich gebaut. Anstelle der Netzhaut liegen die lichtausstrahlenden Zellen, hinter diesen befindet sich eine Reflektorschicht, vor ihnen eine durchsichtige Sammellinse. Bei der Erzeugung von Licht geht nur 10% der Energie als Wärme verloren. Die Anordnung der Leuchtorgane über den Körper dient in erster Linie dem Erkennen der Art und des Geschlechtspartners. Bei einigen Fischen ist ein angelartiger Fortsatz nach vorn verlagert. Er trägt an seiner Spitze ein Leuchtorgan, das Beute anlockt. In wieder anderen Fällen hilft das Licht, Verfolgern zu entkommen. So scheiden manche Tintenfische und Garnelen Leuchtschleim aus, wenn sie von Feinden gejagt werden.

Temperatur. Je nach geographischer Breite, Jahreszeit und Wasserströmung unterscheidet sich die Temperatur des Oberflächenwassers. Da kaltes Wasser schwerer ist, sinkt es nach unten. Von etwa 2000 m an ist es 3,6–0,6 °C kalt. Polare und Tiefseeorganismen sind daher mit wenigen Ausnahmen kaltstenotherm. Jedoch ist ihr Grundumsatz auf einen anderen «Sollwert» eingestellt. Daher laufen die Lebensfunktionen solcher Arten im kalten Wasser nicht unbedingt langsamer ab als bei anderen im warmen.

Wasserdruck. Der hydrostatische Druck nimmt alle 10 m um etwa 1 atm zu und weist in der Tiefsee somit Werte von 100–1100 atm auf, wenn man die Tiefseegräben berücksichtigt. Das Meerwasser wird dadurch allerdings wenig komprimiert: in 4 km Tiefe um 1,8%, in 6 km um 2,6% und in 10 km etwas über 4%. Beträchtlicher sind aber die Wirkungen im subzellularen Bereich des Protoplasmas, das eine gewisse Plastizität gegenüber verschiedenen Drücken besitzt. Durch steigenden Druck nimmt die Viskosität des Plasmas ab; das festere Gel geht in einen dünneren Solzustand über. Den gleichen Effekt hat übrigens abnehmende Temperatur. Bei höherer Temperatur muß daher ein stärkerer Druck aufgewandt werden, um die Viskosität des Plasmas entsprechend zu verringern. Tiefseetiere sind durch Erhöhung ihres Innendrucks an die Situation angepaßt. Wahrscheinlich werden Reaktionen von Enzymen und die Funktion von Zellmembranen am stärksten von Druckeffekten beeinflußt. Mit abnehmender Temperatur und steigendem Druck wird z. B. die Aktivität der Lactat-Dehydrogenase gehemmt.

Es gibt nur wenig eurybathe Tiere wie die Schnecke *Neptunea islandica*, die von 30–3000 m Tiefe lebt oder den Borstenwurm *Amphicteis gunneri* in 20–5000 m. Die meisten Tiere der obersten Wasserschichten werden durch Drücke von 300–600 atm (= kp/cm^2), wie sie in 3–6 km Tiefe herrschen, schnell gelähmt und bei längerer Einwirkung getötet. Am druckresistentesten sind Seerosen und Seesterne; in abnehmender Druckresistenz folgen Seeigel, Medusen, Schnecken, Würmer, Krebse, Fische. Vor allem müssen Fische mit Schwimmblase, die aus der Tiefe plötzlich nach oben kommen, sterben, weil das Gas sich bei geringerem Druck ausdehnt und die Schwimmblase zum Platzen bringt.

Sauerstoffgehalt. O_2 ist gewöhnlich an der Oberfläche am reichlichsten, wo er dem Sättigungswert der jeweiligen Wassertemperatur entspricht. In etwa 500 m Tiefe kann wegen des O_2-zehrenden Wirkens der Bakterien ein gewisses Defizit entstehen. Der Gehalt wird aber in der Tiefe wegen des gut durchlüfteten polaren Oberflächenwassers, das durch die ozeanische Tiefenzirkulation weiträumig verfrachtet wird, wieder größer. Die langsamen Bodenströme, die sich mit Geschwindigkeiten von einigen cm/sec oder weniger über dem Boden der Tiefsee hinwegbewegen, reichen meist aus, um einen genügenden Austausch von Sauerstoff zu gewährleisten. Nur bei sehr träger Tiefenzirkulation kann die abyssale Sphäre abnorm arm an O_2 sein.

Sedimente und Benthos. Der Transport von Sedimenten wird recht beachtlich, wo die Wirbel der großen Meeresströme nach unten greifen, und dort die Geschwindigkeit der Strömung über 40 cm/sec erreicht. Ist aber die Wasserbewegung gering, so lagern sich die fein suspendierten Stoffe ohne Umschichtung auf dem Untergrund ab, der mit einem weichen Sediment aus Skeletteilen und Schalen herabgesunkener Plankter usw. bedeckt wird. Vor allem in den polaren Gebieten und dort, wo Beimischung von tonigen Bestandteilen durch reichlichen Zustrom von Flußwasser die Bildung von Kieselskelett begünstigt, besteht das Sediment vorwiegend aus Resten von Diatomeen und Radiolarien (**Kieselschlamm**). In tropischen und subtropischen Meeren wird durch die höhere Temperatur Kalkausscheidung erleichtert. Dort befinden sich vornehmlich Kalkschalen von Globigerinen, Pteropoden und Coccolithinen im **Kalkschlamm**. In manchen sehr tiefen Regionen erreichen weniger Skeletteile den Boden. Lösungsrückstände der Globigerinen-Schlämme haben sich hier mit Eisen und Mangan durchdrungen und bilden roten **Tiefseeton**.

Im Abyssal sind Sedimentfresser und Filtrierer häufig. Viele Arten haben lange Extremitäten, Stacheln und andere Stützen, die ein Einsinken verhindern, oder ihr Körper ist abgeflacht. Glasschwämme mit zerbrechlichem Skelett, Polypenstöcke, Haarsterne mit Stielen bis zu 2 m Länge und wurzelartigen Verästelungen am unteren Ende, Fische mit stelzenartigen Brust- und Schwanzflossen *(Benthosaurus)*, Krebse mit langen Beinen, Seegurken, Schlangensterne, Seeigel, Mollusken *(Neopilina)* und röhrenbewohnende Polychaeten besiedeln den Lebensraum. Unter 3000 m Tiefe nimmt die Artenzahl ständig ab.

Ernährung. Die Organismen der Tiefsee sind größtenteils auf den «Nahrungsregen» der organischen Stoffe angewiesen, der aus den Oberschichten absinkt. Dabei dienen die Stoffe noch mehrfach zum Aufbau anderer Lebewesen (Saprotrophe, Zootrophe), bevor sie auf den Grund gelangen. Bestimmte planktonfressende Larven der Tiefsee lassen sich gegen Strömungen, Sprungschicht und hohe Unterschiede der Temperatur einige tausend Meter emportreiben, um in die nahrungserzeugende, durchlichtete Zone zu gelangen, und sinken am Ende ihrer Jugendperiode wieder nach unten. Manche Larven des Benthos durchlaufen ein kurzes pelagisches Stadium nahe dem Untergrund, das jedoch der Ausbreitung, nicht der Ernährung dient [773].

Äquatorialsubmergenz. Temperatur und Nahrungsbedingungen zwischen polaren Küstengewässern und der Tiefsee sind sich so ähnlich, daß sich auch die biologischen Funktionen einiger ihrer Bewohner in entscheidenden Punkten gleichen, so in der nichtpelagischen Entwicklung vieler Benthos-Arten, dem geringen Nahrungsbedürfnis und der Anpassung an niedrige Temperatur. Es wird daher verständlich, daß manche Bewohner sowohl in kalten Küstengewässern der Arktis und Antarktis als auch in der Tiefsee unter dem Äquator vorkommen.

1.4.2.2 Leben bei Thermalquellen

In Nähe der Galapagos-Inseln und an anderen Stellen des Ozeans, wo in etwa 2500–3500 m Tiefe die auf dem Magma schwimmenden Platten der Erdkruste auseinanderweichen, wird eindringendes Wasser bei hohen Drücken als stark reduzierende und mit Metallen angereicherte Hydrothermalflüssigkeit emporgeschleudert. Dabei bilden die Metallsulfide mit dem ebenfalls ausfallenden Kalziumsulfat am Meeresboden schornsteinartige Röhren. Infolge der Gegenströmung mischen sich 2–3 °C kaltes, O_2-haltiges Wasser in der oberen, porösen Lavaschicht und etwa 350 °C heißes Thermalwasser. Dadurch entstehen Temperaturen von 20–25 °C, in denen lithoautotroph Schwefelbakterien und eine von ihnen abhängige Tiefseefauna leben können. Die Bakterien verwenden die durch Oxidation von Schwefelwasserstoff zu Schwefel gewonnene Energie zur Assimilation von CO_2. Stoffumsatz und Energietransfer in der ganzen Lebensgemeinschaft sind primär nur durch Symbiose zwischen den Schwefelbakterien und bestimmten Tieren möglich.

Vor allem befinden sich nämlich die Bakterien reichlich im Kiemengewebe von etwa 30 cm großen Muscheln *(Calyptogena magnifica, Bathymodiolus thermophilus)*, das den im Wasser gelösten H_2S und O_2 aufnimmt. Die Chemosynthese findet also direkt im Kiemengewebe statt. Die Muscheln haben ein extrazelluläres Hämoglobin, das O_2 im Blut transportieren und speichern kann. Auch kommt in ihrem Blut ein S-bindendes Protein vor. Ebenfalls leben die Schwefelbakterien mit Röhrenwürmern (Pogonophora) in Symbiose. Die Art *Riftia pachyptila* von diesen wird 150 cm lang. Die Bakterien halten sich im «Trophosom» des Wurms auf [13].

Den genannten symbiotischen Tieren steht durch die Körper der Bakterien genügend organische Nahrung zur Verfügung. So können sie durch ihre Biomasse die Grundlage einer größeren Lebensgemeinschaft bilden. Zu ihr gehören Serpuliden, Seeanemonen, Seelilien, Holothurien, Enteropneusten, Schnecken und Krebse. Sogar Fische, darunter ein 30 cm langer, viviparer Raubfisch der Gattung *Bythites* halten sich dort auf. Ein Octopus *(Graneledone)* von 46 cm Länge jagt die Krebse, die ihrerseits Serpuliden fressen [104].

Verstopfen die Poren der oberen Lavaschicht, so versiegt die Thermalquelle nach einer Dauer, die 10 bis 100 Jahre betragen kann. Indessen bricht sie an einer anderen, oft mehrere km entfernten Stelle wieder hervor. Die alte Lebensgemeinschaft muß dann zugrunde gehen. Nur für die Aasfresser und Räuber bleibt der Tisch noch länger gedeckt. Eine Neubesiedlung frisch ausgebrochener Quellen wird durch planktische Entwicklung der meist sessilen Tiere möglich. Wo Sauerstoff fehlt, können Methan bildende Bakterien vorkommen, die stärker thermophil sind [311].

Methanogene Archaebakterien vermögen *in* den heißen Schwefelquellen zu existieren. Sie gedeihen dort noch bei 300 °C und 265 atm Druck. Im Labor lassen sie sich bei Normaldruck und 100 °C züchten [20].

2 Brackgewässer

Viele Gewässer verschiedener Größenordnung haben Salzgehalte zwischen denen der Ozeane und des Süßwassers. Sie bestehen aus Brackwasser, das sich nicht allein durch die Werte des Salzgehaltes (3,0–0,05%), sondern auch durch deren Schwankungen auszeichnet. Der Gegensatz Meer-Süßwasser stellt eine relativ einschneidende biologische Grenze dar, durch die neuartige Lebensräume gebildet werden.

Nach seiner Besiedlung läßt sich Brackwasser in Bereiche unterschiedlichen Salzgehaltes einteilen: polyhaline (3,0–1,8%), α-mesohaline (1,8–0,8%), β-mesohaline (0,8–0,3%) und oligohaline (0,3–0,05%). Über 90% der spezifischen, nur im Brackwasser vorkommenden Organismen leben im mesohalinen Bereich. Ihr Artenmaximum liegt zwischen 0,8–0,3%, also gerade dort, wo sich das Artenminimum befindet, wenn man alle Bewohner im Brackwasser betrachtet (Abb. 2.1) [512].

Man unterscheidet folgende Lebensräume: (1) Meere, die noch eine schmale Verbindung zu den Ozeanen haben (Ostsee, Schwarzes Meer) oder in früheren Zeiten hatten (Kaspisches Meer, Aralsee). Die pontokaspischen Binnenmeere gehörten im frühen Tertiär zum Thetysmeer. (2) Brackwässer kleineren Ausmaßes mit geringer oder fehlender Strö-

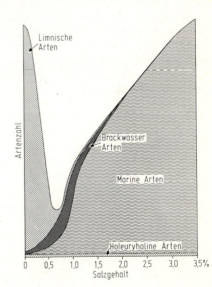

Abb. 2.1: Anteil der spezifischen Brackwasser-Arten im Vergleich zu limnischen, marinen und (hol)euryhalinen Arten in verschiedenen Salzgehalten (nach Remane 1940).

mung im marinen Küstenbereich. Zu ihnen gehören Fjorde, vom Meer abgeschnittene Lagunen, Strandgräben und Strandtümpel. (3) Brackwasser mit starker Strömung in den Mündungsgebieten der Flüsse ins Meer (Ästuarien). Durch die Gezeiten kommt es täglich zu Gegenströmungen und der damit verbundenen Änderung des Salzgehaltes. (4) Unterirdisches Küstengrundwasser. An Sandküsten entsteht oberhalb der normalen Wasserstandslinie in einer Tiefe von nur wenigen dm bis über 1 m eine streifenartige Brackwasserzone zwischen dem eindringenden Meerwasser und dem limnischen Grundwasserspiegel (Abb. 3.4). (5) Brackwasser im Binnenland. Wenn Süßwasser in Salzablagerungen sickert, können Salzquellen, Brackwassersümpfe und brakkige Seen entstehen.

2.1 Lebensbedingungen und Lebensansprüche

Der Salzgehalt erhöht sich durch Meerwasser, Lösung von Salzen im Untergrund und durch Verdunstung. Er erniedrigt sich durch Einfließen von Süßwasser, arktische Schmelzwässer, Infiltration von Grundwasser und durch Niederschläge. Solchen Änderungen einer wichtigen Umweltbedingung müssen Bewohner des Brackwassers angepaßt sein.

In mixohalinen Gebieten sinkt Wasser mit höherem Salzgehalt nach unten, gelangt durch Turbulenz allerdings auch wieder in höhere Schichten. Jedenfalls liegen oft Lagen unterschiedlicher Salinität übereinander. Dafür ist die Ostsee ein Beispiel. Während in den Ozeanen (außer an begrenzten Stellen nach starken Regenfällen) Unterschiede im Salzgehalt gering bleiben, können sie im Brackwasser recht groß werden. Von den Mündungen der Ströme in den Tropen (z. B. Amazonas, Orinoco) macht sich Brackwasser und damit Salzschichtung noch viele Seemeilen weit im Ozean bemerkbar. Vor Flußmündungen in Monsunklimaten (z. B. Küste von Liberia bis zum Nigerdelta) entstehen oft Lagunen mit stark wechselndem Salzgehalt zwischen Trocken- und Regenperiode [524].

Die Konzentration des Oberflächenwassers an Nitrat und Phosphat im Ozean vor der Mündung tropischer Ästuarien kann recht gering sein und für manche Phytoplankter zum Minimumfaktor werden. Dafür liegen die Werte für Silikate dort höher als im unbeeinflußten Schelfgebiet.

Bei länger dauernder Salzschichtung im Brackwasser entsteht in der Tiefe leicht ein O_2-Defizit, und der durch die Zersetzung der Organismen gebildete Schwefelwasserstoff reichert sich so an, daß dort kein Tierleben mehr möglich ist. Solche Verhältnisse finden sich im Schwarzen Meer, zum Teil aber auch schon im Becken der Ostsee, da der Austausch mit ozeanischem Wasser durch den Belt nicht mehr ausreicht. In Brackwassertümpeln ist Massenentwicklung von Schwefelbakterien, die H_2S oxidieren, eine häufige Erscheinung.

Nach ihren Lebensansprüchen gibt es vier ökologische Gruppen von Brackwasserbewohnern:

Euryhaline Arten. Sie leben in Süß-, Brack- und Meerwasser, sind in ihrer Respirationsrate vom Salzgehalt unabhängig, und ihre Größe nimmt bei geringerer Salinität nicht ab. Die meisten sind limnischen Ursprungs, und unter ihnen scheint halbterrestrisches Leben an feuchten Küsten eine günstige Voraussetzung zu einer derartigen Salztoleranz zu sein. Ein Beispiel dafür ist der Ringelwurm *Enchytraeus albidus*, der zwischen 0,01–3,5% Salzgehalt existieren kann. Auch manche Larven von Dipteren (z. B. *Aedes salinus, Chironomus halophilus, Ephydra riparia*) und Köcherfliegen *(Limnephilus affinis)* ertragen weite Salzspannen [26]. Vom Süßwasser stammen ferner viele Rotatorien und einige Ostracoden. Etliche Fische entwickeln sich bei verschiedenem Salzgehalt, so der Zahnkarpfen *Cyprinodon macularius* tropischer Küstengewässer [334].

Dagegen haben der Dreistachlige Stichling *(Gasterosteus aculeatus)*, manche Turbellarien oder die Grünalge *Enteromorpha intestinalis* marinen Ursprung. Zyklisch euryhalin sind die katadromen Tiere, die zum Laichen ins Meer wandern (Aal *[Anguilla]*, Wollhandkrabbe *[Eriocheir sinensis]*) und die anadromen (Stör *[Acipenser sturio]*, Lachse (Salmonidae), Meerneunauge *[Petromyzon marinus]*), die zur Eiablage in die Flüsse ziehen. Bei Aalen ändert sich die Zusammensetzung des Blutes, sobald sie in Salzwasser gelangen, und ihr Geruchssinn wird schärfer. Sie reagieren dann plötzlich empfindlich auf geringe Veränderungen der Sauerstoff- und Salzkonzentration.

Limnische Arten. Pflanzen und Tiere des Süßwassers sind im allgemeinen sehr empfindlich gegen Salzwasser. Schon im oligohalinen Bereich geht ihre Artenzahl stark zurück, und nur wenige können die 0,8%-Grenze überschreiten. Besonders intolerant gegenüber Salzgehalt sind Thecamöben, Ciliaten, rhabdocöle Turbellarien, Muscheln, Ephemeriden und Plecopteren des Süßwassers, in etwas geringerem Maß Libellen. Größere Toleranz haben Cyanobakterien, Enchytraeiden, Tubificiden, Dipterenlarven und einige Schnecken (z. B. *Theodoxus fluviatilis, Bithynia tentaculata, Lymnaea [Radix] peregra*). Süßwasser-Organismen erniedrigen ihre Respirationsrate im Brackwasser, Meeresorganismen erhöhen sie.

Marine Arten. Für zahlreiche Meeresbewohner, darunter Vertreter der Kalkschwämme, Bryozoen, Nematoden, Polychaeten, Copepoden, Chitonen, Cephalopoden, Echinodermen, Ascidien, *Branchiostoma* bildet 1,8% Salzgehalt eine biologische Grenze. Viele Rot- und Braunalgen, manche Aktinien, Polychaeten, Muscheln und Schnecken tolerieren noch den Bereich bis 0,8% Salzgehalt. Foraminiferen, Ciliaten, Turbellarien, Rotatorien, verschiedene Krebse und etliche Fische dringen sogar bis zur 0,3%-Grenze vor. Aber selbst in noch stärker ausgesüßtem Wasser gedeihen Braunalgen wie Blasentang *(Fucus vesiculosus)* und Meersaite *(Chorda filum)* oder Krebse der Gattungen *Neomysis, Jaera* und *Gammarus*. Die im schwach salzhaltigen Wasser lebenden marinen Tiere haben hypertonische Osmoregulation (Regulierung des Salzgehalts im Körper).

Wie sind Meerestiere in Brackwasser gelangt? Wo Randmeere (Ostsee, Pontokaspische Meere) von den Ozeanen weitgehend oder ganz abgeschnitten sind, sinkt der Salzgehalt. Doch können sich in der salzreicheren Tiefe marine Arten als Relikte halten. Andererseits sind Arten, die aus dem Eulitoral des Meeres stammen, schon an sich toleranter gegenüber Änderungen des Salzgehaltes. Manche Fische, Dekapoden-Krebse, Schnecken, aber auch Plankter dringen leicht in die Ästuargebiete der Flußmündungen ein und kommen dadurch in Brackwasser. Für die Mikrofauna gibt es die Möglichkeit vom marinen Küstengrundwasser her. Allerdings besteht auch der umgekehrte Weg. So haben die kleinen Krebse der Bathynellacea im limnischen Grundwasser ihren Ursprung und sind erst später von dort mit einigen Arten in das marine Küstengrundwasser vorgestoßen [560].

Spezifische Brackwasser-Arten. Zu ihnen gehören diejenigen, die vornehmlich oder ausschließlich im Brackwasser leben. Ausgeschlossen seien jedoch solche Organismen des Süßwassers, bei denen ein gewisser Stimulationseffekt durch schwachen Salzgehalt die Entwicklung begünstigt, wie es für bestimmte Cyanobakterien, Diatomeen und Rotatorien nachgewiesen wurde. Im allgemeinen ergibt sich für die spezifischen Brackwasser-Arten ein optimales Wachstum bei mittlerer Salinität. Dies zeigten Experimente mit dem Nesseltier *Cordylophora caspia* und dem Flohkrebs *Gammarus duebeni* deutlich [335].

Echte Brackwasser-Arten gibt es bei Euglenoiden, Grün-, Braun- und Rotalgen sowie bei vielen Tiergruppen, so den Cnidariern, Turbellarien, Rotatorien, Nematoden, Anneliden, Bryozoen, Fischen und ganz besonders bei Mollusken und Krebsen.

Als Beispiele für Mitteleuropa seien genannt: *Cordylophora caspia,* der Oligochaet *Lumbriculus pagenstecheri,* die Schnecken *Hydrobia stagnalis, Potamo-*

pyrgus jenkinsi, Alderia modesta, die Muschel *Congeria cochleata*, die Krebse *Saduria (Mesidothea) entomon, Idotea chelipes (viridis), Sphaeroma hookeri, Gammarus duebeni, Palaemonetes varians*, die Bryozoe *Membranipora (Electra) crustulenta*, von Fischen der Gründling *Pomatoschistus (Gobius) microps* und die Flunder *(Platichthys flesus)*.

Das Übergewicht des stammesgeschichtlich marinen Anteils dieser ökologischen Gruppe gilt auch für die ponto-kaspische Brackwasserfauna mit ihren Mysideen, Cumaceen, Polychaeten und Fischen.

2.2 Ökologische Besonderheiten

Artenarmut. Brackwasser ist im Vergleich zum Meer und Süßwasser artenarm, kann aber durchaus reich an Individuen sein. Die asymmetrische Lage des Minimums der Artenkurve bei 0,5–0,7% innerhalb des Salinitätsbereichs von 0,01–3,5% liegt bedeutend näher dem Süßwasser und weist auf die hohe Salzempfindlichkeit der limnischen Lebewelt hin (Abb. 2.1). Es dringen also viel mehr Organismen vom Meer in schwach saline Gewässer vor als umgekehrt vom Süßwasser her. Wird allerdings die kritische Grenze von limnischen Arten überwunden, erweisen sich diese überhaupt als relativ unabhängig vom Salzgehalt, dann können sie sogar hypersaline Gewässer besiedeln, in denen Meerestiere fehlen. Es liegt nicht nur an ihrer Salztoleranz, sondern außerdem an der größeren Isoliertheit der meisten kleineren Brackgewässer. Organismen des Süßwassers können sich leichter ausbreiten, Meerestiere sind auf kontinuierlichen Nachschub der Larven angewiesen.

Abnahme der Körpergröße. Algen, Cnidarier, Mollusken, Echinodermen, Fische sind in schwächer salzigem Wasser kleiner, haben also eine relativ größere Oberfläche. So wird der Hering *(Clupea harengus)* in der Nordsee mit 23–33 cm, in der Ostsee schon mit 12,5 cm Länge geschlechtsreif. Polychaeten zeigen übrigens solche Größenabnahme nicht. Mit wenigen Ausnahmen gilt die Regel auch nicht für die vom Süßwasser vorgedrungenen Arten.

Abweichung der Form. Abgesehen von der dünneren Ausbildung des Kalkskeletts bei Mollusken und Bryozoen können sich echte Strukturänderungen ergeben. Dies wird besonders deutlich am Aussehen mancher Rotalgen *(Delesseria sanguinea, Polysiphonia urceolata)* oder der Form des Köpfchens und der Zahl der Tentakeln bei der Hydrozoe *Cordylophora caspia*.

Abweichung funktioneller Art. Viele euryhaline Organismen haben beim Übergang vom Meer ins Brackwasser eine Verzögerung der Entwicklung und des Wachstums [584]. Im Brackwasser werden reine Meeresalgen *(Callithamnion, Polysiphonia)* und Süßwasseralgen *(Vaucheria, Spirogyra)* steril. Gleiches gilt für das Seegras *Zostera marina* an der Grenze seines Vorkommens zur finnischen Küste hin. Von einem bestimmten Salzgehalt an können trotz ihrer Existenz der Seestern *Asterias rubens*, die Scyphozoe *Lucernaria quadricornis* oder der Polychaet *Nereis diversicolor* sich nicht mehr vermehren. Das Fortpflanzungsareal ist also bei verschiedenen Arten enger als ihr Existenzbereich.

Mischcharakter der Lebewelt. Im Brackwasser kommen marine Braunalgen (Laminarien, *Fucus*), Grünalgen *(Enteromorpha)*, Seegras *(Zostera)* mit limnischen Armleuchteralgen (Characeae), Laichkraut *(Potamogeton)* und Tausendblatt *(Myriophyllum)* zusammen. Es kann sich auch ein Binsenröhricht (Scirpetum) ausbilden, das von den verschiedensten sessilen Ciliaten, Schwämmen, Hydrozoen, Polychaeten und Tunikaten bewohnt wird. Süßwassertiere wie *Ephydatia* (Schwamm), *Hydra*, Trichopterenlarven, Schnecken der Großgattung *Lymnaea* und der Gattung *Physa* leben auf Meeresalgen *(Fucus, Furcellaria)*, Tiere marinen Ursprungs wie *Cordylophora caspia* auf dem limnogenen Laichkraut *Potamogeton perfoliatum*. Gerade solche Mischareale zeigen, wie sich Lebensgemeinschaften ausbilden können, ohne daß eine «Koevolution» der in Beziehung tretenden Arten wirksam war.

Typisch für Brackgewässer sind zuweilen ausgedehnte Pflanzenteppiche, etwa von *Vaucheria*-Grünalgen, die oft mit Cyanobakterien vermischt auftreten. Doch auch Braunalgen bilden dichte großflächige Überzüge, und im Schwarzen Meer ist dies von Rotalgen bekannt. Ebenfalls können Tiere einen solchen Lebensraum schon äußerlich prägen. Die Bryozoe *Membranipora (Electra) crustulenta* wächst zu Riffen aus. Derartige Riffbildungen fehlen im Süßwasser, sind aber im Meer durch Algen und Tiere, wie wir hörten, eine bekannte Erscheinung.

Manche Vögel, die am Meeresstrand brüten, holen sich ihre Nahrung aus Brackwasserlagunen (Abb. 2.2), wie überhaupt gerade die kleineren, isolierten Brackgewässer mit der sie umgebenden Landschaft in mannigfacher Weise biologisch verknüpft sind [288].

2.3 Relativität der Biotopbindung

Jede Lebensgemeinschaft ist an eine Auswahl verschiedener Bedingungen der Umwelt gebunden. Setzt die Veränderung eines oder mehrerer Faktoren nur für einen Teil der Arten eine Grenze, so verarmt die Assoziation oder die Verteilung der Organismen ändert sich.

2.3 Relativität der Biotopbindung

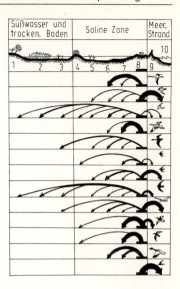

Abb. 2.2: Bevorzugte Nahrungsgründe von Meeresvögeln, die in der Camargue auf Inseln im Bereich der salinen Lagunenzone **(8)** brüten (etw. veränd. nach Hoffmann 1958).
1: Trockener Untergrund, **2:** Reisfelder, **3:** Sümpfe, **4:** Salzsteppe, **5–7:** Brackwasser verschiedenen Salzgehalts und Tiefen, **9:** Düne und Sandstrand. Vögel (von oben nach unten). *Phoenicopterus ruber, Sterna hirundo, Larus ridibundus, Recurvirostra avosetta, Anas platyrhynchos* (außerdem *A. strepera* u. *Netta rufina*), *Charadrius alexandrinus, Sterna albifrons, Gelochidon nilotica, Larus argentatus, Haematopus ostralegus, Tringa totanus, Tadorna tadorna, Sterna sandicensis.*

Viele Tiere der *Macoma baltica*-Assoziation des Eulitorals und obersten Sublitorals der Nordsee und anderer salzhaltiger Meere erweitern im Brackwasser der Ostsee ihre unterste Grenze von 10–15 auf 75–100 m Tiefe. Beispiele dafür sind die Muscheln *Mytilus edulis* und *Macoma baltica*, die Schnecke *Hydrobia ulvae*, die Polychaeten *Pygospio elegans* und *Scoloplos armiger*. Diese Erscheinung der «**Brackwassersubmergenz**» gilt keineswegs nur für die Ostsee, sondern läßt sich für alle Brackgewässer verallgemeinern. Sie trifft auch für die Mikrofauna zu. So findet sich die *Halammohydra*-Gemeinschaft, die das grobsandige Lückensystem des Eulitorals der Nordsee charakterisiert, in ähnlicher Zusammensetzung in der Kieler Bucht 6–15 m tief. Wo der Salzgehalt geschichtet und durch Aussüßung von Regen oder Flußwasser sowie Absinken salzreicheren Wassers in der oberen Schicht niedriger ist als in der Tiefe, sind für Arten mit Ansprüchen an höheren Salzgehalt optimale Bedingungen oft nur noch in der Tiefe gegeben. Eine Tiefenverlagerung des gesamten Existenzbereichs wird als totale Submergenz der bloßen Erweiterung des Vorkommens zur Tiefe hin (basale Submergenz) gegenübergestellt [511]. Außer der Abhängigkeit von Salinität und Temperatur mag auch eine geringere Zahl von Feinden die Entfaltung gewisser Brackwassertiere in tieferen Schichten begünstigen [515].

Interessanterweise zeigen manche Süßwassertiere im Brackwasser die umgekehrte Tendenz. Sie zeichnen sich dort gerade durch Emergenz aus. Hierfür ist jedoch nicht der Salzgehalt, sondern wahrscheinlich der Gehalt an Sauerstoff entscheidend.

Im Zusammenhang mit solchen Befunden steht das regionalbedingte Auftreten limnischer Organismen im Brackwasser. So sind die Alge *Chara tomentosa*, das Laichkraut *Potamogeton filiformis*, die Schnecke *Theodoxus fluviatilis*, die Wasserwanze *Gerris thoracica* und etliche *Haliplus*-Käfer, die im mittleren und nördlichen Teil der Ostsee leben, in südlicheren Breiten rein limnisch. Der Grund hierfür liegt in der Toleranz gegenüber höherem Salzgehalt bei abnehmender Temperatur, weil unter kühleren Bedingungen weniger Sauerstoff verbraucht wird.

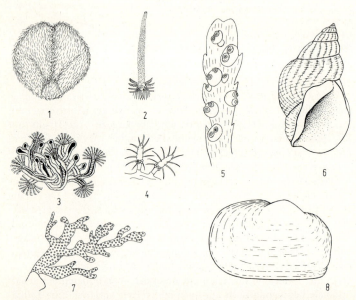

Abb. 2.3: Beispiele für Meerestiere (Nordsee), die im Brackwasser der Ostsee anderes Substrat bevorzugen (nach Schaefer u. Tischler, aus Brohmer / Schaefer 1988).
1: Herzigel *Echinocardium cordatum;* **2:** Borstenwurm *Pectinaria koreni;* **3:** Borstenwurm *Pomatoceros triqueter;* **4:** Polyp *Clava multicornis;* **5:** Ascidie *Dendrodoa grossularia;* **6:** Wellhornschnecke *Buccinum undatum;* **7:** Bryozoe *Alcyonidium gelatinosum;* **8:** Gestutzte Klaffmuschel *Mya truncata.*

Unterschiede beim Übergang vom Meer zum Brackwasser betreffen schließlich die Besiedlung bestimmter Substrate. Manche Arten, wie der Herzigel *Echinocardium cordatum*, der Borstenwurm *Pectinaria koreni*, die Schnecke *Buccinum undatum*, die Muschel *Mya truncata*, die in der Nordsee im Sandboden leben, kommen in der Ostsee auch auf Schlickgrund vor. Felsbodenbewohner der Nordsee besiedeln in der Ostsee das Phytal (Schwamm *Sycon*, Polychaet *Pomatoceros*, Ascidien) oder werden zu Epizoen (die Hydrozoe *Clava* auf der Süßwasserschnecke *Theodoxus*, die Bryozoe *Alcyonidium* auf der Meeresschnecke *Littorina*) (Abb. 2.3).

3 Meeresküsten

3.1 Besonderheiten der ökologischen Grenze Meer-Land

Die Besiedlung der Meeresküsten im Bereich der Gezeiten (Eulitoral) bis zu den landwärts sich anschließenden Lebensräumen hängt entscheidend von der Wirkung ab, die Wind und Wellen ausüben.

An Felsküsten bricht die Härte des Gesteins die Kraft der Brandung. Doch können durch den Anprall des Wassers grobe Blöcke abgespalten und zu Geröll und Kies zertrümmert werden. In der Kampfzone von Meer und Fels geht die Zerkleinerung der Trümmer bis zum Sand weiter. Dieser wird leicht von Strömungen verlagert und direkt auf die Küste zu angeschwemmt oder längs der Küste verdriftet. Schließlich kann er als Flugsand vom Wind verweht, weiter landeinwärts die Bildung von Dünen hervorrufen. Im Schutz vorgelagerter Inseln, in Buchten und weiten Flußmündungen, wo Wellenschlag nur bei sehr stürmischem Wetter vorkommt, wird Ton nebst organischen Resten als feinstes Material (Schlick) abgelagert. So entstehen Schwemmlandböden, die zu Marschen oder Mangroven führen.

Die Gezeitenzone bietet extreme Bedingungen. Hier müssen wenigstens zeitweise Meeresorganismen Trockenperioden, vom Land stammende Bewohner Überflutungen überstehen können.

Dies bedeutet: (1) Toleranz gegenüber starken Schwankungen der Temperatur, wie sie besonders bei Ebbe vorkommen. (2) Infolge Verdunstung und Regen müssen erhebliche Änderungen des Salzgehaltes ertragen oder kompensiert werden. (3) Für Meeresarten wird ein sonst nicht erforderlicher Schutz vor erhöhter UV-Strahlung zur Zeit der Ebbe notwendig, also stärkere Kutikula oder Pigmentierung. (4) Wassertiere müssen sich bei Ebbe wegen ihrer Atmungsorgane in Röhren zurückziehen *(Corophium)*, eingraben (Mollusken) oder ihre Schalen schließen (Muscheln, Seepocken), da Kiemen sonst verkleben oder austrocknen. Es können aber auch Kiemenräume mit Wasser gefüllt bleiben und dadurch Kiemenatmung ohne Wasserbedeckung des Lebensraums ermöglichen (Krebse: *Uca, Coenobita*). Landtiere andererseits müssen in luftgefüllten Spalten, in Luftblasen und selbstgegrabenen Gängen Überflutungen überdauern, wie es bei vielen Arthropoden der Fall ist. Einige Staphyliniden können als Larve und Imago bei stark herabgesetztem O_2-Verbrauch sogar völlig von Wasser umgeben bei 10 °C viele Stunden bzw. selbst 2 Wochen (zwischen Springtiden) überleben [704a]. (5) Dichteänderung des Mediums: Die Bewegungsorgane

3.1 Besonderheiten der ökologischen Grenze Meer-Land

sind bei Ebbe nicht mehr in der Lage, den Körper mancher Wassertiere zu tragen (Borstenwurm *Aphrodite,* Seestern *Asterias,* Garnele *Crangon*), so daß sie bewegungsunfähig werden. Manche Landtiere treiben bei Flut hilflos auf der Wasseroberfläche. Daher müssen gefährdete Arten rechtzeitig geeignete Schlupfwinkel aufsuchen [441, 583, 226].

Biologische Rhythmik. Bei Flut sind andere Organismen aktiv als bei Ebbe. Es kommt also zu regelmäßiger Umkomposition des aktiven Teils der Lebewelt im Eulitoral. Meist beruht dies auf endogener Rhythmik, die durch bestimmte Zeitgeber wie Tageslicht, Mondlicht, Gezeitenwirkung (Wasserbedeckung, Vibration des Substrats beim Springtidenzyklus) mit der Außenwelt synchronisiert wird. Dadurch können die Lebewesen Entwicklung, Verhaltensweisen und Stoffwechselvorgänge auf die periodisch sich ändernde Umweltsituation abstimmen.

Oft wirken Rhythmen von verschiedenen Zeitgebern zusammen und ermöglichen komplizierte Zeiteinstellungen [438]. Die tidale Aktivitätsperiodik von 12,4 Stunden kann von der 24stündigen Tagesperio-

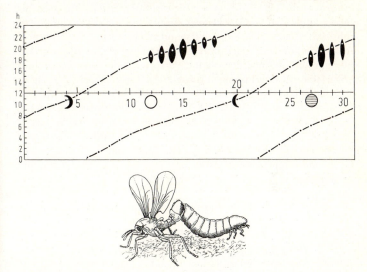

Abb. 3.1: Semilunare und tagesperiodische Abhängigkeit des Schlupfes und der Fortpflanzung der Zuckmücke *Clunio marinus* im Felswatt von Helgoland; unten: Begattung, links Männchen, rechts Weibchen (komb. nach Caspers 1939 u. 1951).
Abszisse: Monatstage u. Mondphasen, Ordinate: Tageszeit; Gezeiten durch Verbindung der beiden täglichen Niedrigwasser dargestellt; 1. Schlupfrate 12.7.–18.7., 2. Schlupfrate 27.7.–30.7. 1938.

dik überlagert sein, wie es bei einigen tagaktiven Winkerkrabben *(Uca)* oder den dunkelaktiven Strandkrabben *(Carcinus)* und Napfschnecken (Patellidae) der Fall ist. Überlagerung semilunarer Rhythmik von 14,7 Tagen mit der Tagesperiodik steuert das dem Springtidenzyklus angepaßte Schwärmen von Gameten der Braunalge *Dictyota dichotoma* oder Verpuppung und Schlüpfen der Zuckmücke *Clunio marinus* (Chironomidae) zu einer bestimmten Tageszeit (Abb. 3.1) [85]. Arten der gleichen Gattung können sich in ihrer Rhythmik zur Umwelt verschieden verhalten. Das gilt z. B. für die nur ökologisch getrennt lebenden Mücken *Clunio marinus* im Eulitoral und *Cl. balticus* im Sublitoral der norwegischen Küste [268] oder für geographisch weit entfernte Winkerkrabben *(Uca)* [389].

Überwindung der Salinitätsschranke. Die meisten Wirbellosen des Meeres passen die Ionenkonzentration ihrer Körperflüssigkeit dem Salzgehalt des umgebenden Wassers an.

Zu dieser poikilosmotischen Gruppe gehören selbst Strandschnecken *(Littorina)*, die bis in die Spritzzone des Supralitorals kriechen. Sie können kurze Zeit der Trockenheit ebenso wie Seepocken durch Verschluß ihrer Schale überstehen und damit zugleich Wasser einschließen, mit dem ihr Innenmedium isotonisch bleibt. Andererseits gibt es im Eu- und Supralitoral Schnecken marinen Ursprungs, die zwar wegen ihrer Veligerlarve auf Überflutung angewiesen sind, jedoch bei zu geringem Salzgehalt ihrer Umgebung eine Hypertonie-Regulation haben *(Assiminea, Alderia, Limapontia)*. Gleiches gilt für Enchytraeiden und manche Krebse *(Gammarus, Carcinus)*. Schließlich leben an Meeresküsten Strandkrabben (Grapsidae, Ocypodidae), Asseln *(Sphaeroma, Ligia)* und Amphipoden-Krebse *(Talitrus, Orchestia)* mit der Fähigkeit zur Hyper- und Hypotonie-Regulation, die sich also in einem noch weiteren Bereich vom Salzgehalt ihrer Umgebung unabhängig gemacht haben.

Entsprechendes trifft für Organismen zu, welche die Meeresküste vom Land her besiedeln. Das zeigen Dipteren nebst ihren Larven sowie einige Käfer und Milben, die in erster Linie durch ihre Nahrung (faulende Meeresalgen) an den Strand gebunden sind. Arthropoden vom Binnenland mit ihrem relativ hohen Innendruck des Blutes können Salz im Substrat offenbar eher ertragen als Schnecken mit geringeren osmotischen Werten [516].

3.2 Felsküsten

3.2.1 Eulitoral

Die Besiedlung des Felsuntergrundes zwischen den Linien von Hoch- und Niedrigwasser weist vor allem im gemäßigten Klima eine ausgeprägte Zonierung auf. An arktischen und subarktischen Küsten wird diese wegen Kälte und Eis immer geringer oder fehlt ganz [629]. Aber auch in den Tropen ist die Zonierung weniger deutlich.

In den gemäßigten nördlichen und südlichen Breiten bilden Seepokken (Cirripedia) die obere, der Beginn von Laminarien (Braunalgen) die untere Grenze. Diese großen Algen charakterisieren bereits das Sublitoral mit seiner reichhaltigen Pflanzen- und Tierwelt an sessilen, hemisessilen und beweglichen Arten, während Braunalgen der Gattung *Fucus* an vielen Küsten für das Eulitoral typisch sind [102]. Algen, Seepocken und Strandschnecken *(Littorina)* der Gezeitenzone könnten auch bei dauernder oder mindestens sehr langer Überflutung existieren. Doch ertragen sie außerdem die extremen Bedingungen von Trockenheit, hoher Temperatur, Besonnung und Wellenschlag. Lediglich in trockenwarmen Sommern und in Wintern mit tiefem Frost ist ihre Mortalität im Eulitoral recht hoch.

In den Tropen treten Algen, die keine Krusten bilden, und sessile Tiere (außer Seepocken) stärker zurück. Der Lebensraum ist dort mehr dreidimensional besiedelt, indem die meisten Wirbellosen sich in Spalten, Ritzen und Löchern aufhalten. Nur so sind sie in der Lage, dem das ganze Jahr über wirkenden Feinddruck, vor allem der Fische und Krabben, zu widerstehen [422].

Horizontale Verteilung. Durch die Lage zum Wasseranprall bildet sich ein horizontales Verteilungsmuster, das wiederum die vertikale Zonierung beeinflußt. Kleine Lücken bieten nicht nur Schutz, sondern sind auch geeignete Stellen zur Anhäufung von Detritus, der vielen zur Nahrung dient. Größere Braunalgen und Seepocken ermöglichen die Ansiedlung von jungem *Fucus* und von kleinen Schnecken. In fleckenartigen Häufungen sammeln sich Larven von Balaniden, Polychaeten oder Austern *(Ostrea)* an. So wird der Lebensraum intensiv ausgenutzt (Abb. 3.2). Wenn die Dauerbewohner durch extreme Bedingungen vernichtet werden, erscheinen sofort kurzlebige «Opportunisten», um die leeren Plätze zu besetzen. Sie sind aber nicht notwendige Pioniere, welche die Voraussetzung für die Existenz der «Persistenten» schaffen müßten. Zwar werden leere Flächen meist in bestimmter Gesetzmäßigkeit besiedelt, doch hängt dies mehr mit dem unterschiedlichen Ausbreitungsvermögen der Arten zusammen.

Abb. 3.2: Felsufer in Peru mit *Cinclodes nigrofumosus taczanowskii* (Töpfervögel, Funariidae) auf einem mit Algen und Tieren besetzten Stein in der Brandungszone (nach H. W. u. M. Koepcke 1953).

Konkurrenz und Feinde. Die untere Grenze wird für viele Arten mehr durch biotische Ursachen bedingt, also nicht durch Toleranz oder Intoleranz gegenüber abiotischen wie die obere Grenze. So wächst die Seepocke *Balanus balanoides* schneller und verdrängt oder unterdrückt *Chthamalus stellatus*. Dies erklärt deren Vorkommen im höheren Bereich, wo *Balanus* nicht mehr leben kann [102].

Manche Muscheln entkommen den sich von ihnen ernährenden Krabben im ruhigen Wasser nur durch eine bestimmte Größe, während sie sich in der Brandungszone, wo Krabben selten sind, in den verschiedensten Altersstufen befinden. Überhaupt hängt der Altersaufbau oft von der Gunst der Bedingungen ab. Wie bei Seepocken, Seesternen, Schnecken, Muscheln und Großalgen festgestellt wurde, überleben unter extremen Verhältnissen kaum junge Individuen. Die Altersstruktur besteht dann nur aus älteren Jahrgängen und ist daher recht einheitlich. In günstigeren Situationen ergibt sich dagegen eine normale Alterspyramide.

Wo der Seeotter *(Enhydra lutris)* im Gezeitenbereich und Sublitoral der Felsküste einiger Aleuten-Inseln seine Beute holt, kommen Seeigel *(Strongylocentrus)*, Miesmuscheln *(Mytilus)* und Seepocken (Balaniden) nur spärlich vor. Dafür findet sich dort ein dichter Besatz von Braunalgen. Dieser Raubsäuger frißt nicht nur Fische, sondern auch Seeigel. An Küsten ohne den Seeotter wird die Algenvegetation sehr von Seeigeln und Chitonen abgeweidet. Mit den Algen verlieren zugleich mehrere andere Organismen ihre Lebensgrundlage [174].

Aktivitätsmuster. Napfschnecken *(Patella)* und Lungenschnecken der Gattung *Siphonaria* haben bestimmte Heimplätze, an deren Unebenheiten ihr Schalenrand angepaßt ist. Von dort aus unternehmen sie ihre Weidegänge und kehren dann wieder zum Ausgangspunkt zurück [213]. Ihre Aktionsradius reicht allerdings kaum über 30 cm. Heimplätze und Wege werden durch chemische Stoffe markiert, die sich auch im Wasser halten. Außerdem prägt sich dem Gedächtnis die Entfernung ein (kinästhetische Orientierung). Das Aktivitätsmuster deutet auf endogene Gezeitenrhythmik, die von der tagesperiodischen Komponente überlagert ist. *Patella caerulea* wandert bei Hochwasser, *P. vulgata* auch bei Niedrigwasser. Beide sind nur im Dunkeln aktiv und kehren bei Licht sofort zurück. Das Rückkriechen der lediglich bei Flut aktiven Art erfolgt mit Beginn der Ebbe.

An vielen Küsten Europas kommen Mückenlarven der Gattung *Clunio* (Chironomidae) vor, also Tiere terrestrischen Ursprungs. Im Felswatt halten sie sich zwischen Algengeflecht und Wohnröhren sedentärer Borstenwürmer auf. Die adulten Mücken schlüpfen bei Springniedrigwasser aus der Puppe, begatten sich (die Weibchen sind ungeflügelt), und gleich darauf erfolgt die Eiablage. Als Adulte leben sie nur wenige Stunden. Ausgewachsene Larven sind alle 15 Tage zur Verpuppung bereit. Bei diesem Spring-Nipptiden-Zyklus ist für die mittel- und nordeuropäischen Populationen von *Cl. marinus* die Turbulenz des Wassers der steuernde Mechanismus. Sie muß mindestens 6, am besten 8 Stunden dauern, wie es bei Voll- und Neumond geschieht. Das Licht des Mondes dient nur für die Periodik der südeuropäischen Art *Cl. mediterraneus* als Signalgeber [439]. Findet Verpuppung statt, so schlüpfen die Mücken einige Tage später in einer bestimmten Tageszeit, die für die Population von Helgoland am späten Nachmittag liegt und circadian gesteuert wird (s. Abb. 3.1). Die Zuckmücken reagieren also auf zwei Zeitmeßsysteme.

Ebenfalls im Felswatt lebende Hornmilben (Oribatei), z.B. *Ameronothrus marinus*, weichen der täglichen Überflutung durch Vertikalwanderung aus, die mit gezeiten- und lichtbedingter Rhythmik zusammenhängt [577].

3.2.2 Übergangsbiotope

Oberes Felswatt. In der Übergangszone vom Eulitoral zum Supralitoral können verschiedene Landarthropoden leben. Zu ihnen gehören außer Milben auch Pseudoskorpione, Chilopoden, Collembolen, Käfer und Springwanzen (Saldidae). Sie zeichnen sich durch Resistenz gegen Überflutung und durch Osmoregulation aus. Beide Eigenschaften sind bei niedrigeren Temperaturen ausgeprägter. Die Temperatur beeinflußt daher ihre Bindung an die Meeresküste. Im Norden überwiegen euryöke Arten, die auch noch im Inland vorkommen. Sie werden nach Süden hin immer mehr stenök. In den südlichen Breiten finden sich außerdem andere Arten, die völlig auf den hohen Salzgehalt des Ozeans angewiesen sind [578].

Saumriff. An Felsküsten subtropischer und tropischer Meere setzen sich kalkinkrustierende Algen fest, und oft sind Serpuliden, Bryozoen und Schwämme an der Verfestigung des Untergrundes beteiligt. So bildet an Küsten des Mittelmeers die Rotalge *Tenarea tortuosum* in Höhe des mittleren Wasserstandes ein simsartiges Saumriff oder Kalkalgentrottoir. Je fester und reicher an Hohlräumen das Substrat ist, desto mehr Landtiere leben in der peripheren Schicht dieser zeitweise vom Meer bedeckten Kalkalgen. Durch die kleinen Lufträume sind sie vor Überflutung geschützt. Es bildet sich sogar eine Mikrozonierung der Fauna aus, zu der Milben, Pseudoskorpione, Geophiliden, Collembolen, Staphyliniden, Mückenlarven (Chironomidae) und Fliegenlarven (Dolichopodidae) gehören. Es ist ein Mischbiotop, da sich ebenfalls Jugendformen mariner Tiere dort aufhalten. Die Grundlage des Nahrungsnetzes geben Grünalgen und Detritus [582].

Felstümpel. In den mit Meerwasser gefüllten Mulden, Höhlungen und Gesteinslöchern des Felswatts ist, sofern sie tief genug ausgehöhlt sind, eine Besiedlung möglich, wie sie sonst das Sublitoral charakterisiert. Selbst Laminarien und Rotalgen der Gattung *Corallina* kommen hier im Bereich des Eulitorals vor, wenn die Gefahr der Austrocknung durch Schattenlage vermieden wird. In den flachen Felstümpeln dagegen gibt es recht starke tägliche Schwankungen der Temperatur (3°–28 °C). Infolge Verdunstung durch Sonnenstrahlung und Aussüßung durch Regen kann der Salzgehalt zwischen 0,5–3,0% liegen und damit Werten von Brackwasser entsprechen. Dennoch findet sich eine Fülle der verschiedensten Algen, Protozoen, Schwämme, Hydrozoen, Anthozoen, Polychaeten, Mollusken, Krebse, Echinodermen und kleinen Fische ein [390].

Wo Felstümpel (rockpools) im beginnenden Supralitoral durch Meeresvögel sehr eutrophiert werden, können sie durch Massenentwicklung von *Euglena* ganz grün aussehen. Auch leben dort gegen Verschmutzung tolerante Süßwassertiere wie Copepoden, Ostracoden, Hakenkäfer (Dryopidae), Larven bestimmter Libellen und Dipteren [618]. Ruderwanzen (Corixidae) überwintern in größeren Felstümpeln, die nicht austrocknen, fliegen aber zur Eiablage zu kleineren, flachen, deren Wasser sich schnell erwärmt.

3.2.3 Supralitoral

Spritzzone. Ritzen, Spalten und sonstige Hohlräume im Geröll, die nur gelegentlich bei Springtiden überflutet werden und daher mit Sediment erfüllt sind, haben Meeres- und Landbewohner.

Maritime Landflechten charakterisieren diese Zone. Marin sind die ovovivipare Strandschnecke *Littorina saxatilis* und die pelagische, Eikapseln legende *L. neritoides,* aber auch Asseln *(Ligia)* und der Flohkrebs *Orchestia gamarellus.*

Vom Land stammen Chilopoden *(Pachymerium, Strigamia)*, Machiliden *(Petrobius)*, Collembolen *(Anurida)*, Milben *(Neomolgus, Ameronothrus, Hermannia)*, Pseudoskorpione, Spinnen (Lycosidae, Linyphiidae, Salticidae), Wanzen *(Xylocoris, Peritrechus)* und Käfer (Staphylinidae, Dasytidae, Dermestidae, Elateridae). Ferner gibt es dort Nematoden und Rotatorien, welche die Trockenzeit in Anabiose überstehen [374].

Starke Windeinwirkung, salzhaltige Luft, Wasserspritzer, Schwankungen der Temperatur und Luftfeuchte erschweren das Leben in diesem Biotop. Andererseits sind die Organismen wechselndem Salzgehalt weniger ausgesetzt als etwa an der Schlickküste, weil Regenwasser am Felsen leichter abläuft, und so eine zu große Aussüßung verhindert wird. Außerdem liegen hier günstige und ungünstige Bedingungen meist dicht nebeneinander, so daß die Bewohner eine ihnen zusagende Stelle aufsuchen können. Von Schnecken konnten nur Prosobranchier, die ihr Gehäuse bei Trockenzeit mit dem Operculum verschließen, nicht aber Opisthobranchier und Pulmonaten das Supralitoral der Felsküste besiedeln.

Steilwände und Felsinseln. Die großen Vogelmengen, die zur Brutzeit die steil aus dem Meer aufragenden Felsen und Klippen bewohnen (nordische Vogelberge, Lummenfelsen von Helgoland, Felswandufer in Peru), beziehen ihre Nahrung aus dem Wasser. Nur diese reiche Futterquelle ermöglicht ihre hohe Siedlungsdichte. An den Sandküsten von Jütland nistet die Dreizehenmöwe *(Rissa tridactyla)* lediglich auf einem Kliff aus Kalkstein (dem «Bulbjerg») (Abb. 3.3).

Felswände am Meer werden von Lummen *(Uria)*, Tordalken *(Alca)*, Papageitauchern *(Fratercula)*, Sturmvögeln (Procellariidae), Tölpeln

Abb. 3.3: Nistplätze der Dreizehenmöwe *(Rissa tridactyla)* am Bulbjerg-Kliff in Jütland (Dänemark) (Orig.).

(Sula), Kormoranen *(Phalacrocorax)* und bestimmten Möwen bevölkert. Zu den binnenwärts gelegenen Landstrichen haben die Vogelkolonien im allgemeinen keine weitreichenden Beziehungen. Doch gibt es Ausnahmen. So dringt der Gerfalke *(Falco rusticolus)*, der an nordischen Felsküsten brütet, weit ins Innere der Tundra ein. In Spitzbergen befinden sich die Felsenkliffe auch weiter im Landinneren. Dort wird der Boden durch den Vogelkot so gedüngt, daß sich eine reiche Vegetation ausbildet [517].

In Nähe von Felsküsten liegen oft Inseln mit felsigem oder grobkiesigem Untergrund ohne nennenswerten Pflanzenwuchs, und der Einwirkung wechselnden Wasserstandes weitgehend entzogen. Auf solchen in

Fennoskandien als Schären bezeichneten Inseln nisten Enten, Möwen, Seeschwalben (Sterninae), Limicolen, Bachstelzen *(Motacilla)*. Manche, die an sich nicht Koloniebrüter sind, wie Reiherente *(Aythya fuligula)*, Trauerente *(Melanitta nigra)*, Säger *(Mergus)*, Rotschenkel *(Tringa totanus)* oder Regenpfeifer *(Charadrius)*, brüten mit Vorliebe in Möwenkolonien. Dies Verhalten mag auf Schutzinstinkt vor Eiräubern (z. B. Raubmöwen *[Stercorarius]*) beruhen, die sich selten in Vogelkolonien wagen. Vielleicht wird die soziale Anschlußreaktion an Möwen durch eine ähnliche Schwarz-Weißfärbung erleichtert.

Vor der peruanischen Küste herrscht ein reiches Vogelleben auf den «Guano-Inseln». Die Brutstätten bilden oft gleichmäßig mit Nestern bedeckte große Areale, in denen im ariden Klima der schnell austrocknende Kot als Guano eine lückenlose, harte Bodenbedeckung ergibt. Wichtigste Brutvögel sind Kormorane (Phalacrocoracidae), Pelikane (Pelicanidae) und Tölpel (Sulidae). Sie brüten hier viel reichlicher als auf dem Festland, wo Füchse und andere Eiräuber das Brutgeschäft erheblich stören würden [350]. Im Guano leben Eidechsen, die sich von den vielen dort vorkommenden Insekten und anderen Arthropoden ernähren.

3.3 Sandstrand und Küstendünen

3.3.1 Verzahnung von Meer und Land

Wo die Brandung aufläuft, entsteht ein schwach geneigter Prallhang aus bewegtem und durchspültem Sand. Das feuchte Sandlückensystem setzt sich im Meeresboden fort. An der Basis des Prallhangs sickert das Wasser wieder ins Meer zurück. Die Zirkulation bringt mit Detritus und Planktern die Nahrungsgrundlage für eine Mikrofauna von mehreren hundert Arten in oft hohen Individuenzahlen. Diese sind an die geringen Ausmaße zwischen den Sandkörnern und an die Unbeständigkeit des beweglichen Milieus angepaßt.

In 100 cm^3 der obersten Schicht des feuchten Sandes wurden über 2000 Individuen von Metazoen gezählt, unter denen Nematoden, Turbellarien, Anneliden und Crustaceen dominieren. Außerdem gibt es von Wurmgruppen Gnathostomulida, Gastrotricha, Loricifera; ferner leben dort Bärtierchen (Tardigrada) und Meeresmilben, winzige Nacktschnecken, eine Zwergmeduse mit rückgebildetem Schirm *(Halammohydra)*, ein nicht koloniebildendes Bryozoon *(Monobryozoon)* und unter den Protozoen vor allem Ciliaten und Foraminiferen (Abb. 3.4) [14, 15]. Zum Grundwasser hin nimmt die Besiedlung mit geringerem O_2-

Gehalt ab. Das Grundwasser selbst ist in der Regel schon in geringer Tiefe fast unbesiedelt. Im Winter können jedoch manche Arten, die in gemäßigten Breiten nur eine Generation im Jahr hervorbringen, ins Grundwasser wandern, von wo sie im Frühjahr wieder nach oben zurückkehren. Das marine Psammal mit seinem Lückensystem war ein Entstehungs- und Ausbreitungszentrum in der Evolution.

Eine durch Körperbau und Verhalten spezielle Lebensform in der Brandungszone flacher Sandstrände warmer Meere mit gleichmäßiger Dünung ist die Gattung *Matuta* der Schamkrabben (Calappidae). Diese Krebse schwimmen seitwärts in die Strömung der ablaufenden Wellen und greifen dabei Pflanzenteile heraus. Vor den auflaufenden Wellen graben sie sich schnell in den Sand ein, in dem sie ihre Nahrung verzehren und so zugleich vermeiden, auf den Strand gespült zu werden [591].

An Brandungsbänken ist der Sand oft festgepreßt, bei Niedrigwasser aber an Wasser untersättigt, weil zwischen die Sandkörner eingedrungene Luft dort festgehalten wird. In solchen Porenluftsedimenten (Blasenwatt) können neben Meerestieren (Polychaeten, Amphipoden) bereits Landtiere leben. Sie erhalten bei Wasserbedeckung genügend Sauerstoff in den Luftblasen oder in eigenen Gängen.

Bei Landtieren handelt es sich um algenfressende Staphyliniden, um Fliegenlarven, die sich von Detritus ernähren, und um räuberische Carabiden (Abb. 3.5) [776]. Werden die Käfer durch Mangel an Sauerstoff oder durch mechanische Einwirkung gezwungen, bei Überflutung nach oben zu kommen, so schützt sie ihre Unbenetzbarkeit vor dem Ertrinken. Der aufgerichtete Hinterleib der Kurzflügler *Diglotta* wirkt wie ein Segel, so daß die Käfer leicht verdriftet werden. Laufkäfer wie *Bembidion* sind gute Schwimmer; erreichen sie Treibgut, erneuern sie den O_2-Vorrat unter den Flügeldecken und lassen sich verfrachten. Kurzflügler der Gattung *Bledius* bewohnen die am höchsten gelegene Wattzone in Nähe der Hochwasserlinie. Mit ihren gut ausgebildeten Flügeln können sie direkt von der Wasseroberfläche auffliegen. Interessant ist die Verzahnung von Land- und Meerestieren bei der Nahrungsaufnahme. Die Laufkäfer erbeuten nicht nur Staphyliniden und Fliegenlarven, sondern fressen auch Amphipoden wie *Bathyporeia* und *Talitrus*. Letzterer muß von mehreren Käfern gemeinsam überwältigt werden [701].

In manchen Strandgebieten erstreckt sich hinter der «Hochwanne» noch ein weites lenitisches Sandwatt, dessen Boden aus detritusreichen

---

Abb. 3.4: Lückensystem der Feuchtsandzone (Mesopsammal) des Meeresstrandes als Lebensraum einer speziellen Mikrofauna (komb. nach verschied. Autoren).

3.3 Sandstrände und Küstendünen

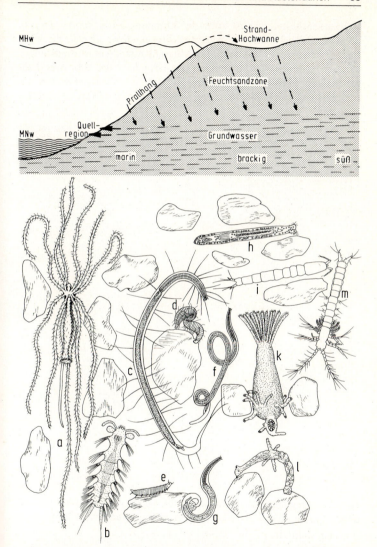

MHw = mittlere Hochwasserlinie, **MNw** = mittlere Niedrigwasserlinie. **a:** *Halammohydra octopodides* (Cnidaria), **b:** *Nerillidium gracile* (Archiannelida), **c–g:** verschiedene Nematoda, **h:** *Otoplana glandulosa* (Turbellaria), **i:** *Arenopontia subterranea* (Copepoda), **k:** *Monobryozoon ambulans* (Bryozoa), **l:** *Psammohydra nanna* (Cnidaria), **m:** *Derocheilocaris remanei* (Mystacocarida). Vergleichsmaßstab für alle Tiere: Länge von h = 0,5 mm.

Feinsanden besteht. Es ist zwar der Brandung weitgehend entzogen, dennoch vollzieht sich ein Wasserwechsel über der Oberfläche. Hier finden sich wieder die Insekten des Blasenwatts, doch ist die Komponente der Landtierwelt mannigfaltiger. Grundlage des Lebens und zugleich der Stabilisierung der Sedimente sind Mikroben. An detritusreichen Stellen kann sich nämlich ein «Farbstreifen-Sandwatt» ausbilden,

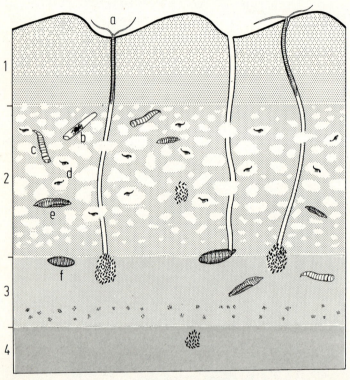

Abb. 3.5: Besiedlung des Blasenwatts im Eulitoral der Nordseeküste durch Meerestiere **(a, e)** und Landtiere **(b, c, d, f)** (etw. veränd. nach Wohlenberg (1937).
1: Lockerer, bei Ebbe wasseruntersättigter Sand, **2:** Porenlufthorizont, **3:** Übergangszone bis zur Eisenoxidationsschicht, z.T. mit Verkittungen, **4:** Schwefeleisenhaltiger Untergrund, **a:** *Scolelepis squamata* (Polychaeta) mit Kotperlen am Ende des Ganges, **b:** *Bembidion (= Cillenus) laterale* (Carabidae), **c:** Dipterenlarve (z. B. von *Lispe*), **d:** *Diglotta mersa* (Staphylinidae) in Luftblase, **e:** *Ophelia rathkei* (Polychaeta), **f:** Dipterenpuppe.

das etwa 2 cm tief reicht, aber oft auch geringer oder mächtiger ist. Unter ihm können sich fossil noch ältere Systeme solcher Mikrobenwatten befinden.

Das **Farbstreifen-Sandwatt** hat eine Schichtenfolge von gelb, blaugrün, rot, schwarz. Unter einer oberflächlich graugelben Sandschicht, die durch Windtransport ständig übersandet wird, aber Diatomeen enthalten kann, liegt eine grüne bis blaugrüne Schicht vornehmlich aus Cyanobakterien (*Microcoleus, Oscillatoria* u. a.). Diese verkleben die Sandkörner durch ihre Scheiden, Kapseln und Schleim. Sie sind Erstbesiedler, die Energie durch Photosynthese gewinnen und außerdem Luftstickstoff binden. Zur Tiefe hin folgt eine rotgefärbte Lage photoautotropher Schwefelpurpurbakterien (Chromatiaceae), die das von den Cyanobakterien nicht verwendete, langwellige rote Licht als Energiequelle nutzen. Da dort bereits Mangel an Sauerstoff herrscht, haben sie anoxigene Photosynthese bei der sie H_2S als H-Donator verwenden. Unter der roten Schicht leben anaërob sulfatreduzierende Desulfurikanten *(Desulfovibrio desulfuricans)*. Das durch diese entstehende Sulfid wird in der über ihnen befindlichen Schicht der Purpurbakterien gebraucht oder in ihrem eigenen Milieu, an Eisen gebunden, als schwarzes Eisensulfid ausgefällt [579, 223].

3.3.2 Zone des Strandanwurfs

Auf dem feuchten Sandstrand des Supralitorals geht der größte Teil des Stoffumsatzes vom Strandanwurf aus, der aus angespülten Algen, Seegras und Tierkadavern besteht.

Allerdings wachsen dort auch Chenopodiaceen, Polygonaceen und Compositen, die manchen Insekten und Schnecken *(Cepaea)* zur Nahrung dienen. Von einzelligen Algen der Sandoberfläche ernähren sich Collembolen wie *Hypogastrura viatica,* die schnell zur Massenvermehrung kommen können. Da sie von Zwergspinnen *(Erigone)* und anderen Räubern gefressen werden, bilden sich bereits erste Konnexe [742]. Als wichtigster Bereich für die Lebewelt dient jedoch der Strandanwurf (Abb. 3.6). Hier treffen Flohkrebse (Talitridae) [in den warmen Ländern auch Krabben *(Ocypode, Emerita)* und Einsiedlerkrebse *(Coenobita)*] mit Enchytraeiden, Milben, Spinnen, Asseln, Myriopoden und Insekten der verschiedensten Gruppen zusammen, die vom Land stammen. Die reichhaltige Kleintierwelt in und außerhalb des Anwurfs dient Limicolen zur Nahrung. Je stärker die Bejagung durch diese Vögel ist, desto mehr beschränkt sich die Aktivität der Talitriden auf die Dunkelheit.

An Sandstränden Perus, die in Wüste übergehen, fressen neben Krebsen und Insekten auch Aasgeier, Ratten und Wüstenfüchse von den angespülten Kadavern [349]. Entsprechendes gilt für andere Länder warmer Klimate. An manchen tropischen Stränden besteht der Sand

Abb. 3.6: Strandanwurf auf Sandküste der Ostsee (Orig.).

nicht aus Quarzkörnern, sondern ist biogenen Ursprungs, so der Foraminiferensand, dem Teilchen von Molluskenschalen, Echinodermenpanzern, Korallenstückchen und Kalkalgen beigemischt sind.

Astronomische Orientierung. Meeresküsten sind langgestreckte, relativ schmale Lebensräume, die sich zum Wasser hin und zum Binnenland stark unterscheiden. Werden Flohkrebse (Talitridae), Asseln *(Tylos)*, Spinnen *(Arctosa)*, Laufkäfer *(Dyschirius)*, Tenebrionidae *(Phaleria)* der Strandzone von Wind oder Wellen auf das Wasser oder das trockene Vordünengelände verfrachtet, so streben sie wieder zum Küstensaum zurück. Dabei orientieren sie sich unter Berücksichtigung der Tageszeit nach dem Stand der Sonne, bei stellenweiser Bewölkung auch nach dem polarisierten Licht eines Stücks blauen Himmels oder im Fall dämmerungs- und nachtaktiver Arten nach dem Mond. Bei den Krebsen ist die Heimkehrrichtung weitgehend angeboren, wenngleich individuelle Erfahrung hinzukommt. Nur so findet auch die Geisterkrabbe *Ocypode* ihre Wohnhöhle im Sand. Spinnen müssen die Richtung erst erlernen. Je näher eine Art von ihnen am Wasser lebt, desto wichtiger wird für sie diese Orientierung. Sie ist bei *Arctosa cinerea* am Strand besser ausgeprägt als bei *A. perita,* die weiter landeinwärts vorkommt [468].

Pflanzlicher Strandanwurf. Hier liegt ein Kleinlebensraum mit besonderen Bedingungen vor [16, 514].

1) Häufige **Verlagerung des Materials** durch Brandung und Wind macht eine schnelle Entwicklung der Bewohner und leichte Neubesiedlung des Anwurfs notwendig.

2) **Nahrungsverhältnisse:** Seegras *(Zostera)* wird der Makrofauna im allgemeinen erst zugänglich, nachdem es über Bakterien, Pilze und Mikrofauna etwas abgebaut ist. Rotalgen erwiesen sich für Talitriden *(Orchestia)* als giftig. Der Ringelwurm *Enchytraeus albidus* legt bei solcher Ernährung keine Kokons ab. Von Larven der Tang- und Strandfliegen *(Coelopa, Fucellia)* werden sie ungern gefressen. Grünalgen haben zwar hohen Nährwert, doch sind sie meist nicht in genügender Menge vorhanden. So bleiben am wichtigsten Braunalgen, besonders *Fucus* und Laminarien. Wesentlicher als der Salzgehalt des freien Wassers zwischen dem Pflanzenmaterial scheint mindestens für einige Bewohner des Anwurfs (Gamaside *Thinoseius*, Fliegenlarve *Coelopa*) der Salzgehalt des Pflanzengewebes zu sein. Häufig wechseln die Salzansprüche von der Larve zur Imago. Larven und Puppen der Fliegen werden von zahlreichen Parasitoiden befallen [270].

3) **Temperatur:** Die Schwankungen der Temperatur, die auf kahlem Sandstrand am ausgeprägtesten sind, nehmen zur Tiefe des Anwurfmaterials immer mehr ab. Dies wirkt sich auf die Tagesperiodik der Bewohner aus, die bei denen nahe der Oberfläche, wie *Fucellia* noch deutlich ist, bei Arten der tieferen Lagen (*Limosina* s. l.) fehlt. Tiere, die an der Oberfläche und im Inneren des Strandanwurfs vorkommen (*Orchestia*, Collembolen) lassen deutlich die Abnahme einer Tagesperiodik zur Tiefe hin erkennen.

4) **Feuchtigkeit:** Im allgemeinen ist für die Anwurfbewohner hohe Feuchte erforderlich. Sobald der Wassergehalt unter 40% sinkt, kriecht *Enchytraeus albidus* in den unter den Anwurf befindlichen feuchten Sand (sofern dieser nicht wassergesättigt ist). Die Sandunterlage und ihre Feuchtigkeit ist auch für Larven von Chironomiden wichtig, spielt aber für diejenigen der Dungfliegen (*Limosina* s. l.) keine Rolle. In ariden Gebieten trocknet der Anwurf schnell aus, ist jedoch für Schwarzkäfer (Tenebrionidae) noch geeignet.

5) **Jahresperiodik:** Jahreszeitliche Unterschiede sind wenig ausgeprägt, weil die Temperatur im Anwurfmaterial selbst im gemäßigten Klima relativ konstant ist und jedenfalls wärmer bleibt als in der übrigen Strandzone. Dennoch gibt es Arten, die in ihrem Lebenszyklus an bestimmte Monate gebunden sind. Dies ist aber nicht im Sinne einer Sukzession zu verstehen, bei der die einen die Voraussetzung für die Existenz der anderen wären. Zwar ist die Tätigkeit der Talitriden für

den Abbau des Substrats wichtig. Verhindert man aber die Eiablage z. B. der Fliegen, so wirkt sich dies nicht auf die übrigen, später erscheinenden Bewohner ungünstig aus [430].

3.3.3 Trockener Innenstrand und Dünen

Ökologisch zeichnet sich dieser Lebensraum durch Instabilität, Nährstoffarmut, starke Sonneneinstrahlung, relativ geringe Bodenfeuchte, erhebliche Tagesschwankungen der Temperatur und Luftfeuchte aus. Sand und Wind bestimmen die Bildung der Dünen.

Der Wind ergreift die Sandkörner von den offenen Flächen, auch wenn sie wie auf dem Sandwatt durch Algen zu Krusten verklebt sind, und treibt sie fort. Durch neue Sandablagerung verbreitert und erhöht sich das Gelände. Erstbesiedler unter den Bakterien, Pilzen, Diatomeen, Grünalgen werden auf dem Luft- und Wasserweg zugeführt. Das Meer spült Samen von mehr landeinwärts gedeihenden Blütenpflanzen (*Cakile*, Strandgräser) heran. An vielen Sandstränden der Erde wurzeln zunächst nitrophile, salztolerante Chenopodiaceen und Compositen, in etwas höherer Lage sodann gegen Sandtreiben resistente Gräser.

In den warmen Zonen der Erde sind neben den Strandgräsern die Winde *Ipomaea pes caprae* und die Aizoaceenpflanze *Sesuvium* im trockenen Sandgelände häufig, in das selbst Strandkrabben (Geocarcinidae) noch vordringen. Hohe Küstendünen sind in den Subtropen und Tropen seltener, weil die lange Vegetationsperiode einen schnellen Pflanzenbewuchs ermöglicht. Schon in geringer Entfernung vom Spülsaum kann sogar ein Küstenwald oder wenigstens eine Formation aus Hartlaubsträuchern entstehen.

In gemäßigten Klimaten werden die ersten winzigen «**Primärdünen**» meist von Gräsern geschaffen. Deren derbe Blätter ertragen den ständigen Anprall der Sandkörner. In ihrem Windschutz lagert sich der Sand ab. Streckung der Internodien und neue nach oben wachsende Sprosse verhindern eine Verschüttung der Pflanze (s. Abb. 3.10). Die Rhizome von *Agropyron junceum (Elymus farctus)* werden über 60 cm lang. Auf solche Weise wird die Primärdüne immer höher. Nun stellen sich weitere perennierende Dünengräser ein *(Ammophila, Leymus [Elymus])*, die den Sand mit ihren horizontalen und vertikalen Ausläufern immer mehr verfestigen. Ihre Rhizome können über 150 cm in die Tiefe reichen. So entstehen allmählich die großen «**Sekundärdünen**» (Weißdünen), in deren Schutz schon viele weitere Pflanzen gedeihen und eine keineswegs arme Tierwelt lebt. In wenigen Jahrzehnten kann eine Decke aus trockenresistenten Gräsern, Moosen, Flechten, *Empetrum*, *Calluna* usw. die Dünentäler überziehen und die hellen Sekundärdünen in graue und braune «**Tertiärdünen**» und Heiden verwandeln (Abb. 3.7). In Mischzonen, etwa zwischen Weißdünen und Trockenrasen leben manche Tiere aus beiden Bereichen. Dennoch besitzt jeder Vegetationstyp eine eigene charakteristische Lebensgemeinschaft, die vor allem von Raumstruktur und Ökoklima abhängt [541].

Das gesamte Dünensystem bildet überhaupt einen recht heterogenen Lebensraum mit starken kleinklimatischen Unterschieden, die durch Exposition, Hangneigung und Bewuchs bedingt sind. In manchen Dünentälern ist der Untergrund so naß, daß es zur Vermoorung kommt. Dies alles ermöglicht Pflanzen und Tieren in einer ziemlich extremen Landschaft in besonders bezüglich der Arthropoden hoher Artenzahl zu existieren [362].

Die Tiere des trockenen Innenstrandes, Dünenvorgeländes und der Dünen selbst ertragen entweder die täglichen Unterschiede der Temperatur und Luftfeuchte oder vermeiden sie durch unterirdische Lebensweise am Tage. Reflexion von UV-Strahlen ist auf trockenem Sand doppelt so hoch wie auf nassem, die des sichtbaren Lichts um ein Drittel höher.

Abb. 3.7: Dünenlandschaft auf Amrum (nach Tischler 1949). Vordergrund: Weißdüne, Hintergrund: Graudünen.

Viele tagaktive Arten sind im Vergleich zu verwandten aus dem Binnenland heller gefärbt; es erhöht die Reflexion von Strahlen. Das gilt etwa für die Kreuzkröte *(Bufo calamita)*, für die Langwanze *Ischnodemus sabuleti*, den Rüsselkäfer *Philopedon plagiatus* oder die Raubfliege *Pamponerus germanicus*, um nur einige Charakterarten mitteleuropäischer Küstendünen anzuführen. Lichtempfindliche Tiere und solche, die höhere Feuchtigkeit benötigen, sind nachtaktiv und graben sich am Tage ein. Wo der Sand fester ist, werden permanente Röhren oder Gänge angelegt (Laufkäfer *Broscus*, Larven von *Cicindela*, Mutilliden, Wildbienen, Weg- und Grabwespen. Gerade Stechimmen (Hymenoptera Aculeata), die in der Kulturlandschaft immer seltener werden, sind z. B. in der Dünenlandschaft der Friesischen Inseln noch häufig [257].

Der Anteil der organischen Substanz im Untergrund ist in der Anwurfzone höher als im Vordünengelände. Mit der dichteren Besiedlung durch Pflanzen steigt er wieder an (Abb. 3.8) [10]. Humusbildung und Staub aus der Luft sind für die Dünen von großer Bedeutung. Sand trocknet vor allem an der Oberfläche aus. In der Tiefe bieten jedoch gerade Küstendünen vielen Tieren genügend Feuchtigkeit zur Entwicklung, so daß sich Nahrungsnetze aus phyto-, sapro- und zootrophen Arten ausbilden.

Auf eine Erscheinung sei besonders hingewiesen. Etliche Spinnen, Wanzen, Zikaden und Käfer zeigen ein sog. «**doppeltes ökologisches Vorkommen**». Einerseits leben sie in Küstendünen, zum anderen an Ufern von Binnengewässern, also mindestens durch die Feuchteverhältnisse des Untergrunds verschiedenartigen Biotopen. Indessen stimmt das feuchte Mikroklima zwischen den Blättern der Gräser in beiden

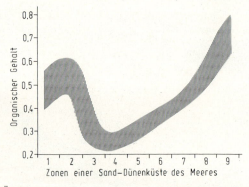

Abb. 3.8: Änderung des Gehalts an organischen Stoffen (in %) vom sandigen Meeresstrand bis zur Dünenlandschaft (nach Ardö 1957).
1 u. 2: Strandanwurfzone, **3–5:** höhere Strandzone, **6:** Vordüne, **7:** Weiße Düne (Strandgrasdüne), **8–9:** Graue Düne (Dünenheide).

Lebensräumen recht gut überein. Außerdem ist die Struktur der Pflanzen ähnlich, so daß schmale, langgestreckte Arthropoden einen ebenso günstigen Aufenthaltsort zwischen Blattscheiden und in Horsten von Dünengräsern wie in den Wuchsformen von Schilf *(Phragmites)* oder Wasserschwaden *(Glyceria maxima)* haben [683].

Jede Zone einer Dünenküste hat ihre eigenen Brutvögel. Im nördlichen Europa brüten z. B. Sandregenpfeifer *(Charadrius hiaticula)*, Seeregenpfeifer *(Ch. alexandrinus)* und Zwergseeschwalbe *(Sterna albifrons)* auf dem nur spärlich bewachsenen, trockenen Sandstrand; die Brandseeschwalbe *(St. sandvicensis)* im Gelände der Primärdünen; Silbermöwe *(Larus argentatus)*, Brandente *(Tadorna tadorna)* und Eiderente *(Somateria mollissima)* in den Großdünen. Durch Absetzen ihres Kots an bestimmten Rastplätzen und in den Brutkolonien tragen Silbermöwen zur Verfestigung des Sandes, aber auch zur Veränderung der Vegetation bei. Wie sehr größere Tiere gerade Küstenbiotope beeinflussen können, sieht man an den Folgen der Lebenstätigkeit der Kaninchen *(Oryctolagus cuniculus)* [236].

Auf Inseln vor der westaustralischen Küste brüten Kormorane auf Hartlaubsträuchern *(Acacia, Scaevola)*. Wenn die Sträucher infolge der ständigen Kotablage der Vögel absterben, stellen sich dort silberblättrige Büsche ein *(Olearia, Calocephalus)*. Gehen auch sie zugrunde, erscheinen Meldengewächse und Gräser, so daß nun für Silbermöwen ein geeigneter Brutplatz entsteht, nachdem die Kormorane die Stellen verlassen mußten. Doch wird die neue Vegetation nach

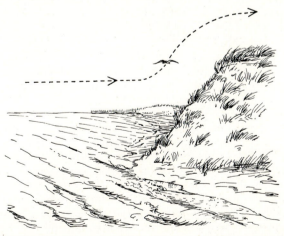

Abb. 3.9: Den Aufwind vor einer Küstendüne zum Segelflug nutzende Möwe (nach Jacobs 1954).

einiger Zeit durch die Möwen zerstört, und auch sie müssen sich andere Plätze suchen. Dadurch kann sich die alte Pflanzendecke wieder bis zu den Hartlaubsträuchern regenerieren. Es gibt somit durch die Wirkung der Tiere einen ständigen Wechsel des Musters der Pflanzenformation entlang der Sandküste [237] (Sukzessionszyklus).

Möwen mit ihren langen, schmalen Flügeln bei relativ schwerem Körper nutzen besonders gut die Aufwinde vor den Dünen zum kräftesparenden Segelflug aus. An Meeresküsten, wo sich die Luft über Wasser und Land ungleich erwärmt, sind aufwärts strömende Luftkörper typisch (Abb. 3.9).

3.4 Marschküsten

3.4.1 Watt

Im Schutz vorgelagerter Inseln oder in weiten Flußmündungen, wo Wellenschlag nur bei stürmischem Wetter vorkommt, setzt sich Schlick ab. So entsteht ein Schwemmland aus Sedimenten feinster Mineralteilchen und organischer Zerfallsstoffe. Letztlich stammen sie von den Küsten oder aus den Flüssen, auch wenn sie durch die Strömung der Gezeiten abgelagert werden [167, 498].

Ein solches bei Ebbe freiliegendes Weichbodenwatt kann allmählich verlanden und in den gemäßigten Klimazonen in Salzwiesen übergehen. Dabei bildet sich eine **Zonierung** von der Seeseite zum Land heraus. Sie sei am Beispiel der Nordseeküste dargestellt, gilt aber durch Arten entsprechender Lebensform im Prinzip für alle Salzmarschen.

Sandwatt. Im Sublitoral, 1–2 m unter der mittleren Niedrigwasserlinie, können sich Seegraswiesen ausbreiten, die sich noch ins Eulitoral fortsetzen, da sie 2–3 Stunden ohne Wasserbedeckung ertragen. Im tieferen Bereich herrscht *Zostera marina* vor, bei höherer Auflandung *Z. nana*. Absterbende Teile von Seegras bilden Detritus, der vielen Tieren zur Nahrung dient. Cyanobakterien und Kieselalgen (Diatomeen) bedecken stellenweise die Oberfläche des Sandes. Beide Gruppen gehören ebenfalls zur Grundnahrung im Stoffkreislauf dieser Zone. In einem solchen, weit außen liegenden Sandwatt lebt oft in dichten Siedlungen der sedentäre Borstenwurm *Lanice conchylega*, der aus seinen einige Zentimeter aus dem Sediment ragenden Wohnröhren mit Tentakeln die Oberfläche nach Nahrung absucht. Werden die verzweigten Enden der Wohnröhren von Sand verschüttet, bildet der Wurm in kurzer Zeit ein neues Stellnetz (Abb. 3.10) [633]. Hier zeigt sich eine Parallele zur Reaktion von Dünengräsern gegen Sandverschüttung. Von weiteren

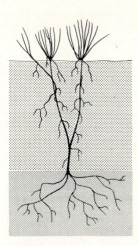 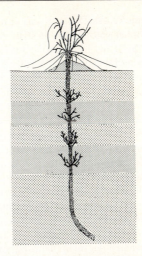

Abb. 3.10: Verhalten von Organismen der Meeresküste gegenüber Sandverschüttung. **Links:** Bildung neuer Ausläufer des Strandhafers *(Ammophila arenaria)* in Küstendünen (nach Walter 1968). **Rechts:** Bau neuer Stellnetze des sessilen Borstenwurms *Lanice conchylega* im Sandwatt (nach Storch 1971).

Polychaeten seien nur der Sediment fressende *Scoloplos armiger* und der eurytrophe *Nephthys hombergii* genannt.

Sand-Schlickwatt. Diese Übergangszone ist geprägt durch die auffällige Besiedlung des Wattwurms *(Arenicola marina)*, der in U-förmigen Gängen in Dichten bis zu $400/m^2$ vorkommen kann. In seinen Gängen finden sich oft kleine Polychaeten, Gastrotrichen, Turbellarien und Gnathostomuliden ein, die auf Sauerstoff angewiesen sind, während in dieser Tiefe schon anaërobe Bedingungen herrschen [508]. Im gleichfalls mit Schlamm ausgekleideten Röhren, aber als Epistratfresser, tritt der nur 10–15 mm lange *Pygospio elegans* bis zu mehreren 100 Individuen/m^2 auf. Die dichte Besiedlung mit Borstenwürmern ist möglich, weil mit Verringerung der Korngröße der Gehalt an organischer Substanz im Sediment steigt.

In selbstgegrabenen Gängen liegend, filtern Muscheln *(Mya arenaria, Cerastoderma [Cardium] edule)* Nahrung aus dem Überflutungswasser oder pipettieren wie *Macoma baltica* die Oberfläche ab. Ihre festen Kotstückchen lagern sich auf das Substrat. Dadurch gelangen in einen noch unruhigen Bereich der Sedimentierung Schwebstoffe auf den Wattboden.

Schlickwatt. Das sich küstenwärts anschließende, reine Schlickwatt ist höher gelegen und besteht zu 50–65% aus Feinsand und Schluff, 10–25% aus Ton, 7–10% aus Kalk (Muschelschalen) und 5–10% aus organischer Substanz. Im Schlick kann *Arenicola* keine Wohngänge mehr bauen. Dafür befinden sich dort die bis etwa 20 cm langen Polychaeten *Nereis diversicolor* und *Heteromastus filiformis* in eingeschleimten Gängen. Hier lebt auch der kleine Schlickkrebs *(Corophium volutator)* in Dichten bis zu 12 000 Individuen/m^2. Er schaufelt mit den Fühlern Detritus in seine stabile Wohnröhre. Durch Spreizen der Fühler spannt das zwischen diesen liegende Wasserhäutchen und zerplatzt. Dadurch und durch die aus den Höhlungen und Poren entweichende Luft entsteht das sog. «Wattsingen».

Ein Charaktervogel der Marschküsten Europas ist der Rotschenkel *(Tringa totanus)*, der nach Untersuchungen in England je nach der Jahreszeit mehr kleine Krebse *(Corophium)*, Würmer *(Nereis)* oder Mollusken *(Hydrobia, Macoma)* frißt [240]. Die verschiedenen Vögel gehen sich bei ihrer Nahrungsaufnahme etwas aus dem Wege.

Die großen Möwen bevorzugen auf der Oberfläche des Schlick befindliche Krebse und Mollusken. Säbelschnäbler *(Recurvirostra)* suchen gerne in flachen Wattpfützen nach Nahrung. Brandenten *(Tadorna)* weiden Algenrasen auf dem Watt. Wasserläufer *(Calidris, Tringa)* holen sich im Schlick eingegrabene Tiere heraus. Austernfischer *(Haematopus)* und Uferschnepfe *(Limosa)* mit ihren langen Schnäbeln können noch tiefer im Sediment sitzende Beute erreichen. Wo Queller *(Salicornia)* durch Schlickgras *(Spartina)* verdrängt wird, engt sich das Nahrungsareal für Alpenstrandläufer *(Calidris alpina)* stark ein.

Die Muschel *Scrobicularia plana* saugt mit ihrem herausragenden Sipho die Oberfläche des Schlicks ab. Einige Wattschnecken (*Hydrobia ulvae, Retusa*-Arten, *Littorina littorea*) sind Weidegänger. Ihr Kot verstärkt das koprogene Gefüge des Substrats. Abgesetzte Sinkstoffe werden von schleimbildenden Diatomeen festgeheftet. Die Hydrobien sammeln sich bei Ebbe auf Steinen und anderen Gegenständen an, welche die Oberfläche überragen. Dies Verhalten erleichtert ihnen den Start beim Verdriften mit aufkommender Flut. Sie können in noch größerer Siedlungsdichte vorkommen als die Schlickkrebse.

Im gleichförmigen Schlickwatt beeinflussen Prädatoren und Konkurrenten in hohem Maße das Faunenbild. Verhindert man durch grobe Maschennetze den Zutritt von Meeresvögeln, Plattfischen und älteren Strandkrabben *(Carcinus)*, nimmt die im Schlick lebende Fauna deutlich zu. Durch feinere Netze, die selbst Gründlinge (Gobiidae), Garnelen *(Crangon)* und junge *Carcinus* abhalten, erhöht sich die Menge auch der Mikrobewohner dort beträchtlich [507].

Verlandung und Pionierpflanzen. Eine wichtige Grundlage für die Wattfauna bilden die seewärts liegenden Bestände von Seegras und die Rasen der Diatomeen und Cyanobakterien. Die Gezeitenströmung liefert ihnen reichlich Nitrate und Phosphate. Beim Vorgang der Verlandung folgen der marinen Fauna räumlich und zeitlich salztolerante Pflanzen. Unter ihnen sind an vielen Küsten Arten von *Salicornia* (Queller) und *Spartina* (Schlickgras) die wichtigsten Pioniere. Beide Gattungen fehlen allerdings an den Küsten des nördlichen Norwegen und Islands. Dort nimmt dafür der Andel *(Puccinellia maritima)* deren ökologische Stellung ein, indem er sich schon in der noch regelmäßig überfluteten Zone ausbreitet, in der sonst Schlickgräser wachsen würden.

Salicornia europaea (s. l.) (Abb. 3.11) bildet zwar eine dichte Bewurzelung, ist jedoch auf die stabilen Tierröhren angewiesen, ohne die sie nicht in die Tiefe wachsen könnte. An der Nordseeküste hat daher der Wattwurm *(Arenicola)* für die Verlandung Bedeutung, weil er seinen Gang durch ständiges Einpressen von Exkrementen und durch Absonderung von Schleim verfestigt. Wesentlich sind auch die alten Wohngänge von *Mya*, *Nereis* und *Corophium*. Selbst das in größerer Tiefe noch vorhandene Porensystem ausgesüßter Marschen stammt von solchen Wattieren und nicht etwa von Regenwürmern. Die Wurzeln der späteren Süßgras-Marschen durchdringen allerdings selten den tonreichen Oberboden bis zum feinsandreichen, zoogen durchporten Unterboden, zwischen denen sich eine Stauschicht befindet.

Abb. 3.11: Queller *(Salicornia europaea)*, eine Pionierpflanze der Verlandung an der Nordseeküste (Orig.).

An der Ost- und Westküste Nordamerikas wachsen andere Arten von *Spartina* und *Salicornia* als in Europa. Doch die von ihnen abhängende, relativ artenarme Lebensgemeinschaft entspricht sich in ihren Grundzügen auf beiden Kontinenten. Sie wurde besonders in den USA untersucht. Allein die Muschel *Modiolus demissus* entnimmt alle 2,5 Tage aus der im Wasser vorhandenen Phosphatmenge 14 mg/m^2 und stellt die Nährstoffe durch ihren Kot größtenteils dem Schlickgras zur Verfügung. Obwohl *Modiolus* quantitativ für Eigenproduktion und Energietransfer im Ökosystem nur eine geringe Rolle spielt, hat sie durch ihre Lebenstätigkeit qualitativ große Bedeutung für das Gedeihen von *Spartina* [368]. Berechnung über die Netto-Primärproduktion der Pflanzen ergab, daß die Flut 45% davon entführt, bevor sie den Konsumenten zugute kommen kann. Bakterien veratmen 47%. So bleiben für Pflanzenfresser 7% und für Tierfresser 0,6% [654].

Primäre Konsumenten sind stengelbewohnende und blattminierende Larven aus verschiedenen Familien der Kleinfliegen; Raupen von Kleinschmetterlingen (Gelechiidae, Pyralidae); einige Käfer (Chrysomelidae, Elateridae). An saftsaugenden Insekten gibt es Wanzen, Zikaden, Blattläuse, Schildläuse und Thripse. Von den genannten Vertretern der Pflanzenfresser leben Carabiden, Coccinelliden, Ameisen, parasitoide Hymenopteren, Spinnen und Vögel. Die abgestorbenen und von Bakterien zersetzten Pflanzenreste werden von Collembolen, Fliegenlarven, Käfern, aber auch von marinen Muscheln, Schnecken und Krebsen gefressen, so daß hier eine marine und terrestrische Mischfauna existiert. Die vier nach ihrer Artenzahl erfolgreichsten Gruppen der Insekten sind (mit zusammen 85%) Rhynchoten, Dipteren, Käfer und Hymenopteren [416, 82].

3.4.2 Salzwiesen

Wo sich am Rande der Salzwiesen noch keine zusammenhängende Pflanzendecke gebildet hat, gibt Eingraben besten Schutz vor Überflutung. Hier lebt an der Nordseeküste in seiner Wohnröhre der Staphylinide *Bledius spectabilis* von Cyanobakterien. Er frißt mit Vorliebe nach einem Regen, wenn die Nahrung ausgesüßt ist [380, 381]. Durch Brutfürsorge für Eier und Junglarven ist er an den extremen Lebensraum angepaßt. Diese schmale Zone wird außerdem von Sägekäfern (Heteroceridae), die Algen verzehren, räuberischen Laufkäfern der Gattung *Dyschirius* und von Fliegenlarven besiedelt. Es sind also die gleichen Gruppen der Landtiere, die auch in das Sandwatt am weitesten vordringen.

Durch dichte Pflanzenbedeckung des Untergrunds entstehen Salzwiesen. An der Nordseeküste erstrecken sie sich von Dänemark bis

Holland auf einigen 100 km Länge, die mehrfach unterbrochen ist, mit stellenweise bis einigen 100 m Breite.

Die an der gezeitenlosen Ostseeküste gelegenen Salzwiesen sind lediglich Fragmentvarianten, bei denen kaum Sedimente wohl aber pflanzliche Stoffe abgelagert werden. Über nicht allzumächtigen Torfen stehen alle Salzwiesen mit dem salzhaltigen Grundwasser in Verbindung.

Die Lebewelt der Salzwiesen muß an unregelmäßige Überflutungen angepaßt sein. Der untere Bereich, der an der Küste der Nordsee vom Andelrasen (Puccinellietum maritimae) gebildet wird und bis 35 cm über die mittlere Hochwasserlinie (MThw) reicht, kann mindestens 100–200mal im Jahr überflutet werden. Die Zahl der jährlichen Überflutungen des sich landwärts (35–100 cm über MThw) anschließenden Rotschwingelrasens (Festucetum rubrae) beträgt noch etwa 25–50mal. Salzpflanzen erhalten auf diese Weise den für sie notwendigen Gehalt an NaCl; alle Pflanzen bekommen mit den hochgespülten Sedimenten Nährstoffe.

Salzpflanzen. Die bereits besprochenen Erstbesiedler der Watten wie *Salicornia* und *Spartina* keimen im Meerwasser. Bei manchen Samen von *Salicornia* beginnt der Vorgang schon in situ an der Pflanze. Die meisten Samen der einjährigen, formenreichen «Sammelart» *S. europaea* überwintern im Watt.

Die Keimung der Halophyten in den Salzwiesen liegt vor allem im regenreichen Frühjahr und Herbst, wenn die Salzkonzentration im Boden verringert wird [170]. Salzpflanzen nehmen eine verdünntere Salzlösung auf als der Boden enthält. Auch die einzelnen Ionen gelangen nicht im gleichen Verhältnis in die Wurzel, in dem sie sich im Bodenwasser befinden. Während *Salicornia europaea* nur 10 cm in den Grund wächst, wurzeln die meisten Salzpflanzen bis 30 cm tief, die Binse *Juncus gerardi* sogar bis einen Meter. Die osmotischen Werte der Halophyten betragen 20–40 atm im Vergleich zu den Arten der Süßmarschen, bei denen sie stets unter 20 oder sogar unter 10 atm bleiben.

Es haben sich verschiedene Mechanismen der Salzregulation ausgebildet [2].

1) Selektive Salzaufnahme durch die Wurzeln. Dies gilt für alle Pflanzen, ist aber besonders bei Salzgräsern ausgeprägt.

2) Abwerfen alter Blätter mit salzgesättigter Lösung in den Zellvakuolen während oder am Ende der Wachstumsperiode; vor allem bei Rosettenpflanzen *(Triglochin, Plantago, Aster)*.

3) Salzablagerung bis zu Werten von 40 atm in den Zellvakuolen der Sprosse, bevor diese absterben und die Pflanze entlasten *(Juncus gerardi* und *J. maritimus)*.

4) Abscheidung von überschüssigem Salz aus epidermalen Drüsen nach außen *(Spartina, Distichlis, Limonium, Glaux, Armeria)*.
5) Sukkulenz: Ausgleich zu schnellen Anstiegs des Salzgehalts durch erhöhte Wasseraufnahme, so daß die Konzentration des Zellsaftes verdünnt wird; typisch für Chenopodiaceen wie *Salicornia, Chenopodium, Atriplex, Sueda, Halimione*.
6) Verdünnung der Zellsaftkonzentration durch schnelles Wachstum, wofür wiederum Salzgräser als Beispiel stehen mögen.

Oft kommen mehrere Mechanismen bei der gleichen Pflanze vor. So zeichnen sich Salzgräser durch starke Selektion der Salzaufnahme, Besitz von epidermalen Salzdrüsen und Verdünnung des Salzgehaltes infolge schnellen Wachstums aus. Bei Chenopodiaceen treten Sukkulenz, Abwerfen alter Blätter, bei *Atriplex* außerdem Salzdrüsen auf.

Gegen Öl, das an die Küste gespült wird, sind gerade die bestandbildenden Gräser wie *Spartina* und *Puccinellia* sehr empfindlich. Wiederholte Verölung wirkt sich auch schädlich auf die Mikroflora aus und führt zu anaëroben Bedingungen, schließlich zum Absterben der Pflanzen [109].

Tierwelt. Als Beispiele für funktionelle Anpassungen seien einige Arten aus Salzwiesen der Nordseeküste ausgewählt.

Besondere Anforderungen an die **Atmung** stellen sich für Tiere, die an der Luft leben. So baut die Ameise *Lasius flavus* mikroreliefartige Nestkuppeln, die sogar landschaftsprägend sein können [509]. Einzelne Ameisen vermögen zudem im Boden bei eingekrümmtem Körper eine Luftblase festzuhalten, die als physikalische Kieme wirkt. In Luftblasen überdauern auch andere Insekten sowie Milben und Spinnen eine Überflutung. Der amphibische Wasserkäfer *Ochthebius marinus* bringt eine Luftblase an die Unterseite seines Körpers. Bei einigen Zwergspinnen werden die Fächerlungen von einer dünnen Haut überspannt, welche Luft einschließt. Starke Behaarung ermöglicht es der Wolfsspinne *Pardosa purbeckensis* längere Zeit unter Wasser zu überstehen. Blattläuse der Familie Pemphigidae sind von Wachsflaum umgeben, der eine Benetzung verhindert [283].

Manche Käfer (Carabidae, Staphylinidae, Heteroceridae) halten sich in selbstgegrabenen Gängen auf, die bei Mangel an Sauerstoff durch weiteres Graben belüftet werden [193]. Der Laufkäfer *Dicheirotrichus gustavi* kommt bei Ebbe nachts auf die Oberfläche und zieht sich während der Morgendämmerung in den Boden zurück. Folgen zwei Überflutungen, so bleibt er die ganze Nacht unten [707]. Viele Wurzelläuse (Thelaxidae, Pemphigidae) sind in Nestern von Ameisen, mit denen sie mutualistisch leben, vor Überflutung geschützt. Die zahlreichen blattminierenden und gallbildenden Insektenlarven finden Schutz im Inneren der Pflanzen, Parasitoide in ihren Wirten. Viele der letzteren haben eine metachrone Schlupffolge [280].

Für die an der Salzaster *(Aster tripolium)* lebenden Inadulten der Wurzellaus *Pemphigus trehernei* ist Wasserverdriftung der wichtigste Modus der Ausbreitung [194]. Wasserempfindliche adulte Insekten fliegen fort (Dipteren, parasitoide Hymenopteren, oberirdisch lebende Blattläuse), können sich aber schnell wieder neu ansiedeln.

Ein anderer Extremfaktor für die Kleintierwelt ist der **Salzgehalt,** der in der obersten Bodenzone des Andelrasens (Puccinellietum) und im unteren Rotschwingelrasen (Festucetum) noch Werte bis 3,0% (Durchschnitt 1,3–1,5%) besitzt, aber zur Landseite hin stark absinken kann. Organismen mit Fähigkeit zur Osmoregulation finden sich bei Meeresschnecken (Prosobranchia: *Assiminea;* Opisthobranchia: Limapontia, Alderia), Land-Lungenschnecken *(Ovatella, Succinea),* Spinnen und Insekten der Salzwiese [516]. Die Insekten scheiden überschüssiges Salz über den Enddarm aus, in den es direkt aus dem Blut oder über die Malpighischen Gefäße gelangt. Bei limnischen Insektenlarven können Analpapillen, Chloridzellen oder Chloridepithelien der Salzregulation dienen [634]. Sehr salzhaltige Böden bewirken bei Bernsteinschnecken (Succineidae) eine Fluchtreaktion.

Auffällig ist der hohe **Feuchtigkeitsanspruch** typischer Tiere der Salzwiese. Dies wird durch reichliches Trinken ausgeglichen, wenn die Feuchtigkeit der Luft oder des Bodens absinkt. Im allgemeinen hält sich genügend Feuchte im Grasfilz der Salzwiese. Halophilie und Salztoleranz sind nicht nur mit dem Ertragen von Überflutung und der Fähigkeit der Osmoregulation, sondern eng mit dem Wasserbedarf der Organismen salzhaltiger Böden verknüpft.

Artenbild. Auf den Salzwiesen der schleswig-holsteinischen Nordseeküste leben (ohne Mikrofauna) über 1400 Arten. Etwa ein Drittel von ihnen besiedelt den Andelrasen. Salzwiesen haben mehr Arten als das seewärts davor liegende Watt [283]. Während der größte Teil der Fauna im Andelrasen (Puccinellietum) spezifisch ist, haben die meisten Tiere im Rotschwingelrasen (Festucetum) eine größere Toleranzbreite und stimmen in hohem Maß mit Süßgraswiesen überein [281]. Eindeichung beschleunigt die Umwandlung in letztere. Schon nach 5–6 Jahren ist dieses Stadium erreicht, während es unter natürlichen Bedingungen über 100 Jahre dauern würde. Die Neubesiedlung der Vegetationsschicht eilt derjenigen der Bodenoberfläche voraus. Am langsamsten geht die Veränderung im Boden vor sich, in dem nur allmählich eine agrophile Lebewelt mit Regenwürmern erscheint. Beweidung der Salzwiesen durch 5 und mehr Schafe/ha verringert die Artenzahl der Pflanzen um die Hälfte und die der Kleintiere um zwei Drittel [282].

Die an bestimmte Pflanzen gebundene Insekten und deren Parasitoide folgen ihren Wirten bis zur Grenze deren Vorkommens, ungeachtet des Salzstandortes. Für die Bodenverbesserung durch Vergrößerung der Poren sind die Pflanzenwurzeln am wichtigsten. Sonst tragen noch Enchytraeiden und Ameisen zur Lockerung des Bodens bei. Milben und Collembolen leben in den Luftporen. Die aquatische Lückenfauna besteht aus Nematoden, Turbellarien, Copepoden, Protozoen und umfaßt etwa 350 Arten [43].

In Salzwiesen brüten Limicolen *(Haematopus, Tringa, Recurvirostra)*, Seeschwalben *(Sterna)* und Singvögel *(Oenanthe, Saxicola)*. Im Frühjahr und Herbst halten sich auf ihrem Zug nach und vom hohen Norden (einschließlich Sibirien) Ringelgänse *(Branta bernicla)* gern auf Salzwiesen auf und sind dann für die Schafe Konkurrenten um Nahrung. Als Wintergäste stellen sich an den friesischen Küsten außerdem Bläßgänse *(Anser albifrons)* und Weißwangengänse *(Branta leucopsis)* ein [491].

Produktion. Auffallend ist die Menge toter pflanzlicher Substanz. Nach einer Berechnung von Salzwiesen in Neuseeland entfielen 17375 g Trockengewicht/m^2 auf abgestorbene Pflanzenstoffe, 761 g auf lebende Phytomasse und 26 g auf Tiere [472]. Der gewichtsmäßig geringe Anteil von Konsumenten im Vergleich zu Produzenten zeigte sich auch in der Carmague [42]. Pflanzenfresser verzehren auf Salzwiesen höchstens 10% der lebenden Phytomasse. Der Energietransfer geht im wesentlichen über die Saprotrophen [484].

3.5 Mangroven

In den Tropen und Subtropen bilden sich an Schwemmland-Küsten Mangroven aus. Es sind Gehölzformationen mit bis etwa 30 m hohen, immergrünen Bäumen und bis zu 2 m hohen Sträuchern, deren vorderste Linie sich über die Flutgrenze des Meeres in den Bereich der Gezeiten schiebt. Wo der Wellenschlag durch Nehrungen, vorgelagerte Korallenriffe oder Inseln gebrochen wird, lagert sich von Salzwasser vollgesogener, sandig-toniger Schlick ab, in dem bestimmte Pflanzen wachsen können.

Mangroven an Ästuarien sind artenärmer als solche an Meeresküsten ohne Brackwasser-Verhältnisse. Trotz mancher ökologischer Übereinstimmung mit Marschküsten gibt es Unterschiede, die durch Klima und Vegetation bedingt sind [399].

3.5 Mangroven

Zonierung. Eine der wichtigsten Wirkungen der Umwelt für die Pflanzen ist das periodische Trockenfallen des Untergrundes. Eine gewisse, dadurch bedingte Zonierung läßt sich nicht in ein allgemeingültiges Schema pressen, weil der Zufall der Erstbesiedlung, Regen, Wirbelstürme, Verdunstungsgrad, einströmendes Flußwasser und andere örtliche Gegebenheiten modifizierend sein können.

In den östlichen Mangroven (ostafrikanische und indopazifische Küsten) liegt jedoch meistens ein Gürtel von *Sonneratia* am weitesten seewärts. Ihm schließt sich zum Land hin eine *Rhizophora*-Zone an, die mit oder ohne eine *Bruguiera*-Zone in ein *Ceriops*-Dickicht übergeht. Den genannten Gewächsen der Myrtales folgt schließlich eine *Avicennia*-Salzmarsch, die keine Überflutung benötigt und deren Unterwuchs aus Salzgräsern und Büschen von *Batis* und *Salicornia* bestehen kann.

Die Pioniere der westlichen Mangroven (westafrikanische und amerikanische Küsten) sind meistens *Rhizophora*-Bäume. In der Neuen Welt kommt landeinwärts *Laguncularia* vor, während die Verbenacee *Avicennia* ebenso wie in der östlichen Mangrove vorhanden ist, wenn sie auch mancherorts zurücktritt. Mit abnehmendem Salzgehalt wird die Konkurrenz stärker.

Die Tierwelt zeigt keine der Vegetation parallele Zonierung, da sie in erster Linie von den Wasserverhältnissen, der Salinität, von Schutz und Schatten der Bäume und der Beschaffenheit des Substrats mit seinem O_2-Gehalt abhängt. So haben der Schlickboden, die Priele, das Innere des Mangrovenwaldes, die Randzone, Stämme und Baumkronen ihre besonderen Bewohner. Außerdem unterscheidet sich auch die Fauna der Brackwasser-Mangroven an Flußmündungen von Mangroven ohne Süßwasserzufluß.

3.5.1 Anpassungen der Pflanzen

Keimung. Um neu entstehende Schlickbänke besiedeln zu können, mußten sich Besonderheiten der Keimung entwickeln. So keimt der Embryo in den einsamigen Früchten von *Rhizophora, Ceriops, Bruguiera* und der indomalayischen *Aegiceras* bereits auf der Mutterpflanze und hängt mit der Radicula und dem kräftig ausgebildeten (bei *Rhizophora* bis 1 m langem) Hypokotyl aus der Frucht herab. Beim Fall verankert er sich im Schlick, bildet ein verzweigtes Wurzelwerk und wächst außerordentlich schnell.

Neben dieser echten Vivaparie gibt es Kryptoviviparie, für welche *Avicennia, Laguncularia* und *Xylocarpus* Beispiele sind. Bei ihnen ist der Embryo ebenfalls im Samen schon weit entwickelt. Jedoch haben sich die langlebigen, schwimmfähigen Früchte bereits von der Pflanze gelöst und werden vom Wasser fortgespült, so daß der Keimling an einer geeigneten Stelle Wurzeln schlagen kann.

Die Erscheinungen der Viviparie und Kryptoviviparie, die auch der allmählichen Gewöhnung des Keimlings an höheren Salzgehalt dienen, beruhen auf verspäteter Bildung des Trenngewebes der Früchte und dem Fehlen einer Ruheperiode im Samen [272].

Wurzelatmung. Die Bäume sind dem Gezeitenhub durch sproßbürtige Stelzwurzeln oder durch flach verlaufende, ausgedehnte Wurzelsysteme angepaßt. Da der Schlick schon ziemlich dicht unter der Oberfläche keinen Sauerstoff mehr enthält, jedoch Schwefelwasserstoff, entstehen ungünstige Bedingungen für die Atmung des tieferen Wurzelbereichs. Stelzwurzeln von *Rhizophora* dienen als Stütze und zur Atmung. *Sonneratia* und *Avicennia* bringen spargelartig nach oben wachsende Luftwurzeln hervor. *Bruguiera* und *Ceriops* haben außerdem noch bogenförmig herausragende Wurzelknie. *Xylocarpus* besitzt Bänderwurzeln. Die Lentizellen aller solcher Atemwurzeln haben so feine Öffnungen, daß Luft, aber nicht Wasser eindringen kann. Bei Überflutung wird der Sauerstoff durch die Atmung verbraucht, und es entsteht ein Unterdruck, weil das leicht im Wasser lösliche CO_2 entweicht. Bei Ebbe tritt dann sofort wieder Druckausgleich ein, indem nun neue Luft eindringt. Der O_2-Gehalt in den Luftwurzeln ändert sich also periodisch mit den Gezeiten. Die feinen Wurzelhaare müssen aus der oberen sauerstoffhaltigen Schicht des Schlicks die Nährstoffe aufnehmen [563].

Salzgehalt. Durch Ultrafilterwirkung der Wurzeln gelangt nur schwach salzhaltiges Wasser in die Leitungsbahnen. Das Salz wird in den Vakuolen der Blattzellen als Lösung gespeichert und erzeugt die notwendigen Saugkräfte. In ihrer Wasseraufnahme sind Mangrovepflanzen daher nicht schlechter gestellt als Bäume nichtsalziger Böden in den Tropen [783]. Der Transpirationssog in der Pflanze kann den osmotischen Druck des Meerwassers weit überkompensieren. Die Salzregulation geschieht durch Eliminierung der Salze mit den abfallenden, alten Blättern oder durch teilweisen Transport in die jungen, wachsenden Blätter. Ferner gibt es wie bei den Halophyten der Salzwiesen salzausscheidende Pflanzen. So haben *Avicennia*, *Laguncularia* und *Aegiceras* Salzdrüsen auf der Blattunterseite. Die abgelagerten Kristalle ziehen nachts hygroskopisch Wasser aus der Luft an und lösen sich auf. Regen wäscht die Salzlösung ab.

3.5.2 Anpassungen der Tiere

Atmung. Die Mikrofauna lebt nur in der obersten Schicht des Sediments. Schon in 1 cm Tiefe kann sich starke O_2-Zehrung bemerkbar machen. Größeren Bodentieren wie den Krabben, die vorwiegend bei Ebbe aktiv sind, genügt der Wasservorrat, den sie im Kiemenraum mit sich tragen. Durch Hindurchpumpen von Luft wird das Atemwasser immer wieder mit genügend Sauerstoff angereichert. Die im Schlick befindlichen Röhrenwürmchen (Tubificidae) nutzen durch ihr Hämoglobin im Blut den Sauerstoff besser aus und können daher noch vorkommen, wo dies anderen Würmern nicht mehr möglich ist. Durchblutete Papillen an Rücken und Körperseiten verbessern die Hautatmung in feuchter Luft bei einigen Meergrundeln *(Boleophthalmus, Scartelaos)*. Bei gewissen baumbewohnenden Kiemenschnecken sind die Mantelhöhlen wie bei Pulmonaten zu Lungen geworden [540].

Substrat. Das Sediment hat seewärts höheren Anteil von Feinsand, landwärts mehr Schluff und Ton. Wegen Laubfalls das ganze Jahr hindurch und wegen der Baumstämme ist es reich an Huminstoffen und Gerbsäuren. Daher reagiert das Bodenwasser und meist auch dasjenige in den Prielen sauer (6–7 pH), Schlickwatt vor den Salzwiesen der gemäßigten Breiten dagegen alkalisch. Es mag mit dem geringen Kalkgehalt zusammenhängen, daß Mollusken in Mangroven mehr als an anderen Meeresküsten zurücktreten, wenn sie auch keineswegs fehlen.

In der *Ceriops-Zone* der malayisch-australischen Mangroven lebt der Maulwurfskrebs *(Thalassina anomala)* unterirdisch und dadurch unabhängig von den Gezeiten. Er schaufelt große Schlickmengen aus seinem Gangsystem nach oben, so daß sie über das Hochwasserniveau herausragen. Seine Lebenstätigkeit ist ebenso wie die der Gänge grabenden Krabben für die Durchlüftung des Substrats und damit für den Stoffumsatz wichtig [404].

Temperatur und Luftfeuchte. Das Laubdach der Bäume wirkt als Strahlenschutz. Die mittlere Schwankung der Temperatur beträgt weniger als 10 °C. Auch hierin liegt ein auffallender Unterschied zu den Watten und Salzwiesen der gemäßigten Zonen. Zudem herrscht infolge der reichen Niederschläge und der relativ geringen Verdunstung hohe Luftfeuchtigkeit (meist über 80%) unter dem Kronenraum, so daß für Wassertiere der Übergang zum Landleben erleichtert ist.

Salzgehalt. An Ästuarien gibt es in Mangroven Übergänge von Süßwasser über Brackwasser zum Meer. Die Tiere dort müssen einerseits Salzgehalt ertragen, der mindestens die Konzentration des offenen Meeres erreicht, andererseits gelegentliche Überflutung mit fast reinem

Süßwasser. Euryhaline Arten sind an derartige Bedingungen am besten angepaßt.

3.5.3 Verzahnung und Dynamik im Ökosystem

In den Mangroven überschneiden sich verschiedene Lebensräume. Land- und Meeresorganismen, marine Weichboden- und Hartbodenbewohner treffen zusammen. Zudem schaffen Ebbe und Flut für die einzelnen Arten unterschiedliche Ruhe- und Aktivitätsperioden (Abb. 3.12) [224, 238].

Physikalische und physiologische Prozesse reichern die von Flüssen, Gezeiten, Regen und Laubfall eingebrachten Nährstoffe im Substrat an. Dort herrscht eine Lebensintensität der Mikroflora und Mikrofauna, des Aufwuchses (Periphyton) auf den Wurzeln und dem feinen Netzwerk der Wurzeln selbst, welche die Bodenoberfläche durchsetzen. Der Schlick wird während Niedrigwasser von Krebsen, Würmern, Schnecken und Fischen bevölkert. Hier weiden Winkerkrabben *(Uca)* und in der Alten Welt außerdem Landkrabben *(Sesarma, Cardiosoma, Ucides)* den Schlick ab oder fressen abgefallenes Laub. Auch Flohkrebse (Tali-

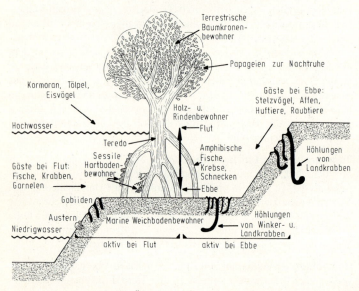

Abb. 3.12: Schematische Übersicht über die Makrofauna einer Mangrove und ihre ökologischen Beziehungen (veränd. nach Gerlach 1958).

tridae), Borstenwürmer (Polychaeta) und Strandschnecken (z. B. *Littorina*) zählen zu den amphibischen Meerestieren in Mangroven.

In den indo-australischen Mangroven leben Fische, die das Land erobert haben. Diese Schlammspringer *(Periophthalmus)* sitzen meist oberhalb des Wasserspiegels an den Stelzwurzeln und Stämmen. Bei Ebbe kriechen sie mit den zu Gehwerkzeugen umgewandelten Brustflossen auf dem nassen Schlick oder hüpfen durch Abschnellen mit der Schwanzflosse, um Mücken und kleine Krabben zu erbeuten. Nur ihre Brut und die Jungfische sind wie bei den Krebsen noch an das Wasser gebunden. Der 15–20 cm lange Schützenfisch *(Toxotes jaculatrix)* dagegen schwimmt, die Augen nach oben gerichtet, dicht an der Wasseroberfläche und fängt Insekten von den Zweigen durch einen gezielten Wasserstrahl aus dem Maul. Allerdings kann er sie nur bei ruhigem Wetter herunterschießen; sonst frißt er solche, die von selbst ins Wasser gefallen sind.

Manche Tiere können bei Flut *und* bei Ebbe aktiv sein. Das trifft für die Mikrofauna im wassergefüllten Lückensystem der obersten Schlammschicht zu, gilt aber auch für manche Meergrundeln (Gobiidae), die zur Ebbezeit in kleinen Resttümpeln die Schlickoberfläche nach nahrhaften Bestandteilen absuchen. Mit der Flut kommen Fische und Garnelen, um nach Krabben zu jagen. Die an den Baumstämmen sitzende Hartbodenfauna (Balaniden, Tunikaten, Mytiliden, Austern) beginnt dann Nahrung herbeizustrudeln.

Baumkronen und Stammbereich werden vor allem von einer Landfauna bewohnt, wie im tropischen Regenwald, der sich an Mangroven anschließen kann. Blütenbestäuber von *Rhizophora* und *Aegiceras* sind Bienen. Von Blüten der *Sonneratia,* die sich erst gegen Abend öffnen, holen sich Fledermäuse Nektar und Pollen; später fressen sie deren Früchte. Ameisen errichten Baumnester und ernähren sich teils vom Honigtau der Schildläuse, die sich auf den Bäumen ansiedeln, teils von angespülten Tierkadavern am Schlammgrund. Im trockenen Holz der Stämme minieren Insektenlarven (Buprestidae, Cossidae). Auf der feuchten Rinde im unteren Stammbereich wachsen Algen, zwischen denen sich Scherenasseln (Tanaidaceae) aufhalten können. Marine Krabben der Grapsidae, in Lateinamerika auch *Aratus,* klettern am Stamm empor, um an Blattnahrung zu gelangen. Daneben gibt es dort Landtiere wie Grillen, Schaben, Rindenläuse (Psocoptera) und Spinnen. Bohrmuscheln *(Teredo)* und marine Bohrasseln *(Sphaeroma)* fressen das vom Meerwasser durchfeuchtete Holz.

In Florida lebt die kleine *Sphaeroma terebrans* in den Stelzwurzeln von *Rhizophora mangle* und verursacht breitere und tiefere Löcher als *Teredo*. Die schwer geschädigten Wurzeln brechen ab, und die Bäume verlieren ihren Halt, wenn

Wirbelstürme die Küste heimsuchen. Dadurch werden jährlich weite Flächen der Mangrove und des festen Landes fortgerissen [504]. Wie durch den Seestern *Acanthaster planci* in den Korallenriffen kann auch in den Mangroven durch die Lebenstätigkeit und Massenvermehrung einer einzigen Art örtliche Zerstörung großen Ausmaßes selbst in artenreichen, alten Ökosystemen möglich werden.

Am Grunde und unter vermoderndem Holz leben Landturbellarien, Nacktschnecken der gleichen Gattungen *(Assiminea, Alderia)* wie in den Salzwiesen der gemäßigten Zonen, ferner Myriopoden, Milben der verschiedensten Gruppen, Asseln, Leuchtkäfer (Lampyridae), Insektenlarven und Termiten. In den sumpfigen Niederungen und Resttümpeln, namentlich weiter im Hinterland, kommt es zur Massenentwicklung von Stechmücken (Culicidae). Konzentriert sich ihr Schlüpfen aus der Puppe auf kurze Zeitspannen, so steigen Myriaden von Mücken wie Rauchwolken empor. Sie bilden die Grundnahrung für viele Tiere.

Schließlich finden die verschiedensten Wirbeltiere in den Mangroven geeignete Lebensbedingungen. Dies gilt etwa für blattfressende Leguane *(Iguana)*, insektenfressende Geckos und Frösche *(Hyla)* oder für Baumschlangen. Vögel von Ufern und Küsten (Reiher, Fischadler, Kormorane, Eisvögel) nisten in den Bäumen und holen sich ihre Nahrung aus dem Wasser. Tauben und Papageie finden Schlafplätze. Als Gäste zur Ebbezeit erscheinen Stelzvögel, Rallen, Wasserschweine *(Hydrochoerus)*, Tapire, Schleichkatzen, Fischotter u. a., die zum Teil auf Krabbenjagd gehen.

4 Binnengewässer

4.1 Besonderheiten des Süßwassers

Binnengewässer nehmen mit etwa 2 Millionen km² nur 0,4% der Oberfläche der Erde ein (1,4% ihrer Landfläche). Ihre Ökologie muß möglichst im Zusammenhang mit der Landschaft betrachtet werden, in der sie eingebettet liegen, deren Klima sie beeinflußt, mit der manche ihrer Organismen verknüpft sind und mit der ihr Stoffkreislauf verzahnt ist [264, 414].

Durch geringe Größe, räumliche Isolierung und für viele von ihnen relativ kurze Existenzdauer unterscheiden sie sich beträchtlich vom Meer [634]. Wesentlich verschieden sind vor allem die Anteile der Ionen im Wasser (Tab. 4.1).

Tab. 4.1: Vergleich des Ionengehaltes im Meer- und Süßwasser

Ion	Meerwasser %	Süßwasser (Flüsse) %
Cl^-	**55,04**	5,68
Na^+	**30,62**	5,79
SO_4^{2-}	7,68	12,14
Ca^{2+}	1,15	**20,39**
CO_3^{2-}, HCO_3^-	0,41	**35,15**
SiO_2	–	11,67
Sonstige	5,10	9,18

Der NaCl-Gehalt, der im Meer etwa 3,5% beträgt, liegt im Süßwasser unter 0,05%. Dafür spielt der Kalkgehalt, meist als Kalziumbikarbonat gelöst, eine große Rolle. Er hängt von der Beschaffenheit des geologischen Untergrundes und dem Absorptionsvermögen der Sedimente für im Wasser gelöste anorganische Salze ab. Man mißt ihn nach **Härtegraden**. Hartes (kalkreiches) Wasser in Kalkgebieten hat einen CaO-Gehalt von > 36 mg/l, weiches (kalkarmes) Wasser, das als Regen, aber auch in Urgebirgen (Gneiss, Granit), Hochmooren und kalkarmen Sanden vorkommt, besitzt einen CaO-Gehalt von 0–14 mg/l. Kalziumbikarbonat bleibt nur beständig, wenn eine bestimmte, mit der Konzentration stark ansteigende CO_2-Menge in Lösung ist. CO_2 kommt direkt aus der Luft, aus Niederschlägen, Zuflüssen, vom Grundwasser und der Stoffwechseltätigkeit der Organismen. Wird die Menge des CO_2 im Wasser zu gering, so zerfällt ein Teil des Kalziumbikarbonats zum kaum löslichen Kalziumkarbonat, $CaCO_3$. Dies kann chemisch oder biogen bedingt sein.

$$Ca(HCO_3)_2 \rightleftarrows CaCO_3 + CO_2 + H_2O$$

Bei der **chemischen Entkalkung** wird durch Wärme CO_2 aus $Ca(HCO_3)_2$ abgespalten, wie es beim Kochen durch die Bildung von Kesselstein bekannt ist. In der Natur können dadurch besonders in Fließgewässern, vor allem im Bereich kalkreicher Quellabflüsse, Blätter, Moose (z. B. *Cratoneuron*) und Steine von Kalkkrusten überzogen werden. Während einige Pflanzen mit untergetauchten Blättern wie Wassermoose, *Isoetes, Myriophyllum, Callitriche* und viele Algen für die Photosynthese auf freies CO_2 im Wasser angewiesen sind, vermögen andere *(Elodea, Potamogeton, Lemna, Ranunculus, Cladophora)* HCO_3^- aus $Ca(HCO_3)_2$ aufzunehmen. Nach Abgabe von OH^- erhalten sie auf diese Weise zusätzlich CO_2, und es lagert sich Kalk auf den Blättern ab. Dieser Vorgang wird als **biogene Entkalkung** bezeichnet [555].

Manche Tiere verwenden den chemisch oder biogen ausgefällten Kalk zum Bau von Wohnröhren, wie bestimmte Larven der Zuckmücken (Chironomidae), oder lagern ihn auf ihrer Kutikula ab, wie die *Pericoma*-Larven der Schmetterlingsmücken (Psychodidae).

Vom Verhältnis des CO_2, HCO_3^- und CO_3^{2-} hängt auch der Säuregehalt (pH-Wert) ab. Ist fast nur CO_2 vorhanden, so liegt das pH im stark sauren Bereich. Überwiegend HCO_3^- ist mit pH 7–9 verknüpft; vorwiegend CO^{2-} (wegen OH-Bildung) mit pH 10–11 bedeutet alkalische Reaktion.

Die **Biotopstruktur** wird sehr von der Physiognomie des Gewässers bestimmt. Wichtig sind Gestalt und Tiefe des Wasserbeckens und das Gefälle des Untergrunds (Tab. 4.2).

Nach der Stärke der Wasserbewegung unterscheidet man **lotische Bezirke** (Strömungsbereich der Fließgewässer, Brandungsstrand von Seen) und **lenitische Bezirke** (langsam fließende und stehende Gewässer, Stillwasserbereiche in Flüssen). Der Untergrund ist von der Strömung abhängig. So ergibt sich bei Flüssen von der Quelle zum Meer grob betrachtet eine Geröll-, Kiesel-, Sand- und Schlammregion. Im ruhigen Bereich der Seen sedimentiert Schlamm; am Brandungsstrand befinden sich Sand und Kies.

Viele marine Gruppen fehlen dem Süßwasser. Limnische Arten stammen entweder von Meeresformen ab (Algen, Schwämme, Hydrozoen, Bryozoen, Nemertinen, Muscheln, Kiemenschnecken, Krebse), oder sie sind im Süßwasser entstanden (Fische: der Selachier und Teleostier) oder haben Vorfahren auf dem Lande und besiedeln das Süßwasser sekundär (mehrere nur in bestimmten Lebensabschnitten). Zu dieser

Tab. 4.2: Vergleich von Binnengewässern und Meer

Binnengewässer	Meer
Relativ wenig sessile und hemisessile Arten auf Hartsubstrat (Epilithion) Hartsubstrate werden nur von wenige Krustenalgen angegriffen	Epilithion reichhaltig durch sessile und hemisessile Arten Hartsubstrate mit vielen darin bohrenden Organismen (Endolithion)
Viele völlig an der Oberfläche schwimmende Großpflanzen (z. B. *Salvinia, Lemna, Hydrocharis, Eichhornia*)	Keine ganz an der Oberfläche schwimmende Großpflanze (außer losgerissene Algen der Sargasso-See)
Wenig Benthos-Arten mit meroplanktischem Verbreitungsstadium (Schwämme, Bryozoen, *Dreissena*). Die meisten Plankter sind holoplanktisch	Große Zahl von Benthos-Arten mit meroplanktischem Verbreitungsstadium, wenigstens im Flachmeer
Wenig Strudler, die Turbulenzschicht zur Nahrungsaufnahme erzeugen	Viele Strudler, die zoogene Turbulenzschicht hervorrufen
Wenig Sedimentfresser (vor allem Oligochaeten)	Viele Sedimentfresser (bei Polychaeten, *Balanoglossus*, Mollusken usw.)
Aktive oder passive Verbreitung auf dem Luftweg wichtig	Verbreitung auf dem Luftweg spielt geringe Rolle

dritten phylogenetischen Gruppe gehören Lungenschnecken, Wasserspinnen, Wassermilben, Insekten, Amphibien, einige Reptilien und Säugetiere.

Größere Formen und höher entwickelte Gruppen (Mollusken, Dekapoden-Krebse, Insekten, Wirbeltiere) haben meist, ausbreitungsbedingt, beschränkte Areale ihres Vorkommens. Die kleineren Formen und die stammesgeschichtlich niederen Gruppen sind zum großen Teil mehr oder weniger universell verbreitet und kommen daher überall vor, wo sie existieren können.

4.2 Grundwasser

Alles in der äußersten Erdrinde kreisende und unter der Erdoberfläche befindliche Wasser, welches das natürliche Lückensystem von Sand, Kies, Schotter, porösem Gestein oder Spalten und Klüfte in Felsen erfüllt, nennt man Grundwasser. Es bildet zusammenhängende Flächen mit meist schwach gerichteter Strömung. Am Grunde von Gewässern und in den Quellen tritt es mit den übrigen limnischen Lebensräumen in Verbindung.

Manche Bewohner des Grundwassers sind erdgeschichtlich sehr alt. Aus dem Paläozoikum stammen z. B. die winzigen Bathynellacea-Krebse, von denen bestimmte Arten aus dem limnischen sekundär bis in das marine Küstengrundwasser vorgestoßen sind [561]. Zu Krebsen im Grundwasser aus dem Mesozoikum zählen die Thermosbaenacea, Spelaeogriphacea und einige Harpacticidae (Copepoda). Viele Organismen sind jedoch erst im Tertiär oder Quartär vom Meer oder Süßwasser in den unterirdischen Lebensraum eingewandert; etliche stammen auch vom Land. Ein Eindringen vom Meer her war über das brackige Küstengrundwasser möglich (Abb. 4.1) [446].

Der häufig vereinfachte Körperbau bei Arten im Sandlückensystem des limnischen Küstengrundwassers scheint ebenso wie bei dem des marinen Mesopsammals oft durch Neotenie bedingt zu sein [561].

Die wichtigsten Lebensbedingungen sind: (1) Dunkelheit, die bei vielen Arten zur Rückbildung von Augen und Hautpigment geführt hat, (2) ziemlich gleichmäßige Temperatur im Jahreslauf, (3) hohe Luftfeuchtigkeit, welche die Grenzen zwischen Land und Wasser verwischen kann, (4) relative Armut an Nahrung und Sauerstoff.

Da mit Ausnahme chemo-autotropher Bakterien Produzenten fehlen, ist das Grundwasser von anderen Lebensräumen abhängig. Zahl-

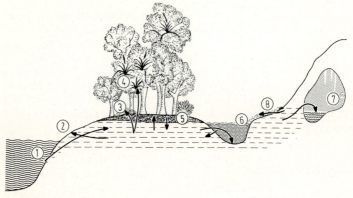

Abb. 4.1: Beziehungssystem des Grundwassers (nach Noodt 1968). **1:** Sandboden im Meer, **2:** brackiges Küstengrundwasser am Meeresstrand, **3:** Moosrasen, **4:** Zisternenpflanzen, **5:** Humusboden, **6:** Feuchtsand am Ufer und am Grund von Binnengewässern, **7:** Höhlengewässer, **8:** Quelle.

reiche Tiere ernähren sich von Detritus, Bakterien, Pilzen und bilden selbst die Nahrungsgrundlage für räuberische Arten [292]. In Europa gibt es mehr als 1000 Arten Grundwasserbewohner, vor allem Protozoen, Turbellarien, Nematoden, Rotatorien, Copepoden, Hydracariden und winzige Schnecken *(Bythiospeum)* [299].

Heute besteht die Gefahr, daß Grundwasser durch zu hohe Gaben von Mineraldünger, unsachgemäße Ausbringung von Gülle und vereinzelt auch durch Pflanzenschutzmittel belastet wird.

4.3 Höhlen

Der ursprüngliche Lebensraum für Höhlenbewohner ist das unterirdische, durchrieselte Lückensystem. Höhlentiere sind eigentlich Spaltbesiedler. In den meisten Höhlen treffen sich Organismen des Wassers mit solchen des Landes.

In sumpfigen Wald- und Wiesenböden einer Berglandschaft in Frankreich wurde in etwa 15–20 cm Tiefe ein Lückensystem untersucht, durch das ständig Wasser von Regen oder Schnee hindurchsickert [425]. Infolge eindringender Pflanzenwurzeln war es zugleich reich an organischem Material. Hier lebten Quell- und Flußbewohner (Schnecke *Bythinella rubiginosa*, gewisse Trichopterenlarven), sonstige Wasserorganismen (Harpacticiden, Cyclopiden, Ostracoden, Hydracariden, Nematoden) sowie Feuchtlufttiere (Myriopoden, Collembolen, Landasseln). Außerdem fanden sich Arten, die als Höhlenbewohner bekannt sind *(Niphargus, Stenasellus virei, Pelodrilus leruthi)*. Führen nämlich Wasseradern durch Spalten und Grotten, so gelangen solche Tiere in diese. Aus derartigen mit Wasser gefüllten Höhlungen und Klüften im Felsgestein stammt auch der Grottenolm *(Proteus anguinus)*.

Wenn ein Flußlauf durch die Höhle zieht, kommt mit dem Wasser Nahrung hinein. Für die saprotrophen Landtiere bietet der Kot von Fledermäusen, die sich oft reichlich in Höhlen aufhalten, die wichtigste Grundnahrung. Wie beim Grundwasser handelt es sich nicht um ein autarkes Ökosystem, weil grüne Pflanzen als Produzenten fehlen. Es gibt Bakterien, Pilze und Tiere. Wassertiere gelangen mit den Flüssen oder mit Sickerwasser in die Höhle, Landtiere durch deren Eingang, außerdem durch Ritzen der Decke [651].

Von den bis 1960 festgestellten Höhlenbewohnern im engeren Sinne (Troglobionten) waren ca. 160 Protozoen, 175 Würmer, 40 Mollusken, 110 Spinnentiere, 100 Krebse, 33 Myriopoden, 252 Insekten, 22 Wirbeltiere (Fische, Amphibien). Das Artenverhältnis von Land- zu Wassertieren betrug 5:3 [730].

Wie im Bereich des Grundwassers sind auch in Höhlen Temperatur- und Feuchtebedingungen (wassergesättigte Luft) recht gleichmäßig. Der Wechsel von Tag und Nacht, Sommer und Winter tritt kaum in Erscheinung. Luftbewegung und spärliches Licht gibt es nur in der Eingangszone. Tiere, die sich in deren Nähe aufhalten, suchen dort die besonderen Verhältnisse der Feuchtigkeit und Dämmerung oder geeignete Winterlager. Bei den meisten eigentlichen Höhlentieren läßt sich keine Tagesperiodik mehr in ihrer Aktivität erkennen.

Viele Troglobionte zeichnen sich durch Reduktion der Augen und des Pigments aus. Manche Insekten (z. B. Trauermücken [Sciaridae]) sind flügellos. Die strukturellen Besonderheiten beruhen entweder auf erblichen Veränderungen (Fehlen der Augen bei Höhlenkrebsen *Niphargus*, der Höhlenassel *Asellus cavaticus*, Schnecken *Bythiospeum*). Oder es haben sich Modifikationen gebildet wie bei dem Collembolen *Schaefferia emucronata* und dem bleichen Flohkrebs *Gammarus pulex subterraneus*. Der Grottenolm *(Proteus anguinus)* hat verkümmerte Augen, rote Außenkiemen und weiße Haut. Da letztere aber Chromatophoren besitzt, wird sie im Licht dunkel. Trotz der Kiemen ist eine Lunge angelegt. Bei Mangel an Sauerstoff im Wasser kommen die Tiere an die Oberfläche, um Luft zu schlucken. Der Olm wird eigentlich als Larve geschlechtsreif (Neotenie). In der Regel ist er lebendgebärend, kann jedoch auch Eier ablegen.

Überhaupt finden sich in der Entwicklung und Fortpflanzung bei Höhlentieren manche Besonderheiten. Fische entwickeln sich langsamer und haben eine längere Lebenszeit als ihre Verwandten außerhalb der Höhle. Dies könnte ursprünglich mit der Knappheit an Nahrung und dem hohen CO_2-Gehalt der Luft im Zusammenhang gestanden haben. Bei Höhlenkäfern fällt die verkürzte Larvalzeit einiger Arten auf. Statt drei Larvenstadien werden zwei oder eins durchlaufen. Im letzteren Fall schlüpft aus dem Ei gleich die verpuppungsreife Larve, wie der Catopide *Speonomus longicornis* im Gegensatz zu dem in Nähe des Höhleneingangs verwandten Aaskäfer *Bathysciola schiödtei* zeigt (Abb. 4.2). Auch hier dürfte Mangel an Nahrung die Selektion gelenkt haben, da die langsamer sich bewegenden Larven schwerer Nahrung finden als die beweglicheren Käfer [488].

Die Artenmannigfaltigkeit in einer Höhle hängt von der Zeit für die Ausbreitung der Organismen innerhalb der verschiedenen Räume eines komplexen Höhlensystems, von der Erreichbarkeit der Nahrung und von Feindbeziehungen ab. Hat eine Art sich in dem stabilen Milieu einer Höhle eingebürgert, so wirkt die Auslese nicht mehr auf ihre Fähigkeit, sich ökologisch oder physiologisch stets neu anpassen zu müssen. Dies führt zur Abnahme der genetischen Variabilität, erhöht die Tendenz zur

Verringerung der Populationsgröße und Verlangsamung der Stoffwechselrate. Bei Annahme zufällig im Freien auftretender Mutate für Verlust von Augen, Pigment oder Flügel können sich solche Negativmerkmale in kurzer Zeit durchsetzen, wenn die Formen zugleich lichtscheu sind, da sie in der Höhle als bedeutungslos erhalten bleiben [398].

Manche ökologische Beziehungen bestehen zur Situation und Besiedlung stillgelegter Bergwerke, Steinbrüche und anderer künstlicher Höhlungen, einschließlich Keller [343].

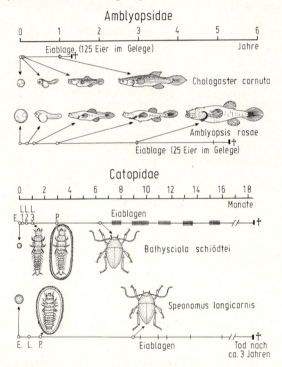

Abb. 4.2: Lebensablauf von Höhlentieren (Fisch *Amblyopsis,* Aaskäfer *Speonomus*) aus dem Inneren der Höhle im Vergleich zu verwandten Arten (Fisch *Chologaster,* Aaskäfer *Bathysciola*) außerhalb der Höhle oder in Nähe ihres Eingangs (veränd. nach Poulson u. White 1969).
E = Ei; **L1, L2, L3** = 3 Larvenstadien von *Bathysciola;* **L** = einziges Larvenstadium von *Speonomus,* das nach Eischlupf mit Bau der Puppenhülle **(P)** beginnt. Viele Höhlentiere haben langsamere Entwicklung bis zur Geschlechtsreife (bei Catopidae trotz Unterdrückung von Larvenstadien), geringere Nachkommenzahl, aber längeres Individualleben.

4.4 Quellen

Am Rande von Gletschern und überall dort, wo unterirdisches Wasser an die Oberfläche gelangt, bilden sich Quellen. Die meisten Flüsse und Seen werden von ihnen gespeist. Bewohner von Quellen können das ganze Jahr über aktiv sein, weil die Schwankungen der Temperatur gering sind. In den gemäßigten Breiten liegen sie zwischen 8–11 °C. Daher finden dort stenotherme Kaltwasser-Organismen geeignete Lebensbedingungen. In den Subtropen (z. B. Floridas) wurden 21–25 °C in den Quellen gemessen.

Es gibt verschiedene Quelltypen. In **Schmelzwasserquellen** werden organische Nährstoffe hineingeweht. Temperaturunterschiede zwischen Tag und Nacht sind gering. Es leben dort Mückenlarven (Chironomidae, Simuliidae) von Detritus [617]. Bei den aus dem Grundwasser hervorkommenden Quellen lassen sich drei weitere Typen unterscheiden: **Sturzquellen** sprudeln aus grobsandigem oder steinigem Untergrund im Gebirge heraus und reißen die feinen Sinkstoffe wegen ihres starken Gefälles mit. In Schotterflächen der Gebirge und im Flachland gibt es **Tümpelquellen**. Ein Becken füllt sich mit Wasser und bildet durch Überlaufen ein Quellbad. Der Untergrund ist meist sandig oder schlammig und enthält bisweilen reichen Pflanzenwuchs. Sickert das Wasser in einer größeren Fläche durch dicke Erdschicht, so daß ein Quellsumpf entsteht, spricht man von **Sickerquellen**. Sie enthalten wenig Produzenten, unter ihnen vor allem Diatomeen. Doch gelangt mit dem Fallaub der Bäume viel Material von außen hinein [660].

Bei den genauer untersuchten Quellen stammte etwa ein Viertel der für ihre Bewohner benötigten Energie aus der Photosynthese der wenigen höheren Pflanzen und vor allem deren dichtem Besatz an Aufwuchsalgen. Drei Viertel kamen von totem Pflanzenmaterial und sonstigem Detritus, der hauptsächlich von außen hineingerät. Er wird von Bakterien, Pilzen und saprotrophen Tieren abgebaut. Von der insgesamt gewonnenen Energie gingen 12% als Schwebstoffe (Seston) durch die Strömung verloren. 1% wurde den Quellen durch die nach beendeter Entwicklung sie verlassenden Fluginsekten entzogen. Der Rest wurde in den Körper eingebaut bzw. veratmet [453, 653].

Im Quellbereich können Tiere verschiedener ökologischer Herkunft zusammenkommen: (1) Arten des Grundwassers und der Höhlen *(Niphargus, Asellus cavaticus, Bythiospeum)*, (2) Arten der Fließgewässer (Planarien, *Gammarus*, Larven von Chironomiden und Trichopteren), (3) Arten stehender Gewässer, die besonders in Sickerquellen vorherrschen (Cyclopiden, Sumpfkäfer *Cyphon*, Dipterenlarven, Larven von Köcherfliegen, Molche, Salamander), (4) hygrophile Landtiere (Regenwürmer, Milben, Collembolen, Landschnecken). Die kleine Schnecke *Lauria cylindracea* ist in Norddeutschland wegen der Wärme in Sicker-

4.4 Quellen

quellen während des Winters fast zu einem Wassertier geworden [660]. In europäischen Quellen leben etwa 1500 Tierarten, von denen 465 reine Quellbewohner sein dürften [299].

Thermalquellen als eine Sonderform der Sturzquellen entspringen aus dem Bereich von Vulkanen und überhaupt aus größeren Tiefen [73]. Sie sind zuerst in Island, von Laborexperimenten unterstützt, untersucht worden, um die ökologischen Ansprüche der Arten und ihre Verknüpfungen kennenzulernen [721]. Das Wasser ist dort zunächst über 40 °C heiß, der pH-Wert liegt anfangs über 9, der Salzgehalt beträgt 0,02–0,15%. Sauerstoff fehlt nahezu ganz, wird aber im Laufe des Quellabflusses aus der Luft absorbiert und auch von den das heiße Wasser ertragenden Cyanobakterien abgegeben. Außer diesen gehören Kieselalgen zu den Produzenten, doch fehlt in den hohen Breiten Islands im November und Dezember genügend Licht zur Photosynthese. Die Produzenten gehen daher im Winter so stark zurück, daß Nahrungsmangel für die von ihnen lebenden Dipterenlarven (Ephydridae, Chironomidae) und Schnecken *(Lymnaea [Radix] peregra)* eintritt. Trotz gleichmäßig warmer Temperatur machen diese Tiere daher eine Ruheperiode durch. Da die Schnecken sich bevorzugt auf den herausragenden Rasen der Bakterien und Algen aufhalten, sind sie kaum über 35 °C warmem Wasser ausgesetzt; das heißere fließt unter ihnen hinweg [613].

Eine ähnliche Lebensgemeinschaft besiedelt die Bakterien-Algen-Matten in den heißen Quellen des Yellowstone Park (USA). Als wichtigste phytotrophe Tiere leben auch dort Larven von Sumpffliegen (Ephydridae), Zuckmücken (Chironomidae) und einigen anderen Dipteren. Die Ephydriden werden in allen Stadien von Wassermilben gefressen. Sonstige Räuber sind außer Spinnen und Vögeln noch eine Langbeinfliege (Dolichopodidae), die über die Wasseroberfläche läuft, als Larve aber nicht die Thermalquelle bewohnt. Das Wachstum der Mikroflora wird durch Nährstoffe begrenzt. Für die Sumpffliegen ist Mortalität durch Übervölkerung die begrenzende Ursache, für Milben und andere Räuber sind es die versteckten Eiablagestellen der Ephydriden und deren im heißen Wasser schwer erreichbare Larven [101].

Die bunten Farben vieler heißer Quellen beruhen teils auf chemischen Ablagerungen (Kieselsinter, Kalksinter, Schwefel, Eisenoxide), teils auf einer recht üppigen Kryptogamenflora. Schon nahe dem Zentrum, wo das Wasser noch fast kochend ist, gedeihen bei Temperaturen zwischen 75° bis über 90 °C Bakterien, die lange Zellfäden bilden. Eine sich nach außen anschließende kühlere, gelbe und rosa Zone besitzt überwiegend Blaugrün-Bakterien (Cyanobakterien). Schließlich treten unter 60 °C Diatomeen, Desmidiaceen und Chlorophyceen auf; diese Algen bedingen die grüne Farbe [354].

Schwefelquellen gibt es mit unterschiedlichen Temperaturen. In ihnen können nur Organismen leben, die anaërob sind oder mit den geringen Mengen von Sauerstoff auskommen, der aus der oberen Bodenschicht und der Luft ins Quellwasser gelangt. Hier gibt es Cyano- und Eubakterien, Pilze, aber auch Protozoen, Nematoden, Rotatorien, Kleinkrebse, Milben und Collembolen, um die wichtigsten Gruppen hervorzuheben. Mit steigender Temperatur nimmt die Zahl der Tierarten schnell ab, besonders wenn 27 °C überschritten sind. Nur einzelne Rädertiere und Fadenwürmer halten sich außer der Mikroflora noch in Schwefelquellen von 36–37 °C auf [473]. Über heiße Schwefelquellen am Grunde der Tiefsee berichtete Kap. 1.4.2.2.

4.5 Fließgewässer

Strömung macht eine langfristige thermische Schichtung unmöglich, doch wird das Wasser von der Quelle zur Mündung hin wärmer und die Temperaturspanne weiter. Zugleich mit dem Verlauf der Strömung wird der Untergrund im Flußbett feinkörniger. Fließgewässer sind Drainagesysteme einer Landschaft, aus der viele Stoffe schließlich den Meeren zugeführt werden. Zum anderen dienen sie als Wasserstraßen für die Einwanderung mancher Lebewesen vom Meer ins Süßwasser und umgekehrt.

Flüsse haben zwar eine gerichtete und in der Regel permanente Wasserströmung. Dennoch können in ihnen Stillwasserbezirke vorhanden sein, sogar solche größeren Ausmaßes wie die Uferlagunen der nährstoffreichen Weißwasserflüsse im Amazonasgebiet mit ihren schwimmenden Wiesen von *Eichhornia* und *Pistia*. Im Vergleich zu den meisten der stehenden Gewässer sind Flüsse häufig geologisch älter und auch langlebiger. Außer bei Verhältnissen starker Verschmutzung von außen bieten sie den Organismen mindestens im kühleren Oberlauf gleichmäßigen O_2-Gehalt. Dies liegt weniger an mehr im Wasser gelöstem Sauerstoff, obwohl strömendes Wasser eines Bergbaches ständig mit Luft durchmischt wird. Wichtiger ist die Tatsache, daß Strömung das Entstehen eines durch die Atmung verursachten, an Sauerstoff ärmeren Wassermantels um die Tiere verhindert.

Es gibt zwar kein eigenes Flußplankton. Jedoch leben in vielen Bächen Aufwuchsalgen. Zu ihnen gehören Diatomeen, die stellenweise jeden Stein mit einer Schicht überziehen, Krustenalgen und zottige Wattepolster hochwüchsiger Algen *(Cladophora)*. Außerdem können Quellmoose *(Cratoneuron)* und einige höhere Pflanzen gedeihen (z. B. *Batrachium, Potamogeton pectinatus* und in tropischen Flüssen vor allem Podostemales mit ihrem thallusartigen Vegetationskörper).

Viele organische Stoffe (Fallaub, Zweige, Zerreibsel aller Art, Pollen, gelöste Substanzen) gelangen vom Land ins Wasser. In manchen Flüssen beträgt der Anteil derartigen allochthonen Materials 99% der Primärnahrung [297, 185]. Als Erstverzehrer kommen daher besonders Detritusfresser in Frage, zumal Großpflanzen eigentlich erst nach Zerfall in Detritus den Konsumenten im Wasser zugänglich werden. Solche Verhältnisse bedingen eine hohe Abhängigkeit der Lebewelt vom umgebenden Land, weil die Uferflächen im Vergleich zum Wasserkörper relativ groß sind.

Der Abbau des Detritus, selbst von Holz, geht im Wasser schneller vor sich als an Land. Voraussetzung für die Fraßaktivität der Makrofauna (Insekten und ihre Larven, Amphipoden, Asseln, Flußkrebse) ist ein dichter Befall des Materials mit Mikroben, vor allem Pilzen. Andererseits beschleunigt das Abschaben, Abnagen, Zerkleinern und Einbohren der vielen kleineren und größeren Tiere die Abbauleistung der Bakterien und Pilze. Außerdem dienen die feinsten Partikel Filtrierern und Sedimentfressern zur Nahrung. Hinzu kommen die enzymatischen Ausscheidungen der Mikroben und die Kotteilchen der Tiere, welche für andere Organismen noch genügend Nährstoffe enthalten. So wird der Kreislauf der Stoffe im Systen verlangsamt und die Energie in bestmöglicher Weise ausgenutzt [6].

Drift. Viele organische und anorganische Stoffe werden bachabwärts transportiert, darunter Bakterien, Pilze, Algen, Detritus und Mineralpartikel, aber auch größere Tiere.

Hauptnutznießer der Drift feiner Bestandteile sind Filtrierer wie Schwämme, Larven von Kriebelmücken (Simuliidae) und netzbauenden Köcherfliegen (Hydropsychidae). Zur Drift im weitesten Sinne gehören auch Planarien, kleine Muscheln *(Pisidium)*, Flohkrebse *(Gammarus)*, Wassermilben und freischwimmende Insektenlarven.

Durch Drift können Populationen mancher Arten so verringert werden, daß der Verlust sich nur durch besondere Strategien ausgleichen läßt. In einigen Fällen wird eine hohe Zahl an Nachkommen erzeugt (Überschußproduktion), in anderen gibt es aktive oder passive Rückwanderung (bei Insekten Rückflug) gegen die Fließrichtung. Schnecken wandern gegen die Strömung, wenn Pflanzen Stoffe ausscheiden, die auf sie anlockend wirken [66]. Gammariden und Larven von Köcherfliegen gleichen Abdriftung durch Rückwanderung aus [388, 573]. Fische schwimmen gegen die Strömung an und können die in ihren Kiemen oder der Haut befindlichen Glochidien von Muscheln dabei flußaufwärts befördern. Kompensationsflüge zur Eiablage finden bei Ephemeriden, Libellen, Plecopteren, Chironomiden, Simuliiden und Trichopteren statt, wenn sie auch keineswegs bei allen die Regel sind, und die einzelnen Arten sich hierin verschieden verhalten. Manche der genannten Fluginsekten werden als Transportwirte von Wassermilben benutzt [754, 436, 705].

Emergenz. Mit dem Übergang vom Wasser- zum Landleben bei der Verwandlung zum adulten Insekt geht eine gewisse Menge an Biomasse dem Ökosystem verloren, denn nur ein Teil der Tiere kehrt zur Eiablage oder als Oberflächendrift in den Kreislauf der Produktion zurück [355].

4.5.1 Bergbach und Tieflandfluß

Nach Strömung, Geländeneigung und Breite der Fließgewässer lassen sich zwei Hauptlebensräume unterscheiden: Die Bachregion (Rhitral) und der Unterlauf der Flüsse (Potamal). In der gemäßigten Zone der nördlichen Erdhälfte entspricht dem Rhitral die Forellen- oder Salmonidenregion. Der Untergrund besteht aus Geröll und Kies, vereinzelt gibt es sandige Stellen in Stillwasserbuchten (Abb. 4.3). Das Potamal

Abb. 4.3: Bunar-Fluß in Montenegro (nach Tischler 1950b). Beispiel für einen im Sommer zum Rinnsal austrocknendem Fluß, in dessen Stillwasser-Bezirken Larven von *Anopheles* (Fiebermücke) leben können.

wird als Weißfisch- oder Cyprinidenregion bezeichnet. Hier ist der Untergrund im ganzen weicher, wenn auch zum Teil kiesig oder sandig.

Im Laufe der Erdgeschichte kamen Organismen des heutigen Rhitral vorwiegend aus kalten Zonen, die Bewohner des Potamal mehr aus tropischen. Zwar ist die Strömung zwischen Oberlauf (Bergbach) und Unterlauf (Tieflandfluß) im allgemeinen recht verschieden, doch stellt sie keinen unbedingten Unterschied dar. Die Strömung kann im Unterlauf des Flusses wegen geringerer Reibung besonders stark sein, andererseits ist sie im Strömungsschatten eines Steines im Bergbach unter Umständen ganz gering. Die Strömungskraft schwankt überhaupt auf kleinstem Raum in weiten Grenzen. Auch die Benennung der beiden Lebensräume nach Fischen ist nicht allgemeingültig, besser wäre eine Charakterisierung nach Lebensformen.

In der **Bachregion** bietet das harte Substrat gute Möglichkeit zum Anheften oder Anklammern für Pflanzen und Tiere. Diese sind oft dicht der Unterlage angedrückt oder befinden sich in engen Ritzen und Spalten, wenn die Strömung unter Wirbelbildung etwas turbulenter über die kleinen Hindernisse fließt. Hier leben (1) sessile Organismen (Rasen von Bakterien und Diatomeen, Grünalgen, Wassermoose wie *Fontinalis*, Schwämme, Bryozoen, angesponnene Larven von Köcherfliegen); (2) bewegliche Tiere mit Haken oder Saugnäpfen (Mückenlarven der Simuliidae und Blepharoceridae, Hakenkäfer (Dryopidae), Bachneunauge *(Lampetra planeri)*, in tropischen Gebirgsbächen sogar Kaulquappen mit Saugnäpfen an der Unterlippe); (3) Arten mit Wimper- oder Klebflächen (Planarien, Schnecken); (4) Tiere mit abgeflachtem Körper und stark seitlicher Einlenkung der Beine (Larven von Ephemeriden, Plecopteren, Trichopteren). Die Abflachung mancher Wirbelloser war sicherlich mehr eine günstige Prädisposition und muß nicht als Anpassung an die Strömung erfolgt sein [443]. Ihr Verhalten ist wichtiger. So haben Bergbach-Insekten die Fähigkeit zur Ventilation verloren [297]. Alle genannten Typen der Lebensformen sind durch Ernährungsbeziehungen miteinander verknüpft [298, 114].

Im Sediment des **Tieflandflusses** hält sich eine reichere Mikrofauna auf. Kennzeichnend ist ferner die Lebensform der Bodenwühler. So graben sich nicht nur Muscheln, sondern auch Larven von Eintagsfliegen, Libellen (Gomphidae) und Mücken (Ptychopteridae, Limoniidae, Chironomidae) in den Untergrund. Im freien Wasser spielt das Plankton eine größere Rolle. Es kommt aus den Seen hinein und kann sich im Unterlauf und den ruhigen Partien größerer Flüsse vermehren.

In europäischen Fließgewässern wurden mehrere tausend Tierarten nachgewiesen, von denen etwa 3000 speziell an diesen Lebensraum angepaßt sind [299].

4.5.2 Flußufer

Ufer am Unterlauf von Flüssen werden von einer reicheren Vogelwelt besiedelt als in der Bachregion. Dies hängt vor allem mit der Ausbildung von Flußröhrichten und Weichholz-Auen zusammen. Kahle Ufer besitzen eine besondere Lebensgemeinschaft von Kleintieren vorwiegend räuberischer Arten.

Im Geröll- und Kiesstrand kahler Ufer fehlen wie an Meeresküsten tunnelgrabende Käfer. Dafür sind Arten typisch, die meist tagüber inaktiv unter Steinen liegen und nachts ihre Beute jagen. Das betrifft Laufkäfer (Carabidae), Kurzflügler (Staphylinidae), Springwanzen (Saldidae) und Wolfspinnen (Lycosidae). In sandigen und schlammigen Ufern ohne Bewuchs leben dagegen Graber wie der Sandohrwurm *(Labidura riparia)* und verschiedene Käfer *(Bledius, Heterocerus, Dyschirius, Elaphrus),* deren Gattungen auch an Meeresküsten vorkommen [369].

Die oft regelmäßig auftretenden Hochwasser vernichten die Larven vieler Uferinsekten. Jedes Jahr wird aber der Bestand durch Zuwanderung oder Zuflug ergänzt [387]. Andererseits verbreiten Hochwasserwellen mit der Ablagerung von Genist eine große Zahl von Arthropoden. Nach Untersuchungen im Rheinland betraf dies zu über 75% Puppen und Kokons von Dipteren und Blattwespen samt den in ihnen enthaltenen parasitoiden Hymenopteren. Als Adulte kamen vor allem Käfer im Genist vor. Eier überwogen bei Schnabelkerfen (Rhynchota) und Weberknechten (Opilionida) [57].

Da sich an Flüssen die Verhältnisse rasch ändern können, sind Kleinwanderungen häufig, um neu entstehende Uferbänke und Inseln zu besiedeln. Manche Arthropoden, die nicht fliegen wie Spinnen oder wenig von Flügeln Gebrauch machen (Veliidae, Staphylinidae), laufen auf der Wasseroberfläche. Dies ist ihnen durch Unbenetzbarkeit des Körpers, geringes Gewicht, lange Beine oder Vergrößerung der Berührungsfläche durch lange Borsten möglich.

Besonders in den Tropen verwischt sich entlang der großen Flüsse das Leben auf dem Land und im Wasser. Die Röhrichte und Sümpfe, welche den Okawango in Botswana oder den Weißen Nil im Sudan begleiten, haben eine artenreiche Vogelwelt als auffälliges Faunenelement. Ebenfalls spielen dort Reptilien und Großsäuger ökologisch eine bedeutende Rolle. Sumpftiere finden leicht Überfluß an pflanzlicher und tierischer Nahrung [530]. Riesige Schwärme von Finkenvögeln suchen im Sudan die Dickichte aus *Papyrus* an den Rändern des Weißen Nils auf. Die Verknüpfung von Fluß und Land hat Alfred Brehm eindrucksvoll geschildert [72].

«Ausgedehnte Schlammbänke und Sandinseln waren an beiden Ufern bloßgelegt ... Auf ihnen trieb sich eine unzählbare, ununterbrochen sich am Ufer fortziehende Vogelschar herum. Wir sahen den Tag über viele Tausende von Nilgänsen, Reihern, Störchen, Kranichen, Nimmersatten *[Tantalus]*, Königskranichen, Ibissen, Strandläufern und anderen Sumpf- und Wasservögeln ... In den weiten Schlammbänken fielen uns tiefe, nach dem Walde führende Furchen auf. Es sind Gangstraßen der Nilpferde, welche diese dem weichen Schlammboden eindrücken, wenn sie zur nächtlichen Weide gehend, den Fluß verlassen ... Wo sie vorhanden sind, fehlt auch ihr steter Begleiter, das Krokodil, nie ... Baumstämmen gleich, in langen Reihen auf den Sandbänken liegend.»

Auch die amerikanischen Kaimane legen ihre Eier auf dem Landufer ab. Nach Untersuchungen an Mündungsseen des Amazonas führen sie dem Wasser durch ihren Kot Nährstoffe zu, die zur Steigerung der Primärproduktion ausreichen. Es vermehrt sich das Plankton, und in dessen Folge steigt der Fischreichtum. Wo die Kaimane entfernt wurden, ging die Menge an Fischen zurück. Das Beispiel zeigt, wie eng biologische Vorgänge verknüpft sind [186].

Steilwände in Urstromtälern. Stellenweise haben sich in einiger Entfernung vom heutigen Flußbett Steilwände und Kliffs aus den früheren Ablagerungen der Schmelzgewässer erhalten, die aus Geschiebelehm oder schluffigem Feinsand bestehen. Nach Untersuchungen am Elbufer bei Lauenburg/Holstein werden die dort 30 m hohen Wände von charakteristischen Tieren bewohnt, unter denen Stechimmen überwiegen (Abb. 4.4) [678]. Entscheidend für das Artenspektrum ist die Substrathärte. Die fast steinharten Partien aus schluffigem Feinsand, denen Grobsand und Tonanteile fast fehlen, sind am besten für die Brutstollen zahlreicher Wildbienen und Solitärwespen (Sphecidae, Pompilidae, Eumenidae) geeignet. Mit ihnen leben vergesellschaftet parasitische Chrysididae und Mutillidae, aber auch manche Käfer (*Megatoma* der Dermestidae, *Opatrum* der Tenebrionidae), Fliegen (*Mosillus* der Ephydridae, *Hammomya* der Muscidae, *Miltogramma* der Sarcophagidae) und Spinnen *(Salticus, Tegenaria),* um Vertreter typischer Gattungen hervorzuheben. Fliegenschnäpper *(Muscicapa striata)* fangen oft die Insekten von den Wänden ab.

Weichere, lehmige Partien sind nur Fragmentvarianten für die Fauna, weil verschiedene Hymenopteren dann keine formbeständigen Nistgänge mehr anlegen können. Dafür nisten dort unterhalb der Abbruchkante häufig Uferschwalben *(Riparia riparia)*.

94 4 Binnengewässer

Abb. 4.4: Steilwand aus schluffigem Feinsand am Elbufer bei Lauenburg, ein Lebensraum für bodennistende Bienen und Grabwespen sowie andere Arthropoden (nach Tischler 1951).
Unten: Nistlöcher der Hymenopteren stärker vergrößert.

4.6 Stehende Gewässer

4.6.1 Seen

Während Flüsse Transportsysteme bilden, wirken Seen als Speicherbecken in der Landschaft. Unter den stehenden Gewässern haben sie die reichste Gliederung und besitzen in der Regel, wenn auch nicht unbedingt, eine lichtlose und daher von grünen Pflanzen freie Tiefenzone. Funktionell ist der See eine Einheit, obwohl sich seine Lebensbereiche in vieler Hinsicht unterscheiden.

Die am besten untersuchten Seen der gemäßigten Breiten Europas und Nordamerikas haben sich erst nach dem Rückzug des Eises gebildet, sind also höchstens 20000–10000 Jahre alt. In anderen Klimaregionen, vor allem in Vulkanlandschaften liegende Seen sind oft geologisch älter. Einige, die im Verlauf tektonischer Einsenkungen entstanden, wie Baikalsee, Ohridsee, Tanganjikasee, stammen aus dem Tertiär und besitzen eine Fülle ihnen eigener (endemischer) Arten.

Lebensbereiche. Wie im Meer wird die Grenzschicht Luft-Wasser (Pleustal), das freie Wasser (Pelagial) und der Seeboden (Benthal) von besonderen Lebensformen besiedelt.

Das **Pleustal** zeichnet sich durch Schwimmpflanzen aus *(Salvinia, Hydrocharis, Lemna);* in den Tropen kommt als eine Art «Wasserunkraut» die Wasserhyazinthe *(Eichhornia crassipes)* vor, die sich auch als Folge des Assuan-Staudamms im oberen Niltal stark ausgebreitet hat. Auf dem Wasserfilm laufen oder schwimmen Insekten (Gerridae, Gyrinidae, Collembola), an seiner Unterfläche kriechen Hydren, einige Kleinkrebse und Lungenschnecken oder hängen Bakterien, Pilze, Kleinalgen.

Im **Pelagial,** der Freiwasserregion, lebt ein Phytoplankton aus Cyanobakterien, Dinoflagellaten, Chrysomonaden, Diatomeen und Grünalgen der verschiedensten Gruppen. Das Zooplankton besteht vorwiegend aus Wasserflöhen (Cladocera), Ruderfußkrebsen (Copepoda), Rädertieren (Rotatoria); in manchen Seen befindet sich die durchsichtige Mückenlarve *Chaoborus.* Im Nekton herrschen Larven und Imagines vieler Insekten und Fische unterschiedlicher Ernährungsweisen vor.

Der Untergrund, das **Benthal,** gliedert sich in einen von Großpflanzen bewachsenen Uferbereich (Litoral) und das sich zur Tiefe anschließende, pflanzenlose Profundal. In norddeutschen Seen kann der Pflanzenwuchs schon bei 7–11 m Tiefe aufhören. In Alpenseen und anderen klaren, phosphatarmen Gewässern reicht er unter Umständen bis 50 Meter. Auch im Profundal leben noch Protozoen, Nematoden, Oligochaeten, einige Mollusken, Wasserasseln, Muschelkrebse (Ostracoda) und Insektenlarven (besonders Chironomiden) [432].

Temperaturverhältnisse. Der Wärmehaushalt der Seen kann recht unterschiedlich sein. Flache, ausgedehnte Gewässer haben keine thermische Schichtung. Tiefere Seen der gemäßigten Klimazone Nordamerikas und Eurasiens weisen dagegen im Sommer und Winter eine typische Temperaturschichtung auf, die durch Vollzirkulation des Wassers im Herbst und Frühjahr beseitigt wird (Abb. 4.5) [527].

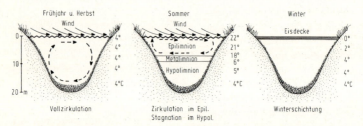

Abb. 4.5: Temperaturschichtung und Zirkulation des Wassers eines dimiktischen Sees im Jahreslauf (Orig.).

Je mehr sich gegen den Sommer hin das Oberflächenwasser erwärmt, desto weniger tief kann der Wind das leichtere, warme Wasser in die Tiefe verfrachten. Es bleibt daher mit der fortschreitenden Jahreszeit eine wärmere Wasserschicht als **Epilimnion** über einer kühlen Tiefenschicht, dem **Hypolimnion**. Da Wasser bei 4 °C seine größte Dichte und Schwere hat, ist dies die Temperatur der Tiefe. Der Abfall der Wärme von der Oberfläche zum Grund erfolgt nicht allmählich, sondern sprunghaft in einer zwischen Epi- und Hypolimnion liegenden Schicht, dem **Metalimnion**. Diese Sprungschicht bildet für manche Arten im Sommer je nach deren Vorzugstemperatur die untere oder obere Verbreitungsgrenze oder mindestens eine Stauungszone. Mit fortschreitender Abkühlung des Oberflächenwassers im Herbst verschwindet die Sommerstagnation. Der Wind kann das Wasser wieder tiefer umwälzen. Bei 4 °C wird die gesamte Wassermasse von der Herbstzirkulation erfaßt, so daß eine völlige Durchmischung eintritt. Bei weiterem Sinken der Temperatur entsteht eine neue Schichtung. Unter der Eisdecke befindet sich kaltes Oberflächenwasser von 1–3 °C über dem wärmeren Tiefenwasser von 4 °C. Diese Winterschichtung hört im Frühjahr nach Abschmelzen der Eisdecke auf. Der Wind erzeugt durch Reibung an der Wasseroberfläche eine Strömung, die an den Ufern umbiegt, das erwärmte Oberflächenwasser in die Tiefe bringt und dort in entgegengesetzter Richtung zurückläuft.

Dem geschilderten, zweimal im Jahr durchmischten «dimiktischen» Typ steht der «monomiktische» gegenüber. In polaren und subpolaren Seen findet nur eine einzige Zirkulation im Sommer statt, sonst herrscht Winterschichtung. Bei warm-monomiktischen Seen der Subtropen andererseits kühlt das Oberflächenwasser nur in den Wintermonaten so ab, daß Vollzirkulation eintritt; in den übrigen Jahreszeiten gibt es Sommerstagnation. Zu diesem Typ gehört als nördlichster der Bodensee. Schließlich kommen warme «oligo- bis polymiktische» Seen im Flachland der Tropen und kalte polymiktische in tropischen Hochgebirgen vor, in denen das Wasser im Laufe des Jahres wiederholt durchmischt wird. Für das Leben im See sind natürlich derartige Temperaturverhältnisse von größter Bedeutung [163].

Stoffkreislauf im See. Wie in jedem Ökosystem muß die Bedeutung des Lichts hervorgehoben werden. So können auch nur in der durchlichteten Zone eines Sees grüne Pflanzen gedeihen und durch ihre Primärproduktion die Grundlage für dessen Lebensgemeinschaft geben.

In nährstoffreichen (eutrophen) Seen gibt es im Sommer einen kurzgeschlossenen Stoffkreislauf im Bereich des Epilimnion, das oft nur wenige Meter in die Tiefe reicht. Ein wesentlicher Teil des Phytoplanktons wandert dort durch die Nahrungskette. Gelöste organische Substanzen (Lipide, Zucker, Aminosäuren) werden ins Wasser ausgeschieden und von Bakterien durch freie Enzyme abgebaut. Partikuläre organische Stoffe werden durch Destruenten ein-, ab- und umgebaut, so daß sie gleich wieder pflanzlichen Organismen zur Verfügung stehen. Auf- und Abbau in der obersten Wasserschicht (Epilimnion) folgen rasch aufeinander, wie die Verteilung heterotropher Bakterien zeigt, die derjenigen des Phytoplanktons parallel geht [457, 461].

Für viele Arten des Zooplanktons (vor allem Kleinkrebse) sind lichtabhängige **Vertikalwanderungen** wie im Meer typisch. Mit abnehmendem Tageslicht begeben sie sich in Richtung zur Wasseroberfläche, nachts sinken sie etwas ab, in der Morgendämmerung wandern sie erneut nach oben. Mit zunehmender Tageshelligkeit suchen sie wieder tiefere Schichten auf. Nach experimentellen Untersuchungen wird die untere Grenze dieser Vertikalbewegungen durch hohen CO_2-Gehalt, der mit relativ niedrigem O_2-Gehalt verbunden ist, die obere Grenze durch Fluchtreaktion vor zu starker Einstrahlung gebildet. Die ökologische Bedeutung von Wanderungen dürfte weniger im Aufsuchen einer optimalen Wassertiefe, als vielmehr im regelmäßigen Ortswechsel innerhalb des günstigen Lebensbereiches liegen, der am besten durch die

Tagesrhythmik gesteuert werden kann. Zugleich wird vielleicht ein zu hoher Feinddruck in Räuber-Beute-Systemen gemildert.

Als lichtabhängig hat sich auch die «Uferflucht» vieler Plankter erwiesen. Ufernahe Kulissen oberhalb des Wasserspiegels wie Bäume, Schilfgürtel, Böschungen bilden ein Dunkelfeld gegenüber dem freien Wasser. Dies Helligkeitsmuster verhindert, daß die typischen Bewohner des Pelagials sich bis zum Ufersaum verteilen, der wegen der größeren tagesperiodischen Schwankungen der meisten Umweltfaktoren für sie ungünstig ist [593].

Ebenso wie Nitrat-, Phosphat- und Sulfat-Ionen sinkt ein Teil der organischen Substanz ins Metalimnion, den Bereich der **thermischen Sprungschicht**. Hier entfalten sich dann Fäulnisbakterien optimal, wobei es durch deren Lebenstätigkeit zu hohem Verbrauch von Sauerstoff kommt. Der Rückgang des O_2-Gehalts in einem eutrophen See geht im Sommer der Kurve der zur Tiefe hin abnehmenden Temperatur ziemlich parallel. Da Licht, wenn auch nur in schwacher Intensität, bis in das oberste Hypolimnion dringt, können sich an der Schichtgrenze des Sauerstoff und des durch starke O_2-Zehrung sich anreichernden Schwefelwasserstoff (H_2S) photo-autotrophe Schwefelbakterien entwickeln, die anaërob leben und H_2S als H-Donator zur Photosynthese verwenden.

Unter der vom Licht durchdrungenen «trophogenen» Zone liegt die «tropholytische», in der weitere Ab- und Umbauprozesse durch Bakterien und Pilze stattfinden und bei noch ausreichendem Sauerstoff auch eine Benthosfauna lebt.

Der Anteil der organischen Substanz der Mikroben an der gesamten organischen Masse limnischer Sedimente kann 2–8% betragen [456]. Das Benthos besteht vor allem aus Chironomidenlarven, Röhrenwürmchen (Tubificidae) und kleinen Muscheln *(Sphaerium)*. Bestimmte Chironomiden können mehrere Wochen völligen O_2-Schwund überstehen, sind dann allerdings auf Erholungsatmung (Oxidation der angesammelten Milchsäure) angewiesen. Tubificiden haben Enddarmatmung. Sie stecken mit dem Vorderende einige cm im Schlamm, auf dessen Oberfläche sie ihre Exkremente absetzen. Dadurch gelangen organische Stoffe aus tieferer Schicht, in der nur anaërober Abbau möglich wäre, weiter nach oben, wo Sauerstoff hinzutreten kann. Fehlt Sauerstoff am Grunde, so vermögen dort nur noch anaërobe Bakterien zu leben (Methanbildner, Desulfurikanten). Das von ihnen gebildete CH_4 und H_2S ist für andere Organismen tödlich.

Aus der Schilderung der Verhältnisse eines eutrophen Sees läßt sich die Bedeutung von Zirkulationen im gesamten Wasserbecken ermessen, durch die wieder Sauerstoff in die Tiefe kommt. Im nährstoffarmen (oligotrophen) See ist die hypolimnische Zehrung während der Som-

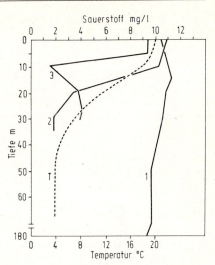

Abb. 4.6: Vertikale Verteilung des Sauerstoffs in Seen während der Sommerstagnation (nach Schwoerbel 1977).
1: Geringe Zehrung von Sauerstoff im oligotrophen See; **2 u. 3:** starke Zehrung unter oder im Metalimnion eutropher Seen. T = Verlauf der Temperatur.

merstagnation relativ gering, so daß in der trophogenen und tropholytischen Schicht etwa gleichviel Sauerstoff zur Verfügung steht (Abb. 4.6).

Seetypen. Biomasse und Umsatz der photo-autotrophen Organismen, also die Intensität der Primärproduktivität, kennzeichnen den Trophiegrad eines Gewässers; Biomasse und Umsatz der Destruenten den Saprobiegrad.

Es gibt Gewässer ganz unterschiedlicher Trophiegrade, wobei oligo- und eutrophe Seen nur Endpunkte einer kontinuierlichen Reihe mit mesotrophen Zwischengliedern sind. Zudem kann der Trophiegrad Ausdruck der Altersphase desselben Sees sein. Sehr starke Eutrophie wird auch als Hypertrophie bezeichnet [588].

1) **Eutrophe Seen** der gemäßigten Breiten zeichnen sich durch relativ flaches Becken und breite Uferbank aus. Das Wasser ist reich an Nährstoffen. Daher entwickelt sich eine üppige Ufervegetation und viel Phytoplankton, von denen eine mannigfaltige Tierwelt abhängt [320]. Große Mengen organischer und anorganischer Substanz sinken nach unten. Am Grund bildet sich Faulschlamm (**Sapropel**) oder Halbfaulschlamm (**Gyttia**). Ersterer entsteht unter anaëroben Verhältnissen und riecht stark nach Schwefelwasserstoff. Seine dunkle Farbe rührt vom Eisensulfid her. Die hellere Gyttia ist oft aërob, der Geruch als nur angefaultes Sediment weniger intensiv. Typische Leitformen in Mitteleuropa sind Zuckmückenlarven der Gattung *Chironomus* (daher auch die Bezeichnung «*Chironomus*-See»). Chironomiden können von Was-

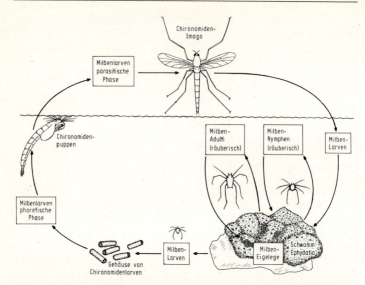

Abb. 4.7: Schema des Entwicklungszyklus der Wassermilbe *(Unionicola crassipes)* (veränd. nach Böttger 1972).
Eier werden in einen Schwamm abgelegt; Larve gelangt durch Phoresie zur adulten Mücke, auf der sie parasitisch lebt. Wieder ins Wasser gelangt, erfolgt Verwandlung der Larve zur Nymphe und später zur adulten Milbe, die sich im Schwamm aufhält.

sermilben parasitiert werden und ihnen im adulten Stadium als Transportwirte dienen (Abb. 4.7) [63].

2) **Oligotrophe Seen** haben in der Regel ein tiefes Becken und eine schmale Uferbank. Ihr blaues bis grünes Wasser ist arm an Pflanzennährstoffen und daher an Plankton. Die Temperatur nimmt zur Tiefe allmählich ab. Es kommt dort nicht zu einer O_2-Zehrung (Abb. 4.6). Der Schlamm unter einer mächtigen tropholytischen Wasserschicht enthält nur wenig organische Stoffe, so daß sich weitgehend ausgefaulter Schlamm ablagert. Von Chironomiden herrschen am Boden solche der Gattung *Tanytarsus* vor (daher *Tanytarsus*-See!). Es ist der Typ der großen subalpinen Seen Europas.

Sondertypen sind die kalkreichen oligotrophen Seen in Kalkgebirgen, die eisenhaltigen oligotrophen in vulkanischen Gebieten des nördlichen Europa oder die tongetrübten oligo- bis eutrophen Seen.

3) **Dystrophe Seen.** Als ein besonderer Seetyp gelten die humös oligotrophen Braunwasserseen (auch dystroph genannt) mit tiefem oder

flachem Wasserbecken, in mooriger Umgebung oder im Urgebirge. Das Wasser ist arm an Nährstoffen für Pflanzen, jedoch reich an gelösten Humusstoffen und aus der Umgebung eingeschwemmten Humusdetritus. Dies bedingt den hohen Säuregrad und die gelbe bis braune Färbung. Die Humusstoffe haben in der Tiefe eine O_2-zehrende Wirkung, so daß im Sommer und Winter eine Sauerstoff-Schichtung besteht. Der Detritus kann anstelle des gering entwickelten Phytoplanktons einem quantitativ reicheren Zooplankton als Nahrung dienen. Am Boden lagert sich Torfschlamm (**Dy**) von dunkler Färbung ab. Er besteht aus wenig zersetzten, groben Pflanzenresten und Mudden ausgeflockter Humuskolloide. Der Typ kommt z. B. als braune Humus-Seen in Skandinavien vor.

4) **Ditrophe Seen** vereinen die Merkmale von eu- und oligotrophen. Vor allem kommen sie in den Tropen vor, wo sie im Laufe eines Jahres zwischen dem eutrophen und oligotrophen Typ wechseln können. Außer einer solchen zeitlichen Ditrophie gibt es in gemäßigten Klimaten eine räumliche in verschiedenen Teilen des gleichen Seebeckens. Sie wurde sowohl in der norddeutschen Tiefebene als auch im Bereich der Voralpen festgestellt [727].

4.6.2 Seeufer

An dem Wind besonders ausgesetzten Stellen ist die Wasserbewegung stark. Auch durch das dort gut mit Sauerstoff versehene Wasser gleicht die Lebensgemeinschaft in mancher Hinsicht derjenigen von Fließgewässern. Auf dem Land sind die Brandungsufer meist kahl und bestehen aus Kies oder Sand.

Durch den Wechsel des Wasserstandes bildet sich ein bis etwa 3 m breiter Uferstreifen, in dessen Sandlückensystem eine Mikrofauna aus Protozoen, Turbellarien, Nematoden, Rotatorien, Gastrotrichen, Tardigraden und Harpacticiden lebt. Soweit die Tiere nicht Räuber sind, wird ihre Ernährung durch Detritus der den Strand überspülenden Wellen gesichert. Auf dem Brandungsstrand entwickelt sich im Anwurfmaterial besonders im Frühjahr eine reiche Tierwelt. Unter Steinen halten sich oft Laufkäfer auf, für die außer der Entfernung zum Wasserrand die Korngrößen des Untergrunds wegen ihres Wassergehaltes größere Bedeutung haben [622]. Bei Überschwemmungen fliegen oder laufen sie fort. Einige haben die Fähigkeit, längere Zeit im Starrezustand (Torpor) unter Wasser zu überleben. Der Narbenkäfer *(Blethisa multipunctata)* kann sogar anderthalb Stunden tauchen und aktiv bleiben, ohne seinen Luftvorrat zu erneuern. Die Luftblase am Ende des Hinterleibs funktioniert als physikalische Kieme, in die Sauerstoff aus dem Wasser hineindiffundiert [11].

An den vom Wasser umspülten Steinen eines Geröllstrandes siedeln sich Grünalgen und Diatomeen an, und auf der Unterseite halten sich Planarien, Hirudineen, Insektenlarven und einige Mollusken auf.

Der Lebensraum wird durch das abgelagerte Material vom See und vom Land her beeinflußt und besitzt daher limnische und terrestrische Organismen [478].

Ganz anders ist die Situation an pflanzenbestandenen Ufern, die durch eine charakteristische Zonierung geprägt sein können.

Selbst in klaren Seen gibt es zwar ab 10 m Tiefe keine untergetauchten höheren Pflanzen mehr, da ihre untere Grenze nicht von der Eindringungstiefe des Lichts, sondern vom Wasserdruck abhängt; von 1 atm Überdruck an können sie nicht mehr gedeihen. Wohl aber kann sich noch eine Algenzone in der Tiefe aus Characeen und *Vaucheria* ausbilden (Abb. 4.8). Zum Ufer hin schließt sich die Tauchblattzone an, deren Pflanzen am Grunde wurzeln (verschiedene Arten von *Potamogeton, Myriophyllum, Elodea*) oder wurzellos sind *(Ceratophyllum)*. Submerse Pflanzen müssen CO_2 aus dem Wasser aufnehmen. Ihr Durchlüftungsgewebe bewirkt durch Auftrieb die senkrechte Stellung des Pflanzenkörpers.

Weiter landeinwärts, wo die Wassertiefe höchstens 3–5 m beträgt, folgt eine Zone von Schwimmpflanzen (Nymphaeen, *Potamogeton natans, Hydrocharis, Polygonum amphibium*), die im Grund wurzeln. Es sind Luftpflanzen mit dicker Kutikula und Verlagerung der Spaltöff-

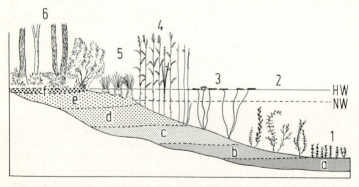

Abb. 4.8: Verlandungsschema bzw. Zonierung eines eutrophen Sees (nach Overbeck 1950).
HW = Hochwassergrenze, **NW** = Niedrigwassergrenze: **1:** Algen-Rasen, **2:** submerser Laichkrautgürtel, **3:** Schwimmblattzone, **4:** Röhrichtgürtel, **5:** Großseggenried, **6:** Erlenbruch, **a:** Kalkmudde, **b:** Feindetritus, **c:** Grobdetritus, **d:** Schilftorf, **e:** Seggentorf, **f:** Erlenbruchtorf.

nungen auf die Blattoberseite. Ihre horizontal liegenden Blätter verringern das Eindringen von Licht in die Tiefe. Einige Arten von Blattkäfern (Donaciinae) bohren als Larve mit stachelartigen Anhängen ihres Hinterleibs Wurzeln und Sproße an, um an ein luftführendes Gefäß zu gelangen, so daß sie zur Atmung nicht nach oben zu kommen brauchen. Auch Larven verschiedener Libellen und Mücken sind in dieser Zone häufig.

Im typischen (wegen Beweidung und Vertritt nicht immer verwirklichten) Fall wächst am Ufer ein Röhrichtgürtel (Abb. 4.8). Er schützt vor Wellenerosion, gibt gute Brutmöglichkeit für Wasservögel und ist ein günstiger Laichplatz für Fische. Auf oft weiten Flächen herrschen Pflanzen senkrechter Linienführung vor: Schilf *(Phragmites)*, Binsen *(Scirpus)*, Rohrkolben *(Typha)* u. a. die eine gleichförmige Struktur des Lebensraums bewirken. Sie wurzeln im Trockenen (Schilf) bis höchstens zwei Meter Wassertiefe. Ihre Gewebe haben wie die anderer Sumpf- und Wasserpflanzen ein gut entwickeltes Aërenchym zur Versorgung der Wurzeln mit Luft. Als eine wurzellose Schwimmpflanze kann im Röhricht der Wasserschlauch *(Utricularia vulgaris)* vorkommen. Er strudelt in spezielle, an den Fiederblättchen sitzende Fangblasen kleine Wassertiere ein, die verdaut werden (Abb. 4.9).

Abb. 4.9: Wasserschlauch *(Utricularia vulgaris),* eine Pflanze als Saugfallensteller im Röhrichtgürtel (Orig.).
Links stärker vergrößert: Saugfalle, in die ein Wasserfloh *(Daphnia)* eingestrudelt wird.

4.6.3 Kleinere stehende Gewässer

Gewässer, denen ein Profundal fehlt, deren Untergrund also wie der Litoralbereich der Seen von Pflanzen besiedelt ist, werden je nach ihrer Größe Weiher oder Tümpel genannt. Doch hat sich für Wasserbecken von Weihergröße im heutigen Sprachgebrauch die Bezeichnung Teich durchgesetzt, die eigentlich ein künstlich angelegtes Gewässer meint.

Danach kann man natürliche und künstliche **Teiche** unterscheiden. Letztere haben einen regulierbaren Zu- und Abfluß, so daß eine zeitweise Trockenlegung möglich ist. Sie dienen der Fischzucht. Düngung steigert über den Pflanzenwuchs die Fischproduktion. Voraussetzung ist schwach alkalische Reaktion des Wassers. Da genügend Stickstoff vorhanden zu sein pflegt, spielt in der Teichwirtschaft kombinierte Düngung mit Kalium und Phosphat die Hauptrolle. In schlammreichen Teichen kann Düngung mit N-freien Stoffen (Zellulose, Zucker) oder Gründüngung (gemähte Wassserpflanzen) angebracht sein.

Tümpel sind stehende Gewässer mit kleinerem Becken als Weiher bzw. Teich. Sie können leicht austrocknen, obwohl die Periodizität der Wasserfüllung nur einer der Merkmale von Kleingewässern in Tümpelgröße sein kann, nicht aber ein unbedingtes Kennzeichen ist. Indessen, je kleiner ein Gewässer, desto extremer werden die abiotischen Bedingungen, und die Bewohner müssen an Überwärmung, Austrocknung und Einfrieren des Wassers angepaßt sein. Schon im Tageslauf ändert sich die Temperatur oft beträchtlich.

Die Wiederbesiedlung nach erneuter Wasserführung wird durch Arten eingeleitet, welche die Trockenperiode im Untergrund überdauert haben. Dies betrifft Turbellarien, Oligochaeten, Hirudineen, Mollusken, Crustaceen, etliche Wasserkäfer, Dipterenlarven, aber auch Larven einiger Libellen und Trichopteren. Manche der indigenen Turbellarien und Kleinkrebse (Cladocera, Copepoda) werden in einem späten Frühjahr erst wieder aktiv, wenn höhere Temperaturen herrschen und bereits ein Teil der Tümpelfauna auf dem Land- oder Luftweg von außen neu eingewandert ist. Die Einwanderung geht in bestimmter Reihenfolge vor sich [307].

Je kleiner ein Teich oder Tümpel ist, desto größer wird dessen Abhängigkeit von der umgebenden Landschaft, mit der er schon durch seine amphibischen Bewohner zusammenhängt [45]. Bewohner kleiner stehender Gewässer zeichnen sich aus durch: (1) gute Fähigkeit aktiver Wiederbesiedlung (Amphibien, Fluginsekten) (Abb. 4.10); (2) leichte passive Verschleppbarkeit (z.B. durch Vögel); (3) schnelle Entwicklung und Generationsfolge (oft mit zeitweiser Parthenogenese), wie es für viele Kleinkrebse und Rädertiere typisch ist; (4) Überstehen ungün-

Abb. 4.10: *Dytiscus*-Schwimmkäfer verläßt das Wasser, um an Land zu überwintern (Orig.).

stiger Perioden in Latenz: Enzystierung von Flagellaten und Ciliaten, Sekrethülle bestimmter Nematoden und Copepoden, Dauereier (Rotatorien, Nematoden, Cladoceren), Brutknospen durch induzierte Stoffe der Tierkolonie (Statoblasten der Bryozoen, Gemmulae der Schwämme) [383].

4.7 Anthropogene Einflüsse

4.7.1 Einsetzen anderer Arten

Ökologische Vorgänge in der Natur verlaufen nicht in einfachen, überschaubaren Kausalketten, sondern in komplexen Systemen einer Netzkausalität. Eingriffe in solche Gefüge können zu unvorhersehbaren Kettenreaktionen führen.

Im Gatun-See der Panama-Zone wurde 1967 der Fisch *Cichla ocellaris* eingesetzt. Nach 5 Jahren hatte sich dieser Maulbrüter im ganzen See ausgebreitet. Von den vorher dort lebenden 6 kleineren Fischarten, die den Bewohnern als wichtige Eiweißquelle gedient hatten, starben 3 in dem Gewässer aus, und die anderen wurden stark dezimiert. Dafür gab es nun wenige, aber große Individuen von *Cichla*. Da sich diese bevorzugt in der Mitte des Sees aufhalten, benötigt man zu ihrem Fang

Taucheranzug und Harpune. Solche Utensilien der Touristen können sich die Einheimischen aber nicht leisten [781].

In der Hochebene von Kenia liegt der See Nakuru. Wegen seiner extremen Bedingungen (pH 10,5) hat er eine spezielle Lebewelt. Der wichtigste Produzent war das Cyanobakterium *Spirulina platensis*. Als Hauptkonsument erschien zu Hunderttausenden der Zwergflamingo *(Phoeniconaias minor)*. Mit dem Filterapparat seines Schnabels kann er die Blaugrün-Bakterien aus dem Wasser seihen. Um die Ernährung der Menschen zu verbessern, wurden zwischen 1959 und 1962 Fische *(Tilapia grahami)* eingesetzt, die sich schnell vermehrten. Darauf kamen fischfressende Vögel, vor allem Pelikane *(Pelicanus)* zum See. 1974 erfolgte plötzlich ein Massensterben von *Spirulina*. Dies wirkte sich auf die ganze Lebensgemeinschaft aus. Flamingos wurden selten und der Anteil anderer Arten änderte sich [731, 732].

4.7.2 Verschmutzung und Abwasserreinigung

Durch Einleitung anorganischer und organischer Industrieprodukte, häusliche Abfälle und Überdüngung von landwirtschaftlichen Betrieben kann es zur qualitativen und quantitativen Änderung des gesamten Artenspektrums kommen, wozu oft auch ein Fischsterben großen Ausmaßes gehört.

Im Bodensee entwickelten sich als Folge hohen Phosphatgehaltes aus Waschmitteln und eingespültem Mineraldünger Cyanobakterien übermäßig. Dies zog eine Übervermehrung der Dreikantmuschel *(Dreissena)* nach sich, deren planktonische Larven die Filter der Pumpstationen durchdrangen. Die heranwachsenden Muscheln setzten sich in den Rohren der Wasserleitungen fest. Eine kostspielige Säuberung wurde nötig.

Der früher klare Mjøsa-See in Norwegen diente als Reservoir für Trinkwasser bis ein kleiner Industriebetrieb Selen in den See entließ. Das Spurenelement war für Cyanobakterien der Gattung *Oscillatoria* ein Minimumfaktor gewesen. Nun vermehrten sie sich, daß der See hypertrophierte. Von den Oscillatorien ausgeschiedene widerliche Geschmacksstoffe machten das Wasser zum Trinken unbrauchbar [258].

Zuweilen werden am Stadtrand offene Benzinkanister in Tümpel oder Teiche geworfen. Die in ihnen noch enthaltenen Reste von Benzin oder Öl breiten sich auf der Wasseroberfläche aus und töten Insekten, die zur Luftatmung, Nahrungssuche oder zum Schlüpfen nach oben kommen müssen (Wasserwanzen, die meisten Wasserkäfer, einige Dipterenlarven). Der schädliche Effekt nimmt allerdings im Verlauf weniger Tage ab, weil vor allem Muscheln und Schnecken von dem bald von

Mikroben besiedelten Öl fressen. Es bleibt dann zum Teil in ihren Kotballen als freie Tröpfchen gebunden. So können Mollusken an der Beseitigung von Ölverschmutzung beteiligt sein [307].

Selbstreinigung. Nicht nur durch Mollusken, die übrigens gute biologische Indikatoren sind [7], sondern auch durch viele andere Organismen ist eine natürliche Selbstreinigung möglich [49, 588]. Schon höhere Pflanzen wie Flatterbinse *(Juncus effusus)*, Froschlöffel *(Alisma)*, Wasserminze *(Mentha aquatica)*, Wasserhahnenfuß *(Ranunculus aquaticus)* können dabei eine Rolle spielen.

In der Zone stärkster Verunreinigung durch organische Stoffe halten sich **polysaprobe** Organismen auf. Zu ihnen gehören Schwefelbakterien, Fäulnisbakterien (z. B. *Sphaerotilus natans*), Abwasserpilze, der farblose Flagellat *Bodo putrinus*, die Amöbe *Vahlkampfia limax* und bakterienfressende Ciliaten. Der Grund des Gewässers ist mit Faulschlamm bedeckt, in dem verschmutzungstolerante Oligochaeten und rote Chironomidenlarven sitzen.

An die Reduktionszone schließen sich Bereiche mit zunächst schwacher, dann stärkerer Oxidation an. Hier befinden sich α-**mesosaprobe**, lichtautotrophe Cyanobakterien *(Oscillatoria)* und Diatomeen *(Nitzschia)*. Außerdem herrschen Ciliaten und Flagellaten vor. Typisch sind das Rädertier *Rotatoria rotatoria*, Wasserassel *(Asellus aquaticus)* und Egel *(Helobdella, Erpobdella)*. Bei noch geringerem Grad der Verschmutzung erscheinen β-**mesosaprobe** Grünalgen, höhere Pflanzen *(Ceratophyllum, Elodea, Lemna)*, Schnecken, Kugelmuscheln *(Sphaerium)*, Daphnien und die Larve der Eintagsfliege *Cloeon dipterum*.

Darauf folgt eine Zone mit **oligosaproben** Organismen, in der Rotalgen *(Batrachospermum)*, Wassermoose, Flohkrebse *(Gammarus)*, Larven von Ephemeriden, Plecopteren und Trichopteren leben. Schließlich ist in der **katharoben Zone** kein Einfluß des Abwassers mehr zu erkennen.

In der α-mesosaprob verschmutzten Saale (Thüringen) dominieren bakterienfressende, saprotrophe Organismen. Nahrungsketten gehen von Bakterien, einzelligen Algen (Diatomeen u. a.) über Ciliaten, von diesen zu Oligochaeten *(Chaetogaster)*, weiter zu Egeln *(Erpobdella)* und Fischen. Egel und Fische verzehren außerdem saprotrophe Würmer *(Nais,* Tubificidae, Lumbriculidae) und Zuckmückenlarven (Chironomidae). Das gesamte Nahrungssystem sichert den Abbau des organischen Materials durch Bakterien [565].

Verfahren der Abwasserreinigung. Da die Selbstreinigung der Gewässer bei hoher Belastung nicht ausreicht, werden Abwässer in besonderen Verfahren gereinigt, in denen mechanische, biologische und chemische Vorgänge ablaufen.

Die ersten einfachen Anlagen wurden aus hygienischen Gründen schon um 1900 an kleineren Flüssen gebaut. Heute wird allgemein das Dreistufen-Verfahren angewendet:

Reinigungsstufe 1: Schwimm- und Schwebstoffe werden durch Grob- und Feinrechen, Siebe, Sandfang (für grobe Sinkstoffe), Absatzbecken (für feinere Sinkstoffe) ausgesondert, wobei die Absetzfähigkeit durch chemische Zusätze noch verbessert werden kann. Der **Klärschlamm** bleibt in Faulräumen zum Ausfaulen oder wird großflächig zum Trocknen ausgebreitet. Die mikrobiellen Prozesse laufen in ihm weiter. Auf den ausgebreiteten Flächen erscheint bald eine Fauna von Dipteren und Käfern, die für Dung und für Schlammufer typisch ist. Für das Endprodukt bieten sich Verbrennung oder Ablagerung an.

Reinigungsstufe 2: Die nur vorgeklärten Abwässer müssen noch biologisch gereinigt werden. Dies geschieht heute meist durch das **Belebtschlammverfahren**. In dafür speziellen Becken wird das Abwasser ständig mit Luft durchwirbelt. Es bilden sich Zusammenballungen von Bakterienrasen, die mit den kolloidal gelösten Schmutzpartikeln ausflocken, diese absorbieren und aërob abbauen. Die Weiterverarbeitung des Belebtschlamms geht in Faultürmen durch Methan bildende Bakterien vor sich. Das entstehende CH_4 läßt sich als Gas ebenso nutzen wie dasjenige aus den großen Lagerstätten von Erdgas.

Die frühere Methode der **Rieselfelder,** bei der Abwässer über abgeerntete Felder geleitet werden und das überschüssige Wasser nach Passieren einer Erd- und Sandschicht durch Drainageröhren in Flüsse abfließt, hat aus hygienischen Gründen an Bedeutung verloren. Auch das **Tropfkörperverfahren** spielt nur noch eine untergeordnete Rolle.

Reinigungsstufe 3: Nur etwa 30% der mineralischen Phosphatdüngung bleiben auf den Feldern. 70% gelangen mit dem Oberflächenwasser in die Kanalisation und in Klärwerke. Nach der biologischen Reinigung der Stufe 2 ist daher eine Erniedrigung des Nährstoffgehalts, besonders an Phosphor, erwünscht. Durch Zusatz von $FeCL_3$ oder $Al_2(SO_4)_3$ läßt sich das gelöste Phosphat bis zu 90% ausfällen. Denitrifizierende Bakterien können das Nitrat wenigstens teilweise aus dem Wasser entfernen.

Der Verschmutzungsgrad wird in die Güteklassen I–IV eingeteilt, die (obwohl es Übergänge gibt) etwa den Begriffen oligosaprob, β-mesosaprob, α-mesosaprob, polysaprob entsprechen. Das gereinigte Wasser wird genutzt bzw. wieder in die Flüsse geleitet. Der Nitratgehalt im Grund- und Trinkwasser darf einen bestimmten Grenzwert nicht überschreiten.

Klärteiche. Kleinere Gemeinden in ländlichen Gebieten können Klär- und Nachklärteiche anlegen. Belüftete Betonbecken nehmen die nitratreichen Abwässer auf. In ihnen wird für ständige Wasserdurchmischung gesorgt. Nach 1–3 Wochen gelangt das so vorgereinigte Wasser durch Überlauf in einen größeren Nachklärteich, in dem es nun von zu viel organischen Stoffen befreit, in einen Vorflutergraben fließt. Dies Verfahren nutzt also nur die Reinigungsstufe 2. Nach Anpflanzen von Bäumen in Ufernähe kann sich der Nachklärteich allmählich in einen echten Weiher verwandeln mit reicher Ufervegetation und mannigfaltiger Tierwelt, vor allem an Insekten, Amphibien, Vögeln, aber auch Fledermäusen und anderen Kleinsäugern. So läßt sich zugleich die oft einförmige Agrarlandschaft durch künstliche Feuchtbiotope bereichern [713].

Stauseen und Talsperren als künstliche Anlage großflächiger Gewässer wirken sich ebenfalls günstig auf die Biota in der Kulturlandschaft aus. Sie sind vor allem für durchziehende Wat- und Wasservögel wichtig geworden [173].

5 Sumpflandschaften

Ebenso wie Binnengewässer nehmen Sumpflandschaften und Moore mit rund 2 Millionen km^2 nur 0,4% der Erdoberfläche oder 1,7% des Festlandes ein. Eine Auswahl solcher Feucht-Lebensräume sei im folgenden behandelt.

5.1 Röhricht

Obwohl der Röhrichtgürtel eigentlich zum Litoral der Seen gehört, sei er hier zu den Sumpflandschaften gestellt, weil Schilf auch noch außerhalb des Wasserspiegels wächst und eine Übergangszone zum Seggengürtel und damit zum Flachmoor bilden kann.

Wo Schilf *(Phragmites australis [communis])* in einer Dichte von über 50 Halmen/m^2 steht und bis 3,5 m die Oberfläche des Wassers überragt, dringt wenig Licht nach unten. Auch die Windwirkung wird so herabgesetzt, daß die Luftfeuchte zwischen den Halmen sehr hoch ist. Im oberen Halmbereich mit den meisten Blättern liegen die höchsten Temperaturen. Die starke Reflexion und Absorption des Lichts läßt wenig andere Pflanzen hochkommen. Am erfolgreichsten kann sich im Röhricht nährstoffreicher, schlammiger Buchten, die in manchen Jahren trockenfallen, noch Rohrkolben *(Typha)* durch seine Samen verjüngen. Schilf dagegen vermehrt sich vornehmlich vegetativ; die einzelnen Pflanzen sind auf weite Strecken durch Ausläufer unterirdisch verbunden. Daher wird die Schädigung einer Einzelpflanze durch eine benachbarte leicht ausgeglichen. Im dichten Bestand gibt es kaum Möglichkeit zum Keimen der Schilfsamen, die außer gleichmäßiger Feuchtigkeit volles Licht und reichlich Sauerstoff brauchen, aber untersinken und zugrundegehen, wenn sie auf der Wasseroberfläche keimen. Nach ihrer obligatorischen Winterruhe beginnen junge Schilfsprößlinge erst bei Temperaturen von 8–10 °C auszutreiben [157].

Die Produktivität von Schilf ist groß, daher wird diejenige des Röhrichts von wenigen Pflanzenformationen erreicht. Ohne Mahd bildet sich am Grunde eine dicke Schicht organischer Reste. Da sie nur teilweise abgebaut werden, erhöht sich allmählich die Ablagerung. Vor der Mahd im Herbst verlagert sich der größte Teil der Stoffe in die Rhizome, so daß die unterirdische Biomasse dann das Dreifache der oberirdischen betragen kann [743].

Das Röhricht wirkt sich auf Stoffumsatz und Struktur des Ufers aus, auch zur Primärproduktion des Sees trägt es bei. Das braune Sumpfwasser gerät mit dem trüben Wasser des Sees durch Winddrift in Austausch. In diesem Zusammenhang finden Wanderungen der Fische statt.

Die indigene Vogelwelt im Röhricht ist bei Nesthockern der Linienführung der Pflanzen durch ihre Färbung gut angepaßt, wie Rohrweihe *(Circus)*, Rohrdommeln (Botaurinae), Rohrammer *(Emberiza)* und Rohrsänger *(Acrocephalus)* zeigen. Die Rohrsänger-Arten gehen sich in ihren Brutrevieren aus dem Wege, da sie verschieden weit zur Wasserseite hin oder zum Uferrand (bis zur Zone der Großseggen) brüten. Doch gibt das Röhricht auch Vögeln der offenen Wasserfläche, deren Junge Nestflüchter sind (Rallen, Taucher, Gänse- und Entenvögel) Deckung zur Brutzeit und während der Mauser [137]. Gänse und Bleßralle *(Fulica atra)*, aber auch Nagetiere (Schermaus *Arvicola terrestris*, Bisamrate *Ondatra zibethica*) fressen im Frühjahr mit Vorliebe an Rhizomen und Stengeln von Schilf. In diesem Lebensraum lebt schließlich eine Fülle aquatischer und terrestrischer Kleintiere [171, 747, 599].

Wo Schilf nicht mehr im Wasser steht, werden seine Sproßspitzen von Raupen der Schilfeulen *(Archanara [Nonagria])* gefressen, die sich später im Inneren der dicken Stengelteile aufhalten und im basalen Internodium verpuppen. Voraussetzung ist eine Halmdichte von mindestens 60 bis höchstens 150/m^2. Halmfliegen *(Lipara)* und Milben (Tarsonomidae) zerstören die Vegetationskegel; dadurch verursachen sie Hemmung des Sproßwachstums und Gallbildung. Weiter unten in den dünneren Stengeln oder auch in den Seitentrieben leben Larven von Gallmücken *(Thomasiella, Giraudiella)*. Hier läßt sich eine interessante **Metabiose** beobachten. Als Folge des Fraßes der Raupen von Schilfeulen bilden sich dünne Seitentriebe, die von *Giraudiella inclusa* bevorzugt werden. Für sie ist *Archanara geminipuncta* also eine Art Wegbereiter [714]. An Blättern saugen Milben, Zikaden und Blattläuse. Außerdem gibt es Schildläuse, minierende Fliegenlarven, Blattkäfer, Rüsselkäfer und eine große Zahl von Parasitoiden der genannten Gruppen. Ferner kommen Prädatoren, Gallen- und Stengel-Inquilinen vor. Zwischen dem Wurzelgestrüpp halten sich Larven einiger Libellen (Gomphidae) und Köcherfliegen *(Anabolia, Phryganea)* auf. So können artenreiche Konnexe in einem natürlichen, monokulturähnlichen Bestand entstehen.

Auch Rohrkolben *(Typha)* werden von vielen Tieren besiedelt. In den Blüten fressen Raupen verschiedener Kleinschmetterlinge. Wanzen stechen die Samen an. Blattläuse saugen an den Blättern. An Stengeln und Blättern nagen Eulenraupen. Larven von Rüsselkäfern leben in Stengeln und Rhizomen [97]. Recht häufig wächst im Röhrichtgürtel der Wasserschwaden *(Glyceria maxima)*. An ihm leben ebenfalls etliche Insekten, darunter die Langwanze *Ischnodemus sabuleti*, die außerdem Dünengräser befällt [683]. Dieses «doppelte ökologische Vorkommen» mancher Wanzen, Zikaden, Käfer und Spinnen in Röhricht und Küstendünen wurde schon in Kap. 3.3.3 erwähnt. Die Wurzeltriebe und unteren Sprosse von *Typha, Glyceria* und anderen Wasserpflanzen werden von Larven und Puppen einiger aquatischer Insekten angebohrt, um daraus Atemluft zu beziehen. Beispiele sind die Entwicklungsstadien der Stechmücke *Mansonia richiardii*, der Stelzenmücke *Erioptera squalida* und einiger Fliegen [734]. Es entspricht dem Verhalten bei Blattkäfern (Donaciinae) an Schwimmpflanzen.

Aus dem Röhrichtgürtel mag die Bedeutung der strukturellen Eigenschaften eines Lebensraumes, besonders für Vögel, veranschaulicht werden (Abb. 5.1) [291].

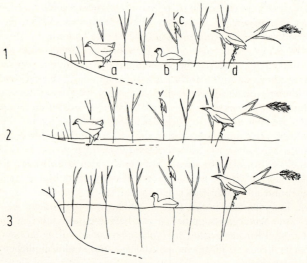

Abb. 5.1: Ökologische Gründe für unterschiedliche Vogelbesiedlung der Uferregion von Seen (nach Horvath 1956).
a: Teichralle *(Gallinula chloropus)* braucht flaches Ufer, fehlt daher in **3**; **b:** Zwergtaucher *(Podiceps ruficollis)* braucht tiefes Wasserbecken, fehlt daher in **2**; **c:** Drosselrohrsänger *(Acrocephalus arundinaceus)* und **d:** Zwergrohrdommel *(Ixobrychus minutus)* können in allen drei Typen der Uferregion leben.

5.2 Flachmoor

Durch Verlandung eutropher Gewässer oder unmittelbar aus versumpfendem Mineralboden mit hohem Grundwasser in tiefer gelegenem Gelände können in niederschlagsreichem Klima Flachmoore (Seggenmoore, Niedermoore) entstehen. Kennzeichnend ist die räumliche und zeitliche Durchdringung aquatischer und terrestrischer Phasen. Die Auswaschung der abgestorbenen Pflanzenteile, ihre Zerkleinerung durch saprotrophe Tiere und Mineralisierung durch Bakterien (Vorgänge, die nicht nacheinander ablaufen, sondern sich verflechten) reichen zum völligen Abbau nicht aus. Die Zersetzungsprodukte werden daher am Grund als mindestens 20 cm mächtige Torfschicht abgelagert, weil nicht genügend Sauerstoff in den wassererfüllten Boden hinzutreten kann.

Torf ist ein kohlenstoffreiches, bröckliges Material, das noch freie Zellulose und über 75% Wasser enthält. In der Vegetation überwiegen Sauer- und Süßgräser (Cyperaceae, Juncaceae, Gramineae). Während Großseggen-Rieder mit ihren über 30–40 cm hohen Pflanzen im natürlichen Zustand häufig überschwemmt werden und nur relativ wenige Arten an Pflanzen und Tieren besitzen, ist die Krautschicht der meist stärker unter anthropogenem Einfluß stehenden Sumpfwiesen (Kleinseggen- oder Wiesenmoore) reich belebt. Es gibt vor allem eine Fülle an Dipteren, Schnabelkerfen (Rhynchota), Parasitoiden, Spinnen, Schnecken. Auch sind Heuschrecken und Raupen von Schmetterlingen dort häufig. Etliche Insekten bewohnen als Larven Wasser- und Sumpfgewächse oder besiedeln die nassen Partien des Untergrunds.

Im Gegensatz zu typischen Pflanzen der Steppe, deren Festigkeit oft mehr durch mechanische Versteifung bedingt ist, reicht auf Flachmooren und Sumpfwiesen im wesentlichen der Turgordruck für die Starrheit der Form aus. Für Tiere ist daher leicht erreichbare, saftige Nahrung vorhanden. Die Wurzeln der Pflanzen dringen nicht sehr weit nach unten. Das Edaphon (Lebewelt des Bodens) konzentriert sich ziemlich nahe unter der Oberfläche. Milben, Collembolen, terrestrische Chironomidenlarven halten sich meist in den obersten 5 cm des Bodens auf. Reichlich kommen Regenwürmer, Enchytraeiden und Nematoden vor. Im Vergleich zu einem Hochmoor ist die Fauna viel artenreicher [477]. In Flachmooren Mitteleuropas brüten 98 Vogelarten, von ihnen kommen 62 auch in der Kulturlandschaft, 37 in Hochmooren vor [248].

Die flachen, stehenden oder langsam fließenden Kleingewässer im Flachmoor enthalten aquatische und halbaquatische Tiere. So leben dort Egel, Wasserassel *(Asellus)*, Erbsenmuscheln *(Pisidium)* sowie Larven verschiedenster Insektengruppen. Die Adulten der letzteren (Nematocera, Trichoptera, Plecoptera) sind Opportunisten, die schnell solche Wasserstellen besiedeln können [145].

5.3 Bruchwald

Auf einem Untergrund aus dunklem Schilf und Seggentorf kann als abschließendes Stadium bei der Verlandung eines eutrophen Sees ein Bruchwald entstehen, sobald die Sauerstoff-Verhältnisse eine Ansiedlung von Bäumen ermöglichen (Abb. 4.8). Das Ökoklima ist dort ausgeglichener als im Flachmoor. Tages- und Jahrestemperaturen schwanken weniger. Durch die Baumkronen fällt verhältnismäßig viel Licht nach unten. Im Stammraum und am Boden herrscht hohe Feuchtigkeit. Der Untergrund enthält reichlich Material an Pflanzenstoffen, die schnell abgebaut werden können.

In einem solchen Lebensraum wachsen wenige, aber bestandbildende Baumarten, unter ihnen in Europa besonders Schwarzerle *(Alnus glutinosa)*, Moorbirke *(Betula pubescens)* und Weiden *(Salix)*. Typisch ist ein üppiger Unterwuchs aus Gräsern, Kräutern *(Urtica)*, Kletterpflanzen *(Humulus)*, Farnen und Moosen.

Erlen ziehen kaum Stickstoff aus den Blättern vor dem Laubfall zurück. Daher hat das Fallaub ein niedriges C/N-Verhältnis und wird leicht zersetzt [784]. Das Wurzelwerk der Erlen ragt, wo die Höhe des Grundwassers noch stärker schwankt, stelzenartig hervor. Durch ihre in bis faustgroßen Wurzelknöllchen lebenden Symbionten *(Actinomyces alni)* können Erlen Luftstickstoff gewinnen. Ihre kleinen Früchte, die mit einem Schwimmgürtel von Luftzellen versehen sind, treiben auf dem Wasser und werden durch Überschwemmungen oder am Gefieder von Vögeln verbreitet. Steht das Wurzelwerk der Erlen zu viele Wochen unter Wasser, so sterben sie ab. Weiden können sich durch Adventivwurzeln retten, die in das durch Luftberührung Sauerstoff enthaltende Oberflächenwasser ragen.

Die besonderen ökoklimatischen Bedingungen und guten Möglichkeiten der Ernährung lassen eine an hohe Feuchtigkeit und Kühle angepaßte Waldfauna zu. Es gibt in der Vegetationsschicht phytotrophe Milben und viele Insekten. Charakteristisch, wenn auch mehr an Rändern eines Erlenbruchs ist der Erlenblattkäfer *(Agelastica alni)*, der Kahlfraß hervorrufen kann. Sobald jedoch der Verlust an Blattsubstanz eine bestimmte Grenze überschreitet, reagiert die Erle mit dem Austreiben neuer Blätter. Bei geringem Befall kommt es nicht zu solcher kompensatorischer Reaktion (Abb. 5.2) [692]. Recht häufig lauern im Gebüsch Stechmücken, nachdem sie aus dem Wasser geschlüpft sind. Die

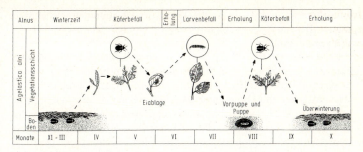

Abb. 5.2: Synchronisierung von Lebensphasen der Erle *(Alnus)* und des Erlenblattkäfers *(Agelastica alni)* im Jahreslauf (nach Tischler 1977).

Weibchen sind zur Eireifung auf Blut von Wirbeltieren angewiesen. In der artenreichen Vogelwelt gibt es Boden- und Buschbrüter, in über zehnjährigen Baumbeständen auch Höhlenbrüter [132].

Am Boden dominieren Detritusfresser aller wesentlichen Gruppen wie Milben, Collembolen, Asseln, Diplopoden, Insektenlarven, Schnecken und Regenwürmer. Daher ist auch die große Zahl der Prädatoren zu verstehen, unter denen Spinnen [117], Carabiden, Staphyliniden und Chilopoden [657] hervorgehoben seien. Schließlich finden Amphibien und Kleinsäuger reichlich Nahrung.

Areale von Erlenbruchwäldern werden heute immer mehr eingeengt. Bei der Umwandlung eines 8 ha großen 40jährigen Bestandes in NW-Deutschland zu einer Parklandschaft mit Zeltplätzen verringerte sich die Zahl der Vogelbrutpaare um 41% von 114 auf 67, die Artenzahl um 48% von 42 auf 22 [767].

5.4 Auenwald

Oft kommen in Tälern und Niederungen von Flüssen waldartige Baumbestände vor (entsprechend den Galeriewäldern in Savannen). Der Grundwasserspiegel schwankt beträchtlich, da die Böden im Bereich der Weichhölzer noch mindestens einmal im Jahr überflutet werden. Wegen des strömenden Grundwassers entsteht kein Gley-Horizont, vielmehr kann sich der braune Auelehm zu einem dunkelfarbigen Boden von hoher biotischer Aktivität entwickeln.

Die Vegetation geht im typischen Fall von einer Binsen- und Schilfzone über einen Weichholzgürtel mit Weiden *(Salix)*, Erlen *(Alnus)* und Pappeln *(Populus)* zur Hartholz-Aue über, in der Eschen *(Fraxinus)* und Ulmen *(Ulmus)* vorherrschen [157]. An den Stämmen streben viele Kletterpflanzen empor: Efeu *(Hedera),* Hopfen *(Humulus),* Wilder Wein *(Parthenocissus)* und *Clematis.*

Die Laubstreu wird an günstigen Stellen im Laufe eines Jahres abgebaut. Daran sind neben der Mikroflora und Mesofauna wie im sommergrünen Laubwald Regenwürmer, Schnecken, Diplopoden, Asseln, Enchytraeiden und Dipterenlarven in besonderem Maße beteiligt. Sie bevorzugen weiche oder schon etwas zersetzte Blätter mit einem niedrigen C/N-Verhältnis. Von der jährlich anfallenden Laubstreu kann ein Drittel allein von Diplopoden und Asseln verarbeitet werden [146]. Das ist wesentlich mehr als etwa in einem Buchenwald. Am Boden sind Spinnen, Käfer, Amphibien recht häufig.

Die Tierwelt der Vegetationsschichten ist ebenfalls individuen- und artenreich. Das gilt schon für Arthropoden, betrifft aber auch Vögel. Manche von diesen sind im Bereich der Weichhölzer allerdings durch Überschwemmungen gefährdet, soweit sie am Boden nisten oder dort ihre Nahrung suchen. Samenfresser aus dem Auenwald versorgen sich daher gern an Unkräutern naher Felder und sonstiger baumloser Flächen. Wasservögel aus Auenwäldern (Kormoran, Graureiher, Rohrdommeln) sowie Störche und einige Greifvögel finden im Fluß reichlich Fische. Es gibt also enge Beziehungen zu den benachbarten Lebensräumen [715]. Seit Regulierung der Flüsse wurden deren Überschwemmungsgebiete auf kleine Restflächen eingeengt. Manche an Auenwälder gebundene Arten wie der Biber *(Castor fiber)* verlieren dann ihren Lebensraum.

Heute ermöglichen **Talsperren** als großflächige Überschwemmungsareale noch eine Existenz für typische Bewohner von Flußauen. So finden Wasservögel Ersatzbiotope. Die Uferbereiche von Talsperren werden nämlich oft von Pflanzen des Großseggenrieds und der Weichholzzone besiedelt. Am Boden dominieren Collembolen und Milben, deren Eier selbst eine Überflutung von mehreren Monaten überdauern können. Artenreich sind Dipteren, Carabiden und Staphyliniden, die oft schnell solche Gebiete erobern [649].

5.5 Sumpfzypressen-Wald

In den Suptropen und Tropen gibt es ganz andersartige an Wasser gebundene Wälder. Ebenso wie Bruch- und Auenwälder der gemäßigten Breiten an sommergrüne Laubwälder vom Silvaea-Typ erinnern, stimmen Sumpf- und Galeriewälder der warmen Zonen in mancher Hinsicht mit Regenwäldern (Hylaea) überein.

Im Rahmen dieses Buches würde es zu weit führen, sie ausführlich zu behandeln; zudem liegen mir keine ökologischen Gesamtuntersuchungen über sie vor. Daher möge hier nur als Beispiel eigener Anschauung der Sumpfzypressen-Wald in Florida kurz besprochen werden.

Hauptbestandbildend ist *Taxodium distichum,* das im Herbst seine Nadeln verliert. Kleinere Bäume von *Acer, Fraxinus, Salix, Ilex* und Sträucher von *Hibiscus* und *Myrica* wachsen dazwischen. Auch hohe Farne charakterisieren den Lebensraum. Die Stämme der Sumpfzypresse sind oft mit Epiphyten (Bromeliaceen, Orchideen) besetzt. Viele ihrer Äste tragen einen dichten Besatz von «Spanischem Moos» *(Tillandsia usneoides),* einer äußerlich an Flechten erinnernden Bromeliacee. Lianen, vor allem die Würgerfeige *Ficus aurea,* umschlingen die älteren Stämme häufig. Starke Kniebildungen der Wurzeln von *Taxodium,* Blätter und Stiele von Sumpfpflanzen *(Thalia, Sagittaria, Crinum)* ragen aus dem Wasser. Auf dessen Oberfläche schwimmen Wasserlinsen *(Lemna)* und Wassersalat *(Pistia stratioides).* Letzterer bedeckt mit dichten Blattrosetten die Bereiche der seeartigen Vertiefungen, in denen auch Alligatoren leben. Da die Samen von *Taxodium* nicht im Wasser keimen können, muß der Boden mindestens alle 10–20 Jahre wenigstens stellenweise trockenliegen. Das Wasser stagniert nicht, sondern fließt langsam nach Südwesten in den Golf von Mexiko.

Reiher, andere Wasservögel, Fischotter *(Lutra),* aber auch Spechte, Singvögel und Eichhörnchen *(Sciurus)* bewohnen diesen Mischraum von Wasser und Land, ebenso wie Amphibien, Reptilien, Schnecken und Insekten, die in reicher Artenzahl vorkommen.

5.6 Hochmoor

In kalten und kühlen, niederschlagsreichen Gebieten der Erde kommen Hochmoore (Regenmoore) vor, in denen Torfmoose (*Sphagnum*-Arten) gut gedeihen. Sie entstehen aus Verlandung oligotropher Seen, aus Flachmooren und Versumpfung von Wäldern, wenn sich im wasserhaltigen Gelände Sphagnen einfinden.

Torfmoose saugen Wasser wie ein Schwamm auf, da sie größtenteils aus großen, toten Zellen bestehen, die sich leicht kapillar mit Wasser füllen. In ihren Spitzenteilen konzentrieren sich die Mineralstoffe. Sie wachsen jährlich um mehrere Zentimeter nach oben. Daher besteht für andere Pflanzen die Gefahr der Überwachsung durch Torfmoose. Deren absterbende, untere Partien werden wegen des Abschluß von Sauerstoff in geringer Tiefe nur teilweise zersetzt, so daß sich Torf bildet. Ein gewisser Abbau von Torfmoosen gelingt nur dem Zusammenwirken

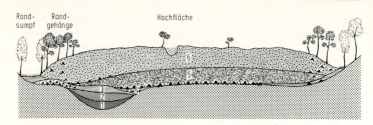

Abb. 5.3: Schema eines Hochmoors in Mitteleuropa, das zum Teil über einem verlandeten See, zum Teil durch Versumpfung eines Waldes entstanden ist (nach Ehrendorfer 1971).
1: Mudde, **2:** Schilftorf, **3:** Seggentorf, **4:** Waldtorf, **5:** älterer, **6:** jüngerer *Sphagnum*-Torf. In Mitte wassergefüllter Kolk.

verschiedener Pilze und den ihnen folgenden Bakterien. Sphagnen haben nämlich durch die in ihren Zellwänden eingelagerte Sphagnumsäure einen Stoff von antiseptischer Schutzwirkung. Durch den Torf werden alle Pflanzen vom Grundwasser abgeschnitten. Ihre Versorgung mit Nährstoffen kann allein durch Niederschläge und Staub aus der Luft erfolgen. Phototrophe Pflanzen, die im *Sphagnum*rasen leben, müssen ihren Sproßpol in jedem Jahr nach oben verlagern. Gleiches gilt auch für die Wurzeln der Ericaceen [460].

Das Wachstum der Torfmoosdecke geht von der Mitte des Hochmoors zu den Rändern hin. Die jüngeren Teile des Randbezirks sind daher niedriger. So erhält das Moor häufig, obschon nicht unbedingt, einen uhrglasgewölbten Umriß (daher der Name «Hoch»moor). Die Blütenpflanzen keimen auf der lebenden Oberfläche der Sphagnen.

Der Lebensraum ist auffallend horizontal gegliedert. Zwischen kleinen, trockeneren Erhebungen und Kuppen (Bulten) befinden sich nasse bis feuchte Vertiefungen (Schlenken). Im Zentrum eines Hochmoors kann sich eine größere Ansammlung von Wasser auf einer Torfschicht als sog. Kolk oder Blänke bilden. Unter Umständen gibt es sogar größere Hochmoorseen, die noch von der Ausgangsphase eines oligotrophen Sees über mineralischem Untergrund eine starke Seemudde besitzen (Abb. 5.3).

Lebensbedingungen. Hochmoore sind durch hohen Säuregehalt (niedrige pH-Werte), Nährstoffarmut (besonders an Stickstoff) und durch ein eher kontinental geprägtes Ökoklima gekennzeichnet.

Die zum Austausch von Kationen befähigten Zellmembrane der Sphagnen erhöhen die Konzentration an H-Ionen im Wasser und bewirken ein weiteres Sinken der Säure-Werte auf pH 3–4. Außer Torf-

Abb. 5.4: Sonnentau *(Drosera rotundifolia)*, ein Klebfallensteller im Hochmoor; **links:** Fang einer Fliege stärker vergrößert (Orig.).

moosen wachsen vornehmlich Cyperaceen (Wollgräser *Eriophorum*) und Ericaceen, aber auch insektenverdauende Pflanzen in Hochmooren. Zu den letzteren gehören Sonnentau-Arten *(Drosera)* in Europa (Abb. 5.4), *Dionaea* und *Sarracenia* in Nordamerika. Durch die zusätzliche Eiweißquelle der erbeuteten Tiere können sie den Mangel an Stickstoff etwas kompensieren und dadurch mehr Blätter, Blüten und Samen entwickeln.

Die klimatischen Bedingungen im Hochmoor schwanken stärker als in dessen Umgebung oder als in einem Flachmoor. Tagaktive Insekten haben höhere Vorzugstemperaturen als solche aus Flachmooren (Abb. 5.5) [363]. Natürlich hängt das Standort- oder Ökoklima vom Großklima ab. Dieses ist mindestens für die Pflanzen der Hochmoore sogar entscheidender als der Nährstoffgehalt, wie Vergleiche aus verschiedenen geographischen Gebieten ergaben [3].

Im humiden Klima kommen baumlose Hochmoore vor, die allerdings nicht alle klimatisch bedingt, sondern zum Teil (z. B. Schottland) unter dem Einfluß des Menschen durch Holzschlag und Weidennutzung entstanden sind. Mit dem Schwinden des Waldes wird weniger als von den früher bewaldeten Flächen verdunstet. Diese werden dadurch immer feuchter, so daß sich an Nässe und Nährstoffarmut angepaßte Hochmoorpflanzen ansiedeln konnten. Eine Cha-

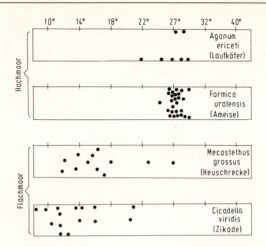

Abb. 5.5: Vorzugstemperaturen von Insekten des Hochmoors und Flachmoors nach fünfstündiger Versuchsdauer (nach Krogerus 1937).

rakterart nordwestdeutscher Hochmoore ist der Gagelstrauch *(Myrica gale)*. Im kontinentalen Nord- und Osteuropa herrscht mehr der Charakter von Waldhochmooren vor, für die als typischer Strauch der Sumpfporst *(Ledum palustre)* genannt sei. An trockeneren Stellen wachsen noch Bäume *(Pinus, Betula)*, die jedoch bei weiterem Wachstum der Torfmoose absterben.

Biota. Viele Pflanzen und Tiere sind durch die besonderen Lebensbedingungen vor eine extreme Situation gestellt [260, 477]. In dem stark sauren Wasser fehlen daher die meisten Algen, Mollusken und Amphibien, ferner gänzlich Bryozoen, Planarien, Hirudineen, Wasserasseln, Wassermilben, Larven von Ephemeriden und Plecopteren sowie Fische. Reiche Entfaltung zeigt die Lebewelt von Moosrasen und des darin gebundenen Wassers mit Jochalgen (Conjugatae), Thekamöben und Hornmilben (Oribatei).

Nässe, schlechte Durchlüftung und Schwierigkeit des Eingrabens lassen größere Bodentiere (Regenwürmer, Kleinsäuger) zurücktreten. Doch finden Enchytraeiden, Nematoden, Dipterenlarven, Collembolen und Milben und die sich von ihnen ernährenden Carabiden, Staphyliniden und Spinnen noch günstige Existenzverhältnisse.

Einige Ameisen bauen Nesthügel aus Blättern und Stengeln der Sphagnen in die Bulten. Die Festigkeit wird durch Stengelteilchen von Vaccinien erhöht und dadurch das Wachstum von Pilzhyphen gefördert. Eine typische Moorameise in Europa ist *Formica picea*. Ihre Miniergänge in den Nestern bewirken eine bessere Durchlüftung und

5.6 Hochmoor

Austrocknung solcher Stellen. Nun können sich dort *Polytrichum*-Moose ansiedeln. Dies zwingt die Ameisen bald dazu, ihr Nest aufzugeben. Sie wandern in eine benachbarte *Sphagnum*bulte, wo sich der gleiche Vorgang wiederholt. Das zurückgelassene Nest wird dann von Ameisen der Gattungen *Lasius* und *Myrmica* bezogen [601]. Eine Bulte beherbergt etliche weitere Insekten und Milben; sie bildet einen eigenen Mikrokosmos [486]. Moorbewohnende Ameisen können die Fangbeute aus den Blättern des Sonnentau *(Drosera rotundifolia)* nehmen und auf diese Weise bis zu zwei Dritteln ihres Nahrungsbedarfs decken. Die verwandte *D. intermedia* ist für sie schwerer erreichbar. Das Risiko, selbst gefangen zu werden ist nicht groß; nur selten findet man eine Ameise im Beutespektrum des Sonnentaus [669]. Die ziemlich flach dem Untergrund anliegenden Blätter von *D. rotundifolia* fangen vor allem am Boden laufende Kleinarthropoden (fast 50% Collembolen und Milben). *D. intermedia* mit mehr nach oben gerichteten Blättern erbeutet in erster Linie geflügelte Insekten (über 55% Dipteren) [668].

Manche Bewohner von Hochmooren (und Heiden) können sich leicht auf Heidekraut als neue Nahrungspflanze umstellen.

Auf *Callluna vulgaris* wechseln über: Raupen des Spanners *Ematurga atomaria* von *Lotus, Vicia, Centaurea, Artemisia;* Raupen des Spanners *Lygris testata* von *Populus, Betula, Salix;* des Bärenspinners *Comacla senex,* die in Flachmooren an Lebermoos lebt; der Kupferglucke *(Lasiocampa quercus)* von verschiedenen Laubhölzern; des Nachtpfauenauges *(Eudia [Saturnia] pavonia)* von Rosaceen; der Zygaene *Rhagodes [Ino] pruni* von Schlehe *(Prunus spinosa).*

Einige Reptilien und Vögel der Heidekrautpartien leben auch in der nordischen Tundra. Dasselbe gilt für viele Kleintiere und Pflanzen [681]. Bioenergetisch gehören Hochmoore ebenso wie die Tundra zum Detritus-Typ [719, 107]. Der Abbau schwer zersetzbarer Blätter, etwa von Wollgräsern *(Eriophorum)*, Heidekraut *(Calluna)* oder Moltebeere *(Rubus chamaemorus)* wird durch Pilze ermöglicht, z. B. durch den Basidiomyzeten *Marasmius androsaceus.* Tierfraß greift erst einige Monate später in das Geschehen ein [382]. Die **Netto-Primärproduktivität** entspricht wegen des raschen Wachstums der Torfmoose etwa derjenigen des Wirtschaftgrünlands. Dagegen beträgt die Erzeugung tierischer Biomasse höchstens 10–20% von der auf Wiesen und Weiden.

Für das Artenspektrum der Hochmoore ist die Flächengröße wichtig. Als inselartig in anderer Landschaft gelegene Lebensräume unterliegen sie zum Teil den Gesetzmäßigkeiten vom Einwandern und Aussterben der Arten auf Inseln.

6 Wälder

Wälder sind größere Bestände hoher Holzgewächse mit mehr oder weniger geschlossenem Kronendach. Sie bedecken etwa ein Drittel der Landfläche der Erde, werden allerdings heute durch Rodung immer stärker dezimiert. Ihre Entstehung und Verbreitung hängt vom Großklima ab. Doch gibt es in klimatisch waldfeindlichen Gebieten auch edaphisch bedingte Waldformationen wie die Galeriewälder entlang der großen Flüsse in Savannen. Wälder benötigen mindestens während einer bestimmten Jahreszeit viel Niederschläge oder jedenfalls reichliche Feuchtigkeit. Ihr besonderes Standortklima zeichnet sich gegenüber waldfreien Gebieten der gleichen Region durch höhere Luftfeuchte, geringere Schwankungen der Temperatur und abgeschwächte Windeinwirkung aus [756, 638].

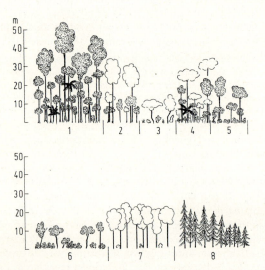

Abb. 6.1: Waldlandschaften der Erde (etw. veränd. nach Bauer u. Weinitschke 1973).
1: Tropische Regenwälder (Hylaea), **2:** Regengrüne Tropenwälder (Semihylaea), **3:** Tropische Trockengehölze in Savannen, **4:** Temperierte Regenwälder (Pseudohylaea), **5:** Lorbeerwald subtropischer Gebirge und **6:** Hartlaubwälder (Skleraea), **7:** Sommergrüne Laubwälder (Silvaea). **8:** Boreale und montane Nadelwälder (Taiga).
Dunkel: immergrün; **weiß:** Laubfall in ungünstiger Periode.

In den verschiedenen Breiten der Erde haben sich unterschiedliche Waldformationen ausgebildet (Abb. 6.1).

Tropen. *Hylaea:* Tropische Regenwälder und in höheren Lagen Montane Regenwälder.

Semihylaea: Hydroperiodische (halbimmergrüne bzw. regengrüne) Tropenwälder mit abwechselnden Trockenperioden und Regenzeiten.

Tropische Trockengehölze: Dornwald, Sukkulentenwald und andere Trockenwälder in Savannen.

Warmgemäßigte Zonen. *Pseudohylaea:* Temperierte Regenwälder, die trotz anderen Klimas durch ihre Üppigkeit an tropische Regenwälder erinnern.

Skleraea: Lorbeerwälder in Nebellagen subtropischer Gebirge mit einer gewissen Trockenheit im Sommer und immergrüne Hartlaubwälder der Winterregengebiete.

Kühlgemäßigte und kalte Zonen. *Silvaea:* Sommergrüne Laub- und Mischwälder in Europa, Ostasien und im Osten der USA,

Taiga: Boreale Nadelwälder nördlich der Silvaea. Im weiteren Sinn auch Montane Nadelwälder im Gebirge oberhalb des Laubwaldes und der nördliche Teil der Ozeanischen Nadelwälder an der Westküste der USA.

Semihylaea und Skleraea sind hydroperiodische, Silvaea und Taiga thermoperiodische Waldformationen. Außer den tropischen Trockengehölzen, die ökologisch in Savannen integriert sind, werden die übrigen im folgenden ausführlicher behandelt. Dies gilt vor allem für Hylaea und Silvaea, die am gründlichsten erforscht sind.

6.1 Tropische Regenwälder (Hylaea)

Das ganze Jahr über herrschen günstige Wärme- und Feuchte-Verhältnisse. Daher ermöglicht der ununterbrochene Stoffwechsel der Pflanzen eine hohe Primärproduktivität. Diese beruht also nicht auf größerer Leistung der Photosynthese. Die Temperaturen liegen im Durchschnitt nicht unter 20 °C. Regen fällt über alle Monate verteilt.

Im Inneren des Amazonas-Regenwaldes schwankt die Temperatur selbst an extrem sonnigen, trockenen Tagen nur zwischen 23° und 29 °C. Die Niederschläge im tropischen Regenwald betragen im Jahr mindestens 150, in der Regel um 200 cm und können in manchen Gebieten sogar Werte von 430 cm erreichen. Die relative Luftfeuchte übersteigt meist 75–80%; im unteren Stockwerk beträgt sie selten unter 95%.

Solche Wälder kommen an drei Stellen im Äquatorialbereich der Erde vor; Mittelamerika bis Brasilien mit Schwerpunkt des Amazonasbeckens, mittleres Afrika und Teile von Madagaskar, Südost-Asien von Sri Lanka bis Neuguinea und der NO-Spitze Australiens [424, 521].

Montane Regenwälder. Sie treten bis in Höhen von über 2500 m auf und haben stärkere Niederschläge an den Gebirgshängen. Die Größe der Bäume nimmt in höheren Lagen allmählich ab. Meist treten Palmen mehr zurück. Dafür charakterisieren Baumfarne solche Wälder. Epiphyten gedeihen besonders üppig, vor allem betrifft dies Farne und Moose. Oft ist der Boden wie mit einem Teppich von Bärlapp *(Selaginella)* und Moosen bedeckt. Die Tierwelt verarmt zwar im Vergleich zu Regenwäldern der Ebene, ist in ihren typischen Gruppen aber immer noch mannigfaltig. Einen Eindruck von der Flora und Fauna des Montanen Regenwaldes auf Celebes erhält man durch den Biologen Gerd Heinrich [269].

«Eine Pflanzenwildnis hemmungslos wuchernder, um Lebensraum kämpfender Vegetation ... Vom Boden hinauf zu fünfzig oder sechzig Meter Höhe ist der ganze Raum erfüllt von einem Meer von Blättern aller Art, das die Strahlen der Sonne fast völlig absorbiert. Warme feuchte Dämmerung herrscht am Grunde. Gleich gewaltigen Säulen steigen die Stämme riesiger Bäume empor und breiten ihre Kronen aus, irgendwo hoch über dem Chaos von niedrigeren Pflanzen und Bäumen. Lianen, Kletterpflanzen verschiedenster Art schwingen sich empor zum Licht. Gleich dicken Tauen legen sich ihre Stämme um die Baumriesen oder hängen in Windungen scheinbar frei in der Luft. Manche von ihnen sind mit breiten Stacheln besetzt. Andere umschlingen ihre Opfer: der Stamm, den sie umklammern, wird vermodert zu Boden gesunken sein, wenn sie selbst über andere Bäume hinweg längst den Platz an der Sonne erkämpften.

Phantastisch wie die Pflanzenwelt sind auch die Tiere. Ihre Formen und Farben scheinen aus einer anderen Welt zu stammen. Aber wie schwer ist es, die scheinbar so auffallenden Vögel und andere Lebewesen zu entdecken. Hier herrscht die gewaltige Masse der Pflanzen, und das Tier taucht unter zwischen ihnen, bleibt verborgen und unsichtbar ... Wenn die Nacht hereinbricht und alles in warme feuchte Dunkelheit hüllt, dann wird es anders. Nun ist der Wald erfüllt von den verschiedensten schrillen und lauten Stimmen, die von allen Seiten fortwährend einsetzen und wieder verstummen. Das zirpende und schnarrende Getöse der Grillen und Baumheuschrecken bildet den kontinuierlichen Unterton. Von ihm heben sich die quakenden Laute ab, melodiöses oder grelles Läuten der verschiedenen Lurche und Baumfrösche in ständigem Wechsel aller Tonlagen und Klangfärbungen.»

6.1.1 Strukturierung

In der vertikalen Gliederung ist die Bildung mehrerer Etagen der Baumschicht typisch, die das Kronendach mit einem unregelmäßigen Konturenverlauf abschließen. Außerdem haben die Bäume recht unterschiedliche Kronenformen. Palmen bleiben meist unter 20 m, entsprechen also eher der Baumhöhe in sommergrünen Laubwäldern. Viele Bäume erreichen aber 30–45 m, manche sogar 50–60 m (s. Abb. 6.1). An den Stämmen wachsen Lianen nach oben, deren Gewebe eine feste Stütze braucht. Bei einigen Baumarten der Caesalpinaceae, Moraceae, Araceae auf Böden mit geringem Nährstoffgehalt ziehen sich von ihrem unterirdischen Wurzelgeflecht ganz dünne Stränge bis in etwa 15 m Höhe am eigenen Stamm oder an fremden Stämmen empor. Diese nehmen bereits Mineralien an dem dort ablaufenden Regenwasser auf. So verkürzen sie den Weg zu deren Aufnahme, die sonst im Boden erfolgen würde, und verschaffen sich einen Vorteil im Wettbewerb mit Wurzeln anderer Bäume [536]. Von sog. «Hemi-Epiphyten» wie den Würgfeigen *(Ficus)* und anderen Gattungen wachsen Luftwurzeln nach unten, die am Boden angelangt, zu Stützpfeilern werden. Ihre im oberen Bereich keimenden Samen werden endozoisch (d. h. über den Darm) durch Vögel und Fledermäuse verbreitet.

Ein Gewirr von Schlingen, Blättern, Luftwurzeln füllt die Lücken zwischen den Maschen der Äste aus und verwischt etwas die Vertikalstrukturen. Die Gliederung des Waldes in viele Stockwerke wirkt wie ein Filtersystem, das die mit dem Regen eingebrachten Nährstoffe allmählich zum Boden führt [341]. Das Tropfwasser kommt dabei in Berührung mit den Blättern und den auf ihnen lebenden Pilzen, Bakterien, Algen, Moosen (den sog. Epiphyllen), den auf den Zweigen wachsenden großen «Epiphyten» der Orchideen, Araliaceen, Farnen, neuweltlichen Bromeliaceen oder den Asclepiadaceen der Alten Welt, schließlich mit den Wurzelklimmern, Spreizklimmern, Winde- und Rankepflanzen, dem Flechten- und Moosbewuchs am Stamm, an dem das Wasser herabrinnt.

Lichtverteilung. Wo Baumriesen stürzen, entstehen Lichtungen von bis zu 100 m Länge und 50 m Breite, da andere Bäume mitgerissen werden. Auch wo sich Flüsse hindurchziehen, gibt es ähnliche Lichtverhältnisse wie an Waldrändern, an denen sich ein reiches Leben tagaktiver Tiere entfalten kann, vor allem an Bienen, Libellen, Schmetterlingen, Zikaden, Käfern und blütenbesuchenden Vögeln. Während Falter mit durchsichtigen Flügeln meist das Waldesdunkel bevorzugen, in dem oft nur 1–2% der einfallenden Strahlen den Grund erreicht, kommen solche mit leuchtenden Farben wie die «Morphos» mehr an helleren

Stellen vor. Sie senden Lichtblitze aus, wenn Licht beim Zusammenklappen und Öffnen der Flügel die blauen Oberseiten trifft. Auffallend in der Farbtönung eines tropischen Regenwaldes sind die im Vergleich zum sommergrünen Laubwald helleren Stämme und dunkleren Blätter.

Die Oberfläche des dunklen Waldbodens ist mit Ausnahme von Ameisen verhältnismäßig arm an Arthropoden. Auch unter den Vögeln gibt es nur wenige an den Boden gebundene Arten. Beispiele dafür im Waldgebiet des Amazonas sind einige Steißhühner (Tinamidae) oder die am Boden und im Unterholz lebenden Ameisenvögel (Formicariidae). Diese fressen zwar nur selten Ameisen, wohl aber von den Heereszügen der Wanderameisen aufgescheuchte andere Insekten [348].

Blüten. Die Bestäubung wird vornehmlich von Tieren durchgeführt. Zahlreiche Blütenbesucher unter den Insekten bevorzugen besonders den Kronenraum, dessen Baumarten durch bestimmte Blühzeiten an das zeitlich und räumlich gebundene Erscheinen spezieller Insekten angepaßt sind [197]. Fledermäuse und Vögel holen sich Nektar mehr aus Blüten der unteren Baumschicht, wo auch Blüten und Früchte direkt am Stamm gebildet werden (Kauliflorie) und sich Blüten vieler Lianen, Epiphyten und hochreichender Sträucher befinden [479].

Dabei wirkt Rot auf die neuweltlichen Kolibris, die in ihrer Lebensform ähnlichen Honigsauger (Nectariidae) der Alten Welt und auf andere Vögel anlockend. Vogelblumen geben kaum Duft ab. Allerdings ist es nicht die rote Farbe, die Vögel anzieht, sondern Ultraviolett, das von dieser reflektiert wird. Das Farbensehen vieler Vögel ist im Vergleich zu dem des Menschen etwas in den kurzwelligen Bereich verschoben, wenn auch offenbar nicht ganz so weit wie bei den Bienen [92].

Ein gezieltes Freilandexperiment wurde über die Bestäubung der Blüten von *Andira inermis* (Papilionaceae) im tropischen Regenwald von Costa Rica durchgeführt. Der Baum ist auf Insektenbestäubung angewiesen; entscheidend dafür sind die vielen Arten von Solitärbienen. Markierungen ließen das unterschiedliche Verhalten der Blütenbesucher erkennen und zeigten die Bedeutung des Abstandes artgleicher Bäume, also des Verteilungsmusters solcher Aktionszentren. Die meisten Bienen blieben ziemlich konstant an demjenigen Baum, von dem sie zuerst Nektar und Pollen gesammelt hatten. Ein kleiner Teil flog jedoch gleich zu weiter entfernteren. Im Laufe der folgenden Tage erweiterte sich allmählich die Tendenz, wenigstens artgleiche Bäume in der Nachbarschaft des erstbesuchten mehr zu befliegen. In das Geschehen spielt außerdem ein zeitweise ausgeprägtes Revierverhalten der Männchen der Solitärbienen mit hinein [199].

Hohlräume in Pflanzen. Gerade im tropischen Regenwald gibt es eine Anzahl «myrmekophiler» Pflanzen der verschiedensten Familien mit Kammerbildungen im Sproß, am Blattgrund, in Wurzeln, die von Ameisen bewohnt werden. Es handelt sich um Arten der Myrmicinae, Dolichoderinae und Formicinae, die eng auf bestimmte Wohnpflanzen spezialisiert sind. Viele von ihnen ernähren sich vom Honigtau der oft in solchen Kammern lebenden Schildläuse. Andererseits kommen häufig extraflorale Nektarien vor, oder es siedeln sich Pilze auf den Kotstellen der Ameisen an, die dann gleichfalls als Nahrung dienen. Im Regenwald von Nigeria wächst der zu den Passiflores gehörende Baum *Barteria fistulosa* mit langen und kurzen Sprossen. Letztere besitzen viel Mark, das von der Ameise *Pachysima aethiops* herausgeschafft wird. In den dadurch entstehenden Hohlräumen kultivieren die Ameisen Pilze, bringen Schildläuse in sie hinein und schützen den Baum nicht nur vor Insekten, sondern auch wirkungsvoll vor pflanzenfressenden Säugetieren [313]. Ameisen leben in Stengelgliedern südamerikanischer *Cecropia*-Bäume, in den Knollen epiphytischer *Myrmecodia*-Rubiaceen im indomalayischen Gebiet, in hohlen Dornen verschiedener Akazien, um nur wenige Beispiele anzuführen.

Kurzfristige Wasserbehälter. In Baumhöhlungen, Blattachseln von *Heliconia*, Banane, Bromeliaceen, in Luftknollen epiphytischer Orchideen entstehen Lebensräume für eine aquatische Tierwelt. In solchen «Phytotelmen» entwickeln sich Protozoen, Würmer, Kleinkrebse, Milben, Insektenlarven und Frösche, also Tiere unterschiedlicher Ernährungsweise [662]. Bestimmte Stechmückenlarven der Gattung *Aedes* und deren Verwandte können als Adulte Gelbfieber und andere Viren zwischen Tieren und von diesen auf den Menschen übertragen [695].

Waldteiche. Ihnen fehlen Wasserpflanzen, weil zu wenig Licht nach unten dringt. Ihr Zooplankton enthält aber viele Arten von Rädertieren und Kleinkrebsen. An größeren Tieren leben in dem Gewässer Turbellarien, Krabben, Libellenlarven, Wasserwanzen, Wassermilben, Fische, Schildkröten und vor allem Amphibien. Hier bilden sich Aktionszentren komplexer Vernetzungen, die auf das umgebende Land ausstrahlen.

In einem Schwarzwasser-Teich des Amazonaswaldes wurden vor allem die Frösche und Kröten gründlicher untersucht, von denen etwa 70 Arten im Wasser und seiner weiteren Umgebung vorkamen [554]. Die aufgenommenen Sonogramme zeigten typische Artunterschiede in Ablauf, Stärke und Dauer der Ruffolgen. Es unterschieden sich ferner die Lautaktivität nach Tages- und Jahreszeit sowie die Lage der Rufplätze (vom Wasser, Ufer, Waldboden her), um nur einige Punkte dieses Isolationsmechanismus hervorzuheben. In die komplexe Geräuschkulisse der Amphibien mischt sich noch diejenige anderer Tiere, vor allem von Insekten.

Verteilung der Nahrungsquellen. Vertikale und horizontale Strukturierung trennt Arten, Gattungen und Familien ähnlicher Lebensansprüche. Bei Tieren wird dies durch unterschiedliche Aktivitätszeit, Aktivitätsdauer und jahreszeitliches Erscheinen noch verschärft. Es betrifft gleicherweise Wirbeltiere und Wirbellose, wie z. B. Analysen über die Verteilung bei Eichhörnchen [168] und Tagfaltern [780] gezeigt haben. Raupen der Tagfalter sind im unteren Bereich des Unterholzes und im Sekundärwald Nahrungsspezialisten, weil dort eine bestimmte Vorzugsnahrung zusammenhängender verbreitet ist. Im Kronenraum und im oberen Unterholz ist dagegen Polytrophie häufiger, die bei der Suche nach einer geeigneten Nährpflanze eine höhere Flexibilität ermöglicht.

6.1.2 Charakteristische Züge der Lebewelt

Altertümliche Arten. Tropische Regenwälder sind alte Lebensräume, in denen Organismen aus sehr frühen Zeitepochen überdauern konnten. Dazu gehören neben vielen Pflanzen (Selaginellen, Lebermoose, Baumfarne) auch alte Tiergruppen wie Onychophora *(Peripatus)*, ursprüngliche Spinnentiere der Uropygi, Amblypygi, Ricinulei, manche Insekten (Schaben, Embien), die räuberischen Blindwühlen (Gymnophiona). Von phylogenetisch alten Gruppen der Vögel und Säuger seien genannt aus Amerika Beutelratten (Didelphyidae), Gürteltiere (Dasypodidae), Faultiere (Brachypodidae), Ameisenbären (Myrmecophagidae); aus Madagaskar Tanrek *(Centetes)* und Halbaffen (Lemuroidea); aus Asien Rachenvögel (Eurylaimi), Spitzhörnchen *(Tupaia)*, Pelzflatterer (Dermoptera), Koboldmakis (Tarsioidea).

Schutztrachten. Im Laufe der Evolution sind hochentwickelte Angriffs- und Verteidigungsstrategien entstanden. Zu letzteren gehören die in der Hylaea besonders häufige **Mimese** (Tarntracht) und **Mimikry** (Nachahmung von Warntracht). Bei einer Untersuchung im Regenwald von Panama wiesen 42% aller Insektenindividuen auf der Blattoberfläche, aber nur 12% der Blattunterseite Tarntracht auf [295]. Man darf nicht vergessen, daß selbst bunte Farben in einer reich gegliederten Umgebung leicht verschwinden und bei Ruheverhalten guten Sichtschutz geben.

Mimikry kann nur bei geringer Individuendichte einen Auslesevorteil bieten. Von Tagfaltern des Regenwaldes zeichnen sich die meist bunten Nektarfresser oft durch Mimikry aus, während die an Baumsaft, faulenden Früchten, Aas oder Exkrementen leckenden Arten fast immer mimetisch sind [351]. Unter den Arten, die «Mimikry-Ringe» (Müllersche Mimikry) bilden, kommen im gleichen Waldgebiet durchsichtige, gestreifte, rote, blaue und orangefarbene Komplexe vor. Jeder Farbtyp bevorzugt aber eine bestimmte Höhenschicht [467]. Die an Früchten leckenden Schmetterlinge gehen sich durch verschiedene Tagesrhythmik zeitlich aus dem Wege [779].

Luxusbildungen. In tropischen Regenwäldern blieben häufiger funktionell bedeutungslose Merkmale erhalten, wie sie z. B. von vielen Insekten, Spinnentieren, von Tukanen, Nashornvögeln, Quezal oder vom Nasenaffen *(Nasalis)* bekannt sind. In manchen Fällen beruht ein solches «Luxurieren» nur auf allometrisch bedingten Nebenerscheinungen.

Dämmerungs- und Nachtaktivität. Typische Dämmerungstiere haben große Augen, so die Baumfrösche, Geckos, Baumschlangen, Dukker *(Cephalobus)*, Koboldmakis *(Tarsius)*, südamerikanische Nachtaffen *(Aotes)*. Bei reinen Nachttieren sind die Augen oft reduziert. Hierfür seien Geißelspinnen (Amblypygi) als ein Beispiel genannt, die jedoch mit feinen chemischen Sinneszellen an der Spitze ihrer langen Taster ausgestattet sind [32].

Dunkelaktive Heuschrecken, Grillen, Zikaden, Mücken, Frösche, Vögel und Säugetiere besitzen im Gehör ihren wichtigsten Fernsinn.

Landbewohnende Wassertiere. Eine Besonderheit liegt in der Entfaltung hydrophiler Tiere auf dem Land, die sonst mehr im Wasser leben. So gibt es Turbellarien, Nemertinen, Polychaeten und vor allem die zahlreichen Blutegel (Hirudineen) unter den Würmern. Aber auch Kiemenschnecken, Amphipoden, Libellenlarven kriechen im nassen Blattwerk umher. Die Libellen entwickeln sich in Phytotelmen. Manche Frösche und Kröten legen ihre Eier in Schaummassen auf Blätter, in Phytotelme oder in Erdlöcher. Einige Arten tragen Eier oder Kaulquappen in Hautfalten am Körper. Das Kaulquappenstadium kann sogar ganz unterdrückt werden, so daß gleich kleine Frösche aus den Eiern schlüpfen.

Wasserhaushalt der Pflanzen. Die osmotischen Werte, welche die Saugspannung in den Zellen anzeigen, sind relativ niedrig, da die Pflanzen mit Wasser gut versorgt sind. Die Werte in Blättern der unteren Baumschicht betragen häufig nur 7–10 atm, die der oberen etwa 10–15 atm, liegen also unter denen der Holzgewächse gemäßigter Zonen. Die Schwankungen von Temperatur und Luftfeuchte im Tagesklima sind wesentlich größer als die Mittelwerte der Monate im Laufe des Jahres. Davon wird jedoch lediglich die Kronenregion betroffen. Die Intensität der Transpiration kann somit zwar beträchtlich schwanken, ist aber im ganzen viel geringer als in Wäldern des gemäßigten Klimas. Bäume mit sonnenexponierten Blättern verschließen teilweise die Spaltöffnungen bei starker Strahlung als Schutz vor Übertemperaturen [748].

Aufwärtsverlagerung des Lebens. Eine Eigenart tropischer Regenwälder ist der große Anteil von Organismen in den oberen Schichten (Abb. 6.2). Dies zeigen außer Epiphyllen, Epiphyten und Hemi-Epiphyten die Baumnester von Termiten, Ameisen, Wespen und Bienen oder die baumbewohnenden Laufkäfer (Carabidae). Selbst Frösche leben in Baumhöhlungen hoher Stämme, so der brasilianische Laubfrosch *Hyla restinifilex,* der Wachs von Waben der stachellosen *Melipona*-Bienen abkratzt und damit seine Wohnhöhle ausstreicht. Auf diese Weise gewinnt er einen sich mit Wasser füllenden Brutraum zum Laichplatz, ohne auf den Boden herunter zu müssen. Epiphyten mit nestartiger Wuchsform können Humus in der Stamm- und Kronenschicht anreichern. In solchen «aufgehängten Böden» existiert eine verarmte Bodenfauna [127]. Collembolen und Milben klettern an den Baumstämmen bis in derartige Höhen hinauf, und selbst Regenwürmer leben auf Bäumen an der Basis von Blättern, an Epiphyten oder unter Rinde [384].

Ein Unterschied zum sommergrünen Laubwald liegt darin, daß sich mehr Blüten nicht wie in jenen vorwiegend an Büschen und Kräutern

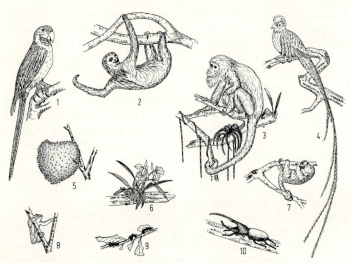

Abb. 6.2: Leben in den höheren Vegetationsschichten des tropischen Regenwaldes in Südamerika (nach Mertens 1948).
1: Papagei *Ara arauna,* **2:** Faultier *Brachypus tridactylus,* **3:** Brüllaffe *Alouatta seniculus;* **4:** Quezal *Pharomachrus mocinno,* **5:** Nest der Wespe *Polybia scutellaris,* **6:** Orchidee *Cattleya,* **7:** Ameisenfresser *Cyclopes didactylus,* **8:** Makifrosch *Phyllomedusa burmeisteri,* **9:** Blattschneider-Ameise *Atta sexdens,* **10:** Herkuleskäfer *Dynastes hercules.*

der unteren Schichten oder nahe am Grund befinden, sondern hoch oben. Dort ist die Mannigfaltigkeit der Insekten, Spinnen, Amphibien, Reptilien, Vögel und Säugetiere am größten. Außer den Lebensformen der Rindenläufer, Stemm- und Haftkletterer kommen Greifkletterer (z. B. Faultiere, Affen) vor. In der Alten Welt hat sich der Typ durch Gleit- und Schwebevorrichtungen ausgezeichneter Flugspringer ausgebildet. Mit den kaninchengroßen Baumschliefern *(Dendrohyrax)* in Afrika sind sogar primitive Huftiere zum Baumleben übergegangen. Ihre Schlupflöcher befinden sich in Stämmen mehrere Meter über dem Boden.

Von Säugetieren im Regenwald Guayanas kommen 23 am Grund, 31 in der Baumschicht vor. An Vögeln im Regenwald von Costa Rica halten sich 20 in Bodennähe auf, 18 in der tieferen Strauchschicht, 59 in der unteren, 67 in der mittleren und 69 in der oberen Kronenschicht.

Die baumbewohnenden stachellosen Bienen (Meliponinae) nehmen nicht nur Nektar, Pollen und Honigtau, sondern auch Tierkot und Aas als Nahrung auf. *Trigona hypogea* in Amazonien ist sogar ein obligatorischer Aasfresser geworden. Das vorverdaute Fleisch wird an Artgenossen im Nest verfüttert. Diese bilden dann ein Drüsensekret, das für die Brut verwendet wird. Entdeckt eine Meliponine einen toten Frosch, tote Kröte oder Eidechse, legt sie eine Duftspur zum Nest, um weitere Sammlerinnen zur Nahrungsquelle zu führen [526].

6.1.3 Artenreichtum und Individuenarmut

Während im sommergrünen Laubwald 10 bis höchstens 20 Baumarten je ha und in der Taiga sogar nur einige wenige vorkommen, können im Regenwald Amazoniens bereits über 600 Arten Holzgewächse/ha wachsen, von denen allerdings 90% zu den tieferen Etagen gehören. Die gesamte Artenzahl der Bäume in tropischen Wäldern wurde in Kamerun auf etwa 700, in Java auf über 1000, in Sri Lanka auf 1500 und im Amazonasgebiet auf 2500 geschätzt. In der Hylaea SO-Asiens gibt es mindestens 25 000 Arten von Blütenpflanzen (Spermatophyta); im Amazonasbecken können es über 40 000 sein. Die einzelnen Arten sind meist in geringer Individuendichte vorhanden, vielleicht eine Folge hoher Konkurrenz unter tropischen Bedingungen. Sie bieten einer unglaublichen Fülle von Tieren Lebensmöglichkeiten. Auf nur 19 Bäumen von *Luehea seemanii* wurden in Panama schon über 1000 Spezies an Käfern ermittelt.

Für Insekten, Vögel, Säuger, welche Samen, Früchte und Keimlinge von Bäumen und Sträuchern fressen, wurde die Hypothese aufgestellt, daß die Wirksamkeit solcher Samenfresser im Nahbereich eines bestimmten Baumes oder Strauches am stärksten ist. Die Chance, den Tieren zu entgehen, erhöht sich mit der Entfernung der neuen Abkömmlinge von ihren Elternpflanzen. In unmittelbarer Nähe, wo mehr gefressen wird, entsteht zugleich Platz für andere Arten [312]. Ganz verschieden ist die Situation in Wäldern mit langen ungünstigen Bedingungen im Winterhalbjahr (Silvaea, Taiga). Samen, Früchte und Keimlinge stehen nicht das ganze Jahr zur Verfügung. Tiere, die sich davon ernähren, sind daher seltener. Im Herbst, wenn die Bäume reichlich fruchten, kann nur ein relativ kleiner Anteil der Samen verzehrt werden. Viele bleiben an Ort und Stelle, keimen aus und begünstigen so das Vorherrschen weniger Baumarten. Es muß jedoch noch erwähnt werden, daß im tropischen Regenwald nicht alle Bäume und Sträucher in jedem Jahr Früchte hervorbringen [27].

Außer den staatenbildenden Hymenopteren und kleineren Dipteren treten die meisten tagaktiven Tiere in geringer Individuendichte auf [165]. Schnecken kommen im Vergleich zur Fülle der sonstigen Fauna außerdem in geringer Artenzahl vor [187]. Geringe Individuendichte der Organismen muß nicht mit dem gegenwärtigen Lebensgeschehen zusammenhängen, sondern dürfte das Ergebnis einer langen Evolution sein.

Dafür sprechen z. B. auch die mannigfachen Anpassungen im Nist- und Brutverhalten der Vögel als Schutz gegen die vielen möglichen Eiräuber (Affen, Beutelratten, Eichhörnchen, Kleinraubtiere, Schweine, Tukane, Schlangen, Ameisen usw.). Das Nest wird an schwer erreichbaren Stellen gebaut, die Vögel brüten in Baum- oder Erdhöhlen, sie errichten ihr Nest in Termitenbauen, panzern es aus selbst hergestelltem harten Material, fertigen Großnester oder unauffällige, kleine Nester an. Weitere Schutzmaßnahmen sind Tarnung, Soziabilität, Verteidigung durch die Eltern, Nutzung der Verteidigung durch Ameisen und Wespen. Häufig treffen mehrere der genannten Anpassungen auf ein Nest oder Brutpaar zu. Natürlich kann der Erfolg nur relativ sein, ist aber hoch genug, um wenigstens eine niedrige Siedlungsdichte aufrechtzuerhalten (Abb. 6.3) [352].

Der Selektionsdruck der Samenfresser auf die Pflanzen und der Eiräuber auf die Vögel wirkt sich also in ganz entsprechender Weise aus. Geringe Individuendichte einer Art erhöht zudem die Bedeutung der Gendrift als einen der Wege zur Bildung neuer Arten.

Gelegentliche örtliche Massenvermehrung einzelner Insekten gibt es trotz Artenfülle und reicher Strukturierung auch im tropischen Regenwald [243].

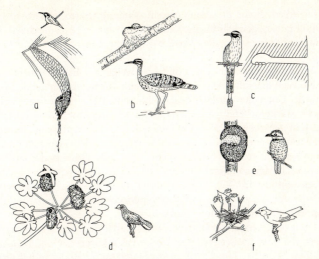

Abb. 6.3: Typen von Vogelnestern im tropischen Regenwald von Peru (nach M. Koepcke 1972).
a: *Phaethornis longuemareus* (Beispiel für Nester an dünnen Zweigen, Blattenden usw.), **b:** *Eurypyga helias* (Beispiel für Nester mit Ähnlichkeit zu Strukturteilen im Biotop), **c:** *Momotus momota* (Beispiel für Erdhöhlenbrüter), **d:** *Clypicterus oseryi* (Beispiel für Soziabilität), **e:** Nest von *Bucco macrodactylus* in einem Termitenbau (Beispiel für Brüten in hartgepanzerten Bauen), **f:** *Cyanocorax violaceus* (Beispiel für einfache Reisignester).

6.1.4 Stoffumsatz

Hohe Temperaturen, Niederschläge und Produktion von CO_2 beschleunigen die Verwitterung des Bodens. Vor allem werden Verbindungen von Silizium und basisch wirkende Kationen aus primären Silikaten mobilisiert und durch den Regen eingewaschen. Rückstände aus Eisen- und Aluminiumoxiden reichern sich in der obersten Bodenschicht an.

Dies bedingt eine Rotfärbung solcher Latosole (Roterde). Bei höherem Aluminiumgehalt und Anteil von Eisen in Hydroxidform entsteht Gelbfärbung. Gelberde ist z. B. für montane Regenwälder typisch, in deren obersten Regionen es sogar durch verstärktere Auswaschung zur Podsolierung kommt. Bei weniger intensiver Verwitterung wird Silizium nicht in dem Maße fortgeführt, und es entstehen Plastosole (Rot-, Braun- und Graulehm), wie im Wolkenwald der nördlichen Küstenkordillere [733].

Die oberirdische Pflanzenmasse in Wäldern Amazoniens wurde auf 1000 t Lebendgewicht/ha, die Wurzelmasse auf 260 t/ha geschätzt. Für Pflanzenfresser lagen die Werte bei 30, für Tierfresser bei 15 kg/ha [367].

Auf dem Boden lagern sich Blätter, Zweige, Früchte ab. Doch bildet sich wegen der schnellen Zersetzung keine zusammenhängende Streuschicht. Unter der Auflage liegt Rohhumus, der an günstigen Stellen durch stärkere Beteiligung der Bodenfauna zu Moder umgewandelt wird. In den obersten 25 cm kommen 3–4% der organischen Stoffe in gelöster Form vor [340]. Nur in Senken nach Überschwemmungen kann sich eine tiefere Humusschicht anreichern. Obwohl der jährliche Streufall im Amazonasgebiet mit 6–10 t, in der Hylaea Afrikas und SO-Asiens mit fast 15 t Trockengewicht/ha etwa doppelt so groß ist wie in Wäldern der gemäßigten Breiten, fehlt ein echter Humushorizont, weil der Abbauprozeß zu schnell abläuft.

Die Erstzersetzung erfolgt vor allem durch die Mikroflora des Bodens, die zum großen Teil aus Mykorrhiza-Pilzen der Baumwurzeln besteht; bei hoher Temperatur, Feuchte und sauren Bodenverhältnissen gedeihen sie besonders gut. Durch Pilze und Bakterien wird der Bestandesabfall in 4–6 Wochen mineralisiert. Die Stoffe zirkulieren so schnell, daß sich das Nährstoffkapital weitgehend in den lebenden Pflanzen befindet und nicht aus einer Humusreserve ergänzt werden kann [318, 188]. Deshalb ist Brandrodung so schädlich, weil gerodete Flächen schnell unfruchtbar werden. Schon nach 3 Jahren muß der Ackerbau aufgegeben werden. Es wächst dann ein Sekundärwald heran, der in der Regel nach 10 Jahren wieder gerodet wird, um 2–3 Ernten zu erzielen [598]. Man ist also zum Wanderackerbau gezwungen.

Die im Boden auch in höheren Individuendichten lebenden Milben und Collembolen sind meistens Folgezersetzer, welche Pilznahrung bevorzugen. Gleiches gilt für Diplopoden, Proturen und Dipterenlarven [29]. Im nordaustralischen Regenwald wurden stellenweise bis zu 4000 *Talitrus silvaticus* (Amphipoda)/m^2 festgestellt, deren hohe Dichte dem Abbau der Streu förderlich ist. **Regenwürmer** spielen in der Hylaea eine geringere Rolle für den Abbau. Doch lagern die in größerer Tiefe vorkommenden Megascoleciden ihre Wurmkrümel auf der Bodenoberfläche ab und tragen dadurch zur Durchmischung bei [384]. Die über einen Meter langen Glossoscoleciden in Brasilien leben mehr vereinzelt und lecken mit ihrem vorstülpbaren Rüssel die Mikroflora und Mikrofauna vom Fallaub ab.

Auf Ameisen und Termiten entfallen etwa drei Viertel von der Biomasse der Bodentiere. Kein Wunder, daß es Spezialisten gibt, die sich in erster Linie von diesen beiden Insektengruppen ernähren, z. B. Ameisenbären in Südamerika, Schuppentiere, Flugdrachen, Baumwarane in der Alten Welt.

Viele **Ameisen** haben durch ihre unterirdische Bautätigkeit bodenbiologische Bedeutung. Die meisten leben räuberisch, ebenso wie die zahlreichen Spinnen, Carabiden, Staphyliniden, Pselaphiden, Scydmaeniden, welche die Streu und oberste Bodenschicht besiedeln [572]. Wirksame Vertilger von Tieren sind die Wanderameisen (*Eciton* in Südamerika, *Dorylus* in Afrika). Die südamerikanischen Blattschneiderameisen (Attini) dagegen schneiden frische Blätter von Bäumen ab, um sie in besonderen Kammern ihrer Nester zur Pilzzucht zu verwenden, die ihnen eiweißreiche Nahrung bietet. Zuerst werden die unteren, dann die oberen Blätter eines Baumes eingeholt und zerkleinert. Das Nest kann einige Meter tief im Boden liegen. Von dort ziehen Straßen zu den bevorzugten Bäumen. Um eine große Kolonie können Lichtungen

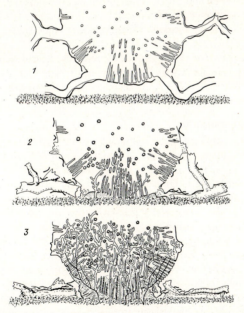

Abb. 6.4: Abbau eines umgestürzten Baumstammes (nach Delamare-Deboutville 1951).
1: Gänge von Cerambycidae im Zentrum, von Platypodidae an der Peripherie des Stamms; **2:** Bakterien und Pilze kleiden die Gänge aus, vom Boden her bohren sich Termiten ein; **3:** Termitengänge dehnen sich aus, schließlich dringen Oligochaeten in das von der Mikroflora weiter zersetzte Holz.

im Umkreis von etwa 50 m entstehen. Der Boden wird zugleich gelockert und gedüngt [94].

Erdfressende **Termiten,** die unterirdisch bleiben oder auch oberirdische Nester bauen, bringen wichtige Nährstoffe für Pflanzen wie Kalzium und Phosphor durch ihr Graben nach oben [5]. Ein großer Teil des Bestandesabfalls besteht aus Holz, dessen Abbau ebenfalls wesentlich durch Termiten geschieht (Abb. 6.4).

Moderne Baumstämme bilden außerdem die Nahrungsgrundlage für viele **Käfer.** An umgestürzten Stämmen erscheinen zuerst Pilzzüchter (Ipidae, Platypodidae, Lymexylonidae). Ihnen folgen Bockkäfer (Cerambycidae) und Rüsselkäfer (Brenthidae, Curculionidae), deren Larven zwischen Rinde und Splintholz fressen, zur Verpuppung aber tiefer ins Holz eindringen. Ihre einseitige Nahrung wird durch Endosymbionten ausgeglichen. Wenn die Rinde abfällt, kommen polytrophe Holzfresser. Hier sind es außer den Termiten die Zuckerkäfer (Passalidae), Blatthornkäfer (Lamellicornia), Schwarzkäfer (Tenebrionidae) und Schnellkäfer (Elateridae), welche ganze Stämme weiter aushöhlen können [127].

Übrigens werden schon gesunde Bäume von verschiedenen Käfern angegriffen, obwohl etliche Baumarten der Tropen recht resistent gegenüber Insekten sind [243]. An lebenden Pflanzenwurzeln saugen die Larven der Singzikaden in über 50 cm Tiefe.

6.1.5 Jahresperiodik

Wo die Umweltbedingungen ziemlich konstant bleiben, fehlt Pflanzen und Tieren eine ausgesprochene Jahresperiodik. Dennoch wechseln auch bei ihnen Zeiten der Ruhe und Aktivität. Sie sind also nicht das ganze Jahr über gleichmäßig aktiv. Mitteleuropäische Laubbäume verlieren in einem Tropenwald ihre frühere Jahresperiodik.

Durch das Hochwasser der großen Ströme können jahreszeitliche Wanderungen von Tieren ausgelöst werden. Solche periodischen, regenbedingten Hochwasserstauungen kommen z. B. im Amazonasgebiet in einem Areal von etwa 100 000 km^2 vor. Die hohen Bäume des «**Überschwemmungswaldes**» ragen zwar mit ihren Kronen aus dem bis 10 m tiefen Wasser. Ihr Nachwuchs und der gesamte Unterwuchs der niedrigen Holzgewächse bleiben aber mehrere Monate im Jahr untergetaucht. Obwohl ihre Laubblätter in einer lichtarmen bis lichtlosen Tiefe und die Wurzeln unter Umständen in einem Milieu ohne Sauerstoff ausharren müssen, werfen einige Arten ihre Blätter nicht ab, sondern sind nach Ablaufen des Wassers sofort wieder zur Photosynthese fähig.

Da die Regenzeiten allmählich von Süden und Westen nach Norden und zum Zentrum des Amazonasgebietes fortschreiten, sind nie alle

Regionen gleichzeitig betroffen. So verlassen regelmäßig Enten, Taucher, Watvögel (Limicolae), Störche und Nachtschwalben *(Chordeiles)*, denen bei Überschwemmungen der Sandbänke und Verlust der seichten Wasserstrecken Brutplätze und Nahrungsstellen genommen sind, ihre Wohngebiete; später kehren sie wieder dorthin zurück [585]. Außerdem gibt es durch Blüh- und Fruchtzeiten bedingte Wanderungen von Nahrungsspezialisten (Kolibris, Papageien, Tukane, samenfressende Kleinvögel).

Während des Hochwassers dringen in den Überschwemmungswald Fische in die vorher trockengelegenen Zonen ein. Kieselschwämme siedeln sich an Ästen und Stämmen an. Andererseits weichen Termiten, Ameisen, Grillen, Laufkäfer, Staphyliniden, Collembolen, Spinnen und Asseln vor dem ansteigenden Wasser landeinwärts aus oder klettern an den herausragenden Stämmen empor, von denen sie später zurückwandern. Doch dürften viele Arthropoden bei plötzlichem Auftreten von Hochwasser ertrinken. Nur wenige Bodentiere, zu denen einige Hornmilben (Oribatei) und Springschwänze (Collembola) gehören, können monatelang Überflutung im Eistadium, manche sogar als Adulte überdauern [30]. Kugelmuscheln (Sphaeriidae) überstehen dafür die **Trockenzeit** in Diapause, die später in Quieszenz übergeht [302].

6.1.6 Auswirkungen von Eingriffen des Menschen

Zunehmend werden heute Areale tropischer Regenwälder gerodet, um die Existenznot rasch anwachsender Bevölkerungen zu mindern. Eine natürliche Restitution nach Kahlschlag oder Brandkultur würde Jahrhunderte dauern oder ist überhaupt nicht mehr möglich. Vor allem fehlen dann nämlich für viele Bäume lebensnotwendige, spezifische Mykorrhiza-Pilze. Außerdem werden durch die starken Regen Nährstoffe in den Unterboden gewaschen, und der Oberboden wird zusammengepreßt, so daß sich seine Durchlüftung verschlechtert. Der Sekundärwald, der nach Katastrophen heranwächst, steht unter anderen, neuen Bedingungen.

Die Keimung der Samen im Sekundärwald muß im Licht erfolgen. Ihre Dormanz ist oft ausgeprägt, obwohl sie meist nicht so lange auf eine günstige Gelegenheit zur Keimung ausharren müssen wie im ursprünglichen Regenwald. Die Ausbreitung der Samen und Früchte wird häufig durch Wind bewirkt, während im Primärwald hierfür Tiere wichtiger sind [479]. Es entsteht im ganzen eine artenärmere Lebensgemeinschaft, in der Pflanzenfresser und parasitische Pilze sehr schädlich sein können. In besonderem Maße sind daher aus dem Regenwald hervorgegangene Plantagen (Kokospalme, Banane, Kakaobaum) von solchen Schaderregern bedroht.

Wegen zu hoher Kosten scheitert im allgemeinen die Wiederbewaldung auf den nach wenigen Ernten verarmten Böden. Weitere Folgen der Waldvernichtung sind das Aussterben zehntausender von Arten, die größtenteils noch gar nicht beschrieben sein dürften. 70–80% aller Pflanzen- und Tierarten leben in den Tropen und von diesen 25–40% wahrscheinlich in tropischen Feuchtwäldern. Schließlich erhöht sich durch Brandrodung weltweit der Anteil von CO_2 in den unteren Schichten der Atmosphäre (Troposphäre), von dem aber nun weniger von den Pflanzen assimiliert wird. So muß sich der globale Treibhauseffekt verstärken [41].

Ständig verengt sich zugleich das Areal der Ureinwohner tropischer Regenwälder. Dies betrifft ebenso die mittel- und südamerikanischen Waldindianer als auch die Weddas in Urwäldern von Sri Lanka oder die Pygmäen im afrikanischen Regenwald. Gerade die Pygmäen West- und Zentralafrikas sind dem Lebensraum der Hylaea in biologischer und kultureller Hinsicht besonders eng verbunden. Ihre hormonal bedingte geringe Körpergröße beträgt 135–150 cm, ihr Gewicht übersteigt selten 54 kg. Sie leben als nomadische Jäger und Sammler. Ihre Hütten und Geräte sind aus Holz angefertigt. Außerdem verarbeiten sie Tierfelle und Knochen. Die Zahl der Pygmäen wird auf 80000–100000 geschätzt. Nur etwa ein Viertel von ihnen konnte bisher noch die alte Lebensform bewahren, die sich seit Tausenden von Jahren nicht geändert hatte. Im neuen Milieu mit anderer Lebensweise werden sie leichter von Krankheiten (z.B. Frambösie) und Parasiten (Filarien, Sandfloh *Tunga*) heimgesucht [284].

6.2 Hydroperiodische Tropenwälder (Semihylaea)

Durch sog. Saisonregenwälder, die ihr Erscheinungsbild trotz kurzer, aber unsicher begrenzter Trockenperioden kaum ändern, gibt es Übergänge vom Tropischen Regenwald zu den regengrünen Monsunwäldern der Alten Welt und den Passatwäldern Amerikas. Sie kommen in den Tropen vor, wo die Gesamtniederschläge noch üppigen Waldwuchs ermöglichen, obwohl die Trockenzeit 2–5 Monate dauern kann. Dies ist der Fall in manchen Gebieten Mittel- und Südamerikas, nördlich und südlich des äquatorialen Regenwaldes in Afrika sowie in Teilen des indischen Subkontinents. Heute sind allerdings große Flächen solcher Wälder in Savanne und Weideland umgewandelt.

Da durch die Trockenperiode die warme Jahreszeit unterbrochen wird, ist der Einschnitt für den Kreislauf der Stoffe nicht so einschneidend wie durch den kalten Winter in thermoperiodischen Wäldern

(Silvaea, Taiga). Noch nach mehreren Trockenmonaten stehen belaubte Bäume fleckenartig zwischen unbelaubten, die sehr bald neue Blätter austreiben. Kraut- und Strauchschicht unterscheiden sich weniger zwischen Regen- und Trockenzeit; sie sind schwer durchdringbar [166]. Sogar viele feuchteliebende Pflanzen verlieren in der Trockenperiode nicht ihre Blätter und setzen ihre Lebensfunktionen fort, wenn auch in verminderter Rate. In solcher Zeit kann ein üppiges Blühen von Bäumen und Sträuchern, Fruchtbildung und normales Wachstum von Schößlingen stattfinden.

Die Bäume werden im Durchschnitt nur 10–20 m hoch, haben selten Brettwurzeln und spärlichen Besatz von Epiphyten, da diese auf gleichmäßigen Regen angewiesen sind. Durch eine grobschuppige Borke zeichnen sich viele Stämme aus. Da die Kronen lichter sind, gelangt reichlich Licht für den dichten Unterwuchs hindurch. Erst wenn die Trockenperiode 7 Monate dauert, werfen alle Bäume ihr Laub ab, und es entstehen trockenkahle Tropengehölze.

Manche Arten aus dem Tropischen Regenwald haben sich an die Jahresperiodik der regengrünen Wälder angepaßt. So hängt das Gedeihen des Kaffeebeerenkäfers *(Stephanoderes hampei)* von der Verteilung des Regens im Jahr ab. In Westjava, wo es das ganze Jahr über regnet und sich immergrüner Regenwald entwickelt, gibt es stets Blüten und Früchte des Kaffeebaums. Dort folgt eine Generation des Käfers nach der anderen. Im Ostteil der Insel bringt der Ostmonsun Trockenperioden von mehreren Monaten mit sich; der Westmonsun ist von Dauerregen begleitet, welcher die Blütenbildung behindert. In der für den Käfer nahrungsknappen Zeit bleiben verhältnismäßig wenige Individuen am Leben [208].

Für andere Arten der Vegetationsschicht wirken sich jahresperiodische Unterschiede in den Individuendichten kaum aus [166]. Einige Blütenbesucher kommen das ganze Jahr hindurch vor, etliche allerdings nur in bestimmten Jahreszeiten [777]. Die meisten Samen fallen in der Trockenperiode zu Boden. Viele werden dann von Nußfressern gesammelt und versteckt. Sie stehen diesen vor allem gegen Ende der Regenzeit zur Verfügung, wenn die wenigsten Früchte und Samen aufzulesen sind [603].

Der Streufall betrug in Monsunwäldern Indiens das anderthalbfache eines sommergrünen Laubwaldes. Der harte Boden ist in der Trockenzeit dichter mit Fallaub bedeckt als in der Regenperiode. Der Abbau durch Mikroflora, Termiten und Regenwürmer zeigt deutliche jahresperiodische Unterschiede. In der Trockenzeit haben Feuer großen Anteil am Abbauvorgang [220, 411]. Asseln und vor allem Treiberameisen verlegen in den trockenen Monaten ihre Aktivität tiefer in den Boden.

Ameisen sind auch wichtig für die Lockerung des Bodens und dessen Anreicherung mit organischem Material.

6.3 Temperierte Regenwälder (Pseudohylaea)

Im Süden von China, Korea und Japan sowie auf der Südhalbkugel in Südost-Australien, Neuseeland und Südchile stehen Wälder ohne ausgesprochene Trockenperiode im Jahr. Durch die Üppigkeit der Vegetation, obwohl mit weniger Lianen und Epiphyten, erinnern sie trotz des anderen Klimas an tropische Regenwälder.

In den verschiedenen geographischen Bereichen fallen allerdings nur Ähnlichkeiten der Strukturierung und der Lebensformen auf. Die jeweilige Pflanzen- und Tierwelt ist im einzelnen recht verschieden. So kommen in SO-Australien feuchte Eukalyptus-Wälder mit Baumfarnen und reichem Unterwuchs vor. Dort leben als gesellige Papageien, die Nektar und Pollen fressen, Pinselzüngler der Gattung *Trichoglossus*. Charakteristische nachtaktive Beuteltiere sind Ameisenigel *(Echidna)* und Flugbeutler *(Petaurus)*.

In temperierten Regenwäldern Neuseelands und Chiles wachsen vor allem Bäume der Gattung *Nothofagus*, zu der immergrüne und sommergrüne Arten gehören. *Nothofagus* würde ohne die häufigen natürlichen Katastrophen durch Vulkanausbrüche und Erdbeben Holzgewächsen mit größerer Schattentoleranz weichen. Dafür sind Nothofagen Erstbesiedler kahler Flächen und Bäume eines daraus entstehenden Klimaxwaldes, daher an Katastrophen gut angepaßt [737].

Durch den Reichtum an Pflanzen und das Herausragen von Baumgiganten wie der Araucarien erinnert der temperierte Regenwald Südchiles äußerlich an den tropischen. Dagegen gleicht er in der gut entwickelten Laubstreu und der Makrofauna mit Spinnen und Insekten auf dem Boden eher der Silvaea. Wie in allen Wäldern sind die Ränder und Lichtungen mit ihren bunten Blumen reich von Schmetterlingen und anderen Blütenbesuchern bevölkert, zu denen in Chile auch Kolibris gehören. Vertreter der häufigsten Vögel finden sich in den Familien der Baumläufer (Certhiidae) Königswürger (Tyrannidae), speziell im Unterholz außerdem der Baumsteiger (Dendrocolaptidae) und Buschschlüpfer (Rhinocryptidae).

Im ganzen ist eine gewisse Mittelstellung dieses Waldtyps zwischen Hylaea und Silvaea nicht zu verkennen, doch gibt es noch keineswegs genügend umfassende synökologische Untersuchungen darüber.

6.4 Hartlaubwälder (Skleraea)

Wo die klimatischen Bedingungen eine zusammenhängende Vegetation aus Bäumen und Sträuchern ermöglichen, die Wasserverhältnisse jedoch nur solche Holzpflanzen zulassen, die im Sommer mindestens einen Monat Trockenzeit ertragen können und durch mehrere Monate wenig Regen erhalten, wo die Böden außerdem ungenügend mit Nährstoffen und Spurenelementen versorgt sind, haben sich besondere Formationen von Trockenwäldern oder Trockensträuchern ausgebildet.

Solche Landschaften sind an fünf Stellen der Erde sich entsprechender nördlicher und südlicher Breitengrade entstanden. Sie betreffen das Mittelmeergebiet, Kalifornien, Zentralchile, das Kapland und Teile von Südaustralien [86]. Ähnliche Klimate führten zur Auslese einer konvergenten, aber nicht näher verwandten Pflanzen- und Tierwelt. Das Alter der betreffenden Gruppen ist unterschiedlich. Holzpflanzen und die meisten Wirbellosen des Bodens gehören älteren phylogenetischen Taxa an, krautige Pflanzen und die Mehrzahl der oberirdischen Tiere sind dagegen später entstanden.

Neuartig ist die Kombination so verschiedener Komponenten, die zueinander in der erdgeschichtlich relativ jungen Skleraea-Landschaft in Beziehung treten. Die Besonderheit liegt in der ökologischen Mittelstellung zwischen feuchteren Wäldern und trockenen, offenen Formationen, vor allem angrenzenden Halbwüsten. Übergänge von Hartlaubwäldern zur Silvaea bilden in Europa die Steppenheidewälder mit laubabwerfenden Eichen *(Quercus pubescens, cerris, petraea)*. Ähnliche Trocken-Eichenwälder finden sich in montaner Lage in Nordamerika. In Australien gehen die macchieartigen Eukalyptuswälder des Skleraeatyps der Südregion (mallee scrub) in die feuchteren, aus hohen Eukalyptus-Arten bestehenden temperierten Regenwälder der Südostpartien des Kontinents über.

Die Landschaften sind in ihrem Relief oft recht verschieden gestaltet. Es gibt kahle und steile Hänge, Erosionsflächen, breite Flußniederungen und tief sich eingrabende Sturzbäche von kurzfristiger Dauer. Der Boden besteht aus Plastosolen (Rot- und Braunlehme), Terra rossa, Terra fusca und Rendsinen. Ihr geringer Nährstoffgehalt für die Pflanzen kann unter Umständen wichtiger sein als der Einfluß des Klimas. In Südafrika und in Australien erstreckt sich daher die Skleraea-Zone über ihre klimatische Grenze hinaus, wo der Boden sehr nährstoffarm ist [365].

Lebensbedingungen. Mindestens 65% der Niederschläge fallen in den Wintermonaten. Wegen verhältnismäßig geringer Verdunstung sind Regen in kühleren, wenn auch immer noch milden Wintern für die Pflanzen wirksamer als im warmen Sommer. Das ganze Jahr über herrscht eine für die Lebensentfaltung günstige Temperatur.

Die Gesamthöhe der Winterregen kann je nach dem Gebiet zwischen 300 bis 1000 mm im Jahr betragen oder noch wesentlich darüber liegen. Die mittleren Jahrestemperaturen schwanken zwar zwischen 5 bis 18 °C [495]. Doch bleiben sie im Boden unter der Streu- und Humusschicht recht ausgeglichen. Die durch nasse Winter und trockene Sommer geprägten Jahreszeiten wirken sich vor allem auf die Mikroflora aus, deren Hauptaktivität im Winter liegt.

In solchen Landschaften treten häufig Brände auf, die ebenso wie in Savannen und Steppen Ereignisse von ökologischer Bedeutung sind. **Feuer** bewirkt schnelle Freisetzung von Mineralien aus den verbrannten Pflanzenteilen, Entgiftung des Bodens, Verdunstung hydrophoben Bodenmaterials, Erneuerung der Vegetation und eine Dezimierung pflanzenfressender Nagetiere. Viele Pflanzen wachsen nach einem Feuer schon wieder aus, bevor der Winterregen einsetzt. Es gibt sogar Arten, deren Samen zur Keimung die Hitze eines Brandes benötigen. So bleiben in den Chaparrals von Kalifornien die Samen von *Adenostoma, Ceanothus, Rhus ovata, Lotus scoparius* und anderer bis zu einem Feuer im Zustand der Dormanz im Boden [96]. Diese Dormanz wird mindestens in manchen Fällen durch von Pflanzenblättern ausgeschiedene Toxine ausgelöst, die mit dem Regen in den Boden gelangt sind. Auch hierfür ist *Adenostoma* ein Beispiel. In Australien gibt es große, gleichalte Bestände von *Eucalyptus regnans,* dessen Samen oder Keimlinge völlig von Ameisen, Pilzen oder durch Konkurrenz vernichtet werden. Nur nach natürlichen Bränden wächst ein neuer Bestand heran [175].

Die Kleintierwelt im Boden wird vom Feuer nicht sehr betroffen. Es ändert sich jedoch die anteilmäßige Zusammensetzung der Fauna in der Streuschicht [410]. Natürlich ist die Häufigkeit von Feuern für die Lebewelt entscheidend. Bricht z. B. im Chaparral bald auf derselben Stelle ein erneuter Brand aus, so können sich die Vegetation und die von ihr abhängige Fauna beträchtlich verändern.

Vegetation. Die meisten Pflanzen haben schmale oder breite, aber derbe Blätter. Bei dicken, festen Blättern wirken sich selbst größere Veränderungen im Wasserhaushalt der Pflanzen nur wenig auf die Zellvolumina aus. Dadurch sind sie zugleich an den geringen Wasser- und Nährstoffgehalt der Böden angepaßt. Die Holzgewächse sind meist immergrün. Ihre Wurzeln müssen bis zum Grundwasser reichen, wenn die Photosynthese auch während der Trockenperiode vor sich geht. Die abgefallenen Blätter werden wegen sekundärer, für viele abbauende Organismen giftigen Stoffe (hoher Gehalt an Lipiden, Wachs, ätherischen Ölen, Terpenen) relativ langsam zersetzt. Der Laubfall beträgt in Kalifornien 270, im Mediterraneum 230, in Zentralchile 160 g/m^2 (Trockengewicht) im Jahr [99].

In der Hartlaubzone des **Mittelmeergebietes** ist der Winter so kühl, daß die Hauptvegetationszeit im Frühjahr liegt. Die zonale Vegetation bestand früher aus ausgedehnten immergrünen Eichenwäldern *(Quercus ilex, Q. suber, Q. coccifera)*, einer Strauchschicht mit *Buxus, Viburnum, Pistacia, Rhamnus, Rosa*, aus Lianen der Gattungen *Clematis, Lonicera* und aus vielen anderen Pflanzen, besonders solchen mit ätherischen Ölen [69, 645]. Die Bäume sehen oft gedrungen aus, mit knorrigem Astwerk, wie es allgemeiner vom Olivenbaum *(Olea europaea)* bekannt ist. In der ariden Höhenstufe wachsen Nadelbäume der Gattungen *Pinus, Cedrus, Abies, Cupressus*, während die Unterschicht macchienartig bleibt. Restwälder finden sich noch im Mittleren Atlas, im östlichen Taurus und im Amanusgebirge des Nordlibanon. Schon vor über 4000 Jahren wurden solche ursprünglichen, montanen Zedernwälder, wie sie damals im Libanon und Syrien noch weite Flächen bedeckten, im Gilgamesch-Epos beschrieben.

Bereits Plato wies auf die schädlichen Folgen der Entwaldung Attikas hin. Heute ist kaum noch etwas von dem ursprünglichen Landschaftsbild der Trockenwälder im Mittelmeergebiet übrig geblieben. Durch Holzschlag entstand eine buschartige Degradationsform, die Macchie, durch Überweidung der Ziegen und Schafe die offene Garigue; schließlich breitete sich durch intensive Landwirtschaft das Agrarland immer weiter aus.

In **Mittel- und Südkalifornien** bestanden Trockenwälder vom Typ der Skleraea ebenfalls im wesentlichen aus immergrünen Eichen. Die südlichen Gebiete tragen eine als Chaparral bezeichnete 2–3 m hohe Gebüschformation auf einer Fläche von nahezu 1,5 Mill. ha, die der Macchie entspricht, aber im Gegensatz zu ihr eine natürliche Vegetation darstellt. Ein typischer, bestandbildender Strauch ist die bereits erwähnte Rosacee *Adenostoma fasciculatum*. Das Hartlaubgebiet **Mittelchiles** besitzt nur noch kleine Reste, in denen ganz andere Bäume vorherrschen als auf der nördlichen Halbkugel. Als Beispiele seien die Lorbeergewächse *Cryptocarya* und *Beilschmiedea* sowie der zu den Rosaceen gehörende Seifenrindenbaum *(Quillaja saponaria)* genannt. Die Bäume der Nebellagen sind oft mit meterlangen Epiphyten behangen, so der Bromeliacee *Tillandsia usneoides*.

Am reichhaltigsten ist die Pflanzenwelt der Skleraea im **Kapland** mit ihren bis zu einigen Meter hohen macchieartigen Sträuchern der Proteaceen. Dort ist die Vegetation mindestens an den steilen Hängen noch recht ursprünglich geblieben. Frühere Wälder enthielten Coniferen der Gattung *Podocarpus* mit schuppiger, rissiger Borke sowie *Cunonia*- und *Platylophus*-Bäume der Saxifragales. In **Austalien** sind *Eucalyptus*-Bäume bestandbildend. Das Strauchwerk besteht vornehmlich aus Proteaceen mit *Banksia, Grevillea* und anderen. Allerdings sind in der Hartlaubzone Australiens gerade die lichten Eukalyptuswälder heute weitgehend in Schafweiden oder Weizenfelder umgewandelt [748].

Tierwelt. Die ökologische Sonderstellung der immergrünen Hartlaubwälder zeigt sich gut an den Tieren. Von ihnen finden sich auffallend viele Arten aus angrenzenden Halbwüsten ein. Das gilt vor allem für Schwarzkäfer (Tenebrionidae), Reptilien und Vögel, weniger für Säugetiere. Auch die nächtliche Lebensweise typischer Arten, starke Kutikula der Arthropoden, ausgeprägte Sommerdiapause bei Schnecken und Insekten sind eher Kennzeichen einer offenen Trockenlandschaft als eines Waldes. Die meisten Collembolen der Garigue übersommern als Ei. Die wenigen als Adulte überdauernden Arten fallen in einen reversiblen Austrocknungszustand mit Wasserverlust von 65% [482]. Der Mensch unterstützt durch sein Wirken noch die Zunahme der xerophilen Komponenten, da diese besonders leicht die Degradationsflächen der ehemaligen Wälder besiedeln können.

In den Restwäldern des Mediterraneum werden Zedern und Pinien oft stark von Raupen des Pinien-Prozessionsspinners *(Thaumetopoea pityocampa)* heimgesucht. Unter den Vögeln fällt die große Zahl der Fruchtfresser an Holzgewächsen auf [279]. Hygrophile Kleintiere leben tiefer im Boden als in Wäldern vom Silvaeatyp.

Unter den Säugern und Vögeln haben sich verschiedene Arten aus feuchteren Wäldern an trockene Hartlaubgehölze angepaßt. Als Beispiele seien aus den Chaparrals Kaliforniens von Säugetieren *Lynx, Mustela, Glaucomys, Sciurus, Eutamias, Peromyscus,* von Vögeln einige Finken *(Spizella, Junco),* Laubwürger *(Vireo),* Häher *(Cyanocitta, Aphelocoma)* und Waldhühner *(Bonasa)* genannt. – Die Blüten der Proteaceen in Südafrika bieten Honigsaugern (z. B. *Promerops cafer*) reichlich Nektar und später Finkenvögeln wie *Serinus leocoptera* viele Samen.

Im einzelnen gibt es beträchtliche Unterschiede zwischen den geographisch so entfernten Skleraea-Formationen, wie schon ein Vergleich zwischen Südaustralien und dem Kapland zeigen mag. So sind die Blätter der Pflanzen in Australien im allgemeinen zäher oder stachliger, harziger und für viele Tiere giftig. Die Samen liegen meist in trockenen Früchten eingeschlossen; als Samenfresser herrschen Papageien mit Hakenschnabel vor. Beuteltiere entwickeln sich langsam und besiedeln größere Reviere mit kleinen Populationen.

Im Kapland andererseits sind die Blätter für Tiere meist bekömmlicher. Es gibt mehr Samen in fleischigen Früchten; die wichtigsten Samenfresser sind Finken und Tauben. Plazentalia-Säuger entwickeln sich schneller; auch finden sich unter ihnen mehr Räuber, um nur einige Punkte hervorzuheben [428].

Als Eigenart der Skleraea bleibt die Mischung von Waldbewohnern mit solchen offener Trockenlandschaften sowie das Zusammentreffen von Organismen aus temperierten und subtropischen Gebieten. Es gibt wenige Großlandschaften, die gerade durch ihre weite Isolierung von einander so anschaulich zeigen, wie ähnliche Bedingungen trotz ganz verschiedenen Artenbestandes Ökosysteme ähnlicher Struktur und Funktion bilden können.

6.5 Sommergrüne Laubwälder (Silvaea)

Tropische Regenwälder können über immergrüne und subtropische temperierte Wälder (Pseudohylaea) in sommergrüne Laub/Mischwälder übergehen, wie es in Ostasien (China, Japan) der Fall ist. Solche Wälder haben auch im atlantischen Teil Nordamerikas und großem Bereich Europas einst weite Flächen bedeckt. In den Gebirgen dieser Zonen reichen sie bis an die «Montanen Nadelwälder» heran. Doch wurden gerade die drei großen Silvaea-Gebiete vom Menschen besonders dicht besiedelt und den Eingriffen der Wirtschaft unterworfen, so daß nur noch Sekundär-Restbestände innerhalb der Kulturlandschaft übrig blieben, die weitgehend genutzt werden.

Durch den Urwald von Bialowieza in Polen kann man eine Vorstellung von dem ursprünglichen Aussehen der Silvaea bekommen (Abb. 6.5). Auffallend ist schon die Etagenbildung der Bäume im Gegensatz zum gleichhohen Kronenschluß eines Wirtschaftswaldes. Dickichte und lichtere Stellen, Wald- und Bruchmoore geben dem Urwald eine mehr mosaikartige Struktur. Blattfressende Insekten und deren Schmarotzer spielen eine geringere Rolle. Dafür sind Moose und Flechten, Schnecken, höhlenbrütende Vögel und manche Insektengruppen, darunter solche, die am Boden liegendes Holz abbauen, reichlicher vorhanden [549]. Hirschwild erreicht nicht überhöhte Individuendichten, wie es in Nutzwäldern mit Reh *(Capreolus)*, Rothirsch *(Cervus)*, Damwild *(Dama)* oder in Amerika mit dem Virginiahirsch *(Odocoileus virginianus)* der Fall ist.

Abb. 6.5: Sommergrüner Laubwald in Bialowieza (phot. Kasprzyk).

Für alle Wälder gilt: je lichter, desto mannigfaltiger kann die Tierwelt sein. Dies zeigt sich in den Lichtungen, an Flußufern im Wald, an Waldrändern, in der vom Menschen geschaffenen Parklandschaft mit ihren kleinen Feldgehölzen, sofern keine zu intensive Landwirtschaft betrieben wird, schließlich in dem Übergangsgebiet der Waldsteppenzonen [447].

6.5.1 Lebensbedingungen und Stoffkreislauf

Die lange Unterbrechung der Photosynthese während der Wintermonate bedeutet einen tiefen Einschnitt für das Lebensgeschehen im sommergrünen Laubwald. Der Kälteperiode wird durch Laubabwurf begegnet. Fast alle Bodenprozesse kommen zum Erliegen; es betrifft die

Tätigkeit der Mikroorganismen und den Gasaustausch zwischen Boden und Luft. Im Bereich der Silvaea müssen mindestens 4 Monate, optimal 5–6 Monate Temperaturen über 10 °C herrschen, damit Blattbildung im Frühjahr, Entstehen von Stoffreserven und Fruchten möglich werden.

Auch für die höchste Holzproduktion sind 5–6 Monate aktiven Stoffwechsels notwendig. Die Kälte darf nicht länger als 3–4 Monate dauern. Im kältesten Monat sinkt die Durchschnittstemperatur auf −5 °C, im wärmsten steigt sie kaum über 20 °C. In solchen Wäldern werden etwa 16 t Sauerstoff/ha im Jahr erzeugt im Vergleich zu 3–10 t in landwirtschaftlichen Kulturen. Eine Tonne Sauerstoff im Jahr deckt den Bedarf für 3 Menschen. In dicht besiedelten Gebieten der USA und Europas wird bereits mehr Sauerstoff verbraucht als die betreffenden Landflächen erzeugen.

Bodenbiologie. Der Silvaea-Landschaftstyp kommt auf Braunerden, Lessivé (Parabraunerde, Grauerde), seltener Humuskarbonatboden, bei zeitweise stauender Unterlage auch auf Pseudogleyen vor. Bei Braunerden liegt unter dem A-Horizont ein B-Horizont, der sich durch Verbraunung und Neubildung von Tonmineralien auszeichnet. Lessivé-Böden entstehen bei stärkerer Durchfeuchtung; sie haben unter dem A-Horizont zunächst einen Auswaschungs- darunter einen durch Tonverlagerung gebildeten B-Horizont.

Sind reichlich Bakterien, Protozoen, Nematoden, Asseln, Diplopoden, Schnecken und vor allem Regenwürmer vorhanden, entwickelt sich als Humusform in der Regel **Mull** (Abb. 6.6). Sind die Böden nährstoffärmer und verschiebt sich der Abbau der Streu zu Pilzen, Kleinarthropoden und Enchytraeiden, so entsteht **Moder** oder gar **Rohhumus** als Auflageschicht. Es bedeutet, daß unter den unzersetzten Blättern und Nadeln eine Lage zwar angegriffener, aber in der Form noch erhaltener Reste der Streu liegt und weiter zur Tiefe hin homogener, amorpher Humus [156, 547].

Bei allen drei Humustypen sind vielfache Beziehungen zwischen Mikroflora und Bodentieren gleich wichtig. Letztere haben entscheidende Bedeutung für die zeitliche und räumliche Struktur der von der Mikroflora beherrschten Stoffkreisläufe. Nahezu alle Gruppen des saprotrophen Edaphon verarbeiten die Zellinhaltsstoffe des pflanzlichen Bestandesabfalls. Dagegen werden Zellwandstoffe (Zellulose, Xylan, Pektine) außer von einem Großteil der Mikroflora (vor allem den Basidiomyceten) nur von einigen Protozoen, Polydesmidae der Diplopoden, Oribatiden (Hornmilben), Dipterenlarven und Schnecken enzymatisch gespalten [31].

Abb. 6.6: Profil eines Braunerde-Waldbodens mit bemoosten Baumstümpfen (nach Wilcke 1953).
A_0 = Förna (Streuschicht), A_1 bis **C** = Bodenhorizonte. **Schwarz:** Gänge von Regenwürmern.

Die Leistung der saprotrophen Bodenfauna beschränkt sich nicht auf den Stoffkreislauf. Sie ist zugleich der Lebensmotor für das übrige Edaphon. Von ihr und den vielen in einem bestimmten Entwicklungsstadium oder zur Überwinterung im Boden befindlichen phytotrophen Arten ernähren sich nämlich zahlreiche räuberische Arthropoden, deren Anteil recht erheblich ist. Die aus der Erde und Streu schlüpfenden Insekten müssen auf ihrem Weg nach oben gleichsam durch ein Netz von Feinden hindurch (Spinnen, Weberknechte, Laufkäfer, Kurzflügler, Chilopoden, Gamasiden, Pseudoskorpione und Fliegenlarven der Rhagionidae, Asilidae, Empididae, Dolichopodidae). In einem Buchenwald auf saurem Boden mit Moder in NW-Deutschland wurden allein 70% der nach dem Schlupf aus der Puppe zum Reifungsfraß in die Baumkronen strebenden Rüsselkäfer *Phyllobius argentatus* und *Polydrusus undatus* bei der Passage durch ein solches «Filter» von Räubern gefressen [757].

Der Vergleich eines auf Kalkboden wachsenden Buchenwaldes mit einem solchen auf saurem Boden gleicher Klimalage zeigt die Bedeutung des Untergrundes für das gesamte Ökosystem. Zwar sind die Unterschiede in der Kronenschicht weniger deutlich. Aber schon in der gut entwickelten Krautvegetation und der von ihr abhängigen Tierwelt unterscheiden sich beide Wälder auffallend, am stärksten jedoch in der Struktur und Besiedlung der Laubstreu und des Bodens. Die Streu ist im Kalkbuchenwald vor allem im Herbst weniger dick als im sauren Buchenwald, weil Bakterien, Regenwürmer, Schnecken, Asseln und Diplopoden schneller ihren Abbau bewirken, wobei als Humusform Mull entsteht. Im sauren Buchenwald überwiegen die Pilze; es gibt kaum Regenwürmer, dafür reichlich Milben und Collembolen. Dort bildet sich Moder. In den räuberischen Gruppen der Spinnen, Carabiden, Staphyliniden treten die Unterschiede mehr zurück [545, 546]. Der von den phytotrophen Insekten herabrieselnde Kot aus den oberen Schichten der Vegetation intensiviert den Streuabbau in Laubwäldern saurer Böden, bleibt aber ohne Einfluß bei solchen auf kalkreichem Untergrund [274].

Bäume regulieren und optimieren durch Absorption der mit dem Regen in das Kronendach kommenden Nährstoffe und durch Auswaschung von Ionen die Konzentrationen der Elemente. So können absorbierte NH_4-Ionen gegen solche von Natrium, Zink und zum Teil auch von Kalium ausgetauscht werden, so daß diese als Lösungen von den Pflanzen in den Boden gelangen. Durch die Fraßtätigkeit der Phytotrophen wird ein solcher Transfer noch begünstigt. Dagegen fügen sich Stickstoff, Kalzium, Magnesium und Eisen vor allem durch das Falllaub und dessen Abbau in den Stoffkreislauf ein [612].

Produktion. Im Vergleich zur pflanzlichen Biomasse ist diejenige der Tiere sehr gering. Am meisten von ihr entfällt auf die Bodenfauna. Die Werte für oberirdisch lebende Tiere liegen wesentlich niedriger [505]. Man muß allerdings bedenken, daß die Hauptmenge der Phytomasse aus totem Stammholz besteht, also nicht aus lebendem Gewebe [462]. Nur 1–2% des Gewichts der Bäume entfallen auf die Blätter. Dennoch ernährt sich von Blättern, Samen, Früchten eine große Zahl von Säugetieren, Vögeln und Insekten (Blatt- und Schildläuse, Zikaden, Wanzen, Käfer, Larven von Dipteren, Schmetterlingen und Blattwespen).

Abgesehen von den relativ seltenen Fällen örtlicher Massenvermehrung einzelner Arten fressen Insekten höchstens 5–8% der lebenden Pflanzensubstanz, meist sogar nicht mehr als 1–2% [214]. In den Mischwäldern Osteuropas sind Elche *(Alces)* die wichtigsten Pflanzenfresser unter den Großtieren; sie verzehren etwa 8% des Unterwuchses. In anderen Regionen hat anderes Hirschwild die gleiche Wirkung.

6.5.2 Lebensvorgänge

Das Artenbild der Pflanzen und Tiere ist auch in seinem Reichtum in den drei verschiedenen Silvaea-Gebieten seit dem Tertiär recht unterschiedlich geworden. Am artenreichsten sind die ostasiatischen Wälder, die im Pleistozän eisfrei blieben. In Nordamerika ermöglichten die in

Nord-Südrichtung verlaufenden Gebirge vielen Organismen während der Eiszeiten nach Süden auszuweichen. Von dort aus konnte später eine allmähliche Wiederbesiedlung des alten Areals stattfinden. In Mitteleuropa erwiesen sich die quer verlaufenden Gebirge als Hindernis, das zum Aussterben zahlreicher Arten führte. So besitzen die Sommerwälder in Nordamerika über 800 Arten an Bäumen, darunter 70 Eichen, in Mitteleuropa dagegen nur 51 Baumarten, unter ihnen 3 Eichen *(Quercus)*. Ähnliche Unterschiede gelten für die übrigen Pflanzen und für Tiere.

Auch wenn einzelne Arten durch andere ersetzt werden, können Biomasse und Primärproduktivität gleich bleiben. Dies zeigte sich im Osten der USA, als der aus China stammende Pilz *Endothecia parasitica* die Eßkastanienbäume *(Castanea dentata)* vernichtet hatte und deren Stelle von Eichen und anderen Bäumen eingenommen wurde.

Jahresperiodik. Im Frühjahr bietet die Laubstreu durch hohe Wärmekapazität und geringes Wärmeleitvermögen günstige Bedingungen für eine frühe Aktivität so mancher Organismen. Sie erwärmt sich schon bei geringer Bestrahlung und kann über 30 °C höher liegen als die Temperatur der nackten Bodenoberfläche. In dieser Zeit entwickeln sich wärmeliebende Waldpflanzen (Geophyten), die in Knollen, Zwiebeln und Wurzelstöcken unterirdische Reservespeicher besitzen, durch die sie schnell Blätter ausbilden, um zum Blühen und Fruchten zu kommen [184]. Von ihnen leben bereits verschiedene Insekten, die wiederum Vögeln zur Nahrung dienen. So beginnt das aktive Leben im Wald zunächst am Grunde.

Charakteristisch ist die dann folgende periodische Verlagerung der energieerzeugenden Oberfläche nach oben, über die Belaubung der Sträucher bis zur Blattentfaltung der Baumkronen. Am Boden gedeihen nun Schattenpflanzen mit dünner Kutikula und leicht welkenden Blättern. Sie sind bei geringer Lichtmenge durch herabgesetzte Atmung jedoch den Sonnenpflanzen überlegen.

Im Spätsommer erscheinen frucht- und samenfressende Tiere. Die Vögel geben dann ihre Territorien auf. Da der Blattabwurf der Bäume und Sträucher durch die Tageslänge bedingt ist, erfolgt er im Herbst auch ohne Kälte entsprechend der photoperiodisch verschiedenen Einstellung der einzelnen Arten.

Laubfall und Umhüllung der Knospen durch Blattschuppen bewirkt Stoffersparnis und Kälteschutz. Vorwiegend im Herbst bilden sich die Fruchtkörper vieler Pilze aus, an denen sich Pilzfresser, deren Parasitoide und räuberische Feinde einstellen (Abb. 6.7) [548a]. Etliche Kleintiere der offenen Lebensräume konzentrieren sich zur Überwinterung an Waldrändern oder auch weiter im Wald. Bewohner der Baum- und Strauchschicht suchen die Streu auf. Frostgefährdete Arten begeben sich tiefer in den Boden. Oft gibt eine Änderung der «Vorzugstemperatur» das Signal zum Beziehen der Winterlager.

Die Zahl winteraktiver Tiere in der Silvaea ist gering. Selbst von den Warmblütern ziehen die meisten Vögel fort, und einige Säugetiere halten entweder echten Winterschlaf oder haben doch wie Dachs oder Eichhörnchen längere Schlafperioden. Winteraktiv bleiben im Wald verschiedene Vögel, Nagetiere, Spitzmäuse, Hirschwild; manche Spinnen, Collembolen, Staphyliniden; Fliegenlarven der Gattung *Fannia;* um nur einige hervorzuheben.

Am Beispiel der Krautschicht des mitteleuropäischen Laubwaldes sei gezeigt, daß Pflanzen mit unterschiedlicher Überwinterungsweise im Verlauf der Florengeschichte zusammengetroffen sind [130].

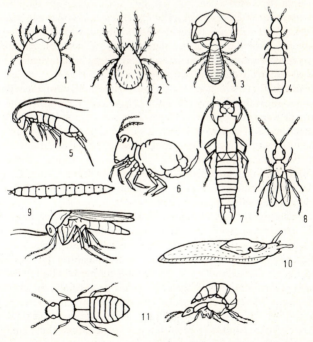

Abb. 6.7: Pilzbewohner im Silvaea-Wald (nach Scheerpeltz u. Höfler 1948). **1–2:** Milben, **3:** Pseudoskorpion; **4–6:** Springschwänze; **7:** Ohrwurm; **8:** Hautflügler (Parasitoid); **9:** Larve u. Vollkerf einer Pilzmücke (Mycetophilidae); **10:** Nacktschnecke; **11:** Kurzflügler *(Gyrophaena)*.

1) Waldmeister-Typ: Pflanzen mit Quieszenz, die keine Speicherorgane ausbilden, wie Waldmeister *(Galium odoratum)*, Gundermann *(Glechoma hederacea)*, Bingelkraut *(Mercurialis perennis)*. Nahe Verwandte leben in den Subtropen.
2) Märzbecher-Typ: Pflanzen mit fakultativer, von Außenfaktoren induzierter Diapause. Neben Märzbecher *(Leucojum vernum)* gehören Feigwurz *(Ranunculus ficaria)*, Aronstab *(Arum maculatum)* und andere Geophyten dazu. Sie stammen aus dem Mittelmeergebiet mit milden Wintern.
3) Salomonssiegel-Typ: Pflanzen mit obligatorischer Diapause, die Reserven in Rhizomen oder anderen Organen speichern, wie Salomonssiegel *(Polygonatum multiflorum)*, Buschwindröschen *(Anemone nemorosa)*, Maiglöckchen *(Convallaria majalis)*, Lerchensporn *(Corydalis solida)*. Es sind Pflanzen von eurasiatischer Verbreitung.

Dynamik. Da die klimatischen Verhältnisse von Jahr zu Jahr erheblich schwanken können, kommt es immer wieder zur Dynamik von Bevölkerungen der verschiedenen Arten, die sich indirekt auf die übrigen Bewohner des Waldes erstreckt. Dabei werden inner- oder zwischenartliche Konkurrenz in der Regel erst bei Nahrungsmangel wirksam. Im Laubwald wird die verzehrte Blattsubstanz schnell ersetzt. Starker Blattverlust stimuliert sogar unter Umständen die Bildung neuer Triebe und ist daher für die Pflanze nützlich, wenn noch genügend Zeit vor Eintritt des Winters vorhanden ist. Fraß an jungen Blättern durch Insekten kann sogar die photosynthetische Leistung älterer erhöhen, die ihre optimale Kapazität nicht ausnutzen. Viele sogenannte Forstschädlinge verursachen in Wirklichkeit lediglich kleine «Schönheitsfehler», die für den Holzertrag nicht sehr ins Gewicht fallen [262]. Daß Insekten zuweilen übermäßig dichte Bestände lichten, indem sie kranke Bäume vernichten oder unterdrücken, erhöht die Produktivität des Waldes und ist nicht nur in Forsten, sondern auch in ursprünglichen Laubwäldern ein wichtiges Regulativ.

Übrigens belauben sich selbst vom Eichenwickler *(Tortrix viridana)* oder Schwammspinner *(Lymantria dispar)* kahl gefressene Bäume wieder, sofern sie nicht zu jung sind. Nur wenn sich Jahre ungewöhnlicher Trockenheit wiederholen, entsteht ein zusätzlicher Streß für den Baum. Dann können Pilze und Insekten zur Vernichtung von Beständen führen, die auf suboptimalen Lagen wachsen. Dies geschah z. B. an einigen Stellen in Süddeutschland infolge der warmen Sommer 1943, 1945, 1947, 1949 durch den Buchenprachtkäfer *(Agrilus viridis)*, dessen Larve zwischen Rinde und Holz miniert und bei Massenbefall die Saftzufuhr im Bast unterbindet.

Gerade im sommergrünen Laubwald haben indessen für den Massenwechsel der phytotrophen Insekten die Parasitoide große Bedeutung. Nach ihrer Artenzahl dürften sie über 30% der dort lebenden

Insektenfauna betragen. In besonderem Maße gilt dies für die Kronenschicht. Dort schmarotzen sie vor allem in blattminierenden und gallbildenden Dipterenlarven [726].

Die meisten Pflanzensamen im Boden befinden sich in den obersten 4 cm. Ihre Menge je m^2 ist relativ gering im Vergleich zu offenen Lebensräumen. Etliche Waldpflanzen der Krautschicht vermehren sich vegetativ, einige kommen gar nicht zur Ausbildung von Samen oder erzeugen nicht sehr viele. Von den in den Boden gelangenden, zu denen Vögel und Wind noch solche von außerhalb des Waldes bringen, wird ein beträchtlicher Anteil durch Waldwühlmäuse (z. B. *Clethrionomys glareolus*) und andere Tiere verzehrt. Manche Samen können unter dem dunklen Kronendach nicht keimen und sterben ab. In kalten Wintern werden Samen von Pflanzen der Krautschicht oft geschädigt, während solche der Bäume eher zum Keimen stimuliert werden [481].

Von dem gewichtsmäßig geringen Anteil der Vögel und Säugetiere darf man nicht auf deren geringe Bedeutung für das gesamte Ökosystem des Waldes schließen. Vielmehr üben gerade diese beiden Tiergruppen wichtige destruktive und konstruktive Funktionen aus. Hervorgehoben seien (1) Nahrungsbeziehungen, (2) Verbreitung von Samen, (3) Lokkerung des Bodens durch Scharren, Wühlen, Picken, welches die Keimungsmöglichkeit für Sämlinge verbessert, (4) Ablagerung von Exkrementen mit ihrer düngenden Wirkung für die Pflanzen, (5) Bildung von Trampelpfaden, an denen sich Zecken und andere Parasiten konzentrieren, (6) Anlage von Nestern und Erdbauen, in denen sich ebenso wie in den Exkrementen und Kadavern verschiedene Kleinorganismen ansiedeln [716, 718].

Die Vogelwelt ist im Sommerlaubwald artenreicher und kommt in größerer Dichte als in weniger strukturierten Nadelwäldern vor [465]. Doch auch im reinen Buchenwald mit fehlendem Unterholz nimmt sie im Vergleich zum Mischwald ab. Im Frühjahr fressen bereits Durchzügler eine Menge aus dem Winterlager hervorkommender oder frisch geschlüpfter Kleintiere. Während des Sommers vermindern Drosseln *(Turdus)*, Grasmücken *(Sylvia)*, Laubsänger *(Phylloscopus)* und die das ganze Jahr über vorhandenen Meisen und Spechte die Insektenzahlen beträchtlich. Samenfresser sind durch weniger Arten vertreten. Aber gerade unter ihnen finden sich dominierende Vögel, so in Europa der Buchfink *(Fringilla coelebs)*.

Zwei typische Räuber im mitteleuropäischen Laubwald, die sich von Mäusen ernähren, sind Waldkauz *(Strix aluco)* und Mauswiesel *(Mustela nivalis)*. Die Eule ist nachtaktiv und ein Lauerer, das Wiesel vorwiegend tagaktiv und ein Pirschjäger. Zwischen ihnen besteht daher kaum Konkurrenz um Nahrung [333]. Seit dem Rückgang des Baummarders *(Martes martes)* stieg die Bevölkerungsdichte der Eichhörnchen *(Sciurus);* Arten, die im Räuber-Beute-Verhältnis zueinander stehen.

Das europäische Reh *(Capreolus)* und der amerikanische Virginiahirsch *(Odocoileus virginianus)* fressen mit Vorliebe Laub, Knospen, Blüten und Früchte, dagegen nicht Gräser. Selbst auf Wiesen suchen sie die Kräuter. Bäume werden beim «Fegen» beschädigt. Der Laubwald ist im Winter für Rehe zwar wegen Nahrung wichtiger als wegen Deckkung. Doch zehren sie auch von den im Herbst gespeicherten Reservestoffen des Körpers, so daß sie in der kalten Jahreszeit mit verhältnismäßig wenig Futter auskommen [160]. Für Rothirsch *(Cervus),* Sikahirsch und Damhirsch *(Dama),* die später in der Evolution erscheinen, bilden Gräser die Grundnahrung. Wo diese und andere Faserpflanzen fehlen, dient ihnen vor allem Baumrinde als Nahrung.

6.5.3 Teilsysteme

Baumstämme. Ihre ökologische Bedeutung als Teilsystem im Wald ist naturgemäß sehr mannigfaltig:

Baumhöhlungen. Durch Gabelung der Äste, Verwachsungen oberirdisch abzweigender Wurzeln, Fäulnisvorgänge in Rinde und Holz, Ausbrechen morscher Äste, Wildfraß, Frost, Blitze können kleine Aushöhlungen entstehen, die einen besonderen Kleinlebensraum bilden. Wird die Höhlung nicht von Rinde ausgekleidet, laugt das sich ansammelnde Wasser darin das Holz stärker aus und hat einen höheren Gehalt an Gerbstoffen.

Der Grad der Wasserfüllung ist im Frühjahr am höchsten. Im Sommer kann das Wasser über 25 °C warm sein, im Winter gefrieren. Am Grunde herrscht oft Mangel an Sauerstoff, außerdem reichern sich dort leicht Fäulnisprodukte (H_2S, NH_3) an. Trotzdem leben und entwickeln sich außer einer reichen Mikrofauna vor allem saprotrophe Larven von Sumpfkäfern (Helodidae) und verschiedenen Dipteren [336]. Die Höhlungen können bei fortschreitender Fäulnis des Holzes austrocknen, verpilzen, sich mit Fallaub füllen, so daß dann eine individuen- und artenreiche Landfauna in ähnlicher Zusammensetzung wie in der Bodenstreu in ihnen vorkommt. Derartige Baumhöhlen stellen außerdem günstige Winterquartiere für Parasiten wie Zecken, Laufmilben (Trombiculidae) und Stechmücken dar.

Vögel als Baumhöhlenbrüter. Sommerlaubwälder bieten mehr Nistgelegenheiten für Höhlenbrüter als die borealen Nadelwälder. Das gilt vor allem für alte Bestände von Laubbäumen, in denen die Zahl der Baumbrüter diejenige der Freibrüter im Wald übertrifft [442].

Baumflußfauna. Saftleckende Milben und Larven von Dipteren entwickeln sich am Baumfluß. Sie werden dort von räuberischen Fliegenmaden und Käfern gefressen. Da verschiedene dieser Arten Parasiten anheimfallen, entsteht ein echtes Beziehungsgefüge. Zu ihm können auch noch vorübergehende Gäste unter Eulenfaltern (Noctuidae), Wespen, Käfern, Weberknechten (Opilionida), Asseln, Ameisen, Fliegen und Schnecken hinzukommen [523].

In diesem Zusammenhang sei auf die «Bernsteinfauna» des Tertiärs hingewiesen, obwohl es sich dort mehr um Nadelbäume gehandelt hat.

Stehende Stämme. Flechten, Moose, Algen *(Pleurococcus)* auf der Rinde werden von Collembolen, Rindenläusen (Psocoptera), Oribatiden, Schildläusen, einigen Raupen und Schnecken gefressen. Von ihnen wiederum leben Spinnen, Opilioniden, Gamasiden, Lithobiiden, Wanzen, Carabiden und Tanzfliegen (Empididae). Zur Mikrofauna in Moos- und Flechtenbewuchs gehören Nematoden und Tardigraden [493]. Unter den Collembolen, die im allgemeinen hoher Luftfeuchtigkeit bedürfen, zeichnen sich die Stamm- und Rindenbewohner durch große Resistenz gegenüber Trockenheit aus, wie bei *Entomobrya dorsalis* und *E. corticalis* nachgewiesen wurde [24].

In Stämmen geschwächter Bäume minieren Larven von Bockkäfern (Cerambycidae), Holzwespen (Siricidae), Prachtkäfern (Buprestidae). Prachtkäfer, von denen *Agrilus viridis* schon erwähnt wurde, haben in der Hüftgrube ihrer Mittelbeine Sinneszellen, die auf Wärmestrahlen ansprechen. Sie sind dadurch befähigt, ein 20 ha großes Waldfeuer aus 5–50 km Entfernung wahrzunehmen, um ihre Eier in noch warmes angekohltes Holz abzulegen [176].

Die Nutzung der Stammregion durch die Fauna ist vielseitig. Sie dient (1) den erwähnten Aufwuchs-Fressern als Siedlungsraum, (2) den Räubern als Jagdrevier, (3) den Holzfressern als Anflugsort. Darüber hinaus sind die Stämme (4) für manche Fluginsekten (besonders Dipteren und parasitoide Hymenopteren) Ruheplätze, (5) für Bodentiere unter den Collembolen, Milben, Regenwürmern und Schnecken bei bestimmten Feuchteverhältnissen Zufluchtstellen. Schließlich sind sie (6) eine Durchgangszone für zahlreiche Bewohner der Baumkrone, sowohl für solche, die sich in der Vegetationsschicht entwickeln, als auch für viele mit bodenlebenden Stadien [215]. Mit dem vom Kronendurchlaß an den Stämmen abfließenden Regenwasser gelangen zugleich Nährstoffe zu den Stamm-Epiphyten und zum Umkreis von ein paar Metern um die Stammbasis. Letzteres wirkt sich auf das Dominanz-Spektrum der Mesofauna des Bodens aus.

Abbau umgestürzter Stämme und Baumstümpfe. Der Abbau beginnt nach Bildung einer Moosdecke von oben her, seitlich unter der sich ablösenden Rinde und vom Boden aus. Insektenlarven, die sich von Rinde und Holz des noch stehenden, geschwächten Baumes ernährt hatten, sind meist nach etwa 1–3 Jahren verschwunden. Andere erzeugen noch weitere Generationen an den umgestürzten Stämmen. Die Schnelligkeit des Abbaus, die durch Pilze und Insekten bewirkt wird, hängt von den mikroklimatischen Bedingungen ab. Sie kann bei Baumstümpfen unter Umständen Jahrzehnte dauern. In der Reihenfolge der Sukzession sind oftmals pilzzüchtende Insekten die ersten (Lymexylonidae, Platypodidae, Ipidae). Am Ende des Holzabbaus werden die Holzorganismen von bodenlebenden abgelöst [128, 154]. Erst wenn das innere Holz des Stumpfes durch Weißfäulepilze, die über Lignase verfügen, weitgehend zersetzt ist, zerbricht die noch glatte Oberfläche. Auf ihr siedeln sich dichte Rasen von Bakterien und Mikropilzen an [189]. Von den Bakterien ernähren sich verschiedene Arten von Gehäuse- und Nacktschnecken.

Abgestorbene noch am Baum befindliche oder schon am Boden liegende Äste werden von Collembolen, Psocopteren und Thripsen bewohnt oder dienen weiteren Arthropoden als Winterquartier [379].

Tierkadaver als Mikrokosmos. Liegt ein Stück Aas **auf dem Boden,** so erscheinen zuerst Schmeißfliegen (Calliphoridae), Buckelfliegen (Phoridae) und verschiedene Kleinfliegen der Acalyptratae [119]. Bald stellen sich mit Silphidae, Histeridae, Staphylinidae u. a. auch Käfer ein, an deren Körper oft Milben, Nematoden und Pilzsporen mitgetragen werden, die sich in dem Kadaver vermehren.

Befindet sich der Leichnam **in der Erde,** so fehlen die Schmeißfliegen. Doch andere Fliegen (Muscidae: *Ophyra, Muscina*) legen ihre Eier oberhalb des Kadavers ab, zu dem die ausgeschlüpften Maden dann durch die Erde kriechen müssen. Die Weibchen der Buckelfliegen dringen zur Eiablage durch die Erde, um an ein Stück Aas zu gelangen, selbst wenn sich dieses in 50 cm Tiefe befindet. Ihre Larven fallen aber auch dort unten noch häufig Staphyliniden der Gattung *Atheta* zum Opfer, welche sich außerdem von faulendem Fleisch ernähren [401].

Bleibt ein toter Vogel **auf den Ästen** eines Strauches oder Baumes hängen, kommen vor allem die großen Aaskäfer *(Necrophorus, Oeceoptoma)* herbeigeflogen. Bei entsprechenden Versuchen im Wald wurde Aas am stärksten in Höhe der Strauchschicht (1,5–2,0 m) von den Käfern befallen, etwas geringer solches in der Baumschicht (3 m) und am geringsten auf dem Boden liegendes. Es mag mit der Duftwirkung und Luftzirkulation zusammenhängen, zumal Aas am Waldrand einen sehr starken Anlockungseffekt hatte, wenn es auf dem Boden lag [697].

Waldtümpel. Ein dichtes Laubdach verhindert das Aufkommen höherer Wasserpflanzen und damit wichtiger Primärproduzenten. Dafür spielt das Fallaub als Stofflieferant für den Abbau durch Bakterien am Gewässergrund eine ganz entscheidende Rolle. Erstzersetzer unter den saprotrophen Tieren sind Wasserasseln *(Asellus)*, Flohkrebse *(Gammarus)*, Larven von Köcherfliegen (Trichoptera) und von Zuckmücken (Chironomidae), außerdem Oligochaeten und Schnecken. Am meisten wird im Frühjahr gefressen, doch für die Larven der Chironomiden liegt die Hauptfraßzeit mehr im Sommer und Herbst. Mundabfall und Kot dieser größeren Tiere werden von Kleinkrebsen und Nematoden weiter verarbeitet. Art und Stärke der Sedimentation am Boden des Gewässers sind also außer der Mikroflora durch die Fauna mitbedingt [139].

Intensiv genutzte Wälder zeichnen sich durch Armut an natürlichen Kleingewässern aus, in denen außer den Saprotrophen eine reiche Tierwelt, namentlich an Insekten, Milben und Amphibien leben kann.

Kleinstgewässer. Oft fehlt wassergefüllten Vertiefungen genügend Sauerstoff für haut- und kiemenatmende Tiere. Auf lehmig-tonigem, also wenig durchlässigem Boden aber werden tiefe Wagenspuren voll Wasser zu einem eigenen kleinen Lebensraum mit Produzenten, Konsumenten und Destruenten. Bei der Untersuchung solcher Stellen schwankte die Wassertiefe zwischen 10–20 cm; die Wasserfläche war 1–5 m^2 groß. Licht und im Wasser gelöste Stoffe dienen den Phytoplankton-Algen. Für den Abbau des organischen Materials sind chemoheterotrophe Bakterien wichtig. Das Zooplankton enthält Rotatorien und Kleinkrebse (Cladocera, Copepoda, Ostracoda). An größeren Tieren leben dort Libellenlarven, Wasserläufer (Gerridae), Wasserkäfer (Dytiscidae, Hydrophilidae, Haliplidae), Larven von Köcherfliegen und von Mücken. Sogar Amphibien *(Triturus, Salamandra, Bombina, Alytes)* legen ihre Eier in derartige Kleinstgewässer, und ihre Larven entwickeln sich darin.

Feind-Beute-Systeme bilden sich offenbar weniger leicht aus. So kamen Larven der räuberischen Tanypodinae (Zuckmücken) und der saprotrophen Culicinae (Stechmücken) ebensowenig gemeinsam vor, wie die letzteren mit Wasserläufern, um nur zwei Beispiele zu nennen. Die Fauna besteht aus Generalisten. Spezialisten haben keine Chance [316].

6.5.4 Nadelwälder im Silvaeabereich

Fichtenforst. Die Fichte *(Picea abies)* ist eigentlich ein Baum der borealen Nadelwaldzone (Taiga) und der montanen Lagen Mittel- und Südosteuropas (Alpen, Sudeten, Karpathen). Im zentraleuropäischen Flachland werden Fichten jedoch wegen ihres schnellen Wachstums und guten Holzertrages bevorzugt gepflanzt, obwohl sie sich dort außerhalb ihrer natürlichen Verbreitung befinden. In den Fichtenforsten des Silvaea-Gebietes können allerdings Artenspektra und Biomassen je nach geographischer Lage, Klima, Boden und Vorgeschichte der Bestände unterschiedlich sein.

Unter gleichen Klima- und Bodenbedingungen stimmt die Netto-Primärproduktivität eines bodensauren Buchenwaldes mit einem bodensauren Fichtenforst ziemlich überein. Bei einem in NW-Deutschland durchgeführten Vergleich wurden von beiden Waldtypen etwa 1% der eingestrahlten Energie im Laufe eines Jahres von den Pflanzen für die heterotrophen Organismen verfügbar gemacht. Jedoch ist der in der Biomasse gebundene Energievorrat bei Fichten höher als bei Buchen vergleichbaren Alters. Bei den meisten Gruppen der Pflanzen und Tiere lagen Artenzahlen und Werte der Biomasse in ähnlicher Größenordnung. Von Ausnahmejahren abgesehen verbrauchen Blatt- bzw. Nadelfresser, Saftsauger und Wurzelfresser der Arthropoden beider Waldtypen nur wenige Prozent der Netto-Primärproduktion [159]. Nach Kalkung ändert sich in beiden bodensauren Wäldern die Bodenfauna. Regenwürmer nehmen zu, und es bildet sich ein Humus von Mull-Moder-Charakter [548].

Die Schattenblätter der Buche binden trotz viel geringeren Lichtgenusses je Blatt-Trockengewicht netto eine gleiche Menge an CO_2 wie die Sonnenblätter. Somit trägt auch die Schattenkrone wesentlich zum Stoffgewinn der Bäume bei. Obwohl die Fichte eine 60% niedrigere Rate der Photosynthese hat als die Buche, übertrifft sie diese im jährlichen Stoffgewinn um 40%, weil die Nadeln zwei Monate länger im Jahr assimilieren können und außerdem eine Lebensdauer von 5 Jahren haben. Da aber die Atmungsverluste der Baumbestände von Buchen und Fichten verschieden sind, ist die Netto-Primärproduktivität gleich [580, 581].

In alten Buchen- und Fichtenforsten gelangen noch 5–8% des oben einfallenden Lichts zum Boden; bei den dichteren Junghölzern jedoch beträchtlich weniger. Obwohl es Jahrzehnte dauert, bevor die frische Streu auf saurem Boden restlos mineralisiert ist, halten sich Zufuhr und Abbau die Waage. Daher wird die Moderschicht nicht mächtiger. Weitergabe von Stoffen und Energie durch die saprotrophen Organismen gehören zu den wichtigsten Funktionen im Ökosystem. Die meisten räuberischen Arthropoden konzentrieren sich im und auf dem Boden, zumal dort auch viele der später in der Kronenschicht lebenden Pflanzenfresser einen Teil ihres Lebenszyklus durchlaufen. Von der ektotrophen Mykorrhiza an den Baumwurzeln ernähren sich mit Vorliebe die Proturen [216]. Im sehr schattenreichen Fichtenwald wachsen fast nur Pilze und Moose am Boden (Abb. 6.8).

Die Bedeutung der Fauna insgesamt liegt nicht im Umfang ihres Anteils am Energietransfer, sondern darin, daß dieser durch viele Glieder geht, daher verlangsamt wird und eine bestmögliche Nutzung für das artenreiche Gesamtsystem ermöglicht [247, 758].

In manchen Jahren fressen Raupen der Nonne *(Lymantria monacha)* und einiger Blattwespen soviel an Nadeln, daß streckenweise Kahlfraß entsteht. Der von bestimmten Blatt- und Schildläusen erzeugte Honigtau wird nicht nur von Bienen eingetragen (Waldhonig), sondern ist eine bevorzugte Nahrung für verschiedenste Insekten. An alten und vom Sturm geworfenen Stämmen legen die Larven des Buchdruckers *(Ips typographus)* im Splintholz ihre Gänge an. Bei hoher Populationsdichte dieses Borkenkäfers werden auch jüngere und gesunde Fichten angegriffen. An jungen Stämmchen und Trieben nagt unter Umständen der Große Fichtenrüßler *(Hylobius abietis)*, so daß bei starkem Befall der Saftstrom unterbrochen wird und die Jungbäume eingehen. Cha-

Abb. 6.8: Fichtenforst mit Hexenring von *Lepiota rhacodes* (aus Feucht 1936).

rakteristisch am Boden sind die hohen Ameisenhaufen von Arten der *Formica rufa*-Gruppe. Parasitoide entsprechen sich zwar nach Artenzahl im Buchen- und Fichtenforst, doch ist ihre Individuendichte im letzteren nur etwa halb so groß [726].

Ebenso sehr wie durch Insekten und andere Arthropoden unterscheidet sich die Vogelwelt zwischen einem sauren Buchen- und Fichtenwald. Das Artenbild der Säugetiere stimmt dagegen mehr überein.

Kiefernforst. Waldkiefern oder Föhren *(Pinus sylvestris)* haben eine große ökologische Reaktionsbreite. Bei stärkerer Nässe kommen sie noch bis in Waldhochmooren vor, und auf trockenen Standorten gedeihen sie gut, wo Fichten nicht mehr existieren könnten. Auf leichten Böden stellen sich bei lockerem Stand der Kiefern in Mitteleuropa oft Birken *(Betula pendula)*, Eichen *(Quercus robur)* und Ebereschen *(Sorbus aucuparia)* ein, durch die ein gewisser Übergang zu Eichen-Birken-Laubwäldern entsteht. Dies zeigt sich ebenfalls an der Fauna.

Kiefernforste sind lichter als Fichtenwälder, und die Temperatur in ihnen schwankt beträchtlicher. Da mehr Licht nach unten dringt, kann sich eine dichte Bodenvegetation ausbilden. Sie besteht bei ausreichender Feuchte und tonreicherem Untergrund aus Gräsern (z. B. *Avenella flexuosa*), *Vaccinium*, Adlerfarn *(Pteridium)* und Moosen *(Dicranum, Pleurozium, Sclerpodium)*. Unter nährstoffärmeren Bedingungen und größerer Trockenheit herrschen eher Heidekraut *(Calluna)* und Flechten *(Cladonia, Cetraria)* vor.

Abbau der Nadelstreu und übrigen Pflanzenreste geschieht in erster Linie durch Pilze, wird aber auch hier durch die Bodenfauna unterstützt. Von größeren Tieren ist z. B. der Regenwurm *Dendrobaena octaedra* wirksam, der durch seinen Fraß die Nadeln zerbricht und zerquetscht. Oribatiden (Hornmilben), Enchytraeiden und Dipterenlarven (vor allem der Sciaridae) beschädigen gleichfalls die Nadeln, so daß Amöben, Thekamöben, Nematoden in diese eindringen und bei deren Zersetzung helfen. Den Nacktschnecken und Asseln ist es nicht möglich, unverletzte Nadeln zu verdauen. Oribatiden und Larven der Sciariden (Trauermücken) sind dagegen fähig, Zellwände höherer Pflanzen zu zersetzen. Manche Arten der Hornmilben und der Collembolen fressen vornehmlich Pilzhyphen der Streu und Mykorrhiza, andere Collembolen (z. B. Isotomidae) bevorzugen Kotkrümel. Da Bakterien auf sauren Böden durch die für Pilze günstigeren Bedingungen mit diesen nicht konkurrieren können, entwickelt sich in solchen Wäldern am Grund Moder bis Rohhumus [485].

Zweige, Rinde, kranke und umgefallene Baumstämme werden ebenfalls vorwiegend von Pilzen angegriffen. Doch sind beim Abbau Larven von Bockkäfern (Cerambycidae), Hirschkäfern *(Dorcus, Spondylis)* und Elateriden maßgeblich beteiligt. An der weiteren Zersetzung nehmen Collembolen, Asseln, Enchytraeiden und Dipterenlarven teil; von ihnen ernähren sich Raubmilben, Chilopoden, Pseudoskorpione, Spinnen und Käfer [564].

In der Kronenschicht leben Raupen verschiedener Schmetterlinge und Blattwespen, die Kahlfraß verursachen können. Genannt seien aus Mitteleuropa Kiefernspanner *(Bupalus piniarius)*, Forleule *(Panolis flammea)*, Kiefernspinner *(Dendrolimus pini)*, Kiefernwickler *(Rhyacionia)* und Kiefernblattwespen *(Neodiprion sertifer, Diprion pini, Acantholyda posticalis)*. Für diejenigen, die sich am Boden verpuppen, kann die Feuchtigkeit im Untergrund wichtig sein, die nicht zuletzt vom Alter des Waldes mit seinem Bestandesklima abhängt [209]. Auf die Verknüpfungen der Nadelfresser und Borkenkäfer mit Parasitoiden, Raubfeinden und indirekt durch sie mit anderen Arten des Waldes sei wiederum nur hingewiesen.

Unter den Arthropoden gehören Spinnen, Ameisen, Käfer und Wanzen zu den wichtigsten Gruppen (Abb. 6.9) [344, 564a]. Blattläuse sind durch Lachnidae und Adelgidae samt ihrem Feindkomplex an Netzflüglern (Chrysopidae, Hemerobiidae, Coniopterygiidae) und Marienkäfern (Coccinellidae) vertreten. Die Vielfalt und Dichte der Vogelwelt erhöht sich mit der Beimischung anderer Baumarten und mit zunehmendem Unterwuchs [717].

Kiefernwälder werden leicht von Feuern heimgesucht, doch besiedeln sich die verbrannten Flächen schnell. Zunächst herrschen in der Regel am Boden Moose vor, denen sich bald Pflanzen aus Waldlichtungen hinzugesellen. Der Wind bringt Samen von Birken, die gut keimen. Tiere der verschiedensten Gruppen überleben wenigstens in geringer Zahl den Brand an Ort und Stelle, kehren nach Ausweichen wieder zurück oder dringen aus verschont gebliebenen Waldinseln ein [80, 133, 774].

Die ökologische Eigenart trockener Kiefernforste im Silvaeabereich liegt in ihrer floristischen und faunistischen Mittelstellung zwischen den feuchteren Fichtenwäldern einerseits, trockenen Laubwäldern und offenen Trockenbiotopen andererseits. Deutlich zeigt sich ein solcher «Übergang» auch am Rand mancher Kiefernwälder, wenn an ziemlich kahlen, sonnenexponierten Stellen Larven von Ameisenlöwen (Myrmeleonidae) ihre Fangtrichter bauen, zumal Ameisen ein wesentliches Element am Boden von Kiefernwäldern bilden. Typisch für offene oder locker bewaldete Flächen mit Lichtfülle, Wärme und Trockenheit sind Sandbienen (Andrenidae), Grabwespen (Sphecidae) und Sandläufer *(Cicindela)*. Das gilt gleicherweise für Europa und Nordamerika [535].

Abb. 6.9: Nahrungsbeziehungen in der Krautschicht eines Kiefernwaldes (nach Schönborn 1978).
Gras *Avenella flexuosa*; Zwergstrauch *Vaccinium*. Tiere: **1:** Wanze *Elasmucha ferrugata*; **2:** Spinne *Diaea dorsata*; **3:** Spinne *Evarcha blancardi*; **4:** Spanner *Cepphis [Epione] advenaria*; **5:** Spinne *Linyphia montana*; **6:** Wanze *Nabis rugosus*; **7:** Wanze *Stenodema laevigatum*; **8:** Spinne *Tibellus oblongus*; **9:** Zünsler *Crambus*; **10:** Spitzmaus *Sorex araneus* – Pfeile in Richtung Nahrungaufnahme.

6.5.5 Anthropogene Einflüsse

Außer der Umwandlung des ursprünglichen Laubwaldes in Fichten- und Kiefernforste kommen weitere vom Menschen verursachte Einflüsse hinzu.

Nutzung. Nutzung des Wirtschaftswaldes wirkt sich auf den Jungwuchs der Bäume verschieden aus. Bei Kahlschlag erfolgt ein Hieb aller Bäume, bei Saumschlag wird nur ein schmaler Streifen gefällt, so daß vorübergehender seitlicher Schutz für den Jungwuchs bleibt. Femelschlag besteht in ungleichmäßigem, gruppenweisem Aushieb; bei Schirmschlag werden einzelne Bäume herausgeschlagen, so daß in beiden Fällen eine zeitweise Überschirmung gewährleistet ist. Einen dauernden, allseitigen Schutz ermöglicht allein Plenterung durch ungleichmäßigen Aushieb einzelner Bäume und Gruppen in längeren Abständen. In der Bundesrepublik Deutschland bestehen die Wälder heute zu 70% aus Nadelhölzern und nur zu 30% aus Laubbäumen. Aus ökologischer Sicht ist für die Silvaea in Mitteleuropa ein solches Verhältnis unangebracht und lediglich durch den ökonomischen Nutzen des schnellen Holzertrags bedingt. Je intensiver und kurzfristiger Forste genutzt werden, desto deutlicher zeigt sich der Rückgang im Artenreichtum der Fauna. Dafür sind schon die Vögel gute Indikatoren.

Waldschäden. In den hochindustrialisierten Ländern werden in zunehmendem Maße Wälder durch einen Komplex verschiedener Ursachen geschädigt. Regen, der durch Luftverschmutzung reichlich Schwefel- und Salpetersäure enthält, die aus Schwefeldioxid bzw. Stickoxiden entstanden sind, beschleunigt die Versauerung des Bodens. Es bildet sich in ihm kein inaktives Aluminiumhydroxid; statt dessen gibt es ein Überangebot von Wasserstoff- und Aluminium-Ionen. Da letztere eine höhere Eintauschstärke und Haftfähigkeit an den Bodenpartikeln haben als Kalzium- und Magnesium-Ionen, wird der Kationen-Austausch gestört. Die Wurzeln können nicht mehr genügend des für den Baum lebensnotwendigen Magnesiums aufnehmen. Außerdem wirken Aluminium-Ionen auf die Wurzelspitzen giftig und zerstören sie sowie die Mykorrhiza-Pilze. Darüber hinaus kann für den Baum die zunehmende Einwaschung von Schwermetallen schädlich werden [724].

Schon für die oberirdischen Teile der Pflanze haben Schadstoffe aus der Luft hohe Bedeutung. Dies betrifft außer SO_2 vor allem die erhöhten Konzentrationen an Stickoxiden (von Kraftfahrzeugen). Durch ultraviolette Strahlen entstehen aus ihnen photochemische Oxidantien wie Ozon und andere, die schwere Membranschäden von Zellen und Zellorganellen in den Blättern bzw. Nadeln hervorrufen. Außerdem verkleben Rußpartikel aus der Luft die Spaltöffnungen [771].

Am Ausmaß der Schäden können beteiligt sein: Klimafaktoren, Großwetterlage, Standortklima, Staulage an Gebirgsrändern, Nahbereich am Baumfuß, Baumart, genetische Empfindlichkeit der Sorten, unterschiedliche Reaktion einzelner Individuen, vielleicht auch Abbaustoffe aus Herbiziden. Schließlich hat der Befall geschwächter Bäume durch parasitische Pilze, Mykoplasmen, Rickettsien und Insekten zusätzlichen Einfluß. Zudem muß in einem solchen vernetzten System sich ständig ändernder primärer und sekundärer Ursachen die oft verzögernde, aufschiebende Wirkung mancher Faktoren beachtet werden. Ungeklärt ist, ob autotoxische Stoffe in überalterten Beständen eine Rolle spielen; das Alter des Baumes ist zweifellos von Bedeutung [62, 630].

Verkehrsstraßen durch Wälder. Jederseits großer Autostraßen, die einen Wald durchschneiden, wird das Artenbild bandartig auf 20–30 Meter Breite verändert. So wirken z. B. das extreme Mikroklima und die andersartige Struktur der Straße als ausgeprägte Barriere für Carabiden, Staphyliniden, Spinnen und Mäuse des Waldes. Die Vogelwelt wird auf beiden Seiten der Straße bis zu 1800 m Weite gestört. Andrerseits erhöht sich der Reichtum an Arten in der straßennahen Zone, sofern die Begrünung nicht durch Herbizide oder Mahd beeinträchtigt wird. Dies liegt daran, daß dorthin euryöke Arten und solche der offenen Agrarlandschaft einwandern. Unter ihnen sind vor allem fliegende, von Uferbereichen stammende und kulturbegünstigte Tiere. Feldbewohner überqueren Verkehrsstraßen wesentlich leichter als Bewohner des Waldes [405, 407].

6.6 Boreale Nadelwälder (Taiga)

Die sommergrünen Laubwälder gehen nach Norden in eine Nadelwaldzone über, in der im Jahreslauf ebenfalls eine ausgesprochene Thermoperiodik herrscht. Im Übergangsgebiet durchdringen sich beide mosaikartig oder bilden Mischbestände ihrer Baumarten, sonstigen Pflanzen und ihrer Tierwelt. Die Taiga erstreckt sich als breiter Gürtel von Fennoskandien durch Sibirien und setzt sich in Nordamerika fort.

Klima. Es gibt lange, schneereiche Winter und kurze, ziemlich kühle Sommer. Im Durchschnitt haben weniger als 4 Monate über 10 °C. Die kalte Jahreszeit dauert über 6 Monate. Eine Kälteperiode von 8 Monaten wird von den Bäumen noch ertragen. Das xeromorphe Laub der mit Ausnahme der Lärchen *(Larix)* immergrünen Nadelhölzer ist an Kälte und Frosttrocknis angepaßt. Photosynthese hört bei −4 °C auf, wenn die Nadeln gefrieren, wird aber mit Beginn der warmen Periode gleich wieder fortgesetzt. Je weiter die Wälder nach Norden oder von ozeanischem Klima in kontinentale Regionen reichen, nimmt die Bedeutung der Temperatur als ökologischer Faktor zu. Beim Übergang zur Winterruhe findet ein Prozeß der Abhärtung statt. Fichtennadeln, die ohne ihn schon bei −7 °C absterben, können nach der Abhärtung im Winter −40 °C ertragen. Im Frühjahr erfolgt eine «Enthärtung». Dieser Vorgang beruht auf Erhöhung der Zuckerkonzentration im Zellsaft. Im eurosibirischen Bereich wird das Klima nach Norden und nach Osten hin extremer. In der ostsibirischen Taiga mit Permafrostboden wie in der Tundra dominieren Lärchen, die ihre Nadeln abwerfen und die größte Kälteresistenz unter den Coniferen besitzen.

In den Monaten der Hauptaktivität der Organismen fallen reichliche Regen. Rund ein Drittel der Niederschläge im Jahr geht durch Benetzung der Baumkronen verloren, ohne den Boden zu erreichen [190]. Etwa 14% wird von der Moos- und Streuschicht zurückgehalten, nur der Rest steht den Wurzeln zur Verfügung. Das bis zu ihnen gelangende Wasser verbrauchen die Bäume fast ganz zur Transpiration, oft muß noch ein zusätzlicher Anteil vom Grundwasser dafür verwendet werden. Wenn die Niederschläge jedoch den Verlust durch Verdunstung übertreffen und der Abfluß des überschüssigen Wassers zu den Flüssen erschwert ist, steigt der Grundwasserspiegel, und es kommt zur Vermoorung. Solange das Grundwasser den größten Teil des Jahres mehr als 50 cm unter der Oberfläche liegt, ist Baumwuchs noch möglich, anderenfalls bilden sich Moore, die gerade für die Taiga charakteristisch sind. Die Oberfläche des Bodens kann wegen des jährlichen Frostes und Auftauens bucklig werden.

Boden. Am Grunde bilden sich in der Taiga Podsole, Pseudogleye, Gleye und Moorböden, in den südlichen Zonen gibt es auch Übergänge von Podsol zu Lessivé. Die schwere Zersetzbarkeit der Coniferennadeln und Ericaceenblätter in Verbindung mit Kälte und Nässe führt zur Entstehung von Rohhumus. Die gebildeten Huminsäuren sind vorwiegend Fulvosäuren, welche die Tonkolloide zerstören und mit den ausgewaschenen Sesquioxiden (Fe_2O_3 und Al_2O_3) nach unten wandern, so daß ausgebleichter Quarzsand als Bleichhorizont (A_2-Horizont) zurückbleibt. Saure Bodenreaktion und bakterizide Stoffe in den Coniferen-Nadeln hemmen das Bakterienleben. Die mechanische Zerkleinerung der Streu wird im wesentlichen durch Arthropoden geleistet. Die eigentliche Zersetzung aber geschieht durch Pilze. Unter ihnen sind es in erster Linie die symbiotisch an den Wurzeln der Bäume und Ericaceen lebenden Mykorrhiza-Pilze, die im Rohhumus enthaltene Nährstoffe den Pflanzen leichter zugänglich machen. Unter den Folgezersetzern treten Regenwürmer zurück. Enchytraeiden sind dafür reichlicher als in den meisten sommergrünen Laubwäldern vorhanden.

Produktion. Die Primärproduktivität ist in der Taiga in der Regel etwa halb so hoch wie im Bereich der Silvaea, doch kommen natürlich je nach der geographischen Lage hierbei alle Übergänge vor.

Verwandte Waldformationen. Nicht nur im Vegetationsbild, sondern auch in den abiotischen Bedingungen bestehen viele Übereinstimmungen mit den **Montanen Nadelwäldern** der gemäßigten und kalten Zonen der nördlichen Erdhalbkugel (Abb. 6.10). Die Ähnlichkeit der Biota und Lebensformspektren überrascht daher nicht [267, 620]. Die Nadelwälder der europäischen Gebirge haben sich während der Eiszeit getrennt von der sibirischen Taiga entwickelt. Daher sind die Coniferen oft durch eigene Unterarten vertreten.

In vielen Zügen ähneln die **Ozeanischen Nadelwälder** an der Westküste Nordamerikas in ihrem nördlichen Bereich der amerikanischen Taiga. In beiden Waldtypen kommen die gleichen Arten von Coniferen vor, leben dieselben Arten an Bären und Luchsen sowie Puma, Mink *(Luteola)*, Streifenskunk *(Mephitis)*, Fuchs *(Urocyon)*, Hirsche *(Alces, Cervus, Odocoileus)*, Baumstachler *(Erethizon)*, Eichhörnchen *(Ta-*

Abb. 6.10: Montaner Nadelwald in den Karpathen (Orig.).

miasciurus), Waldhuhn *(Bonasa)*, Blauhäher *(Cyanocitta)* und Spechte, um nur einige zu nennen. Auch stimmt die Kleintierwelt in vieler Hinsicht überein. Jedoch ändert sich das Bild nach Süden beim Übergang in die Skleraea schon durch die großen *Sequoia*-Bäume.

6.6.1 Waldverjüngung

In der natürlichen Taiga-Landschaft haben örtlich begrenzter Kahlfraß ebenso wie durch Blitze verursachte Waldbrände ökologische Bedeutung für die Verjüngung des Waldes. Die zerstörten Flächen werden durch Jungwuchs wieder neu besiedelt. In der Wiederherstellung der alten Lebensgemeinschaft zeigt die Taiga eine hohe Elastizität.

Es kommt auf weitem Raum zu einem Nebeneinander verschiedener Entwicklungsphasen, die durch Bodenqualität, Besonnung, Windbruch, Waldbrände und Insektenschäden bedingt sind. Aus einem gleichalten Jungwaldbestand wachsen einige Bäume stärker empor, die meisten bilden eine geschlossene Mittelschicht, etwa ein Viertel bleibt zurück. Die Optimalphase der Bäume geht in eine Altersphase über.

Abb. 6.11: Saum eines Fichtenwaldes (Taiga) in Nordschweden (aus Walter 1968).

Einzelne Bäume stürzen. Der Kronenschluß lockert sich. Zwischen den abgestorbenen Bäumen beginnt neuer Jungwald. Das Gesamtökosystem kann über Jahrtausende konstant sein, nur das Mosaik der Teilbestände verschiebt sich ständig (Abb. 6.11).

In der Taiga Ostkanadas kommt es nach einer Reihe extrem trockener Jahre in Beständen überalterter Balsamtannen *(Abies balsaminea)* immer wieder zu ungewöhnlich starker Massenvermehrung des Tannentriebwicklers *(Choristoneura fumiferana)*, der sich dann der «Kontrolle» seiner Feinde entziehen kann. Durch Messungen der Breite von Jahresringen an 300 Jahre alten Stämmen wurde ein solches Geschehen von Kahlfraß auch für weiter zurückliegende Perioden ermittelt. Wenn große Flächen vor allem der Balsamtanne von den Raupen entlaubt werden, begünstigt dies das Hochkommen von Fichten *(Picea glauca, P. mariana, P. rubens)* und Birken *(Betula papyrifera)*, die sonst in der Konkurrenz der Balsamtanne unterlegen sind. Im Laufe der Jahre bildet sich wieder der frühere Tannen-Fichtenwald aus [433] (Sukzessionszyklus).

Feuer ist wichtig für den Kreislauf der Stoffe, für die Erneuerung und damit Stabilität des Waldes. Auf die einzelnen Arten wirkt es sich unterschiedlich aus. Die Zapfen der Kiefer *Pinus contorta*, die in Nordamerika große Bestände bildet, öffnen sich nur zum Ausstreuen ihrer Samen, wenn sie der extremen Hitze eines Waldbrandes ausgesetzt werden. Seitdem der Mensch solche Feuer zu verhindern versucht, muß er durch Kahlschlag, künstliche Aufforstung und Anwendung von Herbiziden gegen konkurrierende Pflanzen erst die Bedingungen für neues Wachstum dieser Kiefer schaffen [608].

Durch Zunahme von Weichhölzern nach einem Brand verbessert sich die Ernährung für Hasen und Elche *(Alces)*. Daher lassen sich z.B. die Fluktuationen der Bevölkerungen des Schneehasen *(Lepus americanus)* und in ihrer Folge derjenigen des Luchs *(Lynx canadensis)* auf die von periodischen Feuern ausgelösten Veränderungen der Vegetation zurückführen [195]. Für Rentiere *(Rangifer)* bringen Waldbrände durch Verlust von Baumflechten eine Einbuße an Winterfutter mit sich [741]. Dem Feuer selbst entziehen sie sich durch ihre jahreszeitlichen Wanderungen, die sie in die Tundra führen. Brände in der Taiga geschehen vor allem im Sommer [317].

6.6.2 Besonderheiten der Lebewelt

In der Taiga Nordamerikas und Ostasiens können mehrere Baumarten gemeinsam vorkommen; in Europa sind auf weiten Arealen oft nur Fichte *(Picea abies)* oder Waldkiefer *(Pinus sylvestris)* bestandbildend.

Letztere verdrängt die Fichte an den trockeneren Standorten, denn die Fichte wurzelt flacher und braucht ständig gute Versorgung mit Wasser. Wo genügend Licht zum Boden fällt, ist der Untergrund meist mit Vaccinien, *Calluna* oder Moosen bedeckt, unter Kiefern auch stärker von Flechten bewachsen. Im tiefsten Schatten der Fichten ragen lediglich die Fruchtkörper von Hutpilzen aus der Nadelstreu hervor.

Schneebedeckung. Eine Besonderheit für die Tiere ist die lange Schneeperiode. Über ein halbes Jahr kann lockerer, stellenweise meterhoher Schnee liegen. Schnee auf den Zweigen ermöglicht manchen Kleintieren der Vegetationsschicht, dort zu überwintern. Als am Grund Anfang März −28 °C auf der Oberfläche des Schnee gemessen wurden, waren Schneehasen *(Lepus timidus)* auf ihr aktiv. *Unter* der nur 20 cm dicken Schneeschicht, betrug die Temperatur dagegen 0−3 °C; das aktive Leben von Wühlmäusen und Spitzmäusen kann daher ebenfalls im Winter weitergehen (Abb. 6.12) [105].

Elch *(Alces)* und Virginiahirsch *(Odocoileus virginianus),* die im Winter Rinde, Flechten und Zweige fressen, müssen in der kanadischen Taiga 5 Monate des Jahres hohen Schnee ertragen. Ihre Brusthöhe und der Druck des Körpergewichts auf den Untergrund entscheiden über die Ausdehnung ihres Areals. Eine Schneedecke, die 30% niedriger ist als die Brusthöhe, erschwert das Schreiten beträchtlich. Daher kann der Elch noch bei 70 cm tiefem Schnee leben, während der in seiner Brusthöhe um 20 cm kleinere Virginiahirsch eine Schneehöhe von 40 cm schwer überwindet [326].

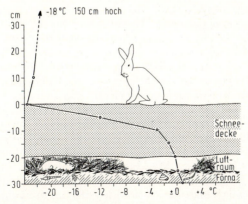

Abb. 6.12: Aktivität von Kleinsäugern im Luftraum unter der Schneedecke (etw. veränd. nach Coulianos 1962).

Winterruhe. Im Gegensatz zum echten Winterschlaf, der längere Zeit vor seinem Eintritt durch «Zeitgeber» (Tageslänge) eine hormonelle Umstellung auslöst, ist die sog. Winterruhe einiger Säugetiere eher ein Schlafzustand mit einer gewissen Veränderung des Stoffwechsels, die erst mit dem Einsetzen unerträglicher Kälte beginnt [153].

Solche Winterruhe halten in der Taiga Eichhörnchen und Bären. Beim Schwarzbär *(Ursus americanus)* sinkt dann die Körpertemperatur von 37,5 auf 31,5 °C; die Pulsfrequenz geht von 50 auf 10 Schläge in der Minute zurück. Während der Schlafperiode genügen die im Körper gespeicherten Stoffe. Weder Kot noch Harn werden ausgeschieden. Stickstoff wird beim Abbau von Eiweiß, Glyzerin beim Abbau von Fetten wieder verwertet. Es entsteht Pyruvat, das zusammen mit Aminosäuren Eiweiß erneut aufbaut. Dadurch wird verhindert, daß sich der für den Körper schädliche Harnstoff anreichert und bei dessen Ausscheidung mit dem Harn Wasser verloren geht [1].

Populationsschwankungen. Selbst in von Menschen unbeeinflußten Gebieten der Taiga sind Fluktuationen für manche Tiere typisch [191]. Nach Jahren guter Beeren- und Samenernte nehmen die Bevölkerungen der Seidenschwänze *(Bombycilla)*, Kreuzschnäbel *(Loxia)*, Häher *(Perisoreus)*, Eichhörnchen *(Sciurus)* und Rötelmäuse *(Clethrionomys)* stark zu. Dem folgt die Zunahme der sich von ihnen ernährenden Raubtiere *(Martes, Mustela)* und Greifvögel *(Buteo, Accipiter)*, so daß die Pflanzenfresser wieder deutlich dezimiert werden. Häher haben unter der Zunge eine Tasche, die leicht den Transport von Coniferensamen zu einem Versteck ermöglicht.

Insekten. Durch eine Massenvermehrung des Spanners *Oporinia autumnalis* kann die nördliche Waldgrenze zur Tundra, die in Nordeuropa aus Birken besteht, zurückweichen [266]. In der sibirischen Taiga vernichten die Spinner *Dendrolimus superus sibiricus* und *D. spectabilis* ebenso wie in der kanadischen Taiga der Tannentriebwickler *Choristoneura fumiferana* in manchen Jahren große Baumbestände. In den nördlichsten Breiten der borealen Nadelwälder sind die Lichtverhältnisse im Sommer für die Coniferen günstig, dagegen ist die niedrige Temperatursumme im Jahr für die meisten Insekten suboptimal. So erhalten dort im Wettlauf zwischen Produzenten und Konsumenten die ersteren einen Vorsprung, während die Vermehrung der pflanzenfressenden Insekten für ein Massenauftreten zu gering ist. Daraus geht hervor, daß eine kulturbedingte Verschiebung der Taiga durch Fichtenforste im südlich angrenzenden Bereich der Silvaea zu erhöhtem Schädlingsbefall führen muß [205]. Dieser ist zudem im Nadelwald gefährlicher, weil nach Kahlfraß die Menge der neuen Nadeln im nächsten Jahr um etwa die Hälfte verringert wird oder der Baum ganz abstirbt.

Die Blattwespe *Diprion hercyniae* in Kanada und die in ihr schmarotzende Schlupffliege *Drino bohemica* reagieren beide auf den Duft der zwei- bis dreijährigen Nadeln von Fichten, nicht aber auf den der frischen, diesjährigen. Hier zeigt sich, wie Glieder von Nahrungsketten *(Picea → Diprion → Drino)* durch chemische Stoffe zusammenkommen [431].

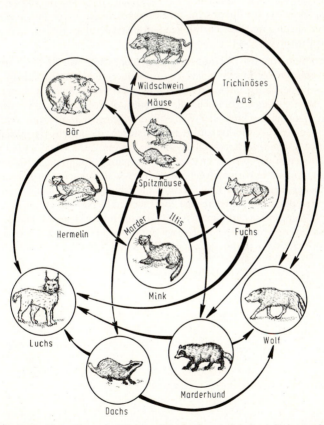

Abb. 6.13: Verbreitung der Trichine *(Trichinella spiralis)* durch Nahrungsketten aasfressender und räuberischer Säugetiere in der Taiga (nach Berezancev 1960).

Auch Borkenkäfer reagieren auf den Duft und auf Fraßstimulantien von Nadelbäumen. *Dendroctonus brevicornis* z. B. erkennt seinen Wirt, die Kiefer *Pinus ponderosa,* nachdem er mit der Nahrung ein Terpen dieses Baumes aufgenommen hat. Es wird zusammen mit zwei in seinem Körper gebildeten Pheromonen im Kot ausgeschieden. Die drei Substanzen haben eine synergistische Lockwirkung auf Artgenossen. Steigt der Befall des Baumes durch die Borkenkäfer jedoch über einen bestimmten Schwellenwert, so werden biosynthetisch neue Stoffe erzeugt, die das Pheromon-Gemisch blockieren. Dies verhindert eine Übervölkerung des befallenen Baums. Auch einige Feinde von *Dendroctonus* werden durch seine im Kot abgegebenen Stoffe angezogen. So erscheinen der Brut nachstellende Käfer (Cleridae, Temnochilidae) und Parasitoide [544].

Vergleich mit der Silvaea. Die Zahl der Arten von Pflanzen und Tieren ist in der Taiga geringer als im sommergrünen Laubwald. Trotz Verschiedenheiten im Artenbild gibt es aber große Übereinstimmung im Lebensformspektrum. Für alle Gruppen, ob Schnecken, Tausendfüßer, Spinnen, Insekten oder Wirbeltiere, lassen sich äquivalente Arten meist naher Verwandtschaft gegenüberstellen, die jeweils das gleiche Wirkungsfeld (Nische) im Ökosystem haben [46, 135]. Gleiche Gesetzmäßigkeiten zeigen auch die Phasen des Abbaus der Stämme. Allerdings wird Nadelholz wegen seiner weicheren Beschaffenheit von Insekten schneller abgebaut; ihr Fraß verlangsamt sich indessen durch die kühleren Temperaturen, je weiter die Taiga sich nach Norden erstreckt.

Nahrungsnetze verknüpfen in der Silvaea und Taiga eurytrophe, aasfressende und räuberische Tiere, wie am Beispiel über Befall mit Trichinen *(Trichinella spiralis)* gezeigt sei (Abb. 6.13) [39].

7 Offene Trockenlandschaften

7.1 Wüsten und Halbwüsten

Trockenwarme Wüsten liegen auf zwei Gürteln der Erde, deren Hauptachsen etwa die Wendekreise bilden. Von Wüsten im engeren Sinne mit 0–2 humiden Monaten im Jahr, spärlicher und ungleichmäßiger (kontrahierter) Vegetation lassen sich Halbwüsten mit 1–3 humiden Monaten, diffuser Vegetation und ständiger Pflanzendecke von wenigstens 40% unterscheiden. Beiden Landschaftsformen sind viele Gemeinsamkeiten ihrer Lebewelt eigen. Von Halbwüsten (Wüstensteppen), in denen Halbsträucher vorherrschen, gibt es Übergänge zu Steppen und zur Skleraea.

Die Entstehung vom Wüsten beruht auf mehreren Ursachen: (1) Durch die infolge der Erddrehung bedingten Luftbewegungen sinkt die um den Äquatorgürtel aufsteigende Luft zu dessen beiden Seiten ab und nimmt dabei Feuchtigkeit auf. So kann es nicht leicht zu Niederschlägen kommen. (2) Landwärts wehende Winde, die über kühle Meeresströmungen an Rändern von Festlandsockeln streichen, führen zur Bildung von Küstenwüsten (mexikanische Küstenwüste, Atacama, Namib). (3) Manche Gebiete liegen im Regenschatten (Nordamerikanische Trockenwüste, Patagonische Wüste, innerasiatische und inneraustralische Wüsten) (4) Das Wirken des Menschen durch großräumige Abholzungen und Überbeweidung in ariden Klimaten kann die Ausdehnung von Wüsten vergrößern [76, 111].

7.1.1 Lebensbedingungen

Klima. Die klimatischen Mittelwerte weichen von denen anderer Lebensräume beträchtlich ab. Nicht nur die absolute Menge der Niederschläge im Jahr, sondern auch deren Verteilung im Jahreslauf ist für viele Pflanzen und Tiere zum begrenzenden Faktor geworden.

Es gibt Wüsten mit zwei jährlichen Regenperioden (Sonora Wüste Arizonas, Karoo Halbwüste Südafrikas), solche mit Winterregen (Nordsahara, Irak Wüste, Great Basin und Mohave Wüste in Nordamerika), mit Sommerregen (Südsahara, Innere Mongolei, einige Wüstengebiete Australiens) sowie Nebelwüsten mit kaum meßbarem Niederschlag (Namib, Atacama). Außerdem kommen Wüsten vor, in denen Regen nicht in einer bestimmten Jahreszeit niedergeht oder sogar jahrelang kein Regen fällt (Zentralsahara, Zentralaustralien). Allgemein ist in hyperariden und ariden Gebieten das Verhältnis des jährlichen Niederschlags (N) zu dem der Evapotranspiration (E), also dem Wasserverlust, kleiner als 0,2 ($N/E < 0{,}2$).

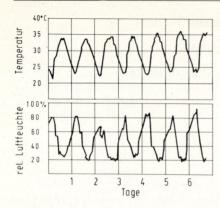

Abb. 7.1: Schwankungen von Temperatur und Luftfeuchte in der Wüste Ägyptens (nach Chapman 1931).

In den polwärts ab 35° nördl. und südl. Breite gelegenen Wüsten wechseln heiße Sommer mit kalten oder kühlen Wintern. In den subtropischen und tropischen Wüsten fehlt dagegen ein ausgeprägt thermischer Jahreswechsel. Gemeinsam sind aber allen Wüsten der Erde die starken täglichen Schwankungen der Temperatur und Luftfeuchtigkeit (Abb. 7.1). Die Temperaturunterschiede können im Laufe von 24 Stunden 50 °C betragen, an der Bodenoberfläche sogar noch etwas mehr. Etwa 90% der Sonnenstrahlung gelangt auf den Boden im Vergleich zu rund 40% in feuchten Klimaten. Nachts hindert keine zusammenhängende Pflanzendecke die Ausstrahlung der Wärme, die sich am Tage in der obersten Bodenschicht angesammelt hat. Der Verdunstungskoeffizient ist infolge der geringen Niederschläge, der großen Hitze und der Windexponierung sehr hoch; Versalzungen an der Oberfläche können dadurch leicht entstehen. Ferner sei auf die ungehinderte Einwirkung des Sonnenlichts mit seinem hohen Anteil an ultravioletten Strahlen (UV-Licht) hingewiesen.

Boden. Der Untergrund kann ganz verschieden sein. Es gibt alle Übergänge von reinem Ton oder Löß über Sand, Kies, steinbedeckte Böden bis zu Wüsten, in denen die Steinbrocken so groß sind, daß kaum noch lockeres Material zwischen den Felsen vorhanden ist. Die Rohböden der Wüsten und Halbwüsten werden als Yerma bezeichnet.

Ton- und Lößwüsten haben eine flache und harte Oberfläche. Der Regen sickert kaum tiefer als 30 cm ein. Das meiste Wasser fließt daher oberflächlich ab und sammelt sich in kleinen Senken, wo es bald verdunstet. Wegen der hohen Kapillarwirkung der engen Porenräume wird das Tiefenwasser bis zur Oberfläche geführt und steht dort Cyanobakterien, Grünalgen und flach wurzelnden Pflanzen, meist Halophyten zur Verfügung. Es bringt Salze nach oben, die bei der Verdunstung auskristallisieren. Für Pflanzen sind es die trockensten Wüstenböden. Den meisten Kleintieren fehlt Schutz vor Sonne und Wind. Etwas reichlicher sind Reptilien, Kleinsäuger und Vögel vertreten. Rennmäuse *(Dipodillus)*, Hasen *(Lepus)* und Flughühner (Pteroclidae) fressen gern von den Salzpflanzen [324].

Sandwüsten weisen in der Regel viel günstigere Wasserverhältnisse auf. Zwar wird gerade Sand durch Stürme leicht bewegt, so daß sich Pflanzen schwer ansiedeln können. Regenwasser versickert jedoch schnell in größere Tiefe und steigt wegen der bei den groben Poren geringen Kapillarität nur wenig nach oben. Es bildet sich eine lufttrockene Oberfläche, unter der das Wasser der Verdunstung entzogen ist. In einer bestimmten Tiefe halten sich Aufwärtsbewegung des Wassers durch Kapillarwirkung und Abwärtsbewegung durch Niederschläge die Waage. Solche Bedingungen begünstigen tiefwurzelnde Pflanzen. Doch kann ebenfalls der Sukkulententyp in Sandwüsten gut gedeihen, so daß dort eine hinreichende Nahrungsgrundlage für viele Tiere gegeben ist.

Steinwüsten sind oft die relativ feuchtesten Standorte derartiger Landschaften. Gesteinsbrocken, die sich bis 70 °C erhitzen, kühlen sich unter Umständen auf 20 °C durch einen einzigen Regenguß ab. Die ungleiche Zusammensetzung der Mineralien führt zu deren mechanischem Zerfall. Unter den Steinen wird die Verdunstung abgeschwächt und Feuchtigkeit lange festgehalten. Auch in diesen Wüsten finden oberflächlich wurzelnde Pflanzen neben tiefwurzelnden Büschen günstige Bedingungen. Vor allem unter Steinen hält sich eine mannigfaltige Tierwelt auf, besonders an Arthropoden. Reptilien und Kleinsäuger charakterisieren gleichfalls solche Wüsten.

Häufig sind Mischformen zwischen Sand- und Geröllwüsten.

7.1.2 Überlebensstrategien

Hohe Temperatur mit Wassermangel verknüpft, sind das Hauptproblem für Wüstenorganismen. Saprotrophen Bodentieren kann außerdem die Menge an pflanzlichem Detritus zum lebenswichtigen Minimumfaktor werden [624].

Um die extremen Bedingungen zu ertragen, mußten sich Pflanzen und Tiere in Struktur, Physiologie und Verhalten anpassen [412]. Wüsten sind alte Lebensräume. Die lange Isolation mancher ihrer Gebiete, etwa der Namib, hat viele endemische Arten entstehen lassen. Das gilt z. B. für etliche Schwarzkäfer (Tenebrionidae) wie für die altertümliche *Welwitschia bainesii (mirabilis)*, die zu den Gnetatae der Gymnospermen gehört. Diese Pflanze aus den küstennahen Nebelwüsten Namibias und Angolas hat einen kurzen knolligen Stamm, eine bis zur feuchteren Schicht in die Tiefe reichende Pfahlwurzel, zwei breit bandförmige meterlange, seitliche Blätter und kleine zapfenartige Blütenstände.

7.1.2.1 Konformität

Protozoen, Luftalgen, Flechten, Moose, einige wenige Samenpflanzen sind poikilohydr; sie verhalten sich in ihrem Wasserhaushalt wie ein toter Quellkörper, der den jeweiligen Trocken- und Feuchteverhältnissen entspricht.

Ihre Strukturen bleiben unter extremer Austrocknung erhalten. Bei Zufuhr von Wasser quellen sie wieder auf, und die Pflanzen können dann sofort photosynthetisch aktiv werden. Die Aktivität richtet sich nach der Feuchtigkeit. Ein Zustand der Dormanz ist nicht erforderlich.

Manche Skorpione, Spinnen und Insekten in Wüsten zeichnen sich durch große **Hungerfähigkeit** (Poikilotrophie) aus, durch die sie nahrungsarme Perioden überbrücken können. Dies leitet schon zur Emanzipation über, wie überhaupt scharfe Grenzen zwischen den angeführten Überlebensstrategien nicht bestehen.

7.1.2.2 Emanzipation

Viele Pflanzen sind von Wassermangel und Hitze unabhängig geworden. Sie behalten ihre vitalen Funktionen, ohne in einen Zustand gedrosselten Stoffwechsels übergehen zu müssen.

Pflanzen. Unter den Xerophyten haben sich zwei Lebensformtypen ausgebildet: Dürreharte Pflanzen und Sukkulenten. Gemeinsam ist beiden das Vermögen, ihren Wasserhaushalt unter verschiedensten Außenbedingungen aufrecht zu erhalten. Bei den Dürreharten geschieht dies durch Verschluß der Stomata, sobald Wassermangel auftritt. Ihre Saugkräfte (osmotische Werte) sind mit 20–40 atm sehr hoch. Sukkulenten haben schwache Transpiration und können zudem ihren Gasstoffwechsel besonders ökonomisch gestalten. Die osmotischen Werte betragen nur etwa 5–7 atm [458, 748].

Dürreharte Pflanzen müssen ständig Wasser aus dem Boden aufnehmen, um die Verluste durch Transpiration zu decken, auch wenn diese noch so gering sind. Der Anteil vom Sproß- zum Wurzelgewicht ist bei ihnen im Gegensatz zu Feuchtpflanzen sehr zugunsten der Wurzeln verschoben. In Zeiten extremer Trockenheit werfen viele die Blätter ab oder ersetzen sie durch kleinere. Oft bleiben nur die jüngsten Blattanlagen in den Knospen erhalten. Als Beispiele seien einige Arten der Sonora Wüste genannt: Der Halbstrauch *Encelia farinosa* (Compositae), der Ocotillo-Strauch (*Fouquieria splendens*, Polemoniaceae) (Abb. 7.2),

Abb. 7.2: Xerophyten in der Arizonawüste; im Vordergrund *Fouguieria splendens* (Orig.).

der Kreosotbusch (*Larrea divaricata*, Zygophyllaceae), der Mesquitebaum (*Prosopis juliflora*, Leguminosae). Letzterer hat Wurzeln, die bis 30 Meter Tiefe wachsen können, um an Wasseradern zu gelangen. Seine steinharten Samen keimen erst, wenn sie den Darm eines Tieres passiert haben, weil die Darmsäfte die glasigen Samenhüllen auflösen müssen.

Gerade bei dürreharten Pflanzen gibt es erstaunliche Anpassungen. Sie seien vom Kreosotbusch *(Larrea divaricata)* geschildert. Er wird knapp 2 m hoch, erreicht aber meistens nur 70 cm, in extremen Lagen sogar höchstens 50 cm. Seine graugrünen Blätter sind von einer glänzenden Lackschicht bedeckt, welche in Trockenzeiten die Verdunstung verhindert und nach Regen einen scharfen Kreosotduft ausströmt. Die anspruchslose Wüstenpflanze hat kleine gelbe Blüten. Keimlinge überleben wegen Wurzelkonkurrenz selten. Doch findet durch Segmentation an der Basis eine ungeschlechtliche Vermehrung statt. Die daraus entstehenden neuen Büsche breiten sich wie ein «Hexenring» aus. Bei einem sehr weiten Außenring stammten die Büsche von einem Sämling ab, der vor 10 000 Jahren im Zentrum des Kreises gekeimt sein mußte.

Die Wurzeln von *L. divaricata (tridentata)* reichen tief nach unten und verlaufen außerdem spinngewebartig nach den Seiten dicht unter der Oberfläche. Die fast 3 cm großen zweiteiligen Blätter werden bei großer Trockenheit abgeworfen. Danach treiben neue, derbere aus, die nur 2 mm lang sind. Sie assimilieren ebenfalls, aber ihre Zellen sind so klein, daß sie bei Trockenheit nicht wie normale Blattzellen schrumpfen. Der Kreosotbusch kann Verschüttung durch Sand bis auf die obersten Spitzen und auch ein Jahr ohne Regen überstehen [287].

Blätter und Stengel enthalten nor-Dihydroguajaretsäure (NDGA), eine antiseptische und antibiotische Substanz, die sich auch gegen Hautkrebs und Leukämie schon als wirksam erwiesen hat.

Zu den **Sukkulenten** zählen Cactaceae, Euphorbiaceae, Crassulaceae, einige Liliiflores *(Yucca, Agave)*, manche Chenopodiaceae und die auf Afrika beschränkten Aizoaceae. Die Wurzeln der meisten von ihnen erstrecken sich dicht unter der Oberfläche, so daß sie selbst leichte Regenfälle ausnutzen können. Sie besitzen in Blättern, Stamm, einige auch in unterirdischen Organen wasserspeicherndes Gewebe, das für Notzeiten eine reichliche Flüssigkeitsreserve festhält. Die auffallend wenigen Spaltöffnungen liegen tief eingesenkt. Wurzeln des Kandelaber-Kaktus *(Cereus giganteus)* in der Sonora Wüste durchwachsen einen Umkreis von 25 m bei einer Stammhöhe von gleichfalls 25 Metern. Dieser Stamm ist längsgefurcht, die Furchen werden jedoch durch Wasseraufnahme ausgeglichen. Vierfünftel seines bis zu 10 t schweren Gewichts kann aus Wasser bestehen.

Viele Sukkulenten fixieren nachts in großem Umfang CO_2, das zunächst in Malat festgelegt und in den assimilierenden Zellen gespeichert wird. Der Abbau von Malat bei Licht macht CO_2 direkt der Photosynthese zugänglich, ohne daß die Spaltöffnungen geöffnet zu werden brauchen. Deren Verschluß am Tage drosselt den Wasserverlust durch Transpiration [345].

Für die meisten Wüstenpflanzen hat Blütenbestäubung durch Insekten, vor allem Solitärbienen, weitaus größere Bedeutung als Windbestäubung [502].

Tiere. Warmblüter und Insekten können sich am besten von den extremen Bedingungen der Wüsten unabhängig machen.

Säugetiere haben ein dickes Fell als Wärme-Isolierung; manche besitzen große Ohren, durch die Wärme abgestrahlt werden kann (Wüstenfüchse, Hasen). Kamele und Esel zeichnen sich durch hohe Trinkkapazität aus. In wenigen Minuten steigt ihr Gewicht dadurch um 25–30% an. Ein gleich großer Gewichtsverlust wird von ihnen durch Wasserentzug ertragen. Wüstensäuger scheiden trockenen Kot und konzentrierten Harn aus. Bei Kamelen fluktuiert in Zeiten von Wassermangel die Körpertemperatur zwischen Tag und Nacht bis 6 °C. Durch Anstieg der Körpertemperatur am heißen Tag wird Wasser gespart, das durch Transpiration zur Aufrechterhaltung einer niedrigeren Körperwärme erforderlich wäre. Zugleich vermindert sich das Wärmegefälle (Hitzefluß) aus der wärmeren Umgebung (Abb. 7.3). Der gewonnene Wärmeüberschuß des Tages wird im Körper gespeichert und nachts

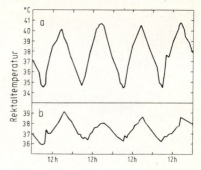

Abb. 7.3: Fluktuation der Körpertemperatur des Kamels im Tageslauf (nach Schmidt-Nielsen 1964).
a: nach längerem Wassermangel,
b: bei täglicher Wassergabe.

ohne Verlust von Wasser an die kühlere Luft abgegeben. Ähnliches gilt für den afrikanischen Esel [557].

Manche Arten decken ihren Wasserbedarf durch saftige Nahrung. Pekaris *(Tayassu tajacu)* in den südlichen Wüsten Nordamerikas graben Wurzeln von Cacteen und anderen Pflanzen aus. Erdferkel *(Orycteropus afer)* in Südafrika fressen in Trockenzeiten Kürbisfrüchte. Antilopen (z. B. der Springbock *Antidorcas marsupialis*) in Südafrika wühlen Zwiebeln und Knollen der im Boden überdauernden Geophyten heraus.

Wassergewinn ist selbst bei lufttrockener Nahrung möglich. Taschenspringer *(Dipodomys)* Nordamerikas, Springmäuse *(Jaculus* in Nordafrika und Arabien, *Dipus* in Zentralasien), Springhasen *(Pedetes)* in Südafrika, *Notomys* und *Ascopharynx* in Australien haben keine Schweißdrüsen in der Haut, ihr Urin ist konzentriert, der Kot sehr trocken. Alle ernähren sich in erster Linie von Samen der Therophyten (einjährige Pflanzen), die nur etwa 4% Wasser enthalten. Außerdem befinden sie sich tagsüber meist in unterirdischen Bauen, wo sie wegen höherer Luftfeuchte und Kühle weniger Wasser zur Regulierung der Körpertemperatur benötigen. Das lebensnotwendige Wasser wird durch Oxidationsprozesse im Zellstoffwechsel gewonnen (Abb. 7.4).

Einige **Vögel** wie die Wüstenlerchen der Sahara können wochenlang ohne Trinken auskommen. Greifvögel und Eulen müssen in Trockenzeiten mehr Nagetiere erbeuten, um am Leben zu bleiben. Die mit den Tauben verwandten Flughühner der Alten Welt *(Pterocles)* legen täglich unter Umständen Strecken bis zu 30 km zurück, um an Wasserstellen zu gelangen, wenn ihre Nistplätze tief in der Wüste liegen. Die Männchen tauchen nachdem sie ihren Durst gestillt haben, einen Teil ihres Brustgefieders ins Wasser, bis dessen Zwischenräume damit gefüllt sind, um nach ihrem Rückflug die Jungen zu tränken. An weit

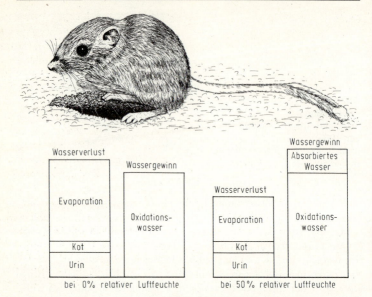

Abb. 7.4: Wasserhaushalt der Taschenspringmaus *(Dipodomys spectabilis)* der Arizonawüste bei 0% und 50% relativer Luftfeuchte und 25 °C (nach K. u. B. Schmidt-Nielsen 1953).

auseinander liegenden Wasserstellen, etwa der Namib oder Kalahari, sammeln sich in den frühen Morgenstunden für kurze Zeit zuweilen Tausende Flughühner an. Ihre Massierung schützt sie zugleich vor Greifvögeln und räuberischen Bodentieren.

In zentralaustralischen Wüsten ohne periodische Regen leben Zebrafinken *(Taeniopygia)* paarweise oft über Jahre zusammen. Erst wenn ein Wolkenbruch niedergeht, bauen sie ein Nest, und es finden Begattung und Eiablage statt. Hier wirkt ein psychischer Reiz (Anblick und Empfindung fallender Regentropfen) über das Hormonsystem als Auslöser der Fortpflanzung [301].

Insekten haben Schutz vor Wasserverlust: (1) durch die Wachsschicht der Epikutikula, die erst bei hoher Temperatur wasserdurchlässig wird, (2) durch Regulation des Öffnens und Schließens der zu den Luftröhren (Tracheen) führenden Stigmen, (3) durch Ausscheiden von Harnsäure, wodurch Wasser dem Körper erhalten bleibt [150].

Wanderheuschrecken sind wegen ihres relativ geringen Verdunstungsschutzes auf Wasserzufuhr durch reichliche Pflanzennahrung angewiesen. Auch verschiedene Käfer, Fliegenlarven und andere Insekten können nur so lange aktiv bleiben, weil sie in Sukkulenten und anderen Pflanzen zugleich mit der Nahrung genügend Wasser erhalten. Wüstentermiten, deren Nester sich besonders tief im Boden befinden, hüllen oberirdische Pflanzenteile, die zur Nahrung dienen sollen, mit einem Erdmantel ein. Unter dessen Schutz verzehren sie Pflanzenmaterial, so daß selbst von größeren Sträuchern oder Sukkulenten die äußeren Gewebe abgefressen sein können. Manche Wüsteninsekten nehmen bei 80% relativer Luftfeuchte Wasser aus der Luft oder in Nebeltropfen auf. Einige Schwarzkäfer (Tenebrionidae) ernähren sich von trockenen, angewehten Pflanzen. Auch den Ernteameisen, die das ganze Jahr über aktiv bleiben, genügen trockene Samen zur Nahrung.

Bei den Honigtopfameisen *(Tapinoma, Metaporus, Myrmecocystis, Plagiolepis, Metophorus)* in Wüsten Amerikas, Afrikas und Australiens bildet der oberirdisch eingetragene Honigtau die Nahrungs- und Flüssigkeitsreserve des Volkes während der Trockenperiode. Arbeiterinnen in der Tiefe des Bodennestes können monatelang den Honigvorrat im Kropf behalten und werden nach Bedarf von den Nestinsassen «angezapft».

Bestimmten **Arthropoden** und **Schnecken** genügt der nächtliche Tau als Wasserquelle.

7.1.2.3 Vermeidung
Bei verschiedenen Organismen haben sich Strategien entwickelt, durch die eine für sie ungünstige Situation vermieden werden kann.

Pflanzen. Bei vielen Arten finden sich Vorkehrungen, die eine zu weite Zerstreuung der Samen und damit deren Gefährdung des Austrocknens verringern. Ihre Keimung wird gesichert: (1) durch Samenknäuel, die sich im Sand verankern und leichter Wasser absorbieren können als isolierte Samen; (2) sofortige Produktion von Schleim nach einem Regen, der das Fortwehen verhindert, weil die Samen gleich am feuchten Boden ankleben; (3) Bildung von Früchten unmittelbar über dem Boden [479].

Wirbeltiere. Durch Ortswechsel und tageszeitliche Verlagerung der Aktivität kann ein zu extremes Kleinklima vermieden werden. So suchen amerikanische Langohrhasen *(Lepus californicus, L. texianus)* Stellen niedrigerer Bodentemperatur im Schatten von Büschen auf oder sitzen in Vertiefungen, wo die Rückstrahlung vom Boden schwächer ist. Bei einer Außentemperatur von 40 °C strahlen ihre langen Ohren Zweidrittel des Wärmeüberschusses ab (Abb. 7.5). Die Aktivität der Wüstenvögel ist meist auf die Stunden am frühen Morgen und späten Nachmittag beschränkt. Einige entgehen der größten Tageshitze, in-

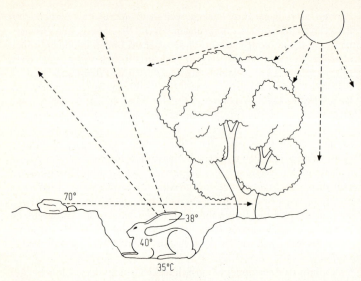

Abb. 7.5: Anpassung des Wärmehaushalts bei Wüstentieren (nach Schmidt-Nielsen 1964).
Starke Wärmeabstrahlung von den Ohren eines Wüstenhasen und sein Aufenthalt in einer Mulde mit kühlerem Kleinklima.

dem sie sich von den aufsteigenden warmen Luftmassen in über 1000 m Höhe tragen lassen, wo sie dann in kühleren Luftschichten segeln können.

Die optimale Körperwärme liegt für viele Reptilien bei etwa 35 °C. Sie wird mehr durch Bodenrückstrahlung als durch die Lufttemperatur erhöht. Tagaktive Reptilien müssen sich daher zwischen schattigen und sonnigen Plätzen, im und auf dem Boden hin und her bewegen oder je nach dem Strahleneinfall ihren Körper wenden, um einigermaßen konstante Körperwärme zu halten (Abb. 7.6). Der Dornschwanz *(Uromastix aegypticus)*, ein Vegetarier in nordafrikanischen Wüsten, kommt nur morgens zwischen 4 und 8 Uhr nach oben, wenn dort noch niedrige Temperatur und relativ hohe Luftfeuchte herrschen. Sonst hält er sich in seinem selbstgegrabenen Gang auf. Im Laufe des Jahres kann sich die Tagesrhythmik mancher Arten in thermoperiodischen Wüsten ändern. So weidet die nordamerikanische Wüstenschildkröte *(Gopherus agassizi)* im kühlen Frühjahr und Herbst den ganzen Tag über. Im Hochsommer verbirgt sie sich während der heißen Mittagszeit am Grunde ihrer Höhlung in etwa 1 m Tiefe, von der ein schräger Gang nach oben

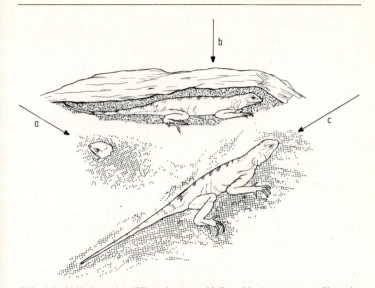

Abb. 7.6: Verhalten des Wüstenleguans *Holbrookia texana* gegenüber der Sonne im Tageslauf (etw. veränd. nach Bogert 1959).
a: morgens erwärmt die Sonne das Blut im Kopf, der übrige Körper bleibt im Sand bis er genügend erwärmt ist; **b:** mittags sucht das Tier Schutz vor Sonnenstrahlen; **c:** nachmittags liegt der Körper parallel zu den Sonnenstrahlen.

führt. Im kalten Winter gräbt sie bis zu 5 m tiefe Tunnel, in die sich auch andere Tiere zur Überwinterung zurückziehen. Ihren Wasserbedarf deckt sie allein aus der pflanzlichen Nahrung. Für Notzeiten speichert sie eine Wasserreserve in zwei Säcken unter dem Rückenschild ihres Panzers.

Arthropoden. Ausweichverhalten durch Eingraben zeigen auch Insekten und andere Arthropoden wie Asseln oder Skorpione. Ernteameisen *(Pogonomyrmex)* in Nordamerika leben in 4–5 m tiefen Nestern. Morgens, wenn die Sonne den Wüstenboden erwärmt, kommen sie hervor und tragen Samen von Therophyten ein. An heißen Tagen hören sie schon zwischen 9 und 10 Uhr zu sammeln auf und werden erst wieder gegen Abend aktiv. In der langen Trockenperiode holen sie sich nur Samen weniger Pflanzenarten. Sobald nach einem Regen üppige Vegetation sprießt und neue Samen bildet, wird ihre Kost mannigfaltiger. Der Vorrat an Pflanzensamen im Boden beträgt das Vielfache der Menge, die selbst von großen Völkern aufgelesen werden kann.

Schnarrheuschrecken (Oedipodinae) der Alten Welt scharren sich mit ihren Beinen oberflächlich in den Wüstensand ein, so daß lediglich ein Teil des Kopfes mit den Augen unbedeckt bleibt [346]. Collembolen und Milben vermögen sich durch Anhydrobiosis vor Trockenheit und Hitze zu schützen. Als Auslösung können zu hohe Temperatur, Wasserdefizit, aber auch Mangel an organischer Substanz entscheidend sein [624, 403]. Dies Latenzverhalten leitet schon zur Überlebensstrategie der Dormanz über, die eine Drosselung oder Niveauverstellung des Stoffwechsels bedeutet.

7.1.2.4 Dormanz

Pflanzen. Die meisten Wüstenpflanzen überdauern die heißen oder kalten Trockenperioden ohne photosynthetisch aktive Teile in **Quieszenz** (konsekutive Dormanz) oder **Diapause** (prospektive Dormanz). Nach einem Regen können sie sich über 6–8 Wochen in einen Teppich aus Gräsern und bunten Blumen verwandeln. Zu ihnen zählen Therophyten und Geophyten [261].

Therophyten bleiben monatelang als Samen im Boden. Die Biomasse ihrer Reserve ist im Vergleich zu derjenigen im aktiven Zustand gering. Manche keimen nur nach einem kühlen Winterregen, andere nach einem warmen Sommerregen, wieder andere unbeeinflußt von der Temperatur, wenn genügend Wasser die keimungshemmenden Stoffe in der Frucht- und Samenschale gelöst hat. Günstig sind Sandwüsten, weil Wasser dort leichter einsickert und die Samen durch Wind und Wasser in eine zur Keimung optimale Tiefe gebracht werden. In Felswüsten bevorzugen Therophyten die Nähe perennierender Sträucher und Bäume, die ihnen Schatten, Windschutz, feuchten Untergrund bieten.

Geophyten überstehen Trockenzeiten als Zwiebel, Knolle oder Rhizom. Vor allem sind hier Liliengewächse zu nennen. Viele dieser Reserveorgane enthalten so reichlich Wasser, Kohlenhydrate und Eiweiß wie es der aktiven Lebensphase der Pflanze entspricht. Es handelt sich also um einen ganz anderen Lebensformtyp.

Wirbeltiere. Der zu den Krötenfröschen gehörende Schaufelfuß *(Scaphiopus couchi)* in nordamerikanischen Wüsten hat an den Hinterbeinen hornige Grabschwielen. Mit ihrer Hilfe graben sich die Frösche in Dürreperioden ein und bleiben unter Umständen 10 Monate im ausgetrockneten Boden verborgen. Die als «Sommerhülle» dienende alte Hornhaut, welche das Tier umgibt, schützt es vor Austrocknung. In der Harnblase wird Wasser aufbewahrt, das zurückresorbiert werden kann. Erst wenn ein Wolkenbruch den Boden mit Wasser sättigt, werden die Frösche aktiv, graben sich heraus und streben zur nächsten

Wasserlache. Es beginnt dann sogleich die Fortpflanzung mit Eiablage und Besamung. Nach wenigen Tagen schlüpfen die Kaulquappen, die bereits nach einer Woche fast ausgewachsen sind und sich an der tiefsten Stelle des allmählich austrocknenden Gewässers konzentrieren. Im Laufe eines Monats hat sich die letzte Kaulquappe in einen Frosch verwandelt [37]. Gleiche Anpassung zeigen in Wüsten Australiens Frösche der Gattungen *Cyclorana* und *Neobatrachus* [409].

Auch Schlangen und andere Reptilien, die bei Trockenheit Sommerruhe halten, gehören zu dieser ökologischen Gruppe. Ebenfalls ist Sommerschlaf von Kleinsäugern aus Wüsten bekannt, so von der Wüstenspringmaus *(Jaculus jaculus)* der Sahara und der Känguruhmaus *(Notomys cervinus)* in Australien.

Schnecken und Arthropoden. Wüstenschnecken ziehen sich in ihr Gehäuse zurück, in dem Luft zirkulieren kann und verschließen es mit einem Epiphragma. Der Wasserverlust der im Nahen Osten lebenden Schnecke *Sphincterochila* beträgt weniger als 0,5 mg pro Tag. Da ein Individuum etwa 1,5 g Wasser enthält, könnte es ohne Gefährdung mehrere Jahre in Dormanz aushalten [558].

Die asiatische Rasse der Wanderheuschrecke *Locusta m. migratoria* hat ihren Dauerwohnsitz in Wüstengebieten, deren Flüsse zum Schwarzen Meer, Kaspischen Meer und Asowschen Meer hin entwässern. Dort finden sie in Flußdelten geeignete Stellen zur Eiablage. Die Eidiapause wird erst im Frühjahr zur Zeit der Überschwemmungen aufgehoben. In Wüsten mit zwei Trockenperioden im Jahr gibt es von Dormanz unterbrochene zweigipflige Aktivitätszeiten der Thysanuren, Heuschrecken, Wanzen, Käfer, Bienen, Fliegen, Schmetterlinge sowie räuberischer Arten (Skorpione, Solifugen, Spinnen, Grabwespen, Mantiden, Myrmeleoniden, Tabaniden), da sie alle direkt oder indirekt vom Auftreten der Blütenpflanzen abhängen.

7.1.2.5 Migration

Verschiedene Vögel, Großsäuger und selbst einige Insekten wandern während ungünstiger Perioden fort oder leben nomadisch.

In Wüsten mit periodischen Regenzeiten gibt die Photoperiode (Tageslänge) den Vögeln das Signal, welches den Paarungstrieb zu einer Zeit auslöst, in der sich mit dem Regen neue Nahrungsquellen bieten werden. So erscheinen in Wüsten mit Winterregen die Vögel zum Brüten viel eher als in denen mit Sommerregen.

Es gibt nomadisierende Säugetiere wie die Mendes-Antilope *(Addax nasomaculatus)* in Afrika, die als Paar oder in kleinen Rudeln lebt und dorthin wandert, wo infolge eines Regens Nahrung vorhanden ist. Entsprechendes gilt für das Rote Känguruh *(Megaleia rufa)* in Zentralaustralien. Selbst der Mensch konnte in Wüstengebieten dauerhaft nur an Flüssen siedeln, wo er sich von Fischfang und Ackerbau ernährte. Sonst ist auch für ihn Nomadentum die einzig mögliche Nutzung der Wüste geblieben. Als Nahrung dienten ihm außer Pflanzen auch Reptilien und Insekten aller Art, wenn größeres Wild nicht zu erbeuten war.

Von Fernmigranten unter den Wüsteninsekten seien als Beispiele die nordafrikanische Wüstenwanderheuschrecke *(Schistocerca gregaria)*, die südafrikanische Wanderheuschrecke *(Locusta pardalina)* und die Feuerwanze *(Dysdercus peruvianus)* der Sandlomas von Peru genannt. Der Rückflug dieser Insekten wird allerdings von einer späteren Generation durchgeführt als der Hinflug zu geeigneten Brutplätzen.

7.1.3 Biozönotische Konnexe

Das Leben in der Wüste konzentriert sich an bestimmten Stellen. Ein paar Steine auf dem Sand, Pflanzenhorste daneben, einzelne Büsche ein Baumkaktus können zu Aktionszentren für viele Organismen werden. Derartige Kleinlebensräume besitzen oft hohe Selbständigkeit. Umherstreifende Säugetiere, Vögel mit weitem Flugareal verknüpfen die Konzentrationsstellen zu weitmaschigen Nahrungsnetzen.

Ausgetrocknetes Pflanzenmaterial kann Tenebrioniden und Thysanuren zur Nahrung dienen. Letztere werden bevorzugt von jungen Skorpionen und Solifugen gefressen. Phytotrophe Käfer und Raupen werden von größeren Spinnentieren erbeutet; so erweitert sich allmählich der biozönotische Konnex. Dieser kann am Tage und in der Nacht unterschiedlich sein, weil die Umkomposition des in Aktivität befindlichen Anteils der Arten sehr ausgeprägt ist. Auch das Vorkommen von Migranten und Nomaden zwingt dazu, Wüsten im größeren regionalen Maßstab zu erforschen, um über die Verflechtung des Lebensgeschehens und die Produktivität eine Vorstellung zu gewinnen. Hierüber gibt es Untersuchungen der Sandlomas von Peru [350], Wüsten in Nordamerika [306], die Namib in Afrika [371], Sand- und Strauchwüsten in Turkestan [324].

Schon in den Wohnhöhlen der Großen Rennmaus *(Rhombomys opimus)* in Wüsten Innerasiens können sich zahlreiche Mitbewohner aufhalten. Allein in der östlichen Kara-Kum wurden in solchen Konzentrationsstellen 230 Arten Arthropoden ermittelt. Darunter waren 20 Wirtparasiten von *Rhombomys,* 60 Abfallfresser, 100 Prädatoren und 50 Gäste, die dort lediglich Schutz suchten, ohne zu fressen. Diese Arten halten sich aber keineswegs ausschließlich in den Höhlungen auf. Vielmehr ändern sie ihre Aufenthaltplätze je nach ihrem Entwicklungsstadium, der Jahresperiodik oder Tagesrhythmik. Dadurch sind sie in vielfältiger Weise mit dem größeren Ökosystem verknüpft, in dem die Höhlen der Rennmaus liegen [361].

Wenn in der Sonora Wüste der USA Termiten unter einem Kreosotbusch *(Larrea divaricata)* eine Kolonie im Boden gründen, füllen sich nach einem Regen die einer Honigwabe ähnlichen Nester mit Wasser und führen es den Wurzeln zu. Dadurch erhält der Busch die zehnfache Menge an Wasser als ein solcher ohne Termitenbewohner. Für viele Tiere ist *Larrea* giftig. Andererseits leben etwa 30 Arten Insekten von ihm. Dazu gehören Heuschrecken, Stabheuschrecken, Schildwanzen, Zikaden, Schildläuse, Käfer und Raupen. Die Blüten werden von verschiedenen Solitärbienen aufgesucht. Ein Wüstenleguan frißt die Blätter. Taschenspringmäuse *(Dipodomys)* finden in den Samen Nährstoffe und noch genügend Wasser. Manchen Arthropoden dient der Bereich des Busches wenigstens als geeignetes Versteck. Spinnen spannen ihre Netze zwischen den Zweigen aus. Viele Kleintiere werden von Vögeln und Eidechsen erbeutet. Letztere fallen Klapperschlangen *(Crotalus)* zum Opfer. Oft graben sich Krötenechsen *(Phrynosoma)* unter einem Strauch ein, um dort die Trockenzeit zu verbringen. Häufig sitzen Haubenwachteln *(Lophoryx gambelii)* auf den Büschen oder legen ihr Nest unter ihnen an. An solchen Konzentrationsstellen des Lebens finden sie reichlich Nahrung [287].

Im allgemeinen sind Wüstentiere in ihrer Nahrungswahl recht flexibel. Arten, die in Trockenperioden Samen oder trockene Zweige fressen, bevorzugen nach Regenfällen frisches, grünes Pflanzengewebe. Raubsäugetiere, Vögel und Reptilien ernähren sich während der Trockenperiode von einer Mischkost, zu der Blätter und Früchte gehören, um genügend Energie und Wasser zu erhalten. Insektenfressende Vögel, Nagetiere und Reptilien werden in nahrungsknappen Zeiten fast zu Vegetariern. So ist das Leben in der Wüste durch wechselnde Nahrungsnetze verknüpft [448, 449]. Für rein phytotrophe Arten kann das Angebot an Nahrung besonders leicht zum begrenzenden Faktor werden. Durch unterschiedliche Aktivitätszeiten, Nahrungspräferenzen und bevorzugten Aufenthalt im Strukturmuster des Lebensraums gehen sich verwandte Arten im allgemeinen aus dem Weg. Dennoch wurde potentielle Konkurrenz sogar zwischen verschiedenen Tiergruppen festgestellt. Es handelte sich um samenfressende Ameisen und Nagetiere. Wurde eine der beiden Gruppen ausgeschaltet, nahm die andere stark zu. Jedoch blieb der Anteil der verzehrten zu dem im Boden verbliebenen Samen derselbe, gleich ob beide oder nur eine der konkurrierenden Gruppen vorhanden waren [77].

7.1.4 Oasen und Flüsse, Einsprengsel in Wüsten

Jeder Landschaftstyp hat Stellen ganz andersartigen Charakters. In Wüsten sind dies Oasen und Flüsse.

Oasen sind Stellen mit dichtem Pflanzenwuchs innerhalb der Wüste, wo salzarmes Wasser aus einer Quelle an die Oberfläche tritt. Hier können feuchtigkeitsliebende Organismen gut gedeihen, die sonst keine Existenzmöglichkeit in der Wüste hätten. Das gilt ebenso für die angebauten Kulturpflanzen z. B. Kokospalme, Mango, Papaja und Batate wie für Tiere. So konnten in der Oase der Kysyl-Kum-Wüste mit Erfolg Regenwürmer eingebürgert werden [234]. Auch manche Amphibien kommen in Oasen vor. Schließlich können wandernde Wasser-, Wat-, Greif- und Sperlingsvögel auf ihrem Zug dort günstige Rast- und Nahrungsstätten finden [585].

Die Bedeutung von Flußdelten in Wüsten für die Wanderheuschrecke *Locusta m. migratoria* wurde schon hervorgehoben. Entlang der Bewässerungskanäle gelangten Junikäfer *(Amphimallon solstitialis)* und eine Maulwurfsgrille *(Gryllotalpa unispina)* in die Wüstenzone im Süden der UdSSR. In bewässerten Teilen der kalifornischen Wüste haben sich von Flußufern her Melonenkäfer *(Diabrotica balteata)* und Baumwollthripse *(Caliothrips, Hercothrips)* auf die angelegten Kulturen ausgebreitet. Dagegen können Tenebrioniden im trockenen Wüstenbereich bleiben. Ihre Flügeldecken sind zusammengewachsen, so daß zwischen ihnen und dem Körper ein Hohlraum gebildet wird, der den Verdunstungsschutz erhöht.

7.1.5 Halbwüsten der gemäßigten Zone

Wo Niederschläge unter 250 mm im Jahr fallen, hören Grassteppen auf, und es bilden sich mit Kräutern bzw. Zwergsträuchern bedeckte Flächen, die trotz meist zusammenhängender Vegetationsdecke als Halbwüsten bezeichnet werden. In solchen Gebieten sind die Winter kalt, die Sommer heiß. Beispiele sind die Aralo-Kaspischen Halbwüsten und diejenigen im kalt-ariden Winterregengebiet zwischen dem kalifornischen Gebirge und den Rocky Mountains. Hier wie dort dominieren auf weiten Flächen *Artemisia*-Arten.

In Nordamerika handelt es sich um *Artemisia tridentata* (Sage brush), einen 1,5–2 m hohen Halbstrauch der mit seiner Pfahlwurzel bis 3 m Tiefe nach unten dringt und außerdem noch flach verlaufende Seitenwurzeln besitzt. Die Pflanze wird 25–30 Jahre alt. Außerdem kommen noch Gräser und Chenopodiaceen vor. Letztere finden sich vor allem dort reichlicher ein, wo der Untergrund in den Senken salzhaltiger ist.

Früher bildete «Sage brush» die Nahrungsgrundlage für Gabelantilope *(Antilocapra americana)*, Großohrhirsch *(Odocoileus hemionus)* und Salbeihuhn *(Centrocerus urophasianus)*, die heute selten geworden sind. Reichhaltig an Arten ist aber noch immer die Insektenwelt geblieben mit ihren Saftsaugern an Wanzen, Zikaden, Thripsen, den blattfressenden Raupen, Käfern und Heuschrecken. Heimisch ist dort auch die Rübenzikade *(Circulifer tenellus)*, die nach weiten jahreszeitlichen Wanderungen in südwestlicher Richtung Zuckerrüben-Kulturen befällt und eine gefährliche Virose auf diese übertragen kann [685].

Raubsäugetiere wie Coyote *(Canis latrans)* und Amerikanischer Dachs *(Taxidea taxus)* sind gleichfalls weniger häufig als früher. So bleiben Greifvögel die wichtigsten Feinde der Hasen *(Lepus americanus, Sylvilagus nuttallii)* und Nagetiere *(Spermophilus townsendii, Dipodomys, Neotoma)*, welche solche Halbwüsten noch reichlich bevölkern. Dabei ist das Spektrum der Nahrungswahl verschieden. Die Hauptbeute der an Kliffs oder auf Einzelbäumen brütenden Präriefalken *(Falco mexicanus)* und Rotschwanzbussarde *(Buteo jamaicensis)* sind Ziesel *(Spermophilus)*. Wenn deren Dichte in manchen Jahren zurückgeht, kann sich der Bussard leicht auf andere Beutetiere umstellen. Dem Falken gelingt dies weniger, weil die Flexibilität der Nahrungswahl angeboren ist [616].

Sehr mannigfaltig ist die Reptilienfauna in Halbwüsten mit Schlangen, Eidechsen, Schildkröten. Am Boden leben Skorpione, Ameisen, Tenebrioniden. Ökologische Beziehungen sowohl zu reinen Wüsten als auch zu Steppen für Auswahl und Anpassungen der Bewohner sind nicht zu übersehen.

Übrigens ist die heutige weite Ausdehnung der «Sage brush-Flächen» zum Teil anthropogen bedingt. Sie entstand durch Überbeweidung, weil Rinder die holzigen Pflanzen meiden, welche den Platz der früher dort wachsenden ausdauernden Kräuter einnehmen konnten [729].

In den winterkalten Halbwüsten im Süden der UdSSR gibt es große Gebiete, in denen Wermut *(Artemisia absinthium)* vorherrscht. Die Fauna trägt ähnliche Züge, wie sie für den entsprechenden Landschaftstyp in Nordamerika charakterisiert wurden. Ein häufiger Bewohner ist die Gelbe Zieselmaus *(Cynomys fulvus)*, die nur vier Monate im Jahr aktiv ist. Nach dem Vertrocknen der Pflanzen zieht sie sich in ihren Bau zurück, in dem eine relativ niedrige Temperatur herrscht, so daß hier der Beginn eines echten Winterschlafs bereits in den Sommer fällt. Zwar ist es dann draußen noch warm, aber es steht keine frische Vegetation mehr zur Verfügung [325].

7.2 Savannen

Trockengrasfluren mit zusammenhängender Pflanzendecke aus vorwiegend ausdauernden Gräsern über tiefem Grundwasser in den subtropischen und tropischen Sommerregenzonen nennt man Savannen. Häufig sind mehr oder weniger regelmäßig Bäume oder Sträucher eingestreut. Doch selbst wenn in solchem Klima das Grasland baumfrei ist oder kleine Trockenwälder enthält, sollte man von der Savanne (und nicht von Steppe) sprechen [296, 64].

Der Begriff, der vom westindischen Wort «zabana» stammt, schließt ehemals bewaldete «Sekundärsavannen» ein, die in weiten Teilen Südamerikas, Afrikas und Indiens erst durch das Wirken des Menschen entstanden sind. Außer den Busch-, Dorn- und Trockensavannen gehören Feuchtsavannen, die von immergrünen, regenwaldartigen Ufer- und Galeriewäldern durchzogen sind, zu diesem Landschaftstyp im weitesten Sinne [710].

Nicht allein die Gesamthöhe der Niederschläge (je nach geographischer Lage von etwa 600 bis über 1800 mm im Jahr), sondern deren Verteilung im Jahreslauf ist für die Entstehung der verschiedenen Savannen von Bedeutung. Es gibt Feuchtsavannen ohne ausgeprägte Jahreszeiten. Verbreiteter sind solche mit längeren Regenperioden, in denen sich ein genügender Wasservorrat für die trockenen Monate anreichern kann. Die Böden bestehen aus Podsolen, Roterden und Rotlehmen. Sie haben durch Auswaschung, Erosion und Brände meist oligotrophen Charakter [439]. In Abhängigkeit von der Höhe der Niederschläge und der Länge der Trockenheit kommen Übergänge zu Waldformationen und zu Wüsten vor. Tiere beider Landschaftstypen können daher in Savannen eindringen.

7.2.1 Wirkung von Feuer

Feuer beeinflußt außer der Vegetation die Struktur, Erosion und Fruchtbarkeit des Bodens, die oberirdische Kleintierwelt, das Nahrungsangebot für Pflanzenfresser, Wanderungen von Vögeln und Großsäugern [608]. In ariden Graslandschaften gab es auch vor der Nutzung des Landes durch den Menschen häufige Brände, die durch Blitze ausgelöst wurden. Pflanzen und Tiere sind daher an solche Situationen angepaßt.

Die höchsten Temperaturen bei einem Grasbrand liegen zwischen 280° und 560 °C in 50 cm über dem Boden. An der Bodenoberfläche steigen sie 2–3 Minuten lang auf 70–100 °C. Doch schon unterhalb 5 cm Bodentiefe wirkt sich das Feuer kaum mehr aus, so daß das Edaphon weitgehend verschont bleibt. Allerdings hängt die Erwärmung des Bodens außer von den Feuchteverhältnissen der Streu vor allem von der Windgeschwindigkeit ab.

Die Erneuerungsknospen der Gräser sind unter der Oberfläche. Zudem vernichtet ein Brand bei Gräsern nur den Wachstumszuwachs eines Jahres. Bei Akazien befinden sich am Wurzelhals noch bis etwa 20 cm unter der Oberfläche des Bodens schlafende Knospen, die das Feuer nicht erreichen kann. So vermochten sich auf die Dauer nur feuerfeste Holzarten in den Savannen zu halten. Wiederholtes Abbrennen läßt in der Regel Gräser auf Kosten der Kräuter mehr hervortreten und wirkt sich dadurch indirekt auf die Zusammensetzung der Fauna aus. Allerdings ist der Zeitpunkt des Feuers recht entscheidend. Wenn die perennierenden Pflanzen ihr Wachstum zur Zeit eines Brandes begonnen haben, werden oft gerade Kräuter vor Gräsern begünstigt [745].

Zwar kann ein Savannenbrand das Gefüge einer Lebensgemeinschaft vorübergehend verändern, doch findet verhältnismäßig schnell ein Ausgleich statt. Nach wenigen Monaten ist der Tierbesatz nur noch etwa 30% geringer als auf vom Feuer verschont gebliebenen Flächen [375]. Heuschrecken legen ihre Eier mit Vorliebe in Kahlstellen, wie sie häufig durch solche Brände entstehen [17]. Die neu aussprossende Vegetation bietet den heranwachsenden Heuschrecken ebenso wie Vögeln, Nagern und Huftieren eine qualitativ besonders gute Nahrung, weil der Protein- und Mineralgehalt in jungen Graspflanzen am höchsten ist und später zurückgeht.

Viele große Tiere weichen durch Flucht aus, sofern sie nicht auf ihren Wanderungen bereits vorher das trockene Grasland verlassen hatten. Von Äthiopien ziehen zur Zeit der Feuerbrände in den Wintermonaten insektenfressende Greifvögel, Störche, Bienenfresser *(Merops)* und Krähen in die südlichen Savannen, um Heuschrecken und andere Insekten am Rande von Feuerherden zu fressen, die sie in dichter, hoher Pflanzendecke nicht erbeuten könnten. Wenn das Gras in der Regenzeit wieder in die Höhe wächst, fliegen sie nach Norden zurück [666]. Entsprechendes wurde in südamerikanischen Savannen beobachtet.

7.2.2 Lebensformen der Pflanzen

Neben Kräutern und Stauden, darunter vielen Compositen und Leguminosen, gehören vor allem Gräser (Gramineen, Cyperaceen) und Holzgewächse zu den Charakterformen der Savannen (Abb. 7.7). Therophyten und Sukkulenten treten im Gegensatz zu Wüsten zurück, fehlen aber keineswegs. Kakteen nehmen häufig in Südamerika die Stelle dorniger Holzpflanzen afrikanischer Savannen ein. In Australien, wo

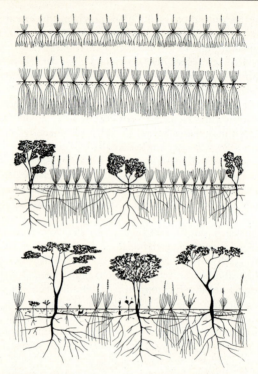

Abb. 7.7: Schema des Übergangs einer reinen Grassavanne über eine Savanne mit Holzgewächsen zum Savannenwald (nach Walter 1973).

Laubäser solchen Landschaften fehlen, sind die Pflanzen meist unbedornt.

Gräser durchwachsen mit ihrem feinen Wurzelwerk den Boden sehr intensiv und können dadurch viel Wasser aufnehmen. Da sie aber selbst bei Wassermangel ihre starke Transpiration nicht einschränken, kommt es leicht zum Anstieg der osmotischen Werte in den Zellen und schließlich zum Absterben von Gewebe. Dieser Vorgang beginnt an der Blattspitze und schreitet zur Basis fort. Es sieht dann aus, als ob die Grasflächen verbrennen. Die zur Erneuerung dienenden Vegetationskegel am Grund werden durch die sie umgebenden, trockenen Blattscheiden vor völliger Austrocknung bewahrt, können viele Monate am Leben bleiben und bei günstigen Wärme- und Feuchtebedingungen wieder austreiben. Nach dem Absterben der verdunstenden Organe verbrauchen Gräser nur noch sehr wenig Wasser. Wichtige Gräser der afrikanischen Savannen gehören zu den Gattungen *Pennisetum, Panicum, Andropogon, Hyparrhenia, Cynodon*. Das abgestorbene Streumaterial wird schon in wenigen Monaten zersetzt. Es stammt hauptsächlich von den Wurzeln.

Ganz anders liegt die Situation für die **Holzpflanzen.** Auf feinkörnigen Böden ist ihr extensiv wachsendes Wurzelsystem, das sich zwar horizontal weit ausbreitet und außerdem sehr tief (40 m und mehr) nach unten reichen kann, im Wettbewerb um die geringen Wasserreste den Gräsern unterlegen, weil diese das Wasser intensiver zu nutzen verstehen. Holzgewächse können sich daher neben Gräsern vor allem dort halten, wo während der Dürrezeit mehr Wasser im Boden verbleibt als die Gräser verbrauchen (Ab. 7.8). Sie vermögen ihre Transpiration zu regulieren. Schon bei geringem Wasserdefizit schließen sich vorübergehend die Spaltöffnungen. So können immergrüne Arten mit hartem Laub Dürrezeiten überdauern, andere werfen ihr Laub ganz oder zum Teil ab. Alle verlieren aber in der Trockenperiode dennoch durch Verdunstung so viel Wasser, daß ein geringer Nachschub aus dem Boden notwendig ist [749].

Abb. 7.8: Ostafrikanische Savanne; im Vordergrund Termitennest vor einer *Hyphaene*-Palme (Nachlaß Georg Tischler).

Die Netto-Primärproduktivität ist durch die tropischen Gräser und Seggen trotz Unterschieden zwischen trockenen und feuchten Savannen mindestens um 1% größer als in Grasländern der gemäßigten Breiten. Dies beruht auf ihrem «C4-Stoffwechsel», durch den sie hohe Lichtintensität für die Photosynthese besser ausnützen können, und auf ihrer wirksameren Fähigkeit der Wassernutzung [537].

7.2.3 Besonderheiten der Tierwelt

Grabende Tiere spielen wie in der Wüste bei allen Gruppen, einschließlich der zahlreich vertretenen Reptilien, eine große Rolle. Andererseits gibt es im Vergleich zur Wüste mehr Läufertypen unter den Säugetieren und durch Strauße sogar in der Vogelwelt. Noch zwei weitere Unterschiede zu Wüsten fallen auf; das Vorherrschen tagaktiver Arten sowie der ausgeprägte Gesellschaftstrieb bei Säugern, manchen Vögeln und Insekten, wie er sich in Mischherden, Rudeln, Meuten, Völkern, Kolonien, Familienverbänden und Schwärmen zeigt.

Im einzelnen seien im folgenden einige charakteristische Tiergruppen ausgewählt.

Regenwürmer. Die großen Megascolecidae in Savannen können 150–500 t/ha an Kotkrümeln während der Regenmonate nach oben bringen. Die Menge an Kotkrümeln liegt in Steppen der gemäßigten Zonen mit jährlich 20–80 t/ha (Durchschnitt 40 t) wesentlich niedriger. Durch das Wirken der Regenwürmer werden zugleich Durchlüftung des Bodens, Absorption von Wasser und Drainage bedeutend verbessert, der Abbau toter organischer Substanzen und die Durchdringung der Wurzeln erleichtert [752].

Insekten. Reichhaltig ist in Savannen die Welt der Arthropoden, vor allem der Insekten mit ihrer großen Zahl von Arten, die lebendes oder abgestorbenes Pflanzenmaterial verzehren sowie den Dungfressern, den Räubern und Parasiten.

Ebenso wie Gräser haben **Heuschrecken** ungenügenden Verdunstungsschutz und müssen daher viele Pflanzen fressen, um genügend Wasser zu erhalten. Der Wandertrieb ermöglicht es manchen Arten (*Locusta m. migratorioides*, *Nomadacris septemfasciata* in Afrika, *Schistocerca paramensis* in Südamerika, *Chorteucetes terminifera* in Australien) in günstigere Gebiete zu fliegen, wenn die Nahrung knapp wird. Berührungs- und Mischzonen bestimmter Vegetationsmuster sind für Wanderheuschrecken meist Areale, in denen es leicht zu gregärer Phasenbildung (d. h. zum Wandertrieb der inadulten Tiere, später der Adulten) kommt [728].

Das Phänomen des Wanderns tritt auch bei **Schmetterlingen** auf, so bei den Raupen von *Spodoptera litura* (Heerwurm), die sogar wie die

Wanderheuschrecken eine Farbvariante ihrer Wanderphase haben. Kleinere Gelege dieses Eulenfalters bis zu 150 Eiern können vollständig von Zehrwespen *(Telenomus)* parasitiert werden. Doch verringert sich das Ausmaß der Parasitierung mit zunehmender Gelegegröße, die über 800 Eier betragen kann. Die Eiparasitoide sind dann nicht mehr imstande, ins Innere eines so kompakten Geleges von *Spodoptera* vorzudringen. So können mehr Raupen schlüpfen, und bei zu großer Populationsdichte bilden sie Wanderzüge [70].

Charakterarten der Savannen sind **Termiten.** Sie leben in unterirdischen Nestern. Stärker sklerotisiert sind die Heerestermiten Hodotermitinae) und die Erntetermiten (Nasutitermitinae), die Gras- und Blattstücke eintragen. Ihre oberirdischen Straßen werden von Soldaten bewacht. Die Bauten der meisten Termitidae ragen weit über die Oberfläche (Abb. 7.8) und können bei größerer Koloniedichte das Bodenrelief verändern. Das Material für die Bauten wird noch aus 2 m Tiefe heraufgeholt. Die unterirdische Tätigkeit bedingt bessere Drainage, Durchlüftung und erhöhte Verdunstung an solchen Stellen; auch kann kalkreicheres Material nach oben gelangen. Außer den hügelbauenden gibt es rein unterirdische Arten, die jedoch nicht weit in die Tiefe dringen. Sie sind besonders individuenreich. Nach Schätzungen in afrikanischen Savannen können von ihnen 18 Millionen Individuen/ha vorkommen [762].

Wenn «Termitarien», die bei *Macrotermes*-Arten 8 m Höhe und 15 m Breite messen können, verlassen werden, verwittern solche Hügel. Es stellen sich Pflanzen ein, unter ihnen Holzgewächse. Da bei einem Savannenbrand die üppigere Vegetation auf einem Termitenhügel vom Feuer eher verschont bleibt und später auf den abgebrannten, dazwischen liegenden Flächen Graswuchs begünstigt wird, bilden sich mit der Zeit sog. Termitenwäldchen die mosaikartig in der Graslandschaft liegen. Sie werden auch in der Regenzeit nicht überschwemmt wie die Flächen zwischen ihnen, auf denen sich Tonteilchen ablagern und den verschlämmten Boden nur noch für Gräser geeignet machen [708, 745].

In mancher Hinsicht haben Termiten eine ähnliche bodenbiologische Bedeutung wie Regenwürmer. Andererseits konzentrieren sie im Gegensatz zu diesen das organische Material mehr an bestimmten Stellen, um nur einen der Unterschiede hervorzuheben [385]. Ferner übertrifft die Biomasse/m^2 der Regenwürmer weit diejenige der Termiten. Der Hauptabbau wird zudem durch Bakterien und Pilze geleistet.

Welche Bedeutung **Dungkäfer** für die Beseitigung der Kothaufen der großen Pflanzenfresser in den Savannen haben, lernte man erst vom Grasland Australiens kennen. Dort waren Rinder nicht heimisch, und wilde Wiederkäuer kamen vor Einführung der Rinder nicht vor. Infolgedessen fehlten die vielen Käfer, welche die Exkremente für ihre Brut in den Boden eingraben, wo sie abgebaut werden. Wenn Kuhfladen in ariden Gebieten lange auf dem Gras liegen bleiben, stirbt dies allmählich ab, denn es dauert 3–5 Jahre, bevor der Kot sich durch Mikroorganismen und Fliegenlarven zersetzt hat. Die Kalamität des durch ausgetrocknete Kuhfladen zurückgehenden Weideertrags konnte durch Einbürgerung von Dungkäfern aus den Savannen Afrikas und Südasiens behoben werden [753, 60].

Typisch für Savannen sind auch **Ameisen.** Hervorgehoben von räuberischen Arten seien die bis 2 cm langen Bulldoggenameisen *(Myrmecia)* in Australien sowie die Wanderameisen Südamerikas und Afrikas, die nicht nur in tropischen Wäldern, sondern ebenso in offenen Landschaften vorkommen. Viele Arthropoden, darunter besonders Termiten, fallen ihnen zum Opfer [592].

Aus der großen Zahl der Parasiten seien nur die **Tsetsefliegen** der Trockensavannen Ostafrikas erwähnt. Es handelt sich dort vor allem um *Glossina morsitans* und einige verwandte Arten. Diese Fliegen haben einen ungewöhnlichen Lebenszyklus, indem die Larve sich im Muttertier ernährt und im verpuppungsreifen Stadium geboren wird. Die Fliegen saugen Blut von Säugetieren, Reptilien und vom Menschen. Dabei können sie Trypanosomen übertragen, die beim Menschen die gefährliche Schlafkrankheit (Afrikanische Trypanosomiasis), bei Wiederkäuern, Schweinen und Einhufern «Nagana» hervorrufen [695]. Die Schwarz-Weiß-Streifung der Zebras bildet keinen Sichtschutz gegenüber Raubtieren, wie man früher annahm. Wohl aber führt sie zu

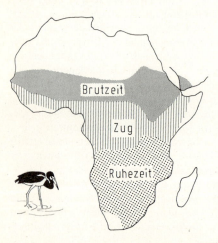

Abb. 7.9: Zug des Regenstorches *(Ciconia abdimii)* (etw. veränd. aus Schüz 1971).

vermindertem Anflug von Tsetsefliegen, die flächig dunkle Körper bevorzugt anfliegen.

Vögel. Wanderungen sind für einige Savannenvögel typisch, meist um der nahrungsknappen Trockenzeit zu entgehen. Die nördlich des Äquators brütenden Arten ziehen weiter nach Süden (z. B. *Merops nubicus*), südlich des Äquators brütende *Merops nubicoides* nach Norden. Manche überqueren den äquatorialen Regenwald. Ein Beispiel dafür ist der Regenstorch *(Ciconia abdimii)* (Abb. 7.9) [585]. Bei Beginn der Regenperiode fliegt er von seinem Brutgebiet aus den nördlichen Savannen Afrikas in diejenigen südlich der Hylaea, in denen dann Regenzeit ist. Maßgebend für das Zuggeschehen dürften die Zugverhältnisse sein. In der Regenzeit schwärmen die Termiten, sind die meisten übrigen Insekten aktiv, ist pflanzliche Nahrung am reichhaltigsten. Es gibt allerdings auch Vögel, die gerade den Trockenperioden folgen, wie der gleichfalls zu den Störchen gehörende afrikanische Klaffschnabel *(Anastomus lamelligerus)*, der mit Vorliebe Süßwassermollusken frißt. Diese findet er am leichtesten in ausgetrockneten Flußbetten.

Residenten in Savannen der Alten Welt sind die Webervögel (Ploceidae). Sie brüten gesellig auf Bäumen in Wassernähe und fertigen aus Grashalmen oder Blattrippen kunstvolle Nester an. Der Haussperling *(Passer domesticus)*, der den Menschen überall hin begleitet hat, ist ein Vertreter dieser Familie [328].

Pflanzenfressende Säugetiere. Huftiere, Känguruhs, Nager, Hasentiere haben symbiotische Bakterien, die Zellulose verdauen. Sie befinden sich im Pansen der Wiederkäuer, im Darm der Einhufer, in besonderen Darmtaschen der Känguruhs, im Blinddarm der Nagetiere und Hasen. Bei den beiden letztgenannten ist «Coecotrophie», d. h. Verzehren bestimmter eigener Kotkugeln, lebensnotwendig, um genügend Vitamine des B-Komplex zu erhalten. Koprotrophie, die nicht nur eigenen Kot, sondern auch solchen von anderen Tieren betrifft, ist übrigens von *Equus hemionus*, dem Wildesel asiatischer Halbwüsten bekannt geworden.

Viele **Großsäuger** müssen wegen der langen Trockenzeiten, den oft damit verbundenen Bränden und den Folgen der eigenen Beweidung ergiebigere Nahrungsplätze aufsuchen. Elefanten, Büffel und Wasserböcke *(Kobus)* sind auf Trinken angewiesen. Die meisten anderen erhalten genügend Flüssigkeit mit der Nahrung, auch wenn sie sich ebenfalls an offene Wasserstellen begeben. Nur wenige sind so vom Wasser unabhängig, wie manche Wüstentiere. Dazu gehören Elen-Antilope *(Taurotragus)* und *Oryx*-Antilope, die in Gebieten leben, in denen 6–9 Monate kein freies Wasser zur Verfügung steht. Ihre Körpertemperatur kann wie bei Kamel und Esel der Wüsten um mehrere Grade zwischen Tag und Nacht fluktuieren. Bei der *Oryx*-Antilope übertrifft die Körpertemperatur dadurch unter Umständen diejenige der Umgebung, so daß das Tier dann Wärme nach außen abgibt. *Oryx*-Antilopen können deshalb im Gegensatz zu Elen-Antilopen, die in der Mittagshitze Schatten aufsuchen, den ganzen Tag über ungeschützt der Sonne ausgesetzt bleiben. Schließlich fressen Elen-Antilopen saftigere Akazienblätter, *Oryx* dagegen Gräser und Blätter von Sträuchern, die weniger Wasser enthalten, allerdings nachts durch Kondensation etwas Feuchtigkeit auffangen [652]. Stärker fluktuierende Körpertemperatur kommt auch bei Känguruhs der australischen Savannen vor.

Die pflanzenfressenden Großtiere bilden eine natürliche Gemeinschaft [36, 182]. In Afrika werden die verschiedensten, großräumigen Areale von Elefanten, Büffeln, Zebras, Gnus, Antilopen in einem gewissen Turnus abgeweidet, der für die Regeneration der Pflanzen genügend Spielraum läßt. Dieser Turnus ist dem Wechsel von Regen- und Trockenzeiten weitgehend angepaßt. Außerdem frißt jede Art auf die ihr eigene Weise nur einen betimmten Teil des Gesamtangebots an Futterpflanzen. Die Weidetiere ergänzen sich. Es können 20 Arten im gleichen Gebiet vorkommen. Einige sind vorwiegend Laubäser (Giraffen, Elefanten, manche Antilopen) an Bäumen oder Sträuchern. Andere beweiden die Krautschicht, wobei nach der Regenzeit mit knapper werdender Nahrung eine Spezialisierung auf bestimmte Pflanzenarten oder deren Teile eintritt. So fressen Zebras die obersten Teile der Pflanzen, Gnus die mittleren, Thomson-Gazellen mehr die unteren. Dies hängt mit ihrem unterschiedlichen Bedarf an Zellulose und Protein zusammen. Auch sind die Fraßzeiten verschieden. Es gibt nacht- und tagaktive Arten und bei letzteren solche, die an genauer festgelegten Stunden die Hauptaktivität entfalten.

Es wird vermutet, daß die Konzentration der gemischten Huftierherden außerdem mit dem dort höheren Gehalt an lebenswichtigen Mineralien (Magnesium, Natrium, Phosphor) in Boden und Pflanzen zusammenhängen könnte.

Zu Schäden durch Überbeweidung kommt es besonders leicht in Schutzreservaten, wo Raubtiere weitgehend ausgeschaltet sind, das natürliche Zahlenverhältnis zwischen den Arten der Huftiere verschoben oder das Areal für Wanderungen zu eingeschränkt ist [376]. Andererseits wirkt sich auch ungenügende Beweidung durch einen wichtigen Partner der Großtiergemeinschaft für andere ungünstig aus. So fressen in der Serengeti Ostafrikas die großen Herden der Gnus (*Connochaetes taurinus*) in der Trockenzeit stellenweise einen beträchtlichen Teil der Vegetationsdecke, deren Höhe sie um mehr als die Hälfte kürzen. Dadurch verhindern sie das Altern der Gräser und stimulieren diese zu neuem

Wachstum. Die einen Monat später einwandernden Thomson-Gazellen *(Gazella thomsoni)* finden eine frische, dichte Grasdecke vor. Auf unbeweideten Flächen geht die Vegetation durch Überalterung zurück [419]. Dies ist ein Beispiel für Metabiose.

Die Dichte der **Nagetiere** wird in Zeiten steigender Huftierzahlen meistens geringer, nimmt aber wieder zu, wenn die großen Weidegänger abnehmen. Ob Nahrungskonkurrenz oder andere Störungen dabei wesentlich sind, läßt sich nicht verallgemeinernd sagen. Auf jeden Fall werden viele Nager beim Zertrampeln des Bodens hochgeschreckt, von den die Herden begleitenden Straußen verzehrt, ihre Baue geschädigt. Auch haben sie in kleinen Raubtieren, Schlangen, Rabenvögeln, Eulen, Wanderameisen viele Feinde.

Zweifellos steht jedoch die Bevölkerungsdichte der Nagetiere mit dem Futterangebot in Zusammenhang. So wurden in afrikanischen Savannen mit Mischbeständen aus Elefantengras *(Pennisetum purpureum)* und verstreutem Sekundärbusch je nach Üppigkeit der Vegetation 100–450 Individuen an Muriden/ha festgestellt. Das Maximum der Fortpflanzungsaktivität liegt bei den Nagern in den Monaten der Regenperiode, hört aber schon auf, lange bevor die Trockenzeit einsetzt, und steigt dann nochmals am Anfang derselben vorübergehend an [134]. Dies Verhalten ist schwer zu deuten, gilt indessen gleichfalls für einige afrikanische Savannenvögel.

Nach Untersuchungen in Savannen Ostafrikas werden auf das Jahr bezogen je nach der Grasformation höchstens 30–40% der oberirdischen Pflanzenmasse von Phytotrophen verzehrt. Der weitaus größte Anteil davon (70–90%) entfiel auf die Ungulaten. An zweiter Stelle standen Insekten, besonders Heuschrecken, während Kleinsäuger im Vergleich dazu weniger Bedeutung hatten. Saprotrophe Tiere nahmen eine Nahrungsmenge auf, die etwa der Größenordnung der Beweidung durch Ungulaten entsprach; am wichtigsten waren Regenwürmer und Termiten. Für Phytotrophe gibt es jedoch auch Zeiten des Nahrungsmangels, weil die meisten Pflanzen nur eine gewisse Zeit genügend Rohprotein enthalten [597]. In anderen Gebieten und Situationen können die Verhältnisse der Nahrungsaufnahme abweichen. So wurden in Südafrika allein in Kolonien der Rennmaus *Tatera brantsii* über 47% der oberirdischen Pflanzenmasse und 34% der Wurzelmasse (in Trockengewicht) gefressen. An solchen Stellen erhöhte sich dadurch jedoch die Artenzahl der Pflanzen [355a].

Sowohl bei den seßhaften Kleinsäugern wie bei den weniger stationären Großweidetieren kommt Territorienbildung vor. Bei den letzteren beschränkt sich dieses Verhalten auf die Männchen, die sich meist schon vor der Paarungsperiode aus dem Verband absondern. Es besteht auch hier eine enge Beziehung zwischen Territorialität und Fortpflanzung. Die Weibchen werden von den Männchen nur eine bestimmte Zeit in den Territorien gehalten. Schlechte Weide- und Wasserverhältnisse zwingen immer wieder zur Wanderung und damit zur Aufgabe solcher Reviere [342].

Raubtiere. Ihre Bedeutung liegt weniger im biologischen Regulativ gegen Massenvermehrungen der Huf- und Nagetiere als vielmehr in ihrer Rolle als «Gesundheitspolizei», da sie außer jungen Tieren vor allem kranke und geschwächte erbeuten.

Geparde *(Acinonyx)*, die 40–70 km in der Stunde laufen, haben einen weiten Aktionsradius; das gilt namentlich für die Weibchen. Löwen ruhen etwa 20 Stunden am Tag und gehen nur 4 Stunden auf Nahrungserwerb. Dabei bevorzugen sie Beute, die von anderen Raubtieren geschlagen ist und die sie diesen zu entreißen trachten; auch Kadaver verschmähen sie keineswegs. Andererseits sind Hyänen nicht lediglich Aasfresser, sondern können sehr aktive Räuber sein. Sie gehören übrigens zu den Hauptwirten der Trichine *(Trichinella)*, die ein typischer Parasit der Großtiere ist. Nach deren Dezimierung durch den Menschen wurde die Trichine über Warzenschwein und Hausschwein in stärkerem Maß zu einem Humanparasiten [531].

Arbeitsteilung durch Sozialverhalten kann das Leben der Einzelindividuen erleichtern. Der Zwergmungo *(Helogale undulata)* in Ostafrika lebt im Familienverband von 12 oder mehr Individuen. Da er tagaktiv ist, würden dem Einzeltier Schakale, Greifvögel und andere Feinde in den deckungsarmen Trockensavannen gefährlich werden. Nur das ranghöchste Paar dient der Fortpflanzung. Das Weibchen übernimmt die Führung bei der Nahrungssuche, das Männchen bei Kämpfen und Verteidigung. Die übrigen Familienmitglieder übernehmen Aufzucht der Jungen, Krankenpflege und Wache im Familien-Territorium. Nachts halten sich die Zwergmungos gerne in Gangsystemen von Termitenhügeln auf, wo auch die Jungen geboren werden. Häufige Begleiter bei der Nahrungssuche sind Nashornvögel *(Bucorvus)*, welche die aufgestöberten Insekten fressen und die Mungos vor Feinden alarmieren [499].

Mensch. Vielleicht stammt der neuzeitliche Mensch *(Homo sapiens)* aus der afrikanischen Savannenlandschaft. Dort hat er vorwiegend zunächst als Sammler und Jäger gelebt, von dort sich schließlich über alle Kontinente ausgebreitet. In Savannen eingeführte Haustiere haben oft zu einseitiger Weidenutzung und Überbeweidung geführt, so daß die Grasfluren stark geschädigt wurden. In Grenzertrags-Gebieten kann der Mensch jedoch Haltung von Haustieren und Nutzung von Wildtieren verbinden. Das hohe Angebot an letzteren in Afrika läßt sich gut zur Steigerung der Produktion heranziehen, zumal bei Wildtieren Dichte der Bestockung und Fleischertrag je Flächeneinheit viel höher liegen als bei Haustieren [276]. Die Menge an Großtieren darf allerdings eine bestimmte Dichte nicht überschreiten, damit nicht Schäden in der Landwirtschaft hervorgerufen werden.

7.3 Steppen

Steppen sind aride Landschaften der gemäßigten Zonen, in denen ausdauernde, winterharte und eine gewisse Dürre ertragende Gräser vorherrschen. Es betrifft vor allem den osteuropäisch-asiatischen Steppengürtel von der Ukraine bis in die Mandschurei (mit Ausstrahlung bzw. Relikten bis Mitteleuropa), die nordamerikanischen Prärien und die ostargentinische Pampa. Als Mutterboden kommt in der Regel Löß vor. Darüber bilden sich als Ergebnis von Klima, Pflanzen und Tieren in den feuchteren Regionen meist Schwarzerde (Tschernosem), in den trockeneren Kurzgrassteppen Kastanoseme (s. Abb. 1.1).

Im Unterschied zu Savannen fehlen den Steppen einzeln wachsende, feuerfeste Bäume mit schirmförmiger Krone. Die Baumarten der gemäßigten Breiten sind bestandbildend, gegen Feuer empfindlich, und ihre Sämlinge können sich im Wettbewerb mit den Gräsern nicht durchsetzen. Zwar ist Baumwuchs auch in Steppen möglich, wie künstlich angelegte Windschutzstreifen erkennen lassen, doch könnte sich ein größerer Wald nicht halten, weil er mehr Wasser verbraucht als die niedrige Steppenvegetation. Allerdings kommen ebenso wie in Savannen Galeriewälder entlang der Flüsse oder kleine Gehölze in tiefen Erosionsrinnen vor. Überall, wo das Grundwasser von den Baumwurzeln erreicht wird, können sich Bäume entwickeln. Im allgemeinen liegt der Grundwasserspiegel im Bereich der Steppen für Bäume zu tief [230].

Nach Norden hin gibt es von der amerikanischen Prärie und der südrussischen Steppe zu reinen Waldlandschaften Übergänge durch **Waldsteppen**. In ihnen liegen auf gut drainierten Standorten meist in Senken eingestreute Waldinseln zwischen Grasfluren. Sie bestehen in beiden Kontinenten aus Eichen *(Quercus)*, die mit Linde *(Tilia)*, Ahorn *(Acer)*, Ulme *(Ulmus)*, Pappel *(Populus)* und manchen anderen Bäumen gemischt sind [447, 12]. Nach wärmeren Klimabereichen hin finden sich Übergänge zu Halbwüsten oder wie im Süden Nordamerikas und im Westen der argentinischen Pampa zu Savannen. Es können daher Organismen aus Wüsten, Savannen und Wäldern in die Steppen eindringen.

Dies sei am Beispiel einiger Vögel der eurasiatischen Steppe ausgeführt. Aus Wüsten stammen Steppenhuhn *(Syrrhaptes paradoxus)*, Steinkauz *(Athene noc-*

tua) und Haubenlerche *(Galerida cristata)*. Letztere konnte sich bis in die «Steinwüsten» der Großstädte ausbreiten. Daneben gibt es eine ganze Anzahl von Vögeln, die eigentlich in der Waldsteppe zu Hause sind, wie Star *(Sturnus vulgaris)*, Grünling *(Carduelis chloris)*, Hänfling *(C. cannabina)* und der Feldsperling *(Passer montanus)*. Echte Steppenvögel ohne Beziehung zu Wüsten oder Wäldern haben sich aus wärmeliebenden Formen der im Tertiär dort vorkommenden Savannen entwickelt. Zu ihnen zählen Rotfußfalke *(Falco vespertinus)*, Kaiseradler *(Aquila heliacea)*, Steppenweihe *(Circus macrourus)*, Rebhuhn *(Perdix perdix)*, Wachtel *(Coturnix coturnix)*, Jungfernkranich *(Anthropoides virgo)*, Trappen *(Otis tarda, Tetrax tetrax)*, Steppenkiebitz *(Chettusia gregaria)*, Grauammer *(Emberiza calandra)*, Feldlerche *(Alauda arvensis)* [466, 619].

7.3.1 Lebensbedingungen

In den meisten Steppen gibt es heiße Sommer und kalte Winter. Nur im südlichen Teil der Prärien und in der Pampa Argentiniens bleibt es im Winter ziemlich warm. Der Hauptregen fällt im Frühjahr und Vorsommer, doch kommen Ausnahmen von der Regel vor. Überall folgt wie in fast allen Savannen eine längere Trockenzeit den feuchten Monaten.

Pflanzen und Tiere müssen außer jahreszeitlichen Extremen von Temperatur und Feuchtigkeit auch starken tageszeitlichen Unterschieden der Temperatur, Windwirkung und Sonneneinstrahlung gewachsen sein. Eine Reihe klimatisch günstiger Jahre kann leicht zur Massenvermehrung einiger Arten führen, die wieder dezimiert werden, wenn ein Mißverhältnis zur Nahrungsmenge entsteht oder Wasser für längere Zeit nicht ausreicht. Beispiele sind die Bevölkerungsfluktuationen der Nagetiere und der ihrer Feinde, die Züge bestimmter Wanderheuschrecken *(Locusta migratoria* in der Alten Welt, *Melanoplus*-Arten in Amerika), Emigrationen einiger Steppenvögel ohne Rückkehr. Selbst der Mensch mit seinen Weidetieren war in Steppenlandschaften als Nomade zu Wanderungen gezwungen. Manche seiner Völkerschaften breiteten sich im Laufe der Geschichte von dort her in günstigere Siedlungsgebiete aus und wurden seßhaft.

Feuer ist in Steppen ein natürliches Ereignis, das Gräser begünstigt [123, 28]. Die meisten der im Boden, inmitten von Grashorsten oder unter Steinen und Knochen sich aufhaltenden Regenwürmer, Arthropoden und Schnecken werden nicht betroffen, weil die hohen Temperaturen weder lange genug dauern noch in die Tiefe reichen [308, 402]. Auch die Bodennester der Ameisen bleiben verschont. In ihnen nehmen zudem viele Kleintiere Zuflucht, die von solchen Zentren aus die verbrannten Flächen neu besiedeln. Mäuse, deren Junge im Boden geschützt sind, verlassen nach einem Feuer ihre Gänge und wandern dorthin, wo mehr von der Vegetation erhalten blieb.

Gräser und Kräuter liefern besonders in der kräuterreichen Langgrassteppe weit mehr Humus als er in Wäldern gebildet wird. Eine beständige Krümelung und gute Durchlüftung des Bodens, die in Wechselwirkung mit dem reichen Bodenleben steht, führt zu hoher Bodenfruchtbarkeit. Diese kommt wiederum den Pflanzen zugute. Die unterirdische Phytomasse ist viel größer als die oberirdische. Unter den Bodentieren sind Regenwürmer und Ameisen wichtig für die Lockerung und Durchmischung der Erde. Ein Maximum der Mesofauna liegt dicht unter der Bodenoberfläche, wo das Wurzelwerk gute Bedingungen bietet; ein zweites befindet sich 25–40 cm oder noch tiefer im Boden, wo stabile Wasserverhältnisse herrschen [386].

Wie schon in Savannen ist der hohen Anteil an Grabern, Läufern und gesellig lebenden Tieren auffallend. Steppennager brauchen nicht unbedingt zu trinken. Sie entziehen dem Primärharn mehr Wasser als Bewohner feuchter Lebensräume. Auch schützt unterirdisches Leben vor Wasserverlust. Zu den Grabern zählen sogar Vögel, so in der Pampa Erdkleiber *(Geositta)* und Höhleneule *(Speotyto)*. Letztere kommt gleichfalls in den Prärien Nordamerikas vor. In Erosionsschluchten der südrussischen Steppe nisten Uferschwalben *(Riparia)*, Blaurake *(Coracias)*, Bienenfresser *(Merops)* und zuweilen der Rotfußfalke *(Falco vespertinus)*.

Ein Vergleich verwandter Insektenarten zwischen Wüsten und Graslandschaften (Savannen, Steppen) zeigt bevorzugte Nachtaktivität in Wüsten, Tagaktivität in Grasfluren [231].

7.3.2 Ursprüngliche Steppen als Restlandschaften

Die Bereiche ehemaliger Steppen sind durch das Wirken des Menschen sehr zusammengeschrumpft und selbst in ihren Restbeständen nicht mehr ganz typisch, weil die pflanzenfressenden Großtiere fehlen oder selten geworden sind.

In den Prärien waren es besonders die großen Herden des Bison und Rudel von Gabelantilopen *(Antilocapra)*, in den Pampas Guanako *(Lama)* und Pampahirsch *(Odocoileus bezoarticus)*, in den eurasiatischen Steppen Wildpferde [Tarpan], Halbesel *(Equus hemionus)*, Saiga-Antilope, zu denen im Bereich der Waldsteppe noch Wisent und Hirsche hinzukamen. Auch Raubtiere wie Puma, Wolf, Füchse und Dachse wurden selten. Gleiches gilt für manche Vögel, von denen stellvertretend die Pampastrauße oder Nandus (Rheidae) genannt seien, die zu Darwins Zeit noch häufig waren. Erst neuerdings gelang es, wenigstens den Bestand der Saiga-Antilope wieder beträchtlich zu erhöhen. Der Reichtum an Wirbellosen, Reptilien, Vögeln und Kleinsäugern läßt noch etwas von der früheren Lebensfülle solcher Landschaften ahnen.

Pflanzen. In den Prärien und Pampas nehmen die Niederschläge von Osten nach Westen, in den eurasiatischen Steppen von Norden nach Süden ab. Wo mehr Regen fällt, haben sich kräuterreiche Wiesen- und Langgrassteppen ausgebildet, die zu den niederschlagsärmeren Gebieten hin allmählich in krautarme Kurzgras- und Trockensteppen übergehen.

Die Gräser fangen zum Teil schon im Herbst, vor allem aber nach der Schneeschmelze zu sprießen an. Mit der Regenzeit im Frühjahr erwacht neues Leben auch in der Tierwelt, die reichliche Nahrung findet. Insekten, Schnecken, Nager werden aktiv. Gräser mit ihrem mehr horstartigem Wuchs und mechanisch versteiften Blättern, Compositen, Leguminosen und andere Kräuter wachsen schnell in die Höhe. Zwischen Gräsern und Kräutern der Steppe bestehen ähnliche ökologische Unterschiede wie zwischen Gräsern und Holzpflanzen in den Savannen. Die Gräser *(Andropogon, Stipa, Buchloe, Koeleria, Festuca, Bouteloua)* durchwachsen auch hier sehr intensiv mit fein verzweigten Wurzeln den Boden, während die Kräuter oft mit einer tiefreichenden Pfahlwurzel den Boden mehr extensiv erschließen und im Vergleich zu den Gräsern weniger Biomasse erzeugen [755].

Analog zu den «Winterstehern» im Hochgebirge bleibt nach dem Absterben der oberirdischen Organe bei den sog. «**Steppenläufern**» der versteifte Stengel mit den trockenen Fruchtständen erhalten. Er bricht an einer schwachen Stelle des Wurzelhalses ab und wird vom Wind über die Steppe gefegt, wobei die Samen ausgestreut werden. Eine andere Art der Samenausbreitung ist durch «**Trampelkletten**» entstanden, deren scharfe Anhänge sich zwischen die Hufe der Weidetiere einpressen [479].

Vorübergehende Trockenperioden rufen bei Steppenkräutern erhöhte Konzentrationen des Zellsaftes hervor. Spätblüher schränken die Transpiration durch Verdorren der Blätter ein. Gräser regulieren die Verdunstung durch zeitweisen Verschluß ihrer Stomata oder wie die Federgräser *(Stipa)* durch Einrollen der Blätter.

Arthropoden. Von pflanzenfressenden Insekten sind Heuschrecken besonders häufig. Verschiedene ihrer im gleichen Areal lebenden Arten unterscheiden sich oft in ihren Nahrungsansprüchen und im jahreszeitlichen Auftreten [722]. Außer ihnen gibt es eine Fülle phytotropher Dipterenlarven, Schnabelkerfe (Rhynchota), Rüsselkäfer (Curculionidae), Blattkäfer (Chrysomelidae), Scarabaeiden, Raupen von Schmetterlingen und Blattwespen. Räuberische Arten finden sich namentlich unter Spinnen, Käfern, Ameisen, Raubfliegen (Asilidae), Grabwespen (Sphecidae), Dolchwespen (Scoliidae).

Vögel. Manche Steppenvögel treten in stattlicher Individuenzahl auf. Trappen, Steppenhühner, Rebhühner leben in Völkern. Rotfußfalken jagen Insekten im Verband. Viele Singvögel lassen ihren Gesang während des Fluges ertönen, wie es von Lerchen und Piepern allgemeiner bekannt ist. Vögel sind in Steppen vorwiegend Sandbader. Unter den Sperlingsvögeln der Steppengebiete der Erde kommen Ammern (Emberizinae) recht häufig vor, in Eurasien zudem Pieper (Anthinae) und Stelzen (Motacillidae), Stare (Sturnidae) und Lerchen (Alaudidae). In Amerika sind dagegen Stärlinge (Icteridae) und Königswürger (Tyrannidae) auch für Prärien charakteristisch.

Nager und Hasentiere. Die große Besiedlungsdichte vieler pflanzenfressender Kleinsäuger in den Steppen wirkt sich auf Boden und Vegetation aus. Trotz destruktiver Tätigkeit bei Massenvermehrung sind diese Tiere durch Umlagerung und Auflockerung des Bodens, seine Anreicherung mit Humus und Mineralsalzen für die Erhaltung der Steppe wesentlich. Außerdem leben von ihnen eine ganze Anzahl von Raubsäugern, Schlangen und Vögeln. Schließlich haben Steppennager humanökologische Bedeutung, da ihre Parasiten Krankheitserreger auf Tiere und Menschen übertragen (Abb. 7.10) [695].

Durch ihre Grabtätigkeit erzeugen Taschenratten *(Geomys)* und früher auch die häufig gewesenen «Präriehunde» *(Cynomys)* in Nordamerika; *Viscascia* in Südamerika; Murmeltiere *(Marmota)*, Hamster *(Cricetus)*, Ziesel *(Citellus)* in Eurasien oberseits ein welliges Relief. So können die Erhebungen oder kleinen Hügel von *Marmota sibirica* 1 m Höhe und 16 m Durchmesser erreichen. Große Massen Erde werden aus einigen Metern Tiefe um den Ausgang der Baue abgelagert. Dieses Bodenmaterial, das keinen Humus enthält, ist aber sehr kalkreich. Es siedeln sich daher kalkliebende Pflanzen auf solchen Erdhügeln an, namentlich Gräser, Chenopodiaceen und Compositen. Sie fehlen dort, wo der Boden noch nicht von den Nagern durchwühlt wurde. Auf der frisch ausgeworfenen Erde stellen sich auch Ruderalpflanzen ein, zumal in Nähe der Höhleneingänge, die mit Losung der Tiere angereichert ist.

Das lockere Material der Erdhügel und die Schneewehen des Winters, die im Frühjahr länger liegenbleiben, führen zu stärkerer Durchfeuchtung. An solchen Stellen kann sich die Vegetation besonders gut entfalten. Auf den flachen Erhebungen lassen sich Vögel gerne nieder, mit deren Kot Fruchtkerne *(Cerasus, Amygdalus, Caragana)* ausgeschieden werden, so daß in der Steppe Gebüsch hochkommt [192]. Die Hügel der Murmeltiere, Ziesel, Präriehunde bleiben, selbst wenn die unterirdischen Gänge schon verlassen sind, jahrzehntelang bestehen. Sie prägen daher die Landschaft noch, wo die Tiere bereits weitgehend vernichtet wurden.

7.3.3 Umwandlung der Steppe in Weideland und Getreidefelder

In den zu **Weiden** umgewandelten Prärien Amerikas sind an Stelle der Büffel *(Bison)* nun Rinder und Pferde getreten. Der Kuhvogel *(Molothrus ater)*, der einst die Büffelherden begleitete, um von ihren Rücken Schmarotzer (Hippoboscidae, Larven von *Hypoderma*) abzulesen, folgt jetzt den Rindern. Von deren Dung leben die gleichen Käfer und Fliegenmaden wie früher von dem der wilden Huftiere. Unter ausgetrockneten Exkrementen halten sich wegen der höheren Feuchte in den heißen Monaten Käfer und Grillen auf. Hasen sind häufiger geworden, seit ihr Hauptfeind, der Präriewolf oder Coyote *(Canis latrans)* zurückgedrängt wurde. Ziesel und der sie verfolgende Dachs *(Taxidea taxus)* wurden seltener. Seit Einbürgerung des europäischen Rebhuhns *(Perdix)* verschwanden die Präriehühner *(Tympanuchus)* immer mehr.

Durch Überbeweidung der Rinder ändert sich die ursprüngliche Pflanzendecke beträchtlich. Ihre Artenzahl nahm fast um die Hälfte ab. Die von Rindern bevorzugten Pflanzen weichen bei ständiger oder im Frühjahr stattfindender Beweidung bald ungenießbaren oder weniger schmackhaften Arten. Es bleiben Kurzgräser und Therophyten, die schnell blühen und fruchten. Schließlich wird bei wiederholtem Verbiß die Oberfläche freigelegt, so daß es zur Bodenerosion kommen kann. Da Abgrasen zunächst eine dauernde Neubildung zarter Triebe bewirkt, werden Zikaden, phytotrophe Wanzen und Rüsselkäfer begünstigt, andere Gruppen wie Blattkäfer und Raupen verlieren mehr und mehr ihre Nahrungsgrundlage. Heuschrecken nehmen zu. Erdbienen finden gute Nistbedingungen, sobald sich erodierte Stellen zeigen. Meloiden (Ölkäfer), deren Larven in Nestern von Wildbienen schmarotzen oder sich von Heuschreckeneiern ernähren, werden häufiger. Um jährliche Höchsterträge zu bekommen, darf im Frühjahr immer nur ein Teil

---

Abb. 7.10: Infektkette der Pest von Nagetieren der Steppe zum Menschen (nach Tischler 1982).
a: Steppe mit Ziesel *(Citellus)* und Steppenlemming *(Lagurus)*; **b:** Agrarlandschaft mit Feldmaus *(Microtus)* und Feldhase *(Lepus)*; **c:** Siedlungen des Menschen mit Ratte *(Rattus)* und Hausmaus *(Mus)*.
1–7: verschiedene Floharten als Überträger der Pestbakterien *(Yersinia pestis)*, **8:** Tröpfcheninfektion bei Lungenpest.

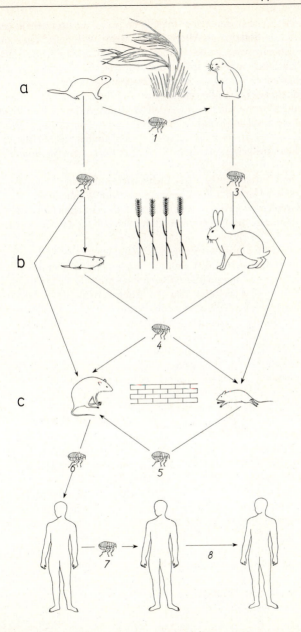

beweidet werden, der sich erholen kann, wenn die übrigen Flächen im Sommer und Herbst als Weide dienen [604]. Will man Weideland, in dem sich europäische Gräser ausgebreitet haben, in Prärie zurückverwandeln, muß man die früher dort vorherrschend gewesenen Gräser der Gattungen *Andropogon* und *Panicum* wieder einbringen.

Indirekt wirkt sich Beweidung auf die pflanzenfressenden Kleinsäuger aus. Manche von ihnen werden (in den USA) im leicht beweideten Grasland häufiger *(Lepus californicus, Geomys bursarius, Citellus 13-lineatus, Peromyscus maniculatus)*. Andere können sich im ungestörten Grasland am besten erhalten *(Sylvilagus floridanus, Sigmodon hispidus)*.

In Südsibirien mußte man Viehherden auf weiter entfernte, noch unzerstörte Flächen treiben, weil auf dem von Wühlmäusen *(Microtus)* und Graulemmingen *(Lagurus)* übermäßig besiedelten Grasland so viel Pflanzenmasse den Nagern zum Opfer fiel, daß für das Weidevieh nicht mehr genug übrig blieb.

Die Umwandlung von Steppen in **Getreidefelder** ist noch tiefgreifender. Es ändern sich Bodenstruktur, Feuchte und Temperatur des Ökoklimas. Agrotechnische Maßnahmen vernichten die Lebensmöglichkeit vieler Arten und zerstören alte «Nahrungsketten» [420]. Andererseits kommen manche der früher weniger häufigen Arten leichter zur Massenvermehrung. Zwergziesel *(Citellus pygmaeus)* und Perlziesel *(C. suslicus)* in der UdSSR nehmen täglich 100 g Pflanzensubstanz (Trockengewicht) auf. Ein einziges Tier kann im Laufe des Sommers abgesehen von Grünfutter 3,5–4 kg Getreidekörner fressen. Die größeren Zieselarten benötigen etwa die vierfache Menge. Bei einer mittleren Dichte von 15 Ziesel/ha wird der Schaden recht beträchtlich [455].

Ein Vergleich der Ursteppe mit nach deren Umbruch entstandenen Weizenkulturen bei Orsk zeigte, daß 330 oberirdisch lebenden Insektenarten der Steppe 142 auf Weizenfeldern gegenüberstanden. Dabei betrug die durchschnittliche Zahl an Individuen/m^2 in der Steppe nur 139, im Weizenfeld 351. Die 19 dominanten und konstanten Arten auf den Feldern bildeten 94% aller Insekten, während die doppelt so große Zahl an Dominanten und Konstanten der Ursteppe nur 54% der Gesamtmenge erreichte [35]. Im Laufe der Zeit wird die Lebewelt auf den aus Steppen umgewandelten Feldern immer einseitiger. So ist auch die nordamerikanische Wanderheuschrecke *(Melanoplus mexicanus)* im Gegensatz zu manchen anderen Heuschrecken bedeutungslos geworden, seitdem Kulturland an die Stelle von Prärien trat.

7.4 Trockenrasen und Heiden

Offene, trockenwarme Biotope im Bereich der sommergrünen Laubwälder sind größtenteils durch Rodung, Abbrennen und Beweidung entstanden. Nur wenige dürften ursprünglich waldlos gewesen sein.

Bei den atlantischen Zwergstrauchheiden kam Abplaggen als weiterer Eingriff hinzu, durch den nach natürlichem Absterben des Heidekrauts *(Calluna vulgaris)* die obere Schicht bis zum Mineralhorizont abgeschält und als Einstreu in Ställen verwendet wurde.

Frühere Waldbedeckung betrifft die submediterranen und kontinentalen Kalktrockenrasen, sandige Trockengrasfluren und Gebirgsmagerrasen saurer Böden sowie die meisten Zwergstrauchheiden im ozeanischen Klima. Ursprünglich waldlos waren wohl kalkhaltige, flachgründige Standorte mit trockenem Ökoklima oder auch Hanglagen, die keinen Baumwuchs noch Sträucher gedeihen ließen; einige Trockenrasen auf sandigem Untergrund, die in der Eiszeit entstanden, als Schmelzwässer das feinere Material fortspülten; *Empetrum*heiden an Meeresküsten.

Im ganzen hat die Tätigkeit des Menschen die einstige Waldlandschaft so verändert, daß an den hier zusammengefaßten «Einsprengseln» im Silvaea-Gebiet außer Arten mit großer Existenzbreite vor allem Bewohner von steppenartigen Biotopen und Küstendünen geeignete Bedingungen finden. So mag es berechtigt sein, sie nach ihrer gegenwärtigen Situation dem Landschaftstyp der Steppe anzuschließen.

7.4.1 Kalk-Trockenrasen

In regenarmen Gebieten Polens, Ungarns und Böhmens sind einige Relikte der eurasiatischen Steppe aus der nacheiszeitlichen Wärmeperiode übrig geblieben, bevor sich durch das kühler werdende Klima Wald bildete [200]. Weiter westlich befinden sie sich nur noch an Stellen, auf denen geringe Niederschläge (bis 550 mm im Jahr) mit Süd- und Südostexposition zusammentreffen. Eigentlich handelt es sich bei den sog. «Steppenheiden» um einen Komplex aus Rasen auf Kalkfelsen mit recht lückigem Bewuchs sowie dichteren Kalkrasen und Staudenfluren, die mit einem Mantel aus Gebüschen in lichten Flaum-Eichenwald *(Quercus pubescens)* übergehen können [241]. Erst wenn sich genügend Feinerde angesammelt hat, entstehen Fluren mit geschlossener Pflanzendecke (Xerobromion) aus Gräsern der Gattungen *Stipa, Sesleria, Koeleria, Bromus, Festuca,* Seggen und vielen anderen Blütenpflanzen. Gerade das kleinräumige Vegetationsmosaik ermöglicht durch den gestaffelten Wechsel der Blühzeiten über den größten Teil des Jahres hindurch ein gutes Angebot für die verschiedensten Blütenbesucher. Das gilt auch für die sekundären Halbtrockenrasen (Mesobromion) [359]. Letztere werden oft als Schafweide genutzt. Allerdings verschmähen Schafe etliche Pflanzen wegen Dornen, Stacheln, Borstenhaaren, scharfem und bitterem Geschmack oder weil sie zur Einspeichelung zu viel Feuchtigkeit verlangen [138].

Ein größerer Anteil der Pflanzen als der Tierarten in den Steppenrasen Mitteleuropas stammen aus den früher ausgedehnten Kontinentalsteppen des Ostens und Südostens. Ein weiteres Kontingent wärmeliebender Organismen hat südliche und südwestliche Verbreitung [221]. Unter den Insekten dominieren Pflanzenfresser (einschließlich Blütenbesucher) nach Arten- und Individuenzahlen. Von 390 Käferspezies eines Steppenrasens im Urstromtal der Oder gehörten 78% zu dieser Nahrungsgruppe; 19% kamen auf Räuber und Parasiten, und nur 3% lebten saprotroph [785].

Auffallend ist der Reichtum an Blatt- und Rüsselkäfern, Heuschrecken, Wanzen, Zikaden, Bienen und Schmetterlingen (unter letzteren namentlich Lycaenidae und Zygaenidae). Von Räubern seien Eidechsen, Spinnen, Fangschrecken (Mantidae), Schmetterlingshafte (Ascalaphidae), Ameisen, Grabwespen und Laufkäfer hervorgehoben. Ein für Mitteleuropa in einem solchen Biotop typischer Laufkäfer ist der Bombardierkäfer *(Brachinus crepitans),* der aus Wehrdrüsen kleine insektenfressende Wirbeltiere abschreckt. Die saprotrophe Komponente der Fauna besteht aus einem dichten Besatz von Regenwürmern, Collembolen und Milben.

Die kausale Erklärung des Vorkommens bestimmter Arten kann schwierig sein. Hierfür ein Beispiel: Im Rheinland lebt der Käfer *Lasioderma redtenbacheri* (Anobiidae) an der Flockenblume *Centaurea scabiosa* nur in Steppenheiden (Xero- und Mesobrometum). Die Pflanze bevorzugt nicht nur trockene Bodenverhältnisse, sondern hat auch ein hohes Lichtbedürfnis. Bei solchen Bedingungen mumifizieren ihre Blüten- und Fruchtkörbe, in denen sich die Käferlarven entwickeln und überwintern. So wird die Periode bis zur nächsten Blütezeit überbrückt, in der die Käfer aus der Puppe schlüpfen. An edaphisch und kleinklimatisch feuchteren Biotopen wächst *Centaurea scabiosa* zwar ebenfalls; dort aber knicken ihre Fruchtstände im Herbst um, verfaulen, und die Käferbrut geht zugrunde. *Lasioderma* kommt allgemein im südlichen Europa und Asien in Steppen vor. So war die Bindung des Käfers an Steppenrelikte im Rheinland nicht verwunderlich, doch wäre es voreilig gewesen, die Verknüpfung mit der Pflanze als einzige Ursache seiner Existenz im Brometum anzusehen [115].

7.4.2 Sand-Trockenrasen

Bodensaure Silbergrasfluren (mit *Corynephorus*) im atlantischen und subatlantischen Raum Europas, Schillergrasfluren (mit *Koeleria*) als westliche Ausläufer kontinentaler Sandsteppen, ähnliche Grasfluren mit *Koeleria, Panicum* und *Andropogon* in Flugsandgebieten und Flußtälern Nordamerikas geben in Bereichen der Laubwaldzone solchen Biotopen einen gewissen Steppencharakter. Zwischen den Gräsern locken trockentolerante Blütenpflanzen die verschiedensten Insekten an. Typische Blumen sind *Thymus, Armeria, Helichrysum, Jasione*.

Für die Kleintiere dürften Wärme und Trockenheit solcher Standorte wichtiger sein als der sandige Untergrund. Sie ertragen große Schwankungen der Temperatur. So wurden im Mai 5 cm über Silbergrasfluren nachts 8 °C, am Tage 43 °C, im Juli auf der Bodenoberfläche in der Nacht 12°, tags 38 °C gemessen [360]. Viele Arten sind wie in Küstendünen nachtaktiv oder leben in dem Stadium mit höchstem Feuchtebedürfnis unterirdisch. Regenwürmer treten in dem sandigen Boden im Gegensatz zu Kalktrockenrasen und Wiesen ganz zurück.

Sandige **Dünen im Binnenland** haben ein trockenwärmeres Ökoklima als Küstendünen. Ihre Lebensgemeinschaften werden zudem von den andersartigen, umgebenden Landschaftsteilen stärker beeinflußt und sind daher mannigfaltiger [169, 703].

Das Artenspektrum auf Sand-Trockenrasen ist je nach der geographischen Lage recht unterschiedlich. In Dänemark stehen Käfer weitaus an erster Stelle, gefolgt von Hymenopteren, während Heuschrecken, Wanzen und Spinnen keine sehr große Rolle spielen [550]. In Nordwestdeutschland haben die drei letztgenannten Gruppen und die Zikaden schon wesentlich größere Bedeutung [415]. Auf ungarischen Sandrasen werden mit Heuschrecken und Ameisen sowie mit Zikaden, Wanzen, Käfern und Spinnen die wichtigsten Gruppen erfaßt [19]. Im ganzen bietet die Auswahl typischer Gruppen, etwa von Carabiden, Cicindeliden, Tenebrioniden, Asiliden, Aculeaten und Schnecken auch in Nordamerika in seinen Grundzügen ein entsprechendes Bild, das von dem der Wiesenfauna sehr abweicht [739].

An die sandigen Trockenrasen im Flachland lassen sich die auf verwitterndem Silikatgestein gründenden Magerrasen im Berg- und Gebirgsland anschließen. In Mitteleuropa gehören das Borstgras *(Nardus stricta)* neben Heidekraut *(Calluna)* und dem über einen halben Meter tief wurzelnden Besenginster *(Sarothamnus)* zu den dominierenden Pflanzen solcher «**Bergheiden**». Als Lückenbewuchs breitet sich auch dort oft Thymian aus, den das Vieh wegen seiner ätherischen Öle verschmäht, der aber von vielen Insekten besucht wird. Häufig sind Thymianpolster von Ameisenkolonien durchsetzt, die wiederum durch ihre

Beziehungen zu Blattläusen, Bläulingsraupen und anderem Getier eine kleine Welt für sich bilden.

7.4.3 Zwergstrauchheiden

Immergrüne Zwergstrauchheiden benötigen im ozeanischen Bereich ein ausgeglichenes Klima mit milden Wintern und feuchtkühlen Sommern. Der Bleichsandboden (Podsol) unter ihnen ist durch eine Ortsteinschicht von der normalen Zirkulation des Grundwassers getrennt. Als Folge von ausgewaschenem Kalk führt der hohe Säuregrad zur Bildung von Rohhumus und Trockentorf. Solche Heiden haben größtenteils und meistens ein trockenes Gepräge.

Die bestandbildenden Ericaceen können starke Sonneneinstrahlung, Windeinwirkung, Schwankungen der Temperatur und Feuchtigkeit abfangen. Dadurch schützen sie manche niedrigwüchsige Pflanzen und am Boden lebende Tiere vor einem zu extremen Kleinklima.

Außer Ericaceen *(Calluna, Erica, Vaccinium)* und Krähenbeere *(Empetrum)*, deren Wurzeln mit Mykorrhiza-Pilzen Symbiosen bilden, wachsen dort Ginster *(Genista, Ulex, Sarothamnus)*, Gräser, Seggen, Moose und Flechten. Eingestreut stehen häufig Büsche oder Bäume von Wachholder *(Juniperus communis)*. Die meisten Heidepflanzen haben vertieft liegende Spaltöffnungen, eingerollte oder kleine Blätter, so daß ein gewisser Verdunstungsschutz gewährleistet ist [210].

Der Lebenszyklus des Heidekrauts *(Calluna vulgaris)* durchläuft nach einer 6–10jährigen Pionierphase eine Aufbau- und Reifezeit von 10–15 Jahren. Danach folgt eine 5–10jährige Periode der Degeneration, bevor durch hohe Keimungsrate der Samen und durch Austreiben alter Pflanzen wieder eine Erneuerung eintritt [286]. Wo Heidekräuter absterben, siedeln sich zunächst Flechten an *(Cladonia, Cornicularia)*. Sobald diese die Humusdecke bis auf den Sanduntergrund abgebaut haben, stellen sich Gräser ein, um schließlich erneutem *Calluna*wuchs Platz zu machen.

Auf nassen Heideböden konkurrieren Pfeifengras *(Molinia coerulea)* mit Glockenheide *(Erica tetralix)* um Nährstoffe. Das Gras benötigt mehr Stickstoff und Phosphor, um den durch die absterbenden Pflanzenteile entstehenden Verlust auszugleichen. Auf nährstoffarmem Boden ist daher *Erica* im Vorteil. Wenn durch Eutrophierung reichlich Stickstoff in den Boden gelangt, vermag das Pfeifengras jedoch die Glockenheide ganz zu verdrängen und bildet dann Reinbestände [38].

Neben einigen charakteristischen Reptilien (Eidechsen *Lacerta*, Kreuzotter *Vipera berus*) und Vögeln (Grauammer *Emberiza calandra*, Wiesenpieper *Anthus pratensis*, Steinschmätzer *Oenanthe oenanthe*) sind Spinnen und Insekten die vorherrschenden Tiergruppen. Unter den Spinnen befindet sich die Clubionide *Agroeca brunnea* mit ihrem auf einem Stengel befestigten Eikokon, der als «Feenlämpchen» bezeichnet wird. Nach Artenzahl herrschen Käfer, Schmetterlinge und Stechimmen vor, auch gibt es verschiedene trockenheitliebende Heuschrecken und Blattsauger. Auffallend sind große Dipteren wie Raubfliegen (Asilidae), Wollschweber (Bombylidae), Hummelschwebfliege *(Volucella bombylans)*, Igelfliege *(Echinomya grossa)* [675, 681].

Unter den pflanzenfressenden Insekten sind Generalisten und Spezialisten. Zu letzteren gehört der Heideblattkäfer *(Lochmaea suturalis)*, der bei Massenauftreten Kahlfraß an *Calluna* verursachen kann. Weitere Nahrungsspezialisten an *Calluna* sind in NW-Deutschland die Zikade *Ulopa reticulata,* der Blattfloh *Strophingia ericae,* die Wanze *Orthotylus ericetorum,* der Spinner *Orgyia ericae,* die Eule *Anarta myrtilli,* der Spanner *Eupithecia nanata,* der Heidespringrüßler *Rhynchaenus ericae* und einige Rüßler der Gattung *Strophosomus.*

Verschiedene Laufkäfer *(Bradycellus, Trichocellus, Amara)* bevorzugen Samen von *Calluna*, wenn diese zur Verfügung stehen, anderenfalls weichen sie auf sonstige pflanzliche oder auch tierische Kost aus [421]. Samenfresser sind ebenfalls einige Langwanzen (Lygaeidae).

Artenreichtum und Bevölkerungsdichte hängen von der Größe des Lebensraumtyps ab, selbst wenn dieser nur eine bestimmte Pflanzenart darstellt. So wurden in England an Wachholder *(Juniperus)* 37 Arten Pflanzenfresser und über 70 von diesen abhängige Räuber und Parasiten festgestellt. Beim Vergleich der Befunde aus verschiedenen Heidegebieten ergab sich, daß über 80% der Unterschiede in der Besiedlung der *Juniperus*-Büsche nur durch deren Anzahl im Biotop, also letztlich durch die Größe bedingt war, die der spezielle Lebensraum bot. Demgegenüber erwiesen sich Alter der Büsche oder die Isolation des Standortes als unwesentlich [751].

Zwei Unterschiede werden beim Vergleich mit Zwergstrauchheiden in der nordischen Tundra deutlich: Erstens gibt es dort kaum phytotrophe Spezialisten. Zweitens fehlt wegen der Reichweite des Frostbodens die Lebensform der Graber. In der atlantischen Zwergstrauchheide dagegen leben viele im Boden nistende Bienen, Grab- und Wegwespen, die Larven der Sandläufer *(Cicindela)* und die Dungkäfer (Scarabaeidae), welche Kot von Schafen und Kaninchen für ihre Brut in selbstgegrabene Erdstollen einbringen. Schließlich bewohnen die Kaninchen *(Oryctolagus cuniculus)* unterirdische Baue.

8 Offene Kältelandschaften

Arktische, antarktische und Gebirgstundren haben ein kaltes Klima mit niedrigen Temperaturen der Luft und des Bodens. Auf die Besiedlung und Verteilung der Organismen kann außerdem Wasserdefizit durch Frosttrocknis entscheidend sein. Für die Vegetation sind Reichhaltigkeit und Vorherrschen von Kryptogamen, namentlich an Moosen und Flechten, kennzeichnend. Samenpflanzen haben oft Horst- und Polsterwuchs [605, 47].

Den höheren Pflanzen steht im allgemeinen nur eine kurze Zeit zum Wachstum zur Verfügung, in die sogar noch Nachtfröste fallen können. Ihr Grundstoffwechsel ist jedoch auf eine tiefere Temperatur eingestellt als bei verwandten Arten wärmerer Regionen. Nur auf den subantarktischen Inseln ist das Klima durch wärmere Winter gemäßigter und die Vegetationsperiode daher länger. Doch selbst dort ist es für Baumwuchs in der Tundra zu kühl.

Die wichtigste Anpassung für ein Leben in Tundren liegt in der Auswahl der Arten, die unter den extremen Bedingungen noch zu existieren und sich fortzupflanzen vermögen. Im einzelnen bestehen zwischen den vier Haupttypen der Kältelandschaften deutliche Unterschiede.

8.1 Arktische Tundra

Die arktische Tundrazone (im weitesten Sinne) zieht sich jenseits der Baumgrenze um den Norden Eurasiens und Nordamerikas, wenn wir von der «Waldtundra» als einer Übergangszone zur Taiga absehen. In ihrer typischen Ausbildung läßt sie sich nach Süden ungefähr durch den nördlichen Polarkreis begrenzen. Doch ist dies nur ein grober Anhaltspunkt, der an vielen Stellen unter- oder überschritten wird [517, 95].

In Norwegen, an manchen Stellen Sibiriens und Nordamerikas geht die arktische in die alpine Tundra über. Die Lebewelt der Tundra zeigt selektive Einpassungen von Hochgebirgs-, Wald- und Steppenarten an arktische Bedingungen eines relativ jungen Ökosystems, das sich erst im späten Miocän oder frühen Pliocän ausgebildet hat.

Daß etliche Vögel und Fluginsekten zirkumpolar verbreitet sind, ist verständlich. Indessen trifft es auch für viele Säugetiere, Mollusken, Enchytraeiden, Pflanzen und andere Gruppen zu, weil in den Eiszeiten landfeste Verbindungen bestanden. In den Zwischenzeiten wurde der Zusammenhang durch überflutete Gebiete getrennt. Dadurch traten für zahlreiche Organismen vor allem drei Barrieren auf: Zwischen Grönland und Kanada, am Jenissej in Sibirien, in der Hudsonbay [393].

8.1.1 Lebensbedingungen

Im Sommer herrscht ständige Helligkeit, im Winter Dunkelheit. Die längste Zeit des Jahres ist aktives Leben wegen der extremen klimatischen Verhältnisse nur in spärlichem Umfang möglich. Es bilden sich neben den Rohböden lediglich Gleye und Moore.

Selbst der kurze Frühling und Sommer von Juni bis August läßt den Boden höchstens 30–50 cm tief auftauen. Nördlich des 73. Breitengrades ist die biologische Aktivität sogar auf 1–2 Monate beschränkt. Die Temperatur des wärmsten Monats liegt im Mittel je nach dem geographischen Bereich zwischen 2° und 10 °C. Im Winter sinken die Lufttemperaturen auf −40° oder gar −50 °C; im Sommer können sie auf 20–35 °C ansteigen. In weiten Teilen der arktischen Tundra bleibt im Unterboden das ganze Jahr über Dauerfrost (**Permafrost**). Er verhindert das Einsickern des Schmelzwassers in die Tiefe, das sich daher in Seen, Tümpeln, Sümpfen und Mooren sammelt.

Je ärmlicher die Vegetation ist, desto mehr kommt es in geneigtem Gelände bei wassergesättigtem Oberboden zum langsamen Erdfließen (**Solifluktion**). An ebenen Stellen können bei geringem Pflanzenwuchs **Polygone** entstehen, indem die starke Kälte den Boden so zusammenzieht, daß ein Muster von Rissen die Folge ist. Wind und Einstrahlung, in ihrer Wirkung durch die Geländeform modifiziert, beeinflussen das Wachstum der Pflanzen und der von ihnen abhängigen Tiergemeinschaften. Jedoch begrenzen Temperatur, Licht und Feuchte viele Pflanzen weniger direkt als vielmehr indirekt über die Erreichbarkeit von Nährstoffen [665].

Stauende Nässe in moorigen Vertiefungen führt zur Vertorfung [655]. Unzersetztes, totes Pflanzenmaterial füllt daher häufig die Senken aus. Doch auch die Zwergstrauch- und Grasheiden auf trocknerem Untergrund bilden schwerzersetzliche Streu. Ihr C/N-Verhältnis liegt bei 20 bis 50 zu 1 [647]. Lignine bleiben bei Kälte lange erhalten, obwohl manche Pilze und Thekamöben sie abbauen. Hemizellulosen und Zellulose werden leichter zersetzt. Durch den langsamen Abbau der Streu, der 3–4 Jahre dauert, sind wichtige Nährstoffe wie Phosphor lange festgelegt und für die Pflanzen daher nicht in jedem Jahr in gleicher Menge verfügbar. So kommt es, daß Phosphor nur in größeren Intervallen reichlich von den Wurzeln aufgenommen und in das Blattgewebe geleitet werden kann. Unterschiedlicher Gehalt an Phosphor in den Blättern wird als ein möglicher Grund für den 3–4 Jahreszyklus der

Massenvermehrung von Lemmingen angesehen, weil deren Fortpflanzungserfolg sehr von der Qualität der Nahrung abhängt [318].

8.1.2 Landschaftsgliederung

Waldtundra. Die Taiga geht mit einer breiten Übergangszone in die Tundra über. In ihr wird der Baumwuchs allmählich schwächer (Abb. 8.1), und oft lösen inselartige Bestände aus Birken, Fichten, in Ostsibirien auch Lärchen, den zusammenhängenden Wald immer mehr auf. In dieser Kampfzone des Waldes zur baumlosen Tundra verschiebt sich die Grenze schon durch klimatische Änderungen ständig, zumal die Bäume nur selten Samen hervorbringen. Der Untergrund besteht aus dichtem Moos- und Flechtenwuchs, während die offeneren Flächen eher Zwergstrauchheiden haben. Doch kommt es auch zur Bildung von Palsenmooren, Hochmoore mit mehreren Metern hohen Hügeln aus

Abb. 8.1: Waldtundra in Nordschweden mit *Betula pubescens tortuosa* (Orig.).

Torf und Dauereiskernen. Schon in der Waldtundra gibt es durch Versumpfungen aller Art Massenvermehrung von Mücken, deren Weibchen zur Eireifung Blut von Vögeln und Säugetieren benötigen.

Trockenheiden. Weite Gebiete der echten baumlosen Tundra bestehen aus Flechten *(Cetraria, Cladonia)*, Moosen *(Hylocomium, Polytrichum, Dicranum)*, Ericaceen *(Vaccinium, Arctostaphylos)*, Krähenbeere *(Empetrum)*, Silberwurz *(Dryas)*, Zwergbirken, Zwergweiden, Seggen *(Carex)* und Gräsern. Gerade Flechten, Moose und immergrüne Zwergsträucher leiden nicht unter der schweren Erreichbarkeit der Nährstoffe. In solchen Heiden leben Hasen, Nager, Raubtiere; weiden Rentiere; brüten Vögel. An den Südseiten der Hänge und höher gelegenen Flußufer, wo der Schnee zuerst schmilzt, kommen oft blühende Matten vor. Wie im Hochgebirge leuchten die Blüten von *Trollius, Ranunculus, Geranium, Myosotis, Silene, Armeria,* die von Insekten besucht werden. Etwa 60–70% aller Blütenpflanzen sind auf Bestäubung durch Insekten angewiesen [534, 330]. Napfförmige Blüten nehmen von der Sonne eingestrahlte Wärme so auf, daß sich die Insekten in ihnen zugleich erwärmen können [331].

Flachmoore und Wasserstellen. In nassen, tieferen Partien halten Moose das Wasser fest. Es bilden sich Niedermoore mit *Scirpus, Eriophorum, Carex*. Häufig entstehen offene Wasserflächen, die bevorzugte Plätze für Enten, Watvögel (Limicolae) und Möwen sind. Deren Kot bewirkt Eutrophierung des Wassers; dies begünstigt die Massenentwicklung von Kleinkrebsen und Mückenlarven. Wie aus den Sümpfen der Waldtundra entsteigen Mückenschwärme von ungeheurem Ausmaß dem Wasser. Für viele Singvögel bilden sie eine wichtige Grundnahrung. So wird durch Tiere organische Substanz in das Wasser und über den Nahrungsweg wieder in den Stoffkreislauf des Landes gebracht. Dort ist sie nach der relativ schnellen Mineralisierung des Kotes der Singvögel den Landpflanzen zugänglich [646]. Singvögel nisten im Schutz der Weidengebüsche, die zwischen Mooren und Sümpfen und entlang der Flüsse weite Dickichte bilden können. Auch halten sich in solchem Gelände Moor–Schneehühner *(Lagopus)* auf. Ohne die Gewässer und deren enger Verzahnung mit dem Land wäre ein so reiches Leben, wie es zeitweise in der Tundra herrschen kann, nicht möglich.

Blockhalden und Eisregion. Im Bereich der Eismeerküsten und Bergtundren liegen Schneeböden und Blockhalden mit Flecken von Moos- und Flechtenwuchs, wo einige Zugvögel wie Rauhfußbussard *(Buteo lagopus)*, Schneeammer *(Plectrophenax nivalis)* oder Steinschmätzer *(Oenanthe oenanthe)* nisten, Laufkäfer und Spinnen ihre Beutejagd nach angewehten Insekten bis auf die Schneeflächen ausdehnen. Auch manche Dipteren und Collembolen vermögen sich dort zu entwickeln.

In der reinen Eislandschaft des Nordens lebt der Eisbär *(Thalassarctos maritimus)*, der weite Wanderungen durchführt, sich von Ringelrobben *(Phoca hispida)*, Fischen und Kadavern ernährt und in selbstgegrabenen Schneehöhlen eine gelegentlich unterbrochene Winterruhe hält. Seine Beutereste werden gerne vom Eisfuchs *(Alopex lagopus)* gefressen, der als besonders gut an Kälte angepaßtes, arktisches Säugetier die verschiedensten Landschaften der Tundra bewohnt. Ein Küstenbewohner der Polarmeere ist das Walroß *(Odobenus rosmarus)*.

8.1.3 Besonderheiten der Lebewelt

Vom westlichen Taimyrgebiet Sibiriens wurden Artenzahlen über die dortige Tundra ermittelt: 239 Gefäßpflanzen, 117 Moose, 112 Flechten, 237 Flachwasseralgen, 150 Bodenalgen und Cyanobakterien, 50 Großpilze, ca. 250 Micromyceten, 10 Säugetiere, 61 Vögel und über 1000 Wirbellose [88]. Die wichtigsten Insekten nach Arten- und Individuenzahlen in arktischen Tundren sind Collembolen und Dipteren, gefolgt von Hymenopteren und Lepidopteren [528]. Auch Milben und Spinnen kommen häufig vor.

Pflanzen. Allein an Tundrahängen in Alaska gedeihen 470 Arten Moose und 435 Gefäßpflanzen, auf extremeren Stellen sogar noch 95 Moose, 75 Flechten und 125 Gefäßpflanzen [665].

Therophyten fehlen fast völlig, weil sie in der kurzen, warmen Jahreszeit nicht zur Samenbildung kommen. Da der Bodenfrost im Frühjahr das Wachstum unterirdischer Pflanzenorgane verzögert, sind auch Geophyten selten. Wind und Frost vernichten die über die Schneedecke ragenden Teile der Vegetation.

Das Pflanzenleben beschränkt sich in den Heiden und Blockhalden auf die niedrige Schicht ober- und unterhalb der Bodenoberfläche. Die meisten vorherrschenden Arten haben xeromorphen Habitus mit lederartigen, festen, nadel- oder schuppenförmigen Blättern. Diese ermöglichen dennoch eine lebhafte Transpiration, und brauchen daher ständigen Stoffnachschub. Indessen wird die Wasseraufnahme durch die kühlen Temperaturen und den teilweise gefrorenen Untergrund erschwert. Daher tritt leicht Mangel an Stickstoff und Phosphor ein, wenn die Wurzeln mit dem wenigen Wasser nicht genügend Nährstoffe aufnehmen. Die Blätter der Zwergsträucher und vieler Kräuter haben eine lange Lebensdauer. Sie speichern auch Lipide und Proteine, die im Frühjahr schnell mobilisiert und dann in die jungen Blätter gebracht werden können [246].

Es gibt Pflanzen, deren Wurzeln bis in die vereiste Schicht dringen wie Seggen *(Carex)*, Schachtelhalm *(Equisetum)*, Moltebeere *(Rubus chamaemorus)*. Andere erreichen im Mineralhorizont beinahe die gefrorene Schicht. Zu ihnen gehören Gräser und die auch in den Alpen wachsende Silberwurz *(Dryas octopetala)*. Eine dritte Gruppe wurzelt in der Rohhumusschicht. Dies ist bei den Zwergsträuchern der Fall *(Empetrum, Ledum, Vaccinium, Betula, Salix)*. Ihre höchstens bis 30 cm tief reichenden Wurzeln haben Symbiose mit Mykorrhiza-Pilzen [118]. Im Herbst findet eine Frostabhärtung der Pflanzen statt, die aber geringer ist als bei den Coniferen der Taiga, zumal Tundrapflanzen unter dem Schnee überwintern.

Spezifische Tundratiere. Zu den Charakterarten gehört vor allem der Moschusochse *(Ovibos moschatus)*, von dem es nur noch je einige Tausend in Grönland, Nordamerika und der arktischen Inselwelt gibt. Moschusochsen leben in Herden. Sie haben eine besondere Verhaltensweise zur Verteidigung ihrer Jungen, indem sie bei Gefahr vor Feinden, vor allem Wölfen, mit ihren Körpern um die Kälber einen unangreifbaren Schutzwall bilden. Neuerdings werden sie wegen ihrer sahnigen Milch, wegen Wolle und Fleisch auch in Zucht genommen. Moschusochsen zeigen ebenso wie die früher in den Tundren lebenden Mammute *(Mamuthus primigenius)* und Riesenbisons *(Bison priscus)*, daß Moose, Flechten, Gräser und Seggen in solchen Kältelandschaften durchaus genügend Nahrung bieten, um selbst große Pflanzenfresser das ganze Jahr über zu ernähren. Allerdings gab es in früheren Zeiten mehr Grastundra als heute.

Pflanzenfresser sind auch die Lemminge, von denen *Dicrostonyx* hauptsächlich Dikotylen, *Lemmus*-Arten Monokotylen verzehren. Dazu kommen Schneehase *(Lepus timidus)* in der Alten Welt, Polarhase *(L. arcticus)* in Nordamerika, ferner Schneehühner *(Lagopus*-Arten) und der Polarzeisig *(Carduelis bornemanni)*.

Charaktertiere der Tundra unter den Räubern sind außer den bereits erwähnten Eisfuchs und Rauhfußbussard noch Raubmöwen *(Stercorarius)*, Schnee-Eule *(Nyctea scandiaca)* und der Gerfalke *(Falco rusticolus)*, welcher auf Felsklippen nistet.

Darüber hinaus gibt es unter den Kleintieren spezielle Arten der verschiedensten Ernährungsgruppen.

Tiere arktisch-alpiner Verbreitung. Als Folge der Nacheiszeit wurden die Areale etlicher Pflanzen und Tiere getrennt. Für Europa seien genannt die Pflanzen *Salix herbacea, Ranunculus glacialis, Saxifraga nivalis, Silene acaulis, Veronica alpina, Dryas octopetala, Trisetum spicatum;* Schneehase *(Lepus timidus)*, Alpenschneehuhn *(Lagopus* *mutus)*, Mornellregenpfeifer *(Eudromias morinellus);* die Hummel *Bombus lapponicus*, die Käfer *Amara erratica* und *Otiorhynchus arcticus*, die Schmetterlinge *Larentia munitata* und *Erebia lapponica*, denen wir ebenso in den Alpen wie in der nordischen Tundra begegnen [289, 750].

Bewohner der Tundra und Taiga. Beispiele für Pflanzen sind Moltebeere *(Rubus chamaemorus)*, Zwergbirke *(Betula nana)*, Mehlschlüsselblume *(Primula farinosa)*. Von Tieren gehören zu dieser ökologischen Gruppe das Rentier, sofern man seinen gesamten Formenkreis einbezieht [275], aber auch Schneehasen *(Lepus timidus* und *L. americanus)*, die sich von Flechten, Zwergsträuchern und Wurzeln ernähren. Wenn Schneehasen in Alaska sich nach übermäßiger Beweidung mehr an Stellen üppigerer Vegetation konzentrieren müssen, werden sie dort erheblich von Luchs, Fuchs und Greifvögeln dezimiert. Dies zeigt wieder die Bedeutung des Verteilungsmusters für biotische Zusammenhänge [778].

Im Sommer kommen echte Waldtiere aus der Taiga in die südliche Tundra wie Braunbär *(Ursus arctos)*, Vielfraß *(Gulo gulo)*, Luchs *(Lynx lynx)* und verschiedene Singvögel (z. B. *Luscinia svecica*, *Motacilla*-Arten). Das Wirkungsfeld der die Taiga bewohnenden Greifvögel wird in der Tundra zum Teil von Raubmöwen eingenommen.

Schließlich gibt es Tundrabewohner mit einem Verbreitungsareal, das sich über die Waldzonen hinaus bis in die Steppen erstreckt. Das betrifft insbesondere den Wolf *(Canis lupus)*, doch gilt es auch für Rotfuchs *(Vulpes vulpes)*, Hermelin *(Mustela erminea)*, Wanderfalke *(Falco peregrinus)*, Sumpfohreule *(Asio flammeus)*, Wiesenpieper *(Anthus pratensis)*, Ohrenlerche *(Eremophila alpestris)*, Moorameise *(Formica picea)* oder die Schmetterlinge *Eriogaster lanestris* und *Ematurga atomaria*.

8.1.4 Tages- und Jahresrhythmik

Tagesrhythmik. Viele Organismen der Tundra behalten auch bei ständiger Helligkeit im Sommer ihre endogene Aktivitätsrhythmik bei. Äußere Zeitgeber dafür sind nicht Lufttemperatur oder Lichtintensität, sondern Änderungen der Farbtemperatur im Tageslauf. Morgens und abends überwiegt der Rotanteil im Spektrum, mittags der Blauanteil [366]. Dieser photoperiodische Effekt wirkt sich auf Tiere und Pflanzen aus [517]. Nachtfalter müssen bei Dauertag im Hellen fliegen [142].

Entwicklung. Wegen der kurzen Vegetationszeit erfolgen Bildung der Territorien, Nestbau, Brüten und Aufzucht der Jungen bei Vögeln relativ schnell. Etwa 60% der Tundravögel sind Nestflüchter. Beim Temminckstrandläufer *(Calidris temminckii)* werden die ersten Eier vom

Männchen, die späteren vom Weibchen bebrütet. Die kurze Entwicklungszeit der Nesthocker ist dadurch möglich, daß beide Eltern ihre Brut mit Futter versorgen. Schnee-Eulen und Schneehühner brüten meist nur einmal in zwei Jahren.

Die Größe der Territorien hängt vom Nahrungsreichtum ab. Das Brutrevier des Alpenstrandläufers *(Calidris alpina)* ist daher in der nördlichen Tundra (71° nördl. Breite) fünfmal größer als in der südlichen (61° nördl. Breite) [290].

Manche Insekten und Spinnen, die weiter südlich mehrere Generationen im Jahr entwickeln, durchlaufen in der Tundra nur eine. Andere benötigen sogar zwei Jahre dazu. Indessen gibt es auch Arten mit besonderen Rassen wie der Laufkäfer *Pterostichus nigrita*, der durch Gonadenreifung bei geänderter Photoperiode und schnellere Entwicklung bei kühlen Temperaturen den Nachteil der kurzen Vegetationszeit überwindet [180]. Hummeln und Dipteren sind die wichtigsten Blütenbesucher. Den großen Hummelarten fehlt die Kaste der Arbeiterinnen. Die kleine *Bombus lapponicus* entwickelt sich jedoch schnell genug, um selbst im kurzen, arktischen Sommer Arbeiterinnen aufziehen zu können [95].

Enchytraeiden erzeugen in der Regel nur eine Generation im Jahr, die als Ei im Kokon die lange Kälteperiode überdauert.

Emanzipation. Warmblüter können sich durch ihren besonderen Wärmehaushalt von den kalten Außentemperaturen emanzipieren. Säuger bis zur Größe des Eisfuchses sind durch ihr dichtes Haarkleid und eine dicke Speckschicht gut gegen Kälte geschützt. Ihre Isolation ist etwa neunmal besser als diejenige tropischer Tiere. Die Fettschicht dient zugleich als Nährstoffreserve. Eine spezielle Anpassung des Grundumsatzes gegenüber Kälte gibt es jedoch nicht [304]. Die Körpertemperaturen der Vögel und Säugetiere entsprechen denen der tropischen Arten. Allerdings ist im Sommer der Stoffwechsel der Tundratiere durch schnelleres Wachstum, Fettansatz, frühe Geschlechtsreife und hohe Fruchtbarkeit intensiver. An Ohren, Schnauze, Beinen wird die Durchblutung der Haut so gedrosselt, daß kein Wärmeverlust auftritt (Abb. 8.2). Unter dem Schutz der Schneedecke bleiben viele Blätter grüner Pflanzen konserviert. Meist sterben sie erst ab, sobald sich im Frühjahr die jungen Blätter gebildet haben [661]. Dies ermöglicht die Winteraktivität von Lemmingen, Wühlmäusen, vorübergehend sogar von Schneehühnern unter dem Schnee, von Hasen und von allen diesen Pflanzenfressern lebenden Eisfüchsen und Schnee-Eulen auf dem Schnee. Moschusochsen und Rentiere finden ihre Nahrung, wo der Schnee nicht zu hoch liegt.

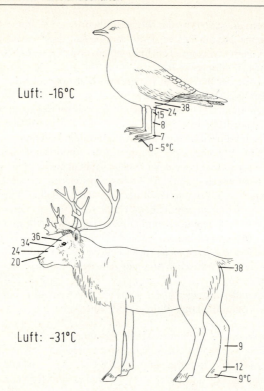

Abb. 8.2: Haut- und Körpertemperaturen von Tieren (Möwe, Rentier) nordischer Tundren (nach Irving 1966).

Etliche Arten werden durch Haar- oder Federwechsel im Winter weiß: Eisfuchs, Hermelin, Schneehasen, Lemminge, Schneehuhn. Zeitgeber für Herbst- und Frühjahrsmauser ist die photoperiodisch bedingte Änderung des Hormonstoffwechsels. Unter einer bestimmten Temperaturschwelle kann das dunkle Pigment des Sommerkleides nicht gebildet werden [218]. Der Farbwechsel sollte daher nicht als besondere Anpassung von Tundratieren angesehen werden. Zudem bleibt der Kolkrabe *(Corvus corax)*, der ebenfalls in der Tundra vorkommt, schwarz. Andererseits haben Eisbär, Polarhase und Schnee-Eule ständige Weißfärbung. Sie erhöht allerdings den Wirkungsgrad der eingestrahlten Sonnenenergie, die in Wärme umgewandelt wird.

Migration. Wanderungen gehören zu einer anderen Strategie, den Winter zu überstehen. Rentiere *(Rangifer tarandus)*, gefolgt von Wolf und Vielfraß, wandern, wenn die Schneedecke ausreichende Ernährung verhindert, in Waldtundra und Taiga, wo sie Baumflechten, Rinde und Zweige finden [494]. Im Frühjahr sammeln sie sich wieder zur Rückkehr in die Tundra. Auch Schneehühner können sich im Winter zur Waldtundra oder in den Rand der Taiga zurückziehen, wo sie sich Höhlungen in den Schnee graben. Schließlich führen manche Lemminge regelmäßige Wanderungen in bestimmten Winterarealen durch, in denen sie sich unter dem Schnee fortpflanzen [319].

Die meisten Vögel ziehen im Herbst in mildere Klimazonen, einige sogar bis südlich des Äquators. Die Mehrzahl kehrt erst im Mai zurück, wenige bereits im April. Den Hauptanteil der Tundravögel bilden Gänse, Enten, Limicolen und Möwen. Etwa 20% sind Singvögel, den geringsten Anteil stellen Greifvögel. Da viele Zugvögel in Sumpfgebieten Mittel- und Westeuropas überwintern, muß sich eine Trockenlegung solcher Biotope bis auf die Lebewelt der Tundra schädlich auswirken.

Dormanz. Es gibt kaum echte Winterschläfer. Zu ihnen gehören jedoch Murmeltiere *(Marmota camtschatica)* und Ziesel *(Citellus undulatus)*. Sie fallen bei Temperaturen von $-10°$ bis $-20\,°C$ in Winterschlaf und erwachen an sonnigen Tagen im Frühjahr, bevor die Schneeschmelze einsetzt.

Wechselblüter überstehen die tiefen Temperaturen in Quieszenz oder Diapause. Viele adulte Insekten, unter ihnen Käfer, Tagfalter, Kleinschmetterlinge, Pilzmücken *(Mycetophila)*, Florfliegen *(Hemerobius)* und Zikaden *(Typhlocyba)* sind gefriertolerant, können also Eisbildung ihrer Hämolymphe überstehen. Andere wie die Larven von Gallinsekten (Cecidomyiidae, Tenthredinidae, Cynipidae) sind zwar gefrierempfindlich, haben aber Unterkühlungspunkte zwischen $-35°$ und $-55\,°C$ sowie entsprechend tiefe Letaltemperaturen. Daher ertragen auch sie gut die lange Kältezeit [427].

8.1.5 Dynamik, Stoffkreislauf, Produktion

Fluktuationen. Die im Laufe der Jahre wechselnden klimatischen Bedingungen haben für das Leben in der Tundra größte Bedeutung. Sie wirken direkt oder über die Nahrung indirekt auf die Pflanzenfresser und verursachen Änderungen in deren Bevölkerungsdichte. Einem Massenauftreten von Lemmingen, Wühlmäusen und Hasen folgt eine stärkere Vermehrung ihrer Feinde. Wandert ein Teil der Pflanzenfresser wegen zu hoher Bevölkerungsdichte aus, so folgen ihnen Eisfuchs,

Schnee-Eule, Raubmöwen, Bussard und Habicht. Bei genügendem Angebot an Nagern und Hasen werden Schneehühner ziemlich verschont. Sinkt die Bevölkerungsdichte der Kleinsäuger wieder, fallen mehr Schneehühner ihren Feinden zur Beute. Daher liegen die Maxima der Kleinsäuger, ihrer Räuber und der Hühnervögel zeitlich getrennt. In lemmingarmen Jahren bleiben viele Weibchen des Eisfuchs ungedeckt, andere verlassen aus Hunger ihre Jungen.

Dem Zusammenbruch der Pflanzenfresser durch Feinde, Krankheiten und Streß folgen Jahre der Erholung für die Pflanzen. Hier zeigt sich die günstige Wirkung des Mengenwechsels der Tiere für das Funktionieren des gesamten Ökosystems [646]. Phytotrophe Wirbellose spielen eine relativ geringe Rolle. Heuschrecken und Schnabelkerfe, die das Grasland der Steppen und Savannen so reichlich besiedeln, treten hier ganz zurück. Doch gibt es einige Blatt- und Rüsselkäfer, Raupen von Schmetterlingen und Blattwespen, die sich in manchen Jahren stärker vermehren können (Abb. 8.3).

Biozönotische Konnexe. Hierfür ein Beispiel: Weibchen der Stechmückengattung *Aedes* legen im Herbst ihre Eier in flache Senken und Mulden. Die Schmelzwässer im Frühjahr können wegen des Permafrosts nicht tief in den Boden einsickern. Das flache Wasser in den

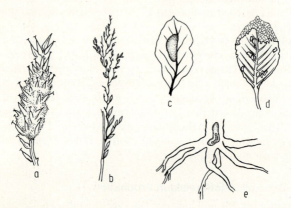

Abb. 8.3: Phytotrophe Insekten in der Tundra der Taimyr-Halbinsel (nach Chernov 1985).
a: Fraßschaden der Blattwespenlarve *Pontopristia* an Kätzchen von *Salix arctica*, **b:** Fraßbild des Laufkäfers *Amara alpina* an *Poa arctica*, **c:** Galle der Blattwespe *Pontania crassipes* auf Blatt von *Salix*, **d:** Skelettierfraß (Larve) und Lochfraß (Imago) des Blattkäfers *Chrysomela taimyrensis* an *Salix arctica*; **e:** Wicklerraupe *Olethreutes* in der Wurzel von *Pedicularis dasyantha*.

Mulden erwärmt sich auf über 22 °C und ermöglicht eine rasche Entwicklung der Mückenlarven. Die Weibchen der aus dem Wasser aufsteigenden **Stechmücken** saugen Blut bei Lemmingen und anderen Warmblütern [663]. Lemminge wiederum bilden eine wichtige Grundnahrung für räuberische Vögel und Säuger. Raubtiere erbeuten außerdem schwache, kranke und gestorbene Rentiere oder deren Kälber [589]. Außer durch Stechmücken werden Rentiere von Bremsen (Tabanidae) und Dasselfliegen *(Oedemagena, Cephenemyia)* belästigt. Als Innenschmarotzer haben sie Nematoden und Cestoden.

Stoffkreislauf. Primärkonsumenten sind in erster Linie die großen Pflanzenfresser wie Moschusochse, Rentier, Schneehasen, Lemminge, Wühlmäuse, Schneehühner, Wildgänse *(Anser, Branta)*. Nach der Schneeschmelze haben die oberirdischen Teile vieler Pflanzen den höchsten Gehalt an Stickstoff und Phosphor (wenn auch nicht gleichmäßig in jedem Jahr, wie wir hörten). Auf jeden Fall ist die Beweidung im Frühjahr für die Fortpflanzung und Entwicklung der Tiere besonders wichtig [90]. Wo wenig Pflanzenfresser vorkommen, wie in Spitzbergen, wirkt es sich ungünstig auf das Ökosystem aus. Ebenso wie die Tiere von den Pflanzen abhängen, ist das Gedeihen der Pflanzen auf die Tiere angewiesen. Es besteht nämlich sonst die Gefahr des Zusammenbruchs des ganzen Systems durch Überproduktion an organischer Substanz [517].

Für den Abbau der organischen Stoffe spielen wie in der Taiga Pilze die größte Rolle. Wichtige saprotrophe Tiere sind Enchytraeiden. Ihre Biomasse beträgt an manchen Stellen 50% derjenigen aller Wirbellosen. In Wiesentundren kommen auch Regenwürmer vor, z. B. *Eisenia nordenskiöldi*. Im übrigen haben noch Amöben, Collembolen, Larven von Dipteren für die Zersetzung größere Bedeutung. Hornmilben (Oribatiden) treten im Gegensatz zu den gemäßigten Zonen hinter den Springschwänzen (Collembolen) mehr zurück [141].

Lediglich die Moosschicht und die darunter liegende, oberste Bodenschicht von wenigen cm Dicke gehören zum Wohnbereich der Bodenfauna. Auffallend ist der Übergang typischer Bodentiere wie Enchytraeiden oder Larven des Scarabaeiden *Serica brunnea* in den Moosfilz (Abb. 8.4) [614]. Der weitaus größte Teil der Primärproduktivität geht durch die Saprotrophen-Kette. Unter den räuberischen Arthropoden dominieren Staphyliniden, Carabiden und Spinnen.

Produktion. In den nördlichen Tundren ist wegen der geringer entwickelten Vegetationsdecke die Produktivität (jährliche Produktion) nur gering. In der südlichen Tundra und der Waldtundra kann sie Werte erreichen, die denen der Steppe entsprechen. Das gilt gleicherweise für

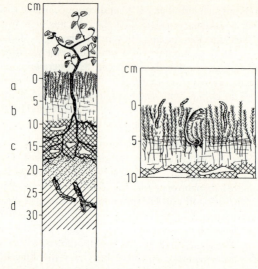

Abb. 8.4: Verlagerung von Bodentieren in die Moosschicht der Tundraböden (nach Stebaev 1962).
a: lebendes Moos (rechts mit Enchytraeidae und Larven von *Serica brunnea*), **b:** abgestorbenes Moos und Flechten, **c:** Mineralboden, **d:** Horizont mit alten Wurzelresten.

die Biomasse der Pflanzen, pflanzenfressenden Säugetiere und für Insekten [768]. Die Netto-Primärproduktivität im Jahr wurde aus der hocharktischen Tundra mit 20–45 g/m², aus der südlichen Tundra mit 40–110 g/m² (Trockengewicht) angegeben [48].

Bestände von Wollgras *(Eriophorum)* der Tundramoore werden von Feuer nicht völlig zerstört, weil die Vegetationspunkte der Büschel von organischem Material umgeben sind. Es erfolgt ein Neuaustrieb. Die durch den Brand dunkel gefärbte Fläche des Grundes absorbiert das Sonnenlicht stärker und fördert dadurch das Pflanzenwachstum. Die Wirkung hält mehrere Jahre an. Schon nach zwei Jahren hat sich die organische Produktion fast ganz erholt. Feuer scheint also auch in der Tundra ebenso wie in Taiga, Savanne und Steppe eine Verjüngung herbeizuführen [764].

8.1.6 Menschen

In den Tundren Nordamerikas, Grönlands und Sibiriens leben Eskimos, deren Zahl auf weniger als 100 000 geschätzt wird. Sie gehören zum Rassenzweig der Mongolen und sind durch ihre Lebensweise als Jäger und Fischer gut an die klimatisch rauhe Gegend angepaßt. In Fennoskandien und der Kola-Halbinsel bewohnen etwa 40 000 Lappen die Tundra. Auch sie sind mehr als andere Menschengruppen das Ergebnis der Auslese einer extremen Umwelt, denn nur die Zähesten und Anspruchlosesten konnten bei dem mit Rentierhaltung verknüpften Nomadentum in solchem Klima überleben. Der Typus der Lappen ist phäno- und genotypisch eine Einpassung in die Kältelandschaft. Er ist in vieler Hinsicht mongolenähnlich, aber nicht mongolenverwandt, sondern europid. Dunkle Augen und dunkle Haut bieten einen gewissen Schutz gegen die UV-reiche Strahlung im Frühjahr und Sommer [400].

Der Hundebandwurm *Echinococcus multilocularis* kann zwischen Eisfuchs, Nagetieren und Eskimos zirkulieren. Bei Eisbär, Eisfuchs, Walroß (und früher ebenfalls bei den Menschen) ist Trichinose verbreitet.

8.2 Hochgebirge

Die Region zwischen Baumgrenze (sofern eine bewaldete Höhenstufe vorhanden ist) und Schneegrenze, unabhängig von der Höhe über dem Meer, ist für die Lebewelt der eigentliche alpine Bereich. Mit zunehmender Höhe sinken Luft- und Bodentemperaturen, vermindert sich wegen geringeren Luftdrucks das Angebot an O_2, CO_2 und Wasserdampf in der Atmosphäre, werden Ein- und Ausstrahlung intensiver, erhöht sich der Anteil ultravioletter Strahlen, verkürzen sich Vegetationszeit und die Periode aktiven Tierlebens, gehen Produktion und Artenzahlen der Organismen zurück [204].

In Hochgebirgen Zentralasiens, den Westhängen der zentralen Anden und dem Mt. Kenia in Ostafrika ist das Klima so trocken, daß eine bewaldete Höhenstufe unter der alpinen Grenze fehlt. Dort ziehen sich Halbwüsten, Gras- oder Strauchformationen als Übergänge in den alpinen Bereich. Hochgebirgstundren und Hochsteppen der Gebirge auf der nördlichen Erdhalbkugel sind ältere Ökosysteme als die arktischen Tundren und Steppen der Ebene, mit denen ihre Pflanzen und Tiere Gemeinsamkeiten haben [620, 48].

8.2.1 Geographische Unterschiede

In der winterkalten Zone der nördlichen Hemisphäre wird die Baumgrenze häufig von Nadelwäldern gebildet. Im Fall der Bergkiefernwälder kann sich ein «Krummholzgürtel» anschließen, bevor die **Alpine Tundra** mit ihren Zwergstrauch- und Grasheiden beginnt [706]. Über der Nadelwaldstufe skandinavischer Hochgebirge, deren Obergrenze durch die natürliche Vermehrung der Coniferensamen gegeben ist, befindet sich ein mehr oder weniger breiter Gürtel aus Birken *(Betula)*. Am Südrand der Alpen und in manchen Gebirgsteilen der mediterranen Zone reicht ebenfalls Laubwald bis an die alpine Tundra heran [203].

In den ständig feuchten Gebirgen der Tropen ziehen sich immergrüne Bergnebelwälder zur Höhe hinauf. Über der Wolkengrenze werden die Bäume kleiner. Es schließen sich of Coniferen der Gattung *Podocarpus* an, denen eine Gebüschzone folgt [749]. Sie grenzt an die **Páramos**, baumfreie Regionen mit Rosettenpflanzen, Stauden, Kräutern, Horstgräsern und einzelnen hohen Gewächsen (meist Compositen) (Abb. 8.5) [712]. Diese alpine Stufe ist durch Kälte, reichlich über das Jahr verteilte Niederschläge, hohe Luftfeuchte, Nebel und Stürme einer rauhen Witterung ausgesetzt. Tagestemperaturen steigen selten über 10–15 °C, besonders am Morgen bleiben sie meist unter 0 °C [637].

In den trockeneren, nur periodisch feuchten, tropischen und subtropischen Hochgebirgen befindet sich über der Waldgrenze (wenn ein Gebirgswald überhaupt vorkommt) mit der **Puna** eine offene Vegetation aus Moosen, Flechten, horstartigen Gräsern und Cyperaceen. Es überwiegt der graminoide Habitus, obwohl sich in der Regenzeit auch

Abb. 8.5: Lebensformen der Páramo-Formation (veränd. nach Troll 1968). **1:** Hartkissenpflanzen *(Azorella*-Typ); **2:** Hohe Rosettenpflanzen mit dicken Stämmen und wolligen Blättern *(Espeletia*-Typ); **3:** Horstgräser; **4:** Immergrüne, kleinblättrige Büsche *(Loricaria*-Typ); **5:** Acaule Rosettenpflanzen mit dicken Wurzeln *(Werneria*-Typ); **6:** Gebüsch mit wolligen Blättern *(Helichrysum*-Typ), **7:** Teppichartige Zwergstrauchpflanzen *(Acaena*-Typ), **8:** Rosettenpflanzen mit kerzenartigen, wolligen Blütenständen *(Lobelia*-Typ), **9:** Immergrüne, großblättrige Büsche *(Befaria*-Typ).

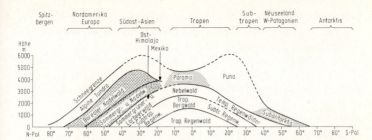

Abb. 8.6: Schema der Hochgebirgsregionen der Erde und ihrer Landschaftsformen (etw. veränd. nach Troll 1966).

noch verschiedene Kräuter dazugesellen. Außerdem sind oft Sukkulenten bezeichnend, welche die Trockenperioden gut überstehen können (Abb. 8.6) [711, 733].

8.2.2 Klima und Boden

Temperatur. In den nördlichen und gemäßigten Breiten verlängert die Abnahme der Temperatur mit steigender Höhe im Gebirge den Winter und verkürzt damit die Zeit, in der Photosynthese möglich ist. Von einer bestimmten Höhe an reicht der Stoffgewinn daher für die Entwicklung von Bäumen nicht mehr aus.

Außerdem sind die Wärmeverhältnisse des Sommers entscheidend. Die Waldgrenze liegt nämlich bei gleicher geographischer Breite umso höher, je kontinentaler das Klima, je stärker also die Einstrahlung im Sommer ist. In den Gebirgen der Subtropen erwärmt sich der Boden im Sommer recht beträchtlich. Die Bäume können die günstigste Jahreszeit ausnutzen. Die Baumgrenze verläuft dort noch höher als in den Tropen, in denen sich die nächtliche Kälte schädlich auf das Wurzelsystem der Bäume auswirkt. So bestimmt in den Tropen letztlich das Temperaturminimum in der Nacht die Waldgrenze. Zudem ist die Aktivität der Mikroben in kalten Nächten gering. Es entsteht leicht ein Mangel an Nährstoffen für die Pflanzen, obwohl die Reserven im Boden groß genug sind. Unter etwa 15 cm Bodentiefe bleibt die Temperatur auch in den Tropen ziemlich konstant.

Die Hochgebirge der kalten und gemäßigten Zonen zeichnen sich durch starke tages- und jahreszeitliche Temperaturunterschiede aus. Den tropischen Gebirgen fehlen die thermischen Jahreszeiten, dafür können das ganzen Jahr über Nachtfröste vorkommen [100].

Licht. Nebel und Wolken umgeben häufig die Gipfel der Berge. So bildet sich im Zentral-Himalaja durch Kondensation in der warmen

Jahreszeit eine ständige dichte Wolkenzone mit verringerter Lichtstärke von nur 25 000–30 000 Lux. Diese isoliert, um als ein Beispiel eine direkte biologische Folge zu nennen, zwei genetisch verschiedene Rassen des Schwalbenschwanz *(Papilio machaon)*. Die eine *(P. m. rinpoche)* besiedelt die höheren Lagen oberhalb des Wolkengürtels, die andere *(P. m. emihippocrates)* gerade die tieferen. Dadurch wird ein Gen-Austausch verhindert, weil die Falter unter 40 000 Lux inaktiv sind [131].

Feuchte. Im allgemeinen ist die Luft in der alpinen Region feuchter als in tieferen Lagen. Beim Aufsteigen der Luft in kühlere Höhe kondensiert sich die Feuchtigkeit und fällt als Regen. Wo allerdings umgebende Gebirgszüge die Niederschläge abfangen, wie im Hochtibetgebiet, ist die Luft trocken. Auch in den Tropen können die Maxima der Feuchtigkeit unterhalb der Gipfel liegen. Zwar kommen im Hochgebirge mehr Strahlen auf die Flächeneinheit als in der Ebene, aber da die Luft in der Höhe dünner ist, wird weniger von ihr erwärmt. Die Kälte gleicht den schädlichen Effekt zu großer Lufttrockenheit etwas aus, indem sie den Stoffwechsel der meisten Organismen auf ein niedrigeres Niveau drückt. Schnee macht das Pflanzen- und Tierleben in ariden Hochgebirgslagen erst möglich. Er erhält die Bodenfeuchtigkeit, erlaubt Wärmeeinstrahlung ohne Austrocknung des Bodens und bildet für viele Lebewesen eine Schutzdecke für die Überwinterung [413].

Wind. Tagesperiodische, lokale Luftströmungen (Talwind, Bergwind, Gletscherwind) beeinflussen vor allem das Klima der Täler, während die Gipfel und freien Hochflächen den großräumigen Luftströmungen voll ausgesetzt sind. Dies wirkt sich auf Bodenerosion, Verfrachtung von Schnee und auf die Lebewelt aus [203].

Boden. Je nach der klimatischen Situation können alpine Böden relativ trocken sein oder während einer Trockenzeit noch feucht bleiben oder schnell zwischen Trockenheit und Feuchtigkeit wechseln. Wie in der arktischen Tundra kann es in naßkalten Perioden durch abwechselndes Gefrieren und Auftauen zu starker Solifluktion (Erdfließen) und zu Polygonböden kommen. Permafrostboden ist seltener, aber keineswegs ausgeschlossen. Man bezeichnet die Rohböden der höheren Lagen mit Dauerfrost im Untergrund als alpine Råmark. Sie entsprechen den arktischen Råmarkböden.

In den tieferen Gebirgslagen mit geschlossener Vegetationsdecke bildet sich eine Humusschicht. Besteht das Ausgangsmaterial für die Verwitterung aus Kalkgestein, entstehen Rendsinen (Kalkhumusböden), während ein Untergrund aus Silikaten Ranker ergibt. Das Artenbild an Pflanzen und Tieren zwischen beiden Bodentypen sowie zwischen flach- und tiefgründiger Bodendecke ist verschieden. Über kalkreichem Gestein können sich sogar schwarzerdeartige Böden bilden, die von Steppenbewohnern besiedelt werden, wie einige Kuppen des Nordwest-Kaukasus erkennen lassen [233].

Im unteren Bereich der alpinen Grasheiden gehen Böden mit A-C-Profil in Braunerden oder Podsol mit A-B-C-Profil über [202].

8.2.3 Zonierung

Wenn auch die klimatischen und edaphischen Bedingungen eine deutliche Zonierung der Vegetation zur Folge haben, bildet doch die alpine Region als ganze einen besonderen Landschaftstyp, der sich nicht immer auf einzelne orographische, klimatische oder biologische Elemente bestimmter Höhenbereiche festlegen läßt. Zudem sind eine Vielzahl

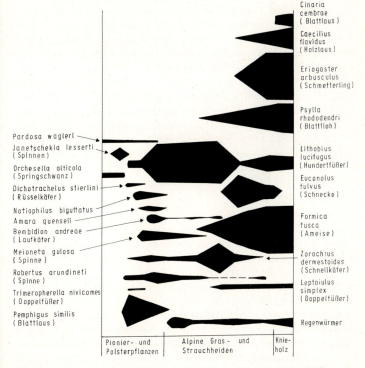

Abb. 8.7: Zonierung im Hochgebirge (Alpen) (nach Janetschek 1949).

verschiedener Standorttypen, deren Faktorenkomplexe sich schon in geringer Entfernung voneinander unterscheiden können, ein Charaktermerkmal der Gebirge.

Die Schneegrenze der außertropischen Hochgebirge ist weitgehend von der Eiszeit geprägt. Die obere Waldgrenze drückt dagegen die gegenwärtigen Klimaverhältnisse aus [711]. Sie kann unter 1000 m ü. M. liegen (Norwegen), andererseits 4600 m erreichen (Himalaja) und in den Tropen zwischen 3400 und 3900 m verlaufen.

Die Zonierung einer Hochgebirgslandschaft sei wegen ihrer geographischen Unterschiede nur in groben Zügen, unter Hervorhebung von Verhältnissen in den Alpen, geschildert (Abb. 8.7) [201].

Alpine Zwergstrauchheiden. Niederwüchsige Baumgruppen *(Pinus, Alnus viridis)* am Rand der Waldgrenze gehen in den Alpen in Flächen über, die mit *Rhododendron, Vaccinium, Empetrum, Loiseleuria, Calluna* und buschwüchsigen Weiden *(Salix)* bewachsen sind. Solche Pflanzen gedeihen in einer Zone mit ausreichender Wasserversorgung. Starke Windexposition vermögen sie auf verschiedene Weise zu kompensieren. So ist die Transpiration bei der Alpenheide *(Loiseleuria procumbens)* sehr gering. Zudem besitzt ihre dichte, teppichartige Wuchsform hohen Windwiderstand. Das Heidekraut *(Calluna vulgaris)* hat einen offeneren Wuchs und verdunstet viel Wasser. Dies wird aber durch Regulation der Spaltöffnungen ausgeglichen [356, 377]. Viele Insekten sind durch ihre Ernährung an die Pflanzen gebunden. Sie spielen auch für die Blütenbestäubung hier eine größere Rolle als der Wind. Die Bodenschicht ist reich an Tieren der Moosrasen und der Streu. Es begegnen sich in der alpinen Zwergstrauchheide Arten, die im Bestandesabfall der Sträucher genügend Nahrung und in deren Schatten Schutz vor Sonne finden, mit sonnenliebenden Bewohnern der höher gelegenen Grasheiden.

Grasheiden. Nach oben hin schließt sich eine zusammenhängende Decke mit einer Fülle von Blütenpflanzen an. Oft besteht Steppencharakter, da Gräser und Seggen die Physiognomie der Vegetation prägen können und ihre Wurzelmasse die oberirdische Grünmasse um das vielfache übertrifft [503].

Hier ist allgemein in Gebirgen der Hauptlebensbereich pflanzenfressender Großsäuger mit guter Kletterfähigkeit, also der Bergschafe *(Ovis)*, Schneeziegen *(Oreamnos americanus)*, Gemsen und verwandter Bergantilopen (Rupicaprinae) in der Holarktischen Region, der Vicunjas und Guanakos in den Hochsteppen der Anden. Ebenfalls kommen mit Murmeltieren, Wühlmäusen, Hasen, Spitzmäusen verschiedene Kleinsäuger vor. Auch leben dort die meisten Brutvögel der Hochgebirge wie Schneehühner *(Lagopus)* und Singvögel. Mit den Pflanzen sind Schmetterlinge, Dipteren, Hymenopteren, Käfer, Heuschrecken und Schnecken vergesellschaftet, die an die täglichen Schwankungen der Temperatur angepaßt sind.

Wo der Boden gute Humusbildung aufweist, finden sich nicht nur Arthropoden, sondern auch Regenwürmer. Reptilien sind zwar in tropischen Gebirgen häufiger, doch kommen Bergeidechse *(Lacerta vivipara)* und Kreuzotter *(Vipera berus)* auch in der alpinen Region in den Alpen vor. Ebenfalls fehlen dort nicht Amphibien *(Salamandra atra, Triturus alpestris)*.

Manche Tiere sind durch ihre Fortpflanzungsbiologie für die Besiedlung des ziemlich extremen Lebensraums prädisponiert. Dies gilt z. B. wegen Viviparie für Bergeidechse, Alpensalamander und in Mittelasien für die Krötenköpfe *(Phrynocephalus)*, wegen ihrer Parthenogenese für Rüsselkäfer der Gattung *Otiorhynchus*.

Polsterpflanzenzone. Grasheiden gehen in Felsfluren, Block- und Schutthalden mit spärlichem Pflanzenwuchs über (Abb. 8.8). Gemeinsam ist ihnen der einschichtige, mehr oder weniger aus der Bodenoberfläche bestehende Lebensraum für die Kleintiere [309]. Nur geringe Humusansammlungen beschränken sich auf die Nähe der Pflanzenpolster und Rosetten, die schildförmig die nackten, von Gesteinsbrocken durchsetzten Rohböden besiedeln. Durch Polsterwachstum können auch Moose ihre starke Transpiration drosseln. Die Unbilden der Witterung, lange Schneebedeckung und ungenügende Wärme lassen keine geschlossene Vegetationsdecke mehr zu. Die dort lebenden Kleinsäuger wie die Schneemaus *(Microtus nivalis)* der Alpen, Pfeifhasen *(Ochotona)* im Himalajagebiet und in den Rocky Mountains, Wollmäuse *(Chinchilla)* der Anden bewohnen die natürlichen Spalten und Höhlungen in solchem Untergrund. Viele Vögel holen sich aus diesem Bereich ihre Nahrung. Greifvögel, Rabenvögel und Segler *(Apus)* finden in den schwer zugänglichen Felsfluren geeignete Nistmöglichkeiten.

Die Primärproduktivität der Pflanzen und die Aktivität der Mikroflora in ihrer Rolle als Destruenten stimmen mit den Verhältnissen der arktischen Tundren auffallend überein. Die Gliederung der Polsterpflanzenzone in ein Mosaik von Kleinstlebensräumen spiegelt sich in der Verteilung der Kleintiere wider [413]. Sonnen- und Schattenseite, Hangneigung, Dauer der Schneebedeckung, Kaltluftseen, Lawinenzüge, Schneeränder beeinflussen die Artenauswahl und Populationsdichten. In Schneetälchen, eingetieften Stellen unterhalb der Schneegrenze, an denen sich Schnee besonders lange hält, ist der Boden stark durchfeuchtet und beherbergt hygrophile Kleintiere. Sogar auf den

Abb. 8.8: Vegetation in Gletschernähe (Orig.).

freien Schneeflächen finden Laufkäfer, Spinnen und Opilioniden in der dorthin verwehten Flugfauna von Zufallscharakter noch genügend Nahrung.

Gletscher. Den durch diffuse Himmelsstrahlung in den polaren Eisgebieten entstehenden, bis 60 cm tiefen und wenigen cm breiten «Kryokonitlöchern» entsprechen die Einschmelzlöcher auf Gletschern der alpinen Gebiete. Sie werden durch unmittelbare Sonnenstrahlung mit dem sich stärker erwärmenden Eisstaub gebildet. In ihnen lebt die Grünalge *Chlamydomonas nivalis*, welche durch ihren Farbstoff Haematochrom den «roten Schnee» erzeugt. Außerdem finden sich dort ein: Diatomeen, Heliozoen, Ciliaten, Tardigraden, Rotatorien, die alle ein Durchfrieren ihres Lebensraums ertragen. Mit der Schneeschmelze beginnt ihr aktives Leben [625].

8.2.4 Anpassungen der Pflanzen

Die geringe Samenproduktion und große Keimlingsterblichkeit werden durch ausgeprägte Fähigkeit der vegetativen Vermehrung ausgeglichen. Rosetten- und Polsterform hängen mit einer Hemmwirkung des Streckungswachstums durch die täglichen Änderungen der Temperatur zusammen. Auch ultraviolette Strahlen hemmen die Entwicklung vieler Pflanzen während einer sensiblen Phase im Frühjahr. Bei Horstgräsern sind die Erneuerungsknospen im Inneren des Horstes vor Temperaturwechsel gut geschützt. Reservestoffe werden frühzeitig in unterirdischen Organen, aber auch in Knospen und Blättern angesammelt. Blütenbildung und Samenerzeugung erfordern einen hohen Aufwand an Energie.

Die Photosynthese mancher Gebirgspflanzen ist bei tieferen Temperaturen möglich als bei Arten, die in der Ebene wachsen [89]. Nach Nachtfrösten setzt sie schnell wieder ein. Kurzfristige Kälte während der Vegetationszeit erniedrigt sogleich die Grenztemperatur des Gefrierens der Sprosse. Immergrüne Zwergsträucher im Hochgebirge winterkalter Gebiete machen im Spätherbst eine Frostabhärtung, im Frühjahr wieder eine Enthärtung durch. Viele Gebirgspflanzen, die vorher eine zeitlang geringem Frost ausgesetzt waren, können im Winter bis zu $-70\,°C$ überleben, während sie in der Vegetationsperiode nur $-5°$ bis $-7\,°C$ ertragen [533]. Ultraviolette Strahlen werden zum großen Teil durch eine verstärkte Kutikula in der äußeren Wand der Epidermis und durch angereicherte Flavonoide und Carotinoide absorbiert [378].

Die Wasserbilanz der Pflanze ist in allen Hochgebirgsregionen auch im Sommer wegen der häufigen Niederschläge oder des nassen Bodens ausgeglichen. Daher braucht die Konzentration des Zellsafts meist nicht über 8–12 atm zu steigen und liegt selbst bei xeromorphen Arten in der Regel unter 20 atm. Wie in der arktischen Tundra wird die Aufnahme von Stickstoff aus dem Boden durch die niedrigen Temperaturen erschwert.

Ein Teil der Nivalflora gehört zu den «**Winterstehern**». Während ihre Blätter im Herbst bereits vom Schnee begraben sind, ragen die Fruchtstände noch heraus. Dadurch ermöglichen sie den Samen, die später auf die Schneedecke ausgestreut und vom Wind verbreitet werden, eine längere Reifungsperiode. Es besteht eine deutliche Tendenz zur Langlebigkeit der Pflanzen. Kräuter und Gräser sind überwiegend mehrjährig und erreichen ein hohes Alter. Therophyten treten ganz zurück.

Mit zunehmend extremer werdenden Verhältnissen steigt der Anteil polyploider Pflanzen [671]. An der obersten Grenze des Pflanzenlebens im Hochgebirge befinden sich wie in der Arktis nur noch poikilohydre, anabiotische, streßtolerante Bodenalgen und Flechten.

8.2.5 Tierwelt

Mit der Zonierung der Pflanzen in den Höhenstufen ändert sich auch die Fauna (s. Abb. 8.7). Außerdem zeigen sich innerhalb der Grasheiden und Polsterpflanzenzone Unterschiede in der Besiedlung der trockeneren Bereiche zu den längere Zeit schneebedeckten Schneetälchen, in denen wie in der arktischen Tundra Collembolen und Milben, Dipteren, Käfer und Spinnen besonders reich vertreten sind [702].

Nahrungsspezialisten kommen bei vielen phytotrophen Insekten vor, so unter Wanzen, Blattläusen, Blattkäfern, Rüsselkäfern, Schmetterlingsraupen, Larven von Schwebfliegen (z. B. *Cheilosia*) und Minierfliegen *(Phytomyza)* [203]. Weitere Tatsachen, die bei Insekten festgestellt wurden: Überwinterung ist nur im Boden möglich, der durch eine genügende Schneedecke geschützt ist; viele Arten zeichnen sich durch Flügelreduktion oder Melanismus aus; Carabiden werden mit der Entfernung von ihrem klimatischen Optimum kleiner [659]; die niedrigen Nachttemperaturen bedingen bei Dämmerungs- und Nachtfaltern Tagaktivität.

Der mit steigender Höhe abnehmende Luftdruck und O_2-Gehalt wirken sich auf die Wirbellosen nicht aus. Wirbeltiere müssen sich akklimatisieren. Bei ihnen erhöht sich die Zahl der Erythrozyten und damit der Hämoglobingehalt des Blutes. Dadurch können sie in Höhen bis 6000 m leben. Tylopoden (*Lama*-Familie) haben als einzige Säugetiere kleine elliptische Erythrozyten mit ungewöhnlich hoher osmotischer Resistenz und sehr hoher Konzentration an Hämoglobin (40–50% im Vergleich zu anderen Säugern mit 30–34%) [21].

Säugetiere besitzen in Höhenlagen ein Fell mit dichterer Behaarung bei geringerer Hautdicke, wobei die Haut jedoch stärker durchblutet wird. Schneeziegen z. B. haben zum Schutz gegen Kälte in ihrem Fell eine Schicht rauher Deckhaare und kaschmirähnlicher Unterwolle. Im Hochgebirge mit kalten Wintern gibt es wie in der arktischen Tundra nur wenig echte Winterschläfer. Als Beispiel seien Murmeltiere *(Marmota)* genannt. Huftiere entziehen sich extremen Winterbedingungen durch jahreszeitliche Wanderung.

Entwicklung. Wechselwarme Tiere entwickeln sich der geringen Temperatursumme entsprechend oft langsamer als Populationen oder verwandte Arten der Ebene. Die Verlangsamung wird im allgemeinen auch nicht durch eine gewisse Stimulierung infolge ausgeprägter Wechseltemperaturen der Tagesperiodik ausgeglichen. So benötigt die an *Pinus* lebende Blattwespe *Neodiprion sertifer* im Hochgebirge zwei Jahre zur Entwicklung (Überwinterungen als Ei und Kokon). Im Flachland hat die Art nur eine Generation im Jahr (Überwinterung als Ei, Sommerdiapause im Kokon) [492]. – Bei einigen Schnaken (Tipulidae) liegt die langsamere Gesamtentwicklung in höheren Gebirgslagen an dem sehr von der Temperatur abhängigem Vorpuppen- und Puppenstadium, nicht am Larvalwachstum [106]. – Die Fortpflanzung des Pseudoskorpions *Neobisium muscorum* wird bei den hochalpinen Populationen auf die Monate Mai bis August zusammengedrängt. Die Weibchen in den tieferen Zonen werden dagegen von Februar bis Juni und ein zweites Mal im Jahr von August bis Oktober gravide [34]. In den Schweizer Alpen verzögert sich mit zunehmender Höhe von 1220 auf 2600 m ü. M. der Eintritt der Geschlechtsreife der Schnecke *Arianta arbustorum* von 1,9 bis auf 5 Jahre, während die gesamte Lebensdauer in allen Höhenstufen gleich ist. Zahl und Größe der Gelege nehmen mit steigender Höhe ab [25].

Wolfspinnen (Lycosidae) brauchen als Jung- und Alttiere verschiedene Lebensbedingungen. Die Jungspinnen sind recht feuchtebedürftig, für die Adulten ist Wärme wichtiger. Dies ist der Anlaß zu entwicklungsbedingten, jahreszeitlichen Wanderungen selbst in der gleichen Höhenstufe, weil das Vegetationsmuster unterschiedliche Mikroklimate bietet [87].

Die Larven einer stummelflügligen Zuckmücke (*Diamesa*, Chironomidae) im Himalaja-Gebiet von Nepal finden im Frühjahr in den Rinnen von Schmelzwassern der Gletscher in Cyanobakterien und Eubakterien reichliche Nahrung. Bis zum Herbst wachsen sie zu wärmeempfindlichen, doch kältetoleranten Adulten heran. Nur die Weibchen wandern auf dem Schnee und orientieren sich dort nach dem Stand der Sonne. Die Begattung findet unter dem Schnee auf dem Eis statt, wo die Männchen nach etwa einem Monat sterben. Die überwinterten Weibchen legen im Frühjahr ihre Eier in die Rinnen der Schmelzwässer. Diese Lebensperiodik ist eine sinnvolle Anpassung an die Wanderung der Gletscher, deren Schmelzwässer ihre Lage in jedem Jahr ändern [357].

Bei allen Vogelarten verlieren die Eier im Laufe der Bebrütung etwa 15% ihres Anfangsgewichts durch Abgabe von Wasser. Dadurch vergrößert sich die Luftkammer am stumpfen Ende des Eies, und die sich darin einstellenden Partialdrücke von O_2 und CO_2 ermöglichen noch vor seinem Ausschlüpfen die Umstellung des Jungvogels auf Lungenatmung. Mit zunehmender Höhe im Gebirge würde der Wasserverlust durch die Schale des Vogeleies immer größer, weil die Diffusion sich mit abnehmendem Luftdruck verstärkt.

Dennoch brüten mindestens 15 Arten in Höhen über 4600 m, unter ihnen der Kondor *(Vultur gryphus)* in den Anden oder die Alpendohle

(Pyrrhocorax graculus) in den Alpen. Die Eier solcher Vögel müssen also an die Höhenlage angepaßt sein, damit sich der Embryo entwickeln kann. Dies wird morphologisch durch Verringerung der totalen Porenfläche der Eischale erreicht, physiologisch durch Änderung des Verhältnisses von Eiweiß zu Dotter, ökologisch durch Anlegen des Nests in Höhlungen mit feuchtem Mikroklima [496].

8.2.6 Menschen

Im Vergleich zum Tiefland haben Bewohner im Höhenbereich zwischen 3600 und 5300 m, in dem etwa 10 Millionen Menschen leben, ein größeres Atmungsvolumen pro Minute, gesteigerte Bildungsrate der roten Blutkörper, niedrigeren Blutdruck, geringeren Cholesteringehalt. Ihre Mortalität durch Arteriosklerose und Herzinfarkt ist auffallend gering.

Während in den Hochgebirgen der gemäßigten Breiten der Hauptteil der Bevölkerungen in den Ebenen lebt, waren die Gebirgszüge des Himalaja-Bogens, der Anden und des ostafrikanisch-äthiopischen Hochlands von je her stärker vom Menschen besiedelt. Zunehmende Bevölkerungsdichten brachten einen schnell wachsenden Bedarf an Weidegrund, Nahrung und Brennstoff. Es wurde Raubbau getrieben, so daß weite Flächen nicht mehr von Humus bedeckt sind, sondern nur noch aus kahlen Felsen bestehen. Nun sind jedoch gerade Hochgebirge gegen Eingriffe des Menschen besonders empfindlich. Wo die Humusschicht zerstört ist, kommt es leicht zu Erosionen, Erdrutschen und Lawinen. Dies wiederum beeinflußt die in den Vorgebirgen entspringenden Flußsysteme, so daß indirekt auch die Tiefländer immer mehr bedroht sind und durch Überschwemmungskatastrophen heimgesucht werden.

8.3 Subantarktische Inseln

Die am besten untersuchten Inseln: Südgeorgien, Kerguelen, Macquarie liegen zwischen dem 50° und 60° südl. Breite. Im ganzen herrscht ein kühles Jahresklima, ohne daß es im Winter zu Dauerfrostboden kommt. Die Sommer sind kälter, die Winter wärmer als in der subarktischen Tundra.

Aktives Leben kann in allen Monaten weitergehen. Durch ihre Grasheiden und Moorwiesen erinnert die Vegetation an die nordische Tundra. Doch betrifft dies nur die Physiognomie ähnlicher Lebensformen. Geographische, klimatische und historische Verhältnisse ergeben im einzelnen erhebliche Unterschiede, z.B. bei einem Vergleich mit Spitzbergen [518].

In Südgeorgien gibt es etwa 40 Arten Landpflanzen und ohne Milben und Collembolen 35 Landwirbellose. Von Insekten überwiegen Käfer. Carabiden und Staphyliniden leben eurytroph. Der Moderkäfer *Aridius malouinensis* (Lathridiidae) frißt an verpilzten Blüten eines Tussockgrases *(Poa [Parodiochloa] flabellata)*. Wichtigste Käferfamilie ist die der Perimylopidae, die in großer Dichte auftreten können und hauptbeteiligt beim Abbau des Bestandesabfalls sind. Auch Collembolen (16 Arten), Milben und Dipterenlarven erleichtern den Pilzen die Zersetzung der Streu. Vertreter von Dipteren finden sich bei Ephydridae, Dryomyzidae, Trichoceridae, Chironomidae, Heleomyzidae, Pallopteridae. Einige Zwergspinnen ernähren sich von Collembolen und Fliegenlarven. In Eiern der Perimylopiden kann ein Parasitoid schmarotzen [744].

Zwei der 22 Brutvögel hängen in ihrer Nahrung nicht vom Meer ab: der Piper *Anthus antarcticus* und die Süßwasserente *Anas georgiae*.

Auf den Kerguelen und der Macquarie-Insel leben andere *Anas*-Arten. Von Neuseeland her wanderten Birkenzeisig *(Carduelis flammea)* und Star *(Sturnus vulgaris)* auf die Macquarie-Insel ein. Einige Rallen wurden dort eingeschleppt [426]. Verschiedene Käfer, Dipteren und Schmetterlinge auf den Kerguelen sind flugunfähig.

8.4 Antarktis

Meer. Hier entfaltet sich ein reiches Leben [426]. Allein über 100 Arten Fische und über 20 Tintenfische kommen vor. Im Gegensatz zu den Nacktschnecken warmer Meere haben diejenigen in der Antarktis keine freischwimmenden Larven. Sie entwickeln sich zwei Jahre im Ei, aus dem sie als fertige Schnecken schlüpfen. Auch nach dem Schlupf wachsen sie nur langsam heran. Wieviele Jahre bis zur Geschlechtsreife benötigt werden, ist nicht bekannt. Ebenso wie andere antarktische Meerestiere (Amphipoda, Isopoda, Pantopoda) zeichnen sich die Nudibranchia-Nacktschnecken durch großen Wuchs aus. Die häufige Art *Austrodoris kergulenensis* wird über 15 cm, eine *Bathydoris* über 20 cm lang. Einige enthalten Nesselkapseln oder stechende Nadeln in der Haut, die von ihrer Nahrung stammen. So ernährt sich *A. kergulenensis* von Schwämmen [746].

Grundlage für die Meeresfauna sind letzten Endes Phytoplankter, besonders Diatomeen. Die Photosynthese der Kieselalgen ist sogar noch in den winzigen, wassergefüllten Poren innerhalb der Eisschicht im Winter möglich [517]. Solche kleinen bei der Kristallisation des Eises entstehenden Hohlräume enthalten außer Diatomeen auch verschiedene Protozoen, winzige Metazoen, Bakterien und Pilze, die stark salzhaltiges Wasser ertragen. Durch die senkrecht wachsenden Stengel der Eiskristalle wird die dürftige Sonnenstrahlung wie in einem Lichtleiter durch das Eis gelenkt.

Primärnutzer des Planktons sind verschiedene Wirbellose, namentlich die Euphausiden-Krebse (Krill). Die häufigste Art, *Euphausia superba,* ist etwa 6 cm lang, besitzt Leuchtorgane und tritt in riesigen Schwärmen in den obersten Wasserschichten auf. Ihre Lebensdauer beträgt 6–7 Jahre. Für Fische, Meeressäuger und Meeresvögel bildet Krill eine wichtige Nahrungsquelle [332]. Jahreszeitliche Unterschiede wirken sich am stärksten auf die Entfaltung der Phytoplankter aus [97a]. Robben und Pinguine tragen durch ihren Kot zur Weiterführung der «Nahrungskette» auf dem Festland bei.

Auch Sturmvögel, Albatrosse, Möwen und Sturmschwalben holen sich ihre Nahrung aus dem Meer. Robben (darunter der «See-Elefant» *Mirounga leonina*) und Seevögel halten sich auf der Küste nur zum Rasten oder in der Zeit ihrer Fortpflanzung auf. Die Raubmöwe *Megalestris antarctica* ist ein Hauptfeind der jungen Pinguine, frißt aber ebenfalls an Kadavern von Robben.

Festland. Das Klima des antarktischen Festlands gehört zu dem kältesten der Erde mit kühlen Sommern und langen, strengen Wintern. Nur in einem Randgebiet am Westteil (68° südl. Breite) des Kontinents wachsen noch drei Arten Samenpflanzen: ein Nelkengewächs *(Colobanthus crassifolius),* das Gras *Deschampsia antarctica* und die vom Menschen eingeschleppte Wiesenrispe *(Poa pratensis)* [748]. In der arktischen Tundra dagegen gedeihen Samenpflanzen bis zum 83° nörd. Breite.

Dafür gibt es in der Antarktis etwa 920 Arten Kryptogamen auf dem Festland, vor allem an der Westküste. Selbst in den kargeren östlichen Küstenbereichen erwärmt die Sonne das dunkle vulkanische Gestein so, daß wenigstens Flechten genügend Wärme und bei Sickerwasser auch Feuchtigkeit erhalten. Die frei stehenden, trockenen Felsflächen sind meist kahl.

Auf den besiedelbaren Stellen der Blockhalden (in Küstennähe des Westens) leben Cyanobakterien *(Gloeocapsa),* Grünalgen *(Trebouxia, Stichococcus),* Diatomeen, Pilze, Moose, Flechten *(Lecanora, Xanthoria).* Die Landtierwelt ist im wesentlichen durch Milben und Collembolen vertreten, die sich auch noch bei recht niedrigen Temperaturen häuten können. Auch kommen terrestrische Larven von Zuckmücken vor (Clunioninae), deren Adulte flügellos sind. Die Mikrofauna hat durch Protozoen, bdelloide Rädertiere, Tardigraden und Nematoden kältetolerante Arten. Im Süßwasser leben außerdem verschiedene Turbellarien und Kleinkrebse. Schließlich fehlen nicht Parasiten (Mallophagen, Läuse, eine Flohart) auf Meeresvögeln und Robben. Weiter im Inneren des Kontinents vermögen auf schneefreien Geröllflächen lediglich noch Bakterien, Pilze, Bodenalgen und seltener auch Flechten zu existieren [310, 244, 245].

Gründe für die Artenarmut der Lebewelt auf dem Land (mit Ausnahme der Kryptogamen) liegen (1) an der gewaltigen Eiskappe; (2) an der Kälte; (3) im extrem trockenen Klima, dessen Niederschläge stets als Schnee fallen; (4) in der großen Entfernung zu weniger extrem lebensfeindlichen Gebieten.

Einst war die Antarktis ein tropisch-warmer Kontinent. Wo heute eine Inland-Eiskappe das Leben erstickt, breiteten sich vor 200 Millionen Jahren weite Sümpfe und Wälder aus, in denen meterlange Urmolche und gewaltige Saurier weideten oder auf Raub ausgingen. Dies haben Fossilfunde gezeigt.

Physiologische Anpassungen. Die poikilothermen Wasser- und Landtiere sind offenbar in entgegengesetzter Weise an die besonderen Temperaturverhältnisse der Antarktis angepaßt. Landtiere haben, wie jedenfalls bei Milben festgestellt wurde, einen erhöhten Grundumsatz. Dies dürfte mit den relativ hohen Temperaturen des Mikroklimas im Sommer zusammenhängen, die innerhalb eines Tages von $-4°$ auf $+15\,°C$ ansteigen können. Bei den Wassertieren ist dagegen der Grundstoffwechsel durch Kälteadaptation an die zwischen $-1,5°$ bis $-2\,°C$ liegenden Temperaturen gerade erniedrigt [58].

Den Eis- oder Weißblutfischen (Chaenichthyidae) fehlen rote Blutkörper. Der Sauerstoff wird in der Blutflüssigkeit gelöst, zu Muskeln und Organen transportiert. Eine andere Anpassung, durch die antarktische Fische vor Erfrieren geschützt sind, geschieht durch Frostschutzmittel im Blut. Es sind Glykoproteide, welche ein Gefrieren bis $-2,1\,°C$ unterbinden [129]. Sie wirken sogar an der Körperoberfläche und den Kiemen, so daß keine Kristallisationsvorgänge ausgelöst werden [149].

Die Weddelrobbe *(Leptonychotes weddelli)* kann über 40 Minuten lang tauchen und bis zu 600 m Tiefe erreichen. Vor dem Tauchen atmet sie aus, behält also nur eine geringe Füllung der Lunge. Dadurch entgeht sie dem narkotischen Effekt, den reichlicher Stickstoff bei stärkerem Druck ausübt. Zudem kann die Robbe wegen ihrer großen Blutmenge mit hoher Zahl an Erythrozyten einen genügenden Vorrat an Sauerstoff in die Tiefe mitnehmen. Bei zunehmender Tauchtiefe klappen die Lungen zusammen und verdrängen etwa ein Viertel des Stickstoffs. Der in der Lunge bleibende Rest wird durch den Überdruck komprimiert. Beim Auftauchen dehnt er sich wieder aus und öffnet Lungenbläschen und Atemwege. Während des Tauchens nimmt zudem die Menge der roten Blutkörper sehr zu. Sie binden den Stickstoff und sorgen bei der Rückkehr der Robbe zur Oberfläche für eine langsame Freisetzung des gelösten Gases [558].

Arktische Flechten *(Umbilicaria)* wurden im lufttrockenen Zustand bei −20 °C 10 Jahre lang eingefroren. Spätestens vier Tage nach Auftauen und Befeuchten hatten sie wieder ihren normalen Stoffwechsel [381a]. Ebenfalls zeichnen sich antarktische Flechten durch Anpassungen an Kälte aus. *Usnea sphacellata* kann (nach Untersuchungen von Kappen) noch durch ihre Algen bei −10 °C assimilieren, wenn die Stellen etwas von Schnee bedeckt sind und ihre Pilzhyphen den Schneekristallen Wasser entziehen.

9 Agrarlandschaft

Einerseits schuf der Mensch eine Agrarlandschaft mit Feldern, Wiesen, Weiden und Plantagen, die seiner Ernährung dient, zum anderen eine Siedlungslandschaft als Wohnbereich. Beide zusammen bilden mit über 14 Mill. km^2, d. h. fast 11% der Landfläche der Erde, die Kulturlandschaft im engeren Sinne (Anthropogaea).

Wirtschaftswälder (Forsten) und Gewässer (die für Fischerei, Transport, Auffang von Abwässern und sonstiger Nutzung dienen) werden als «Halbkulturlandschaft» bezeichnet, da ihre Pflanzen- und Tierwelt noch in manchen ihrer Besonderheiten und Funktionen mit ehemaligen Naturräumen übereinstimmen [685, 693].

9.1 Domestikation von Tieren und Pflanzen

Über 11 000 Jahre reicht der Beginn von Tierhaltung und Ackerbau zurück. Vorher mußten die Menschen sich ihre Nahrung als Sammler, Jäger und Fischer beschaffen. Obwohl Domestikation an verschiedenen Stellen der Erde und in unterschiedlichen Klimaräumen entstand, bleibt der «Vordere Orient» ein Gebiet, in dem sehr früh viele Erfahrungen integriert wurden, die bei der Nutzung von Pflanzen und Tieren gewonnen worden waren. Manches Wissen über die ursprüngliche Landwirtschaft hat sich von dort her zunächst über Europa und Nordafrika ausgebreitet [110].

Haustiere. Mit Ausnahme der Katze stammen Haustiere von sozial lebenden Arten ab. Unter den Bedingungen der Domestikation haben sie sich in strukturellen und physiologischen Eigenschaften sowie in ihrem Verhalten verändert. In vieler Hinsicht wurde der in Erscheinung tretende Variationsbereich der Wildart erweitert, denn es konnten Merkmale erhalten bleiben, die in der freien Natur durch Selektion ausgeschaltet würden. Andererseits fand eine Einengung der möglichen Variation durch züchterische Auslese statt, da kleine Populationen nur Teile aus dem gesamten «Genvorrat» der Art enthalten [278].

Auffallend sind bei unterschiedlichen Arten ähnliche Veränderungen in Größe, Färbung, Haarbildung, Abwandlung des Skeletts, der Gewebe und Organe, aber auch in den Proportionen der einzelnen Körperteile (Allometrien). Eine derartige «Pluripotenz» kommt ebenfalls bei Wildtieren vor und läßt neben dem Wirken der Selektion auf ein funktionelles Ordnungsprinzip schließen. Stets bleiben jedoch die Abänderungen der Haustiere im Rahmen der Art [277].

Hunde gehören zu den ältesten Haustieren. Sie dienten in manchen Gebieten mindestens zunächst als Nahrung. In anderen mögen sie von Anfang an Jagdgehilfen des Menschen gewesen sein, wenn man frühe Grabbeigaben so deuten darf. Die Haltung von Schafen und Ziegen dürfte seit 11 000, die von Schweinen seit 9000 Jahren erfolgt sein. Nach den kleineren Haustieren wurden Rinder domestiziert. Vor etwa 7000 Jahren folgten Gans, vor 6000 Jahren Taube, vor 5000 Jahren Pferd, Esel, Katze und Haushuhn. Katzen haben sich von selbst an den Menschen angeschlossen, indem sie in die großen Kornspeicher Ägyptens wegen der sich darin konzentrierenden Mäuse eindrangen und so zu Kulturfolgern wurden [278].

Die Stammformen der Haustiere lebten in unterschiedlichen Landschaften. Ziegen kamen vor allem in Gebirgswäldern vor, Schafe mehr in Gebirgssteppen. Wasserbüffel sind für Sumpfgebiete typisch. Das weiteste Verbreitungsareal hat der Wolf *(Canis lupus);* es umfaßt Tundren, Wälder, Steppen und Halbwüsten. Er ist der Stammvater sämtlicher Hunderassen.

Vorfahre der echten Haushühner ist das Bankivahuhn *(Gallus gallus)*, das in Wäldern von Indien bis Indonesien lebt. Gerade bei Hühnern gibt die moderne Tierhaltung ein eindrucksvolles Beispiel, wohin rein ökonomisches, quantitatives Denken in der Biologie führen kann. Legehennen in Käfigbatterien eingeengt, zeigen oft Verhaltensstörungen. Diese äußern sich in Federfressen als Handlungen am Ersatzobjekt, Bewegungen des Staubbadens als Leerlaufreaktion, stereotypem Pikken, unmotiviertem Fluchtverhalten und häufigen Aggressionen [417].

Rinder *(Bos primigenius f. taurus)* und Schafe *(Ovis ammon f. aries)* stehen heute mit jeweils 1¼ Milliarden an erster Stelle unter den größeren Haustieren. Beide sind genügsam und auch an extreme Klimate anpassungsfähig. Von den etwa 460 Millionen Ziegen *(Capra aegagrus f. hircus)* kommen über 80% in Afrika und Asien vor. Dies hängt nicht nur mit naturräumlichen, sondern mehr mit den sozialen Verhältnissen der Völker zusammen. Ziegen begnügen sich selbst noch mit der spärlichen Vegetation am Rande der Trockengebiete und in Hochgebirgen. Während Rinder und Schafe vor allem die Krautschicht beweiden, fressen Ziegen in erster Linie Blätter und Zweige der Sträucher und ergänzen damit die Weidenutzung durch Schaf und Rind. Der asiatische Wasserbüffel *(Bubalis arnee f. bubalis)* eignet sich gut zum Pflügen der Schlammböden bewässerter Reisfelder; seine Zahl dürfte bei 130 Millionen liegen. Mit fast 800 Millionen nehmen Schweine *(Sus scrofa f. domestica)* die dritte Stelle unter den großen Haustieren ein. Schweinehaltung ist in Nordamerika besonders mit Maisbau, in Mitteleuropa mit dem Anbau von Kartoffeln verbunden. Katzen werden auf 400, Hunde auf 250 Millionen geschätzt. Natürlich ändern sich diese Angaben ständig und sollen nur vergleichbare Größenordnungen widerspiegeln.

Kulturpflanzen. Die Heimat der Kulturpflanzen liegt zum Teil in gebirgigen Gegenden der warmen Zonen. Handel, Ökonomie und Zufall haben für ihre Nutzung durch Anbau Bedeutung gehabt.

Selektion zum «Gigaswuchs» bei Blattgemüsen, Wurzel- und Knollengewächsen; zu samenarmen und parthenokarpen Früchten; zu platzfesten Samenkapseln; Änderung der Lebensdauer und Abnahme oder Ausschaltung unerwünschter Inhaltsstoffe erfolgte durch den Menschen. Im natürlichen Geschehen der Konkurrenz würden diese Pflanzensorten bald eliminiert werden [587].

Einige entstanden durch Kreuzung verschiedener Wildarten, deren Chromosomensätze zusammenblieben (Allopolyploidie), z. B. Baumwolle, Raps, Weizen, Pflaume. Manche sind erst sekundär zu Kulturpflanzen geworden, nachdem sie als Unkräuter eingeschleppt worden waren. Zu ihnen gehören Roggen und Hafer, die in Weizen- und Gerstekulturen eindrangen, aber auch Erbsen, Linsen und Lein. Andere Pflanzen begleiteten anfangs die Siedlungen des Menschen. Sie wuchsen auf Schuttplätzen, Abfall- und Dunghaufen, von wo sie dann in den Garten übernommen wurden, um größtenteils als Zukost zu dienen. Hier wären Rüben *(Beta)*, Spinat, Kohl, Senf, Sellerie, Möhren, Tomaten, Kartoffel, Mohn und Hanf zu nennen. Der Anbau mancher solcher als nützlich erkannter Arten in Form von Handelsgewächsen und Feldgemüse fand erst in verhältnismäßig junger Zeit statt.

Viele Nutzpflanzen, z. B. aus den Familien der Chenopodiaceen und Cruciferen, wuchsen an Spülsäumen von Meeren, Seen und Flüssen. Von anderen Feucht- und Naßbiotopen kommen Klee, Hafer, Zuckerrohr und Reis. Einige stammen aus humidem Klima, das Hochgebirgstäler auszeichnet. Hier wären Kartoffel, Tabak, Erbse, Ackerbohne zu nennen. Schließlich gibt es wichtige Kulturpflanzen, die in Steppenklimaten zuhause sind. Das gilt für Gerste, Weizen, Roggen, Buchweizen, Luzerne, Mais und Speisebohne.

9.2 Allgemeine Aspekte der Landwirtschaft

9.2.1 Veränderungen der Landschaft

Einigermaßen ursprüngliche Landschaften findet man noch an Meeresküsten, in Tundren, Hochgebirgen, Taiga, tropischen Regenwäldern und Wüsten. Dagegen wurden besonders die Areale der Silvaea verändert und die früheren Waldflächen zu kleinen Restwäldern innerhalb der neugeschaffenen Agrarlandschaft eingeengt (Abb. 9.1). Auch an die Stelle von Steppen traten Viehweiden und Getreidefelder. Ebenfalls ist

Abb. 9.1: Kulturlandschaft (Masuren) (nach Tischler 1962).

von den Hartlaubwäldern (Skleraea) durch Siedlung oder Bewirtschaftung wenig erhalten geblieben. Das gilt vor allem für die Mittelmeerländer, Kalifornien und Südafrika mit ihren vielseitigen Kulturen an Oliven, Südfrüchten und Wein. Endlich sind weite Gebiete der Savannen, Monsunwälder und Sumpflandschaften in Anbauflächen von Weizen, Hirse, Baumwolle, Zuckerrohr, Reis und andere Kulturpflanzen umgewandelt worden.

Ackerbau und Viehhaltung, Handel und Verkehr veränderten nicht nur die Physiognomie der früheren Landschaften, sondern bewirkten auch bewußte Einführung und unbeabsichtigte Verschleppung von Pflanzen und Tieren aus anderen Zonen in neue Länder [113]. Neben einer immer deutlicher werdenden Vereinheitlichung von Agrarlandschaften durch «Europäisierung» verschwanden infolge eutrophierender Maßnahmen zugleich nährstoffarme Biotope wie Heiden und Moore [358, 162].

Zwar wird das Bodenleben durch chemischen Pflanzenschutz und hohe Gaben von Mineraldünger verändert, doch sind hohe Ernten (trotz Überproduktion in manchen Ländern) zur Ernährung der sich stark vermehrenden Menschheit erforderlich. Immerhin läßt sich durch Ausbau der Prognoseforschung sicher noch ein sparsamerer Einsatz der Mittel erreichen [206].

9.2.2 Probleme tropischer Landwirtschaft

Die landwirtschaftliche Tropenbiologie hat andere Probleme und Schwerpunkte als diejenige in gemäßigten Breiten. Sie betreffen z. B. Bewässerung der Kulturen und mögliche Versalzung des Bodens, Trocken- und Regenfeldbau, Versteppung und Wüstenbildung infolge Überbeweidung, Brandrodung, Wanderfeldbau, Plantagen in Feucht- und Trockenstandorten [158].

Agrar-Ökosysteme in den Tropen wurden wegen Übertragung der Situation aus den gemäßigten Zonen und ihrer Nutzung für die in warmen Gebieten lebenden Völker oft falsch bewirtschaftet. Eine dauerhafte Ertragssicherheit, die allein im Interesse der Menschen in tropischen Ländern liegt, ist nur durch Wechsel von intensiver und extensiver Nutzung möglich. Sie muß den biologischen Verhältnissen der jeweiligen Gegend und den soziologischen Gegebenheiten der Bevölkerung entsprechen. Selbst unter gleichen Klimaten und bei gleichen Böden kann das Schwergewicht der Nutzung verschieden liegen. Nicht Maximierung, sondern Optimierung der Erträge sollte angestrebt werden.

Von Besonderheiten tropischer Landwirtschaft seien hervorgehoben: (1) Es besteht zwar die Möglichkeit hoher Produktivität, deren Nutzung setzt aber sehr gewissenhafte Pflege voraus. (2) Während des ganzen Jahres herrschen günstige Wärmeverhältnisse, doch hat dies zugleich ungünstige Folgen der Bodendegradation und vermehrten Befalls durch Schaderreger. (3) Im Gegensatz zu den gemäßigten Breiten ergibt sich durch Vereinfachung in tropischen Agrarsystemen meist ein höherer, durch Schaffung komplexer Verhältnisse (Heterogenität) ein geringerer Stabilitätsgrad. (4) Verminderung des natürlichen Abwehrsystems der Pflanzen gegen Schaderreger durch intensiven Pflanzenschutz. (5) Schnelle Bildung resistenter Rassen von Pilzen und Insekten. (6) Versauerung des Bodens durch falsche Düngung, z. B. mit Ammoniumsulfat. (7) Verschiedene Situation im Befall durch Schadorganismen im tropischen Tiefland mit oder ohne ausgeprägtem Wechsel der Jahreszeiten, in höheren Berglagen, auf Inseln und in Gebieten sehr armer Böden. (8) Der Fehler, Anbau und Ernten nur auf Export auszurichten, weil dann die Gefahr schneller Änderung des Weltmarktes zu Katastrophen führt [314]. (9) Kontakt mit mehr krankheitsübertragenden Arthropoden als in den gemäßigten Zonen (Abb. 9.2).

Besonders große Schwierigkeiten gibt es in den Tropen für den **Gemüsebau,** der für Proteine, Mineralstoffe und Vitamine (vor allem von A und C) wichtig ist. Einige Arten, z. B. Tomate setzen bei hohen Temperaturen keine Früchte an. Im feuchtheißen Klima der Regenzeit können Schaderreger, namentlich Bakterien, ganze Kulturen vernichten. Wenn daher der Anbau in die Trockenzeit verlegt werden muß, ist eine unrentable Bewässerung notwendig, selbst wenn genügend Wasser dafür zur Verfügung stünde. Häufig fehlen den Böden hinreichend Nährstoffe. Organische Dünger werden zu rasch zersetzt und die frei werdenden Nährstoffe in der Regenperiode zu schnell nach unten gewaschen. Mineraldünger ist oft zu teuer und nicht immer zu erhalten. Zudem gibt es Transportprobleme.

Durch Bewässerung des Bodens in ariden Gebieten kann es leicht durch das verdunstende Wasser zur **Versalzung** kommen. In Indien wurden 1985 rund 35%, in Pakistan 80% des Ackerlandes bewässert, doch bald war etwa ein Drittel davon durch Versalzung unbrauchbar geworden. Heute rechnet man mit Ernteausfällen durch Versalzung bei ungefähr der Hälfte aller bewässerten Agrarflächen. Der Assuan-Staudamm hat zwar die früheren Überflutungen des Niltals verhindert, damit aber auch die Auswaschung von Salz. Die Sahelzone in Nordafrika wird immer mehr zur Salzwüste.

9.2.3 Intensität der Landwirtschaft

Artenbild. Engerlinge des Feldmaikäfers *(Melolontha melolontha)* kommen nur noch in extensiven Kulturen (Dauergrünland) zur Massenvermehrung [522]. Gleichfalls ist die Schafstelze *(Motacilla flava)* überall selten geworden, wo intensive Landwirtschaft betrieben wird, kann sich aber ebenso wie der Maikäfer bei extensiver Bewirtschaftung gut halten [80a].

Manche früher selten auftretende, parasitische Pilze und Blattläuse an Getreide wurden in den Intensivkulturen zu Schaderregern, seitdem großräumige Anbauflächen, hohe und zeitlich gestaffelte Stickstoffgaben, spätreifende Sorten mit längerer Vegetationsperiode, chemische Halmverkürzer, Aufhören von Kleeuntersaat ganz neue Bedingungen geschaffen haben [740]. Veränderungen im Artenbild als Indikatoren für den Grad der Intensität im Feldbau zeigen die Laufkäfer. Maisfelder ohne Fruchtwechsel haben weniger Arten, doch diese in höheren Individuenzahlen als Maiskulturen, die im Wechsel mit anderen Kulturen stehen [397].

Abb. 9.2: Arthropoden als Humanparasiten und Krankheitsüberträger, mit denen der Mensch in der Agrar- und Forstwirtschaft in Kontakt kommen kann (4, 6, 8 in gemäßigten Zonen, übrige in Tropen) (Orig.).

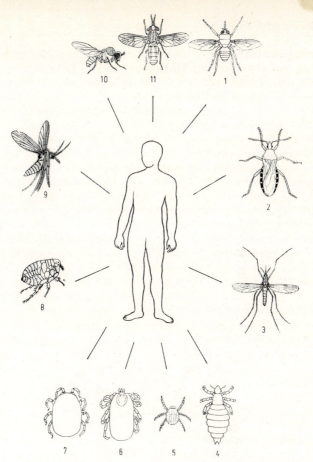

1: Tsetsefliegen (*Glossina*-Arten, etwa 10 mm, Überträger der Schlafkrankheit oder Afrikanischen Trypanosomiasis); **2:** Raubwanze (*Panstrongylus megistus*, 22 mm, Überträger der Chagas-Krankheit oder Amerikanischen Trypanosomiasis); **3:** Fiebermücken (*Anopheles*-Arten, 7 mm, Überträger von Malaria Tropica durch *Plasmodium falciparum*); **4:** Menschenlaus (*Pediculus humanus*, 3 mm, Überträger von Fleckfieber [einer Rickettsiose] und Rückfallfieber [einer Spirochaetose]); **5:** Larve der Laufmilbe *Leptothrombidium deliensis* (0,6 mm, Überträger einer Rickettsiose); **6:** Schildzecken (*Ixodes*-Arten, 7 mm, Überträger von Rickettsiosen, Lyme-Krankheit [einer Spirochaetose] u. von Encephalitis-Viren); **7:** Lederzecke (*Ornithodorus moubata*, 10 mm, Überträger des Afrik. Rückfallfiebers durch *Borrelia duttoni*); **8:** Pestfloh (*Xenopsylla cheopis*, 2 mm, Überträger der Pest durch Bakterium *Yersinia pestis*): **9:** Sandmücken (*Phlebotomus*-Arten, 3 mm, Überträger von Leishmaniasen); **10:** Kriebelmücken (*Simulium*-Arten, 3,5 mm, Überträger der Flußblindheit durch Filarie *Onchocerca volvulus*); **11:** Bremsen (*Chrysops*-Arten, 10 mm, Überträger der Wanderfilarie *Loa loa*).

9 Agrarlandschaft

Produktionsbiologie. Die Intensivierung der Landwirtschaft zielt auf höhere Produktivität [609]. Hiervon werden viele biologische Fragen berührt. Verwendet man z. B. Getreide zur Produktion von Fleisch, wie es heute in großem Umfang der Fall ist, so bedeutet dies Verschwendung von 75% an Nahrungsprotein, das die Tiere zur Erhaltung ihres eigenen Stoffwechsels benötigen.

In natürlichen Ökosystemen besteht die Tendenz zum Ausgleich ihrer Komponenten. Den künstlichen entzieht der Mensch einen Teil der Produktion. Die dadurch entstehende Situation muß er ausgleichen. Es erfordert Bodenbearbeitung, Düngung, Pflanzenschutz, Zucht leistungsfähiger Pflanzen- und Tierrassen, hohen Aufwand an Energie. Letzten Endes kann es nur um einen Kompromiß zwischen Ökonomie und Ökologie gehen [435]. Doch ist es nicht immer leicht, Vor- und Nachteile in allen Folgen abzuwägen, z. B. Vorrang der Züchtung auf höheren Ertrag oder auf Resistenz; Silage-Mais im Futterbau oder Klee und Luzerne.

Aufschlußreich ist ein Vergleich der Produktionsbiologie eines Waldes, einer Mähwiese, einer Viehweide und eines Getreidefeldes. Er zeigt die Unterschiede im Kreislauf der Stoffe, deren teilweise Verwertung

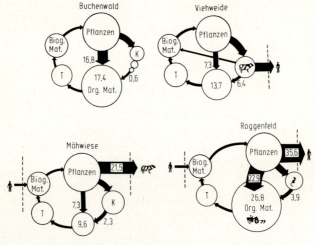

Abb. 9.3: Stoffkreislauf und Energietransfer in verschiedenen Lebensräumen der Agrarlandschaft (in Mill. Kcal/ha im Jahr) (nach Petrusevič u. Grodzin'skij 1973).
Im Uhrzeigersinn: Pflanzen – Konsumenten (K) – organisches Material im Boden – Destruenten [Transformanten] (T) – Biogenes Ausgangsmaterial.

durch den Menschen, die notwendige Ergänzung des biogenen Ausgangsmaterials durch ihn und die verschiedene Gesamtmenge der organischen Substanz im Boden, die mineralisiert werden muß (Abb. 9.3) [476].

Indessen hat sich eine unerwartete Tatsache herausgestellt. Die Größe der Netto-Primärproduktivität kann bei verschiedenen Typen von Ökosystemen, z. B. Wald und Wiese, unter gleichartigen Bedingungen (Klima, Boden) des Standortes etwa gleich sein, das gilt auch für die Produktion an Wurzelmasse [429].

9.3 Herkunft der Agrar-Organismen in der gemäßigten Zone

9.3.1 Pflanzen

Der Einfluß des Menschen auf die Pflanzenwelt betrifft nicht nur die Nutzung von Heilkräutern und den Anbau von Kulturgewächsen. So alt wie der Ackerbau ist die Geschichte der Unkräuter, die in den neu geschaffenen Agrarlandschaften optimal gedeihen [285]. Ihre diploiden Rassen haben oft ein geringeres Anpassungsvermögen und sind den extremen Bedingungen auf Feldern weniger gewachsen als Pflanzen, die durch Vervielfachung ihres Chromosomensatzes polyploid und erst dadurch zu Unkräutern wurden [671].

Einige Unkräuter wuchsen in der Heimat der Kulturpflanzen oder an deren Wanderwegen. Weitere wurden in geschichtlicher Zeit verschleppt. Eine große Zahl gehört zur Wildflora des jeweiligen Landes. So besiedelten viele für Mitteleuropa typische Acker- und Ruderalpflanzen schon immer Strandwälle, Spülsäume, abbrechende Steilufer, Täler periodisch trockenfallender Flüsse, oder fanden sich in der Nähe von Vogelkolonien und Tierbauen. Hier handelt es sich vorwiegend um Feuchtbiotope in der ehemaligen Waldlandschaft. Andere aber wuchsen früher auf Rohschuttböden am Fuße der Gletscher, als noch Tundren weit verbreitet waren, bevor sich das Eis zurückzog. Noch leichter konnten Pflanzen von Steppen und Savannen auf die neu entstandenen Feldkulturen und Plantagen überwechseln. Wo einst Wälder standen, besiedelte also zum Teil die Lebewelt aus Sumpf- und Küstenbiotopen das bearbeitete Land, zum anderen wurde für Arten aus Steppengebieten ein neues Areal eröffnet.

Bei Unkräutern ist «somatische Polymorphie» der Dormanz ihrer Samen häufig. Sie zeigt sich darin, daß Samen mit unterschiedlichem Dormanzverhalten an verschiedenen Teilen der Pflanze oder deren Blütenständen erzeugt werden. Diese Erscheinung dürfte vielen Opportunisten unter den Wildpflanzen die Besiedlung neuer Lebensräume erleichtern und die Gefahr ihrer Eliminierung herabsetzen. Besonders verbreitet ist sie bei Einjährigen der Chenopodiaceen, Cruciferen, Compositen und Gräsern [595].

Die heute vor allem durch hohe Stickstoffgaben und Herbizide selten gewordenen oder verschwundenen Wildpflanzen auf Feldern müssen allerdings nicht als Arten aussterben, sondern machen nur ihren früheren, anthropogen bedingten Vorstoß wieder rückgängig. In Mitteleuropa stammen sie oft aus dem Mediterrangebiet, Südosteuropa und Westasien, also aus wärmeren Regionen, aus denen sie nach Norden und Westen eingewandert sind [259]. Sie konnten sich bis Mitte des 20. Jahrhunderts nur deswegen außerhalb ihrer Heimat halten, weil es sich meist um «Hungerkünstler» handelt, die auf offen gehaltenen Böden genügend Licht und Wärme fanden und Trockenheit tolerierten. Heute sind die Agrarflächen hypertrophiert, und Kulturpflanzen wie Getreide stehen dichter. Daher haben lichtbedürftige und anspruchslose Arten nur geringe Möglichkeiten zum Überleben [161].

9.3.2 Tiere

Woher kommt die Fauna, die außer den Weidetieren die landwirtschaftlichen Nutzflächen besiedelt? Dies ist in Wald- und Steppenregionen verschieden.

Waldregionen. Aus **Wäldern** haben sich manche der im Bodeninneren lebenden Arten auf Feldern und Grünland halten können. Oberirdische Waldtiere fanden zum Teil in Hecken, Obstgärten und Parks geeignete Bedingungen [693, 217]. Auch ist der Wald mit seinen Baumstämmen, gärenden Baumsäften, Tiernestern, Aas, Pilzen und Pflanzensamen der Ursprungsort typischer Holz- und Vorratsschädlinge in den Siedlungen des Menschen [723].

Eine ganze Anzahl von Tieren stammt aus **Sumpfland** und **Ufern** innerhalb der Waldregion. Dort gibt es ähnliche mikroklimatische Verhältnisse und die gleiche Instabilität des Lebensraums. Außer vielen Arthropoden wären als Beispiele Kiebitz *(Vanellus)*, Schermaus *(Arvicola terrestris)*, Wanderratte *(Rattus norvegicus)* und Zwergmaus *(Micromys minutus)* zu nennen [680]. Ökologische Beziehungen zur Agrarlandschaft wurden z. B. bei Spinnen an überschwemmten Ufern des Oberrheins nachgewiesen. Mit zunehmender Zahl der Überflutungen sinkt der Anteil der Wolfspinnen (Lycosidae) im Frühjahr beträchtlich, während derjenige der Zwergspinnen (Linyphiidae s. l.) steigt [594]. Dies entspricht den Verhältnissen beider Gruppen auf Feldern, je nachdem eine Bodenbearbeitung im Frühjahr erfolgt (Sommergetreide, Mais, Hackfrüchte) oder nicht (Wintergetreide, Winterraps).

Andererseits waren Bewohner heutiger Agrarflächen leichter Böden gerade in **trockenen Biotopen** des Waldbereichs heimisch (Dünen, Heiden, Trockenrasen). Interessante Ergebnisse darüber brachten Funde von Insektenresten aus England, die einer Zwischeneiszeit vor 40 000 Jahren angehören. Damals kamen in Sumpflandgebieten und Heiden die gleichen Assoziationen der Käfer vor, wie sie jetzt die Kulturflächen feuchterer, lehmiger Böden, zum anderen sandige Äcker charakterisieren [103].

In **Steppenregionen** konnten viele Tiere das neu geschaffene Agrarland leicht besiedeln, sich dort sogar optimal entfalten und ihr Areal ausdehnen. Das gilt besonders für Nager, Vögel und Insekten. Ursprünglich in Steppen beheimatete Vögel wie Schafstelze *(Motacilla flava)*, Grauammer *(Emberiza calandra)* und Feldlerche *(Alauda arvensis)* der offenen Feldmark halten noch heute Abstände zu Vertikalstrukturen (der Feldgehölze und Siedlungen des Menschen) ein [782]. Nahrungsspezialisten der Insekten konnten sich nur auf jährlich wechselnde Kulturen umstellen, wenn sie für ihre Entwicklung höchstens *eine* Vegetationsperiode benötigten. Mehrjährige mußten sich vielseitig ernähren können oder die Fähigkeit zu fakultativer Saprotrophie im Larvenstadium haben [229]. Etliche Unkräuter und Kleintiere, die in der Ursteppe mit Vorliebe die von Nagern aufgelockerten Stellen bewohnten, fanden ähnliche Bodenverhältnisse in den Äckern wieder [228].

Zusammenfassend läßt sich sagen, daß die durch landwirtschaftliche Nutzung bedingte Nivellierung der Feuchteverhältnisse sich im Artenbild der Flora und Fauna widerspiegelt. Felder in der Steppenzone haben im allgemeinen ein feuchteres Ökoklima als die Steppe, solche in Waldregionen ein trockeneres als die früher dort befindlichen Wälder, Sümpfe und Ufer.

9.4 Umstellung auf neue Wirte

9.4.1 Übergang von Phytotrophen auf Kulturpflanzen

Beim Übergang mancher Organismen von Wild- auf Kulturpflanzen handelt es sich um eine komplexe Erscheinung, die angeborenes Verhalten, Nahrung und Klima umfassen kann. Welche Gründe verhindern die Umstellung auf Kulturpflanzen, welche erleichtern sie? Warum sind bestimmte Arten zu Schädlingen geworden, andere, nahe verwandte mit gleichen Nahrungsansprüchen aber nicht? In einigen Fällen können wir nur das Phänomen der Nahrungsumstellung einer Art feststellen, in anderen kennen wir sogar den Zeitpunkt recht genau.

Kulturgramineen. Viele Insekten und parasitische Pilze an Getreide lebten früher an Wildgräsern. So drang z. B. eine Getreidewanze, welche die Amerikaner «chinch bug» nennen *(Blissus leucopterus)* erst in der Mitte des 19. Jahrhunderts in den USA auf Felder, wo ihre Frühjahrsgeneration heute vor allem Weizen, die Sommergeneration Mais befällt. Die verwandte *Ischnodemus sabuleti* in Europa, welche auch an Strandgräsern von Küstendünen *(Ammophila, Leymus)* und an Sumpfgräsern im Binnenland lebt *(Glyceria maxima)*, konnte nicht auf Getreide übergehen, weil sie in Abhängigkeit ihrer Entwicklung von der Tageslänge zwei Jahre für eine Generation benötigt. Trotz gelegentlicher Vorstöße auf Randzonen von Getreidefeldern, in denen sie von der Ernährung her durchaus gedeihen könnte, ist es für einen oberirdischen Nahrungsspezialisten, der zwei Jahre zur Entwicklung braucht, unmöglich, sich bei jährlichem Fruchtwechsel im Agrarland einzubürgern. Dies zeigt zugleich, daß ein erfolgreicher Übergang von Wild- auf Kulturpflanzen durchaus nicht nur eine Frage der Ernährung ist [683].

Oft entscheidet das Großklima über die Entfaltung eines potentiellen Schädlings auf Kulturpflanzen. So beschränken sich Schildwanzen wie *Eurygaster maura* und *Aelia acuminata* in Mitteleuropa nördlich von Ungarn im wesentlichen auf Wildgräser und treten nur in klimatisch für sie günstigen Jahren auf Getreidefelder über. Weiter südlich und südöstlich sind sie gefürchtete Getreideschädlinge [673].

Der Maiszünsler *(Ostrinia nubilalis)* ist von Wildgräsern auf Hirse und Mais, der Zuckerrohrzünsler *(Diatraea saccharalis)* von Ufergräsern tropischer Flüsse auf Zuckerrohr, Mais und Sorghum übergegangen. Der Ausgangspunkt für Roggen-Steinbrand *(Tilletia secalis)* und Weizen-Steinbrand *(T. controversa)* lag bei Wildgräsern der Gattung *Agropyron* und bei *Hordeum bulbosum* [445].

Das Zuckerrohr *(Saccharum officinarum)* stammt aus Südostasien. Wahrscheinlich ist Neu Guinea die engere, ursprüngliche Heimat. Heute wird es in vielen Regionen der Tropen und Subtropen, auch der Neuen Welt, angebaut. In einer Studie, welche mit 51 Regionen die wichtigen Anbaugebiete umfaßte, wurden 1645 tierische Schädlinge am Zuckerrohr festgestellt. Von ihnen kommen 959 lediglich in einer, 156 in zwei Regionen vor. Nur 18 Arten leben in mehr als 10 Regionen. Dies zeigt, daß der Übergang phytotropher Arten weniger durch Verschleppung (in diesem Fall mit Rhizomen) als vielmehr durch Umstellung von örtlichen Wildpflanzen her auf die neue Kulturpflanze erfolgt

[635]. Entsprechendes dürfte nicht allein für Tiere, sondern auch für parasitische Bakterien, Pilze und Viren gelten.

Kartoffel. Wandernde Bisonherden haben die Verbreitung einiger Nachtschattenpflanzen *(Solanum rostratum, S. elaeagnifolium)* von Mexiko in die USA begünstigt, da die stachligen Früchte leicht im Fell der Tiere hängenbleiben. Im 16. Jahrhundert mag die Verschleppung der Pflanzen durch den Menschen noch verstärkt worden sein. Mit ihnen gelangten die Stammformen des Kartoffelkäfers *(Leptinotarsa decemlineata)* nach Norden. Mit der späteren Ausweitung des Kartoffelanbaus verbreitete sich der Käfer bis zur Ostküste der USA. Durch die Kulturkartoffel wurde sein Vermehrungspotential sehr erhöht. Seit seiner ersten Verschleppung nach Frankreich ist er inzwischen durch fast ganz Europa verbreitet.

Daß der Kartoffelnematode *(Globodera rostochiensis)* mit Wildkartoffeln aus den Anden nach Europa kam, wird nicht zuletzt durch sein niedriges Temperaturoptimum von 10–15 °C wahrscheinlich, das gut mit den Klimaverhältnissen im Hochland der Anden übereinstimmt [322]. Dagegen war der Erreger des Kartoffelkrebs *(Synchytrium endobioticum)* an Solanaceen der Alten Welt heimisch, ehe er Kartoffeln befiel.

Beta-Rübe. Der Wechsel einiger Organismen von Melden (Chenopodiaceae) auf Zucker- und Futterrübe *(Beta vulgaris)* vollzog sich um die Wende zum 20. Jahrhundert, als der Anbau von Zuckerrüben intensiviert wurde. Für Europa seien nur Rübenwanze *(Piesma quadratum)*, Rübenaaskäfer *(Blitophaga opaca)*, Rübenderbrüßler *(Bothynoderes punctiventris)*, Rübennematode *(Heterodera schachtii)* und Blattflekkenkrankheit der Rübe *(Cercospora beticola)* genannt. Im Westen der USA befällt die Zikade *Circulifer tenellus*, die ebenso wie *Piesma* zugleich eine pflanzenpathogene Virose übertragen kann, immer wieder Kulturen von Zuckerrüben.

So manche Fragen bleiben offen. An der westlichen Küste der Ostsee lebt die Rübenwanze *(Piesma)* an der Strandmelde *Atriplex hastata*. Weshalb geht sie in Schleswig-Holstein nicht auf Rübenfelder über, wie es die Populationen im Binnenland Mitteleuropas getan haben? Sind die Rübenfliegen *(Pegomya hyoscyami* und *P. betae)* zwei verschiedene Arten oder nur ökologische Rassen einer Art? Der Wechsel von Futterpflanzen kann durchaus mit Fragen der Rassen- und Artbildung verknüpft sein.

9.4.2 Entstehung spezifischer Humanparasiten

Zu den Parasiten des Menschen gehören Bakterien, Viren, Pilze, Protozoen, Würmer, Milben, Insekten. Einige von ihnen kommen heute lediglich beim Menschen vor, doch müssen sie «Vorläufer» als Schmarotzer in Tieren gehabt haben. Obwohl unsere Vorstellung über den Ursprung spezifischer Humanparasiten spekulativ bleiben muß, betrifft sie ein ökologisches Problem, das Beachtung verdient [695].

Im folgenden seien Beispiele angeführt, die mit der Seßhaftwerdung des Menschen zusammenhängen und in den Rahmen der Agrarökologie gehören.

Raubsäugetiere als mögliche Ursprungswirte. Vieles spricht dafür, daß der adulte Rinderbandwurm *(Taenia saginata)* und der Schweinebandwurm *(T. solium)* sowie eine dem Spulwurm des Menschen *(Ascaris lumbricoides)* verwandte Form ursprünglich in Raubsäugetieren gelebt haben müssen. – Die Evolution des Masern-Virus dürfte von Wolf und Mardern zu den neuen Wirten Rind und Mensch erfolgt sein. Es ist nahezu identisch mit Morbilliviren der Hundestaupe und der Rinderpest. – Der Hautpilz *Microsporum canis,* der vor allem Hund und Katze befällt, vermag zwar auch den Menschen zu infizieren, doch hat sich aus ihm noch eine humanspezifische Art, *M. audouinii,* herausgebildet. – Schließlich ist der Menschenfloh *(Pulex irritans)* von Raubtieren auf Hausschwein und Mensch übergegangen.

Wiederkäuer als mögliche Ursprungswirte. Aus dem Kuhpockenvirus der Urrinder ist wahrscheinlich das *Variola*-Virus des Menschen entstanden, das die Echten Pocken (Blattern) verursacht. In früheren Jahrhunderten hatte die Krankheit pandemischen Charakter mit hoher Todesfolge in allen Kontinenten [113]. Seit 1978 ist es gelungen, das Virus vollständig auszurotten.

Tuberkulose war schon eine im alten Ägypten bekannte Erkrankung der Rinder. Ihr Erreger, *Mycobacterium tuberculosis bovis,* muß im Menschen zu *M. t. hominis* mutiert sein. Ein verwandtes Bakterium ruft Lepra (Aussatz) hervor. Diese Krankheit stammt vermutlich von Wasserbüffeln in Ostasien. Die Häute der Tiere wurden als Schlafmatten und zur Bekleidung genutzt. Sie dürften die ersten Quellen der Ansteckung mit lepra-ähnlichen Bakterien gewesen sein, aus denen sich das humanspezifische *Mycobacterium leprae* entwickelt hat.

Vielleicht waren Rinder auch die Primärwirte des Erregers der Diphtherie, *Corynebacterium diphtheriae*. Das Bakterium wurde mit der Milch auf den Menschen übertragen und mutierte in ihm zu einem humanspezifisch virulenten Stamm, der vor allem seit dem 16. Jahrhundert in verheerenden Seuchen auftrat.

Schließlich leitet sich der für den Menschen typische Erreger der Cholera, *Vibrio cholerae,* von *V. foetus* der Rinder und Schafe ab, welcher auch aus Antilopen isoliert wurde.

Nagetiere als mögliche Ursprungswirte. Zwei für den Menschen spezifische Typhus-Erreger, *Salmonella typhi* und *S. paratyphi* könnten von Salmonellen der Nager stammen. Besonders eng ist die Verwandtschaft von *S. paratyphi* B mit *S. typhimurium* der Mäuse.

Aus dem Hautpilz *Trichophyton metagrophytes* der Nager ist wahrscheinlich *T. interdigitale* entstanden, das sich auf den Menschen beschränkt.

9.4.3 Tiere als ständiges Reservoir von Humanparasiten

In den meisten Fällen haben sich die den Menschen befallenden Parasiten nicht zu neuen, für ihn spezifische Arten verändert, so daß Tiere noch immer ein Reservoir und eine Ansteckungsquelle bilden [695]. Aus der Fülle solcher Schmarotzer, auf die schon durch Abb. 9.2 hingewiesen wurde, sei nur je ein Beispiel aus der Agrarlandschaft der Tropen und der gemäßigten Breiten gegeben.

Der primäre Naturherd des **Gelbfiebers** lag im tropischen Regenwald Afrikas. Dort zirkuliert das Virus in der Kronenschicht der Bäume zwischen bestimmten Stechmücken und Affen. Einige Affen wie *Cercopithecus aethiops* kommen am Tage auch auf den Boden und dringen unter Umständen auf in Nähe befindliche Plantagen ein. Dort kann nunmehr die Infektkette über andere Stechmücken auf den Menschen weitergehen. Das Gelbfieber wurde nach Lateinamerika verschleppt und gehörte bis zur erfolgreichen Maßnahme der Impfung zu den gefährlichen Weltseuchen. – Die **Pest** ist eine bakterielle Erkrankung von Nagern und Hasentieren in Steppengebieten, die über Tierflöhe als Überträger in die Agrarlandschaft und schließlich in die Siedlungen des Menschen gelangte. Dies wird durch Abb. 7.10 veranschaulicht.

Mit Brucellosis, Milzbrand, Listeriosis und Erysipeloid seien «Berufskrankheiten» durch Bakterien erwähnt, die beim Umgang mit Haustieren hervorgerufen werden.

9.5 Grünland und Felder

9.5.1 Grundbestand der Lebewelt

In jedem Klimagebiet lebt ein gewisser Bestand an Organismen auf den Ackerflächen und im Dauergrünland, der durch die jeweiligen Pflanzenkulturen und landwirtschaftlichen Maßnahmen bereichert oder modifiziert wird. Auch in der Agrarlandschaft gibt es durchaus Gesetzmäßigkeiten der Besiedlung, welche die Besonderheiten der Anpassungen ihrer Bewohner, deren Auswahl und Entfaltung, Wirk- und Abhängigkeitsgefüge erkennen lassen.

Bei großräumiger Betrachtung stellen die einzelnen Getreide- oder Hackfruchtfelder, mehrjährige Futterleguminosen, Spezialkulturen, Grasland oder Brache nur Subsysteme in einem größeren Rahmen dar. Trotz Bodenbearbeitung, Ernte, Fruchtwechsel, Beweidung und Mahd bestehen und entwickeln sich immer wieder biozönotische Konnexe über den Grundbestand der Organismen hinaus, in denen die Kulturpflanzen nur ein einziges, wenn auch wichtiges Glied im Gesamtmuster sind (Abb. 9.4) [600, 394].

9.5.1.1 Unkräuter

Verunkrautung kommt aus den betreffenden oder weiter entfernt liegenden Nutzflächen zustande. Von Hecken und Waldrändern breiten sich Unkräuter in der Regel nicht aus. Saatgut als Quelle der Verunkrautung spielt heute im Gegensatz zu früher keine Rolle mehr. Durch die großen Mengen an Samen im Boden, ihre lange, mögliche Verzöge-

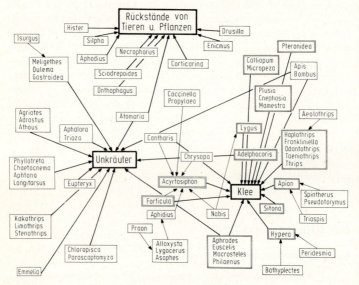

Abb. 9.4: Nahrungsnetz in einem Kleefeld Mitteleuropas (nach Skuhravý u. Starý 1959).

rung zu keimen, und die unterschiedlichen Keimungsbedingungen ist trotz chemischer Bekämpfung mit Herbiziden stets ein genügendes Potential vorhanden. Aus ihm werden je nach der Nutzung einer Fläche bestimmte Arten begünstigt, andere unterdrückt.

Auf **Dauergrünland** handelt es sich meist um perennierende Unkräuter. Ihre vegetative Vermehrungskraft ist stark entwickelt, und Fragmente können daher leicht regenerieren. Die Bewurzelung reicht oft tief nach unten, so daß sich die Pflanzen schwer aus dem Boden ziehen lassen. Überlegene Konkurrenz kann durch die Wuchsform bestehen, vor allem diejenige der Blattrosette [18]. Auf Viehweiden sandig-lehmiger Böden wurden in den oberen 15 cm über 120 Mill. Pflanzensamen/ha festgestellt [772].

Viele Pflanzen vertragen oder bevorzugen künstliche Lockerung, Offenhaltung und Düngung des Bodens. Über 90% der Unkraut-Arten auf **Feldern** sind einjährig mit reicher Samenproduktion. Sie zeichnen sich aus durch: (1) schnelles Wachstum bis zur Blüte; (2) Fernbestäubung durch unspezialisierte Blütenbesucher oder Wind; (3) Vermehrung mancher Arten durch Selbstbefruchtung (Autogamie) oder ungeschlechtliche Entwicklung der Samen (Agamospermie); (4) endogen gesteuerte, diskontinuierliche oder ständige Samenproduktion, solange die Wachstumsbedingungen es erlauben; (5) hohe Abgabe von Samen in günstigen Situationen; (6) lange Lebensdauer der Samen (oft 2–7 Jahre); (7) Keimungsansprüche, die bei verschiedenen Bedingungen erfüllt werden; (8) Polymorphismus der Samen, d. h. dieselbe Pflanze kann Samen unterschiedlicher Toleranz hervorbringen; (9) Polyploidie (Vermehrung des Chromosomensatzes).

Bodenproben aus Äckern ergaben Durchschnittswerte von 10 Mill. bis 200 Mill. keimfähiger Samen/ha [364]. Sie sind durch Bodenbearbeitung und Fruchtwechsel ziemlich gleichmäßig in den obersten 30 cm des Erdbodens verteilt. Doch läuft jeweils nur derjenige Anteil auf, der in der richtigen Keimtiefe liegt. Obwohl ein einzelnes Feld 15–40 Arten an Wildkräutern und Gräsern haben kann, treten als Folge des modernen, intensiven Landbaus nur wenige in deutlicher Dominanz auf [81].

Unkräuter sind potentielle Konkurrenten der Kulturpflanzen und außerdem Wirte für parasitische Pilze und Insekten [285]. Unter letzteren befinden sich vornehmlich bei Blattläusen und Zikaden Überträger phytopathogener Viren von wirtschaftlicher Bedeutung [211]. Andererseits können Unkräuter, vor allem am Feldrand, manchen Feinden von landwirtschaftlichen Schädlingen Nahrung in Form von Nektar bieten. Das gilt für blütenbesuchende Schlupfwespen, Schlupffliegen und Schwebfliegen (Syrphidae).

Durch die moderne Landwirtschaft hat sich das Unkrautspektrum in den letzten Jahrzehnten sehr verändert [642]. Es verminderte sich die Artenzahl, dafür wurden einige wenige begünstigt. So treten seit verstärktem Einsatz von Herbiziden einige Wildgräser *(Apera spica-venti, Alopecurus myosuroides, Avena fatua)* mehr in den Vordergrund. Auch können bestimmte gegen Bodenbearbeitung widerstandsfähige Kletterer *(Galium aparine, Fallopia convolvulus)* leicht der Beschattung durch die Kulturpflanzen entgehen und größere Bedeutung erlangen. Infolge intensiverer Düngung nahmen manche kurzlebige, nitrophile Arten zu *(Stellaria, Veronica)*. Wegen Eutrophierung der gesamten Agrarlandschaft können einige Unkräuter heute in Hecken gedeihen, in denen sie früher fehlten. Die Hecken- und Feldflora beginnt somit, sich ein wenig zu verwischen [569].

Weit mehr Unkräuter haben sich von Europa her in Amerika und Australien eingebürgert als in umgekehrter Richtung [113].

9.5.1.2 Mikroflora

Zum normalen Bestandteil der Böden gehören Bakterien und Pilze mit ihren mannigfachen Leistungen. Der Abbau organischer Substanz im Boden wird außer von der Temperatur und dem Wassergehalt des Substrats durch die Art der Pflanzendecke bestimmt, wobei deren Nachwirkung sich noch einige Jahre lang bemerkbar machen kann. So werden Actinomyzeten unter Kulturen von Gramineen begünstigt, die meisten sonstigen Bakterien und die Pilze dagegen unter Leguminosen. Bei «normaler» Fruchtfolge gleichen sich derartige Unterschiede der Mikroflora aus [434].

Bakterien. Viele von ihnen greifen einfache Kohlenhydrate an, andere zersetzen Zellulose, wieder andere bauen Eiweißstoffe ab. Zahlreiche Streptomyzeten können Chitin abbauen, das im Integument der Arthropoden und in der Zellwand der meisten Pilze vorkommt.

In den Agrarböden der gemäßigten Klimazone kann man mit einer jährlichen Stickstoffbindung aus der Luft durch frei im Boden lebende Bakterien von 5–10 kg/ha rechnen. Höchstens so viel führt der Regen dem Boden zu. Durch die Tätigkeit der Knöllchenbakterien in einem Leguminosenfeld entsteht darüber hinaus ein jährlicher Gewinn an Stickstoff von 80–150 kg/ha. Hoher Anteil von Klee und anderen Leguminosen erhöht daher auch auf Wiesen und Weiden den Gehalt an Stickstoff beträchtlich. Bakterien sind maßgeblich an der Entstehung der Bodengare beteiligt. Ihre Schleimstoffe enthalten Polyuronide, die als Kolloide die kleinsten Tonpartikel verkleben.

Einige Bodenbakterien, die gewöhnlich saprotroph leben, befallen Kulturpflanzen, können aber nur durch Wunden in lebendes Gewebe eindringen. Beispiele sind *Agrobacterium tumefaciens, Corynebacterium michiganense, Erwinia carotovora.*

Pilze. Die Biomasse der Pilze im Acker oder Grünland kommt derjenigen der Bakterien etwa gleich [631]. Pilze sind in ihrem Stoffwechsel sparsam, weil sie verhältnismäßig viel Kohlenstoff und Stickstoff aus den angegriffenen Verbindungen in körpereigene Substanz umwandeln. Bis zu 60% der abgebauten Stoffe wird in Pilzthallus überführt.

Nach ihrer Ökologie lassen sich boden- und wurzelbewohnende Pilze unterscheiden [219]. Zu den ersteren gehören Arten, die obligatorisch im Boden von totem organischen Material leben, ferner räuberische und tierparasitische Pilze. Zur zweiten Gruppe zählen die spezialisierten Phytoparasiten und die Mykorrhiza-Pilze. Endogene Mykorrhiza kommt bei vielen Pflanzen vor. Sie modifiziert den Stoffkreislauf; ihre Bedeutung hängt vom Boden ab. Zwischen boden- und wurzelbewohnenden Pilzen gibt es Übergänge durch saprotrophe Arten, die als fakultative, unspezialisierte Parasiten auch Wurzeln verschiedener Kulturpflanzen und Unkräuter befallen (*Pythium, Rhizoctonia,* manche Fusarien). Pilze in Agrarböden sind außerordentlich artenreich und weit verbreitet [140].

Algen. Die in Kulturfeldern lebenden Algen haben im Vergleich zu anderen Bodenorganismen wahrscheinlich keine allzu große Bedeutung. Doch können im Grünland in 1 cm^3 Erde, die 1,5–2 g wiegt, 100000–200000 Algen leben. Es sind vor allem «Blaualgen», Diatomeen und Chlorophyceen. Sie werden von Protozoen, Nematoden, Enchytraeiden, Collembolen, Milben und größeren Bodentieren gefressen [437]. «Blaualgen», eigentlich Cyanobakterien, d. h. Blaugrünbakterien, sind hier nur wegen ihrer Assimilationspigmente unter ihrem alten Namen als «Algen» aufgeführt.

9.5.1.3 Mikro- und Mesofauna

Auch in landwirtschaftlich genutzten Böden leben Protozoen, Nematoden, Milben und Collembolen neben einigen anderen Tiergruppen in großer Individuendichte.

Protozoen. Sie übertreffen an Zahl und Gewicht die drei übrigen genannten Gruppen beträchtlich. In 1 g Erde können bis zu mehreren 100000 Flagellaten, Amöben und Ciliaten vorkommen. Diese ernähren sich von Algen, Pilzen, Bakterien, sind polytroph oder leben räuberisch. Mit dem Saatgut und anderem Pflanzenmaterial gelangen neue Zysten von Bodenprotozoen in die Wurzelzone (Rhizosphäre). Über ihre Bedeutung im Kulturland sind die Meinungen unterschiedlich.

Nematoden. Keinen Zweifel gibt es über die ökologische Rolle der Fadenwürmer in der Agrarlandschaft, einer nach Arten- und Individuenzahl besonders reichhaltig vertretenen Tiergruppe. Wie bei den Pilzen kommen verschiedene Ernährungstypen vor: räuberische Arten und Zooparasiten, Saprotrophe, Bakterien- und Pilzfresser, Halbparasiten, die nur gelegentlich und fakultativ an höhere Pflanzen gehen, schließlich reine Phytoparasiten. Letztere sind für die Landwirtschaft besonders durch die Gattungen *Globodera* (Kartoffelälchen), *Heterodera* (Rübenälchen, Haferälchen), *Meloidogyne* (Wurzelgallälchen), *Ditylenchus* (Stengelälchen), *Pratylenchus* (Getreidewurzelälchen) von größter Wichtigkeit [126].

Freilebende Bodennematoden greifen durch ihre Ernährung und ihren Stoffumsatz in die Bodenprozesse ein [444]. Infolge ihrer Stickstoff enthaltenden Nahrung entstehen auch entsprechende Abbauprodukte, deren feine Verteilung sich für die Pflanzen günstig auswirken muß. Darüber hinaus bildet die körpereigene Substanz der Nematoden eine Stickstoffreserve, die durch den Tod bei der schnellen Generationsfolge der Fadenwürmer immer wieder frei wird und für die Bildung von Huminsäuren verwendet werden kann.

Collembolen und Milben. Während Protozoen und freilebende Nematoden als wesentlichste Gruppen der Kleintierwelt in den wassergefüllten Poren und in dem die Erdteilchen umgebenden Haftwasser aktiv sind, bewohnen die kleinen Arthropoden das lufterfüllte Lückensystem des obersten Bodens. Ihre Biomasse wird für Wiesenböden mit 2–5 g/m^2 (Frischgewicht) angegeben im Vergleich zu 5–15 g an Nematoden und 30–50 g/m^2 an Protozoen. Im Ackerland liegen die Werte in der Regel niedriger. Auch unter den Kleinarthropoden gibt es Räuber, Sapro- und Phytotrophe.

Größere biologische Bedeutung haben Collembolen und Hornmilben (Oribatei) durch Beteiligung am Abbau organischer Substanzen. Das qualitative und quantitative Auftreten gerade der kleinen Bodenarthropoden kann wertvolle Indikatordienste für den Einfluß der verschiedensten landwirtschaftlichen Maßnahmen leisten; dazu gehören Bewirtschaftungsweise, Düngung, chemischer Pflanzenschutz.

9.5.1.4 Makrofauna

Unter dieser Bezeichnung faßt man Tiere von der Größe der Regenwürmer, Schnecken, Tausendfüßer, Asseln, Spinnen und pterygoten Insekten zusammen. Saprotroph im Boden leben Regenwürmer und ihre kleineren Verwandten, die oft noch zur Mesofauna gerechneten Enchytraeiden, viele Diplopoden (soweit sie nicht wie Asseln die Bodenoberfläche vorziehen), fakultativ sogar die frühen Jugendstadien der «Drahtwürmer» (Elateridae).

Im und auf dem Boden aber gibt es mit Carabiden, Staphyliniden, Chilopoden und Spinnen eine arten- und individuenreiche Gruppe räuberischer Ernährungsweise, die Würmer und Arthropoden fressen, von letzteren namentlich Collembolen und Milben. Obwohl ihnen auch von den Pflanzen heruntergefallene Blattläuse zur Nahrung dienen oder phytotrophe Dipterenlarven, die zur Verpuppung den Boden aufsuchen, darf ihre gewisse stabilisierende Wirkung gegenüber Schädlingen von Kulturpflanzen keinesfalls überschätzt werden, wie es oft geschieht.

An Pflanzenwurzeln nagen verschiedene Käferlarven, Raupen der Noctuidae und Larven einiger Dipteren. Ihre Hauptfeinde sind nicht die räuberischen Arthropoden, sondern in erster Linie Mykosen, Parasitoide, insektivore Säugetiere und Vögel.

In milden, regenreichen Jahren kann eine Massenvermehrung von Ackerschnecken *(Deroceras)* eintreten, vor allem auf Grünland und in Rapsfeldern. Diese kleinen Nacktschnecken können dann die auflaufende Saat von Wintergetreide schwer schädigen.

Regenwürmer. Ihre große bodenbiologische Bedeutung hatten bereits im 19. Jahrhundert Viktor Hensen [273] und nach ihm Charles Darwin [122] erkannt. Im Dauergrünland kommen etwa 200–300 Individuen mehrerer Arten/m^2 vor. Ihre Lebendmasse von 1000–4000 kg/ha entspricht dem Gewicht der auf gleicher Fläche weidenden Rinder, wenn man den Durchschnittsbesatz von 3 Kühen/ha mit einem Gesamtgewicht von 2000 kg zugrunde legt. Im Acker schwanken die Werte zwischen 50–500 kg/ha, doch wurden je nach der Situation auch höhere Zahlen festgestellt. Allein auf Regenwürmer entfällt fast ⅔ des Trockengewichts der Bodenfauna einer Wiese in Mitteleuropa (Abb. 9.5) [681].

In Äckern mit optimalen Bedingungen (Bodenruhe, Gründüngung) wurden bis zu 1000 Regenwurmgänge/m^2, in Feldern mit häufiger Bearbeitung noch 100–300 Gänge/m^2 gezählt, wobei von einem einzigen Wurm viele Gänge stammen. Ein solches Gangsystem verläuft in den obersten Schichten hauptsächlich horizontal, während die größeren Arten bis über 1,5 m tiefe senkrechte Röhren anlegen, die weit in den Unterboden eindringen. Die innere Wandung der Gänge wird mit Wurmlosung ausgekleidet und verfestigt. Ein dichter Wurzelfilz durchzieht diese koprogene Wandverkleidung, und die Wurzeln vieler Pflanzen folgen den Gängen nach unten. In der Wurmlosung findet sich eine erhöhte Konzentration aërober Mikroben, die Zellulose und Hemizel-

9 Agrarlandschaft

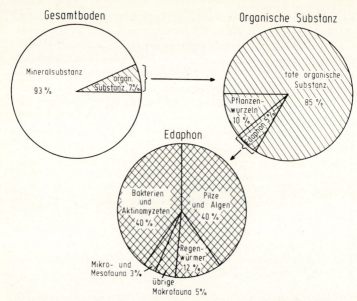

Abb. 9.5: Anteil der organischen Masse und der Bodenorganismen (Edaphon) in einem Wiesenboden Mitteleuropas (bezogen auf Trockengewicht) (nach Tischler 1955b).

lulosen abbauen, und es kommen nur wenige Denitrifikanten vor. In den Wandungen der Wurmgänge können aërobe N_2-bindende Bakterien mit über 40% der Mikroflora vorherrschen [396]. Die Durchporung des Unterbodens ist für das Gedeihen der Kulturpflanzen von höchster Wichtigkeit [353].

9.5.1.5 Wirbeltiere

Amphibien, Reptilien, Vögel und Säugetiere in der Agrarlandschaft werden auch als «Megafauna» bezeichnet. Offenbar erleichtern außer Nahrung und Ökoklima bestimmte Biotopstrukturen den Übergang auch von Wirbeltieren in die neu entstandenen Lebensräume [782]. In vielen Fällen gibt es in Europa und Nordamerika sich in ihrer Funktion entsprechende Arten gleicher oder verwandter Gattungen, die diese Umstellung vollziehen konnten. Wie in Steppen sind die Lebensformen körner- und insektenfressender Vögel, die am Boden nisten, sowie im Boden grabende Nagetiere dabei.

Nach ihrem Wohn- und Nahrungsraum lassen sich in Mitteleuropa drei ökologische Gruppen unterscheiden [720, 40, 529]:

Waldtiere, die bei der Nahrungssuche Grünland und Feldkulturen nutzen. Sie finden in Wirtschaftswäldern, Feldgehölzen, Hecken geeignete Brut- und Wohnbedingungen. Dies gilt für einige Greifvögel *(Buteo, Accipiter),* Eulen, Tauben, Krähen und Singvögel, für Fledermäuse, Igel, Raubsäuger, Wildschwein und Hirschwild.

Bewohner offener Flächen, die sich zum Brüten bzw. Setzen der Jungen in die baumlose Feldmark eingepaßt haben und dort auch ihre Nahrung holen. Hier wären einige Weihen *(Circus)* und Hühnervögel *(Perdix, Coturnix),* Großtrappe *(Otis),* Wiesenralle *(Crex),* Kiebitz *(Vanellus),* Sumpfohreule *(Asio flammeus),* Singvögel wie Feldlerche *(Alauda arvensis)* u. a. zu nennen, aber auch Hasentiere und Nager (z. B. Feldmaus, *Microtus arvalis*).

Durchzügler und Gäste. Wildgänse, die im Norden brüten und sich zur Zugzeit Nahrung auf Feldern suchen. Manche Singvögel, die sich als Wintergäste auf abgeernteten Feldern einfinden.

Zunehmende Intensivierung der Land- und Wasserwirtschaft mindert immer mehr die Lebensgrundlagen der Wirbeltiere im Agrarland. Ein bekanntes Beispiel ist der Rückgang des Weißstorches *(Ciconia),* dem vor allem genügend Feuchtbiotope fehlen [586]. Aber auch Bekassine *(Gallinago),* Wiesenralle *(Crex),* Wachtel *(Coturnix),* manche Greif- und Singvögel sind auffallend seltener geworden [23].

9.5.2 Wiesen und Weiden

Die zur Grünlandnutzung umgewandelten Landschaften der Grasheiden, des alluvialen Schwemmlandes, der Flachmoore, Bruchwälder und Hochmoore haben jeder eine ihnen eigene Flora und Fauna. Jedoch gleicht sich mit steigendem Grad der Kultivierung ihre Lebewelt einander an, bis schließlich trotz der verschiedenen Ausgangssituation eine für Grünland bestimmten Nutzungsgrades recht einheitliche Lebensgemeinschaft entstanden ist [513].

Für die Zusammensetzung der Assoziationen sind die Verhältnisse der Feuchtigkeit wesentlich. Daher lassen sich Trockenrasen dem feuchten Grünland gegenüberstellen. Zu ersteren gehören sandige Grasheiden, Kalktrockenrasen und bodensaure Gebirgsmagerwiesen, die meist als Weide und nur selten zur Mahd genutzt werden. Sie wurden im Kap. 7.4 behandelt. Das feuchte Grünland dagegen besteht aus den für die Landwirtschaft besonders wertvollen Fettwiesen und Fettweiden oder aus den lediglich zur Mahd verwendeten nassen Riedwiesen. Während das Artenbild der Trockenrasen manche ökologische Beziehung zu Steppen hat, erinnert das feuchte Grünland mehr an die Sumpfformationen, aus denen es entstanden ist [415].

In ursprünglichen Waldgebieten kann Grünland nur durch Mahd oder Beweidung bestehen bleiben, weil dadurch Strauch- oder Baumwuchs unmöglich wird [566]. Beide Eingriffe führen zu unterschiedlichen Lebensverhältnissen und daher Artenbildern. So zeigten sich z. B. nach Auswertung einiger tausend pflanzensoziologischer Aufnahmen aus verschiedenen Grünlandflächen in Mitteleuropa 27 Pflanzenarten auf Weiden, 46 mehr auf Wiesen begünstigt [50].

Besonders hohe Anteile an Grasland in der Agrarlandschaft haben ozeanisch beeinflußte Gebiete und Gebirgslagen. Da der Pflanzenertrag von Weiden in der Regel höher ist als der von Wiesen, erhöht Weidefähigkeit den Wert des Grünlands. Die unterirdische Biomasse ist in beiden Fällen größer als die oberirdische. Zwar geht von der Produktion an Gras ziemlich gleich viel durch Mahd oder Beweidung verloren, doch kehrt ein Teil der Stoffe auf der Weide mit dem Dung der Tiere wieder zurück. Hinsichtlich des Stoffkreislaufs ist eine Weide daher ausgeglichener als eine Wiese, sofern diese nicht nachgedüngt wird [339].

Mähwiesen. Die Mahd trifft viele Pflanzen vor ihrer Blüte- und Reifezeit (Abb. 9.6). Ausgeschaltet oder benachteiligt werden dadurch vornehmlich etliche Kleintiere, die in oder an Blüten und Samen leben oder sich in Stengeln entwickeln. Für Bewohner mit gutem Ausbreitungsvermögen ist es günstig, daß nicht alle Wiesen in einem größeren Areal gleichzeitig gemäht werden. So können sie vorübergehend ausweichen. Pflanzen und Tiere haben sich in vielfältiger Weise in die Mahdrhythmik eingepaßt. Unter den Insekten gibt es Fälle von strenger Synchronisierung mit den Mahdterminen sowohl bei Arten mit einer einzigen als auch bei solchen mit mehreren Generationen im Jahr, wobei die Entfaltung der Imaginal- oder Larvalzeit vor, nach oder zwischen dem Abmähen der Pflanzendecke liegen kann [55]. Seitdem Mähmaschinen eingesetzt wurden, ist der Verlust an Jungtieren bei Hasen und Vögeln *(Perdix, Crex, Saxicola, Anthus)* stark angestiegen. Trotz der Eingriffe des Menschen kann sich jedoch in Wiesen noch eine recht mannigfaltige Lebensgemeinschaft entwickeln [567, 546a].

Ähnlich einschneidende Wirkungen hinterläßt die Mahd der Wiesen in früheren Steppengebieten. Die Reifung vieler Pflanzen wird verhindert, der Boden trockener, die Fauna der Krautschicht verarmt, xerophile Tiere der Bodenoberfläche nehmen zu [420].

Die noch vom Sommer her aus Riedwiesen stehengebliebenen, abgestorbenen Stengel der Umbellifere *Angelica sylvestris* können den ganzen Winter über unversehrt bleiben. Sie werden aber oft von Hirschwild angeknabbert oder so beschädigt, daß die Spitzenteile umbrechen. Dadurch entstehen nach oben of-

9.5 Grünland und Felder

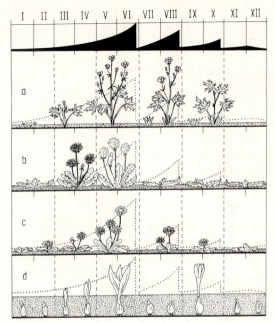

Abb. 9.6: Einpassung von Wiesenpflanzen in die Mahd (nach Stengel u. Weise 1958).
a: *Ranunculus acer,* **b:** *Taraxacum officinale,* **c:** *Bellis perennis,* **d:** *Colchicum autumnale.*

fene Hohlräume (von Internodien), die im Herbst regelmäßig bestimmten Arthropoden als Winterlager dienen. In der kalten Jahreszeit geht die ökologische Reaktionskette weiter, indem nun Meisen und andere Vögel die Enden der Stengel seitlich mit ihrem Schnabel aufschlitzen, um sich die darin befindlichen Tiere herauszupicken. Im Frühjahr werden die nur leicht beschädigten, offenen Stengel zu Tagesverstecken für nachtaktive Arthropoden, Verpuppungsplätzen für bestimmte Eulenraupen, Eiablageplätzen für Sackspinnen *(Clubiona)* (Abb. 9.7) [689].

Viehweiden. Durch Beweidung erhält die Vegetationsdecke einen anderen Charakter. Dafür sind mehrere Gründe verantwortlich. (1) **Eigenart der Pflanzen:** manche werden vom Vieh verschmäht, andere haben ein gutes Regenerationsvermögen oder besitzen viele Basalblätter, die auch bei tiefem Verbiß erhalten bleiben. (2) **Verhalten der Weidetiere:** die schärfste Auslese erfolgt durch Schafe; Rinderweide begünstigt Klee und verschiedene Gräser; Pferde fressen Teilflächen kahl und

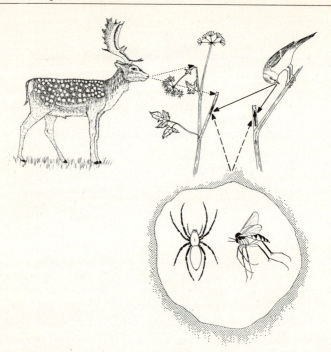

Abb. 9.7: Biologische Reaktionskette auf einer Riedwiese. Damwild → Fraß und Beschädigung von *Angelica sylvestris* (Umbelliferae) → Winterlager für Arthropoden im dadurch offenen Internodium → Nahrung für Singvögel (etw. veränd. nach Tischler 1973a).

überdüngen andere, so daß mosaikartig Rosettenpflaster und Stellen mit nitrophilem Pflanzenwuchs abwechseln. (3) **Trittfestigkeit des Weidebodens:** sie hängt ab von Art, Stärke und Dauer der Belastung, vom Bodenzustand und Vorkommen bestimmter Gräser. (4) **Lenkung des Weidegangs:** es gibt ungeregelte, selektive Beweidung, ferner extensiven, geregelten Weidebetrieb, schließlich intensiv genutzte Umtriebsweide auf gedüngten Flächen.

Das Weidevieh nimmt mit der Nahrung 10–25 g N/m^2 im Jahr auf. Davon finden sich 2–7 g N in der Milch, bei Schlachtung 0,5–2 g Stickstoff im Fleisch. Der größte Teil des Stickstoffs kehrt mit dem Kot und Urin wieder auf die Weide zurück [647].

Beweidung wirkt sich nicht nur auf oberirdisch lebende Tiere, sondern auch auf das Edaphon aus. Feldmäuse *(Microtus)* und Larven von

Bodeninsekten werden beeinträchtigt. Kleinarthropoden nehmen ab, wahrscheinlich weil die Bodenporen durch den Tritt der Weidetiere zusammengepreßt werden. Begünstigt werden Insekten, die gern an frisch austreibenden Pflanzen ihre Nahrung aufnehmen (Zikaden, Fliegenlarven, Rüsselkäfer).

Eine besondere, durch mannigfache Beziehungen verknüpfte Lebewelt haben Kuhfladen. Besiedlung und Abbau derselben findet in einer bestimmten Reihenfolge statt. Wichtigste Gruppen sind, abgesehen von den von Beginn an vorhandenen Bakterien und Pilzen, die Käfer und Fliegen, welche noch Milben und Nematoden als typische Dungbewohner einschleppen [639].

Viehweiden bilden eine Infektionsquelle für die Parasitierung der Weidetiere. Einige der Parasiten sind auf Zwischenwirte angewiesen, so die Leberegel auf Schnecken (der Lanzettegel *Dendrocoelium dendriticum* außerdem noch auf Ameisen), einige Bandwürmer auf Hornmilben (Oribatei). Parasitische Nematoden befallen das Vieh bei dessen Nahrungsaufnahme. Dies betrifft Magenfadenwürmer (Trichostrongylidae) und Lungenwürmer (Metastrongylidae) der Wiederkäuer, Palisadenwürmer (Strongylidae) und Spulwürmer (Ascaridae) der Pferde. Große Bedeutung für die Gesundheit der Weidetiere haben Dasselfliegen (*Hypoderma* der Rinder, *Gasterophilus* der Pferde), deren Larven endoparasitisch leben. – Bremsen (Tabanidae) und Fliegen der Familie Muscidae können das Weidevieh stark belästigen [155].

9.5.3 Felder

Vielleicht entsteht in den Feldfluren durch die ständigen Eingriffe des Menschen, die nur den Kulturpflanzen zugutekommen, leichter die Möglichkeit gut angepaßter Organismen zur Massenvermehrung (Abb. 9.8). Monokulturen als solche können dafür nicht verantwortlich sein, weil sich Entsprechendes weder in Reinbeständen von Strandgräsern [543] noch von Schilf *(Phragmites)* zeigt [747].

Mehrjährige Kulturen. Klee- und Luzernefelder nehmen eine ökologische Mittelstellung zwischen Dauergrünland und Feldern einjähriger Nutzpflanzen ein [56]. Dies zeigt sich ebenso im Besatz mit Unkräutern wie in der Tierwelt. Im Jahr der Aussaat überwiegt wegen des hohen Anteils an Therophyten noch sehr der «Feldcharakter». Allmählich wird die Tendenz einer Entwicklung zu Wiesengesellschaften immer deutlicher. Zum Grundbestand der Tiere vor allem des Bodens und der Bodenoberfläche kommen die von den Unkräutern und Kulturpflanzen abhängigen Arten hinzu, welche die Krautschicht besiedeln. Doch verknüpfen viele Beziehungen alles zu einem Ganzen (s. Abb. 9.4). Von

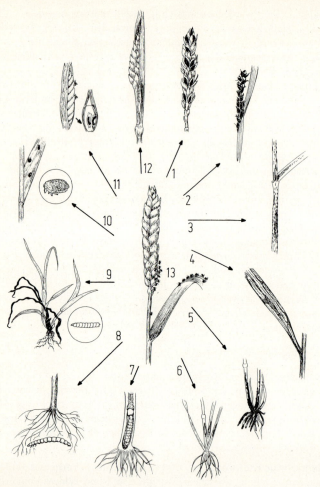

Abb. 9.8: Typische Phytotrophe als Schaderreger an Weizen in Mitteleuropa (nach Tischler 1980a).
1–6 Pilze: 1. Steinbrand, 2. Flugbrand, 3. Schwarzrost, 4. Gelbrost, 5. Schwarzbeinigkeit, 6. Halmbruchkrankheit. **7–12 Insektenlarven:** 7. Getreidehalmwespe, 8. Drahtwürmer, 9. Brachfliege, 10. Getreidehähnchen, 11. Weizengallmücke, 12. Getreidehalmfliege. **13: Blattläuse.**

etwa 900 Arthropoden, die sich im edaphischen Bereich einiger in NW-Deutschland untersuchter Futterleguminosen entwickeln, wechseln 30% als ausgewachsene Tiere in die Krautschicht über, weitere 20% halten sich wenigstens vorübergehend in ihr auf. Umgekehrt suchen fast alle Arten der Krautschicht zum Schutz vor ungünstiger Witterung, zur Eiablage oder zur Winterruhe den Boden auf.

Manche Ähnlichkeiten von Klee- und Luzernefeldern mit Dauergrünland sind auf das Mikroklima und die verhältnismäßig lange Zeit ohne Bodenumbruch zurückzuführen, darüber hinaus auf die Leguminosen selbst, weil Pflanzen dieser Familie auch im Grünland wachsen.

Ebenfalls stimmen die mehrjährigen Grassamenbestände in mancher Hinsicht schon mehr mit Wiesen als mit Getreidefeldern überein [562].

Isozönosen. Vergleicht man die biozönotischen Konnexe etwa von Getreidefeldern aus Europa, der UdSSR und Nordamerika, so ergibt sich zwar ein abweichendes Artenbild hinsichtlich der wirtschaftlich wichtigen Phytoparasiten. Indessen gleicht sich der Komplex äquivalenter Lebensformen, ob es sich nun um Arten an Wurzeln, Bestockungsknoten und Keimpflanzen, im Inneren von Stengeln, Blüten und am Herzblatt lebende oder um außen die Pflanze schädigende Organismen handelt; oft stimmen sogar die Gattungen überein [227].

Opportunismus. Viele Arten der Felder sind Opportunisten, so die sporenbildenden Bakterien und die nichtsporenbildenden Pseudomonadeen, die leicht überallhin verbreitet werden. Auch die meisten Feldunkräuter, deren Samen im Boden ruhen, folgen dieser Strategie rascher Ausbreitung. Schließlich ist das Prinzip bei Feldtieren häufig. Eine Auslöschung örtlicher Populationen wird durch die Fähigkeit schneller Ausbreitung leicht ausgeglichen. Beispiele finden sich sowohl bei Laufkäfern [51], Blattläusen [179], Parasitoiden [501] wie bei Spinnen der Vegetationsschicht [452, 644].

Phänologie. Organismen von Feldern mit wechselnden Kulturpflanzen müssen sich in deren jahreszeitlichen Anbau einpassen. Dafür nur zwei Beispiele: (1) Unkräuter mit niedriger Keimungstemperatur laufen im Herbst und Vorfrühling auf und finden sich vornehmlich auf Feldern mit Winterfrüchten, die im Herbst bestellt und im Frühjahr weniger gestört werden. Dagegen keimen Unkräuter mit Ansprüchen an höhere Temperatur im Frühsommer und fruchten im Herbst; sie charakterisieren Felder mit Sommerfrüchten. (2) Auf Äckern mit Winterkulturen leben vorwiegend Laufkäfer, die als zum Vollkerf gewordene Tiere überwintern, sich im Frühjahr fortpflanzen und als Larve im Sommer entwickeln. Auf Flächen, die im Frühjahr bestellt werden, dominieren dagegen Laufkäfer, welche als Larve überwintern, im Hochsommer und Frühherbst die Zeit ihrer Fortpflanzung haben.

Für viele Feldbewohner liegt ein Problem in der Überbrückung ungünstiger Jahreszeiten und der durch den Fruchtwechsel erforderlichen Neubesiedlung ihnen gemäßer Kulturen. Dadurch behält die Vorfrucht für das Artenbild in der Vegetationsperiode noch immer ihre Bedeutung und sollte bei Untersuchungen beachtet werden [471].

Von den phytopathogenen Bakterien und Pilzen überwintern einige im Boden oder an dort befindlichen Rückständen der Pflanzen (z. B. *Ophiobolus* und *Pseudocercosporella* bei Getreide, *Phytophthora* bei Kartoffel). Nur an mehrjährigen Gewächsen und auf winterharten Kulturen ist ein kontinuierlicher Befall gewährleistet. So können sich Gelbrost *(Puccinia striiformis)* und Getreidemehltau *(Erysiphe graminum)* als Myzel in den jungen Blättern von Wintergetreide oder Wildgräsern zur nächsten Vegetationsperiode herüberretten. Pflanzenviren überwintern im Überträger (z. B. der Rübenwanze, *Piesma quadratum*) oder in der Pflanze selbst, wobei Unkräuter eine Rolle spielen.

Bei Tieren gibt es Feldüberwinterer und von geernteten Feldern abwandernde Arten. Erstere überwintern meist im Boden, manche aber suchen Stoppeln und andere Pflanzenrückstände auf [688]. Über kurze

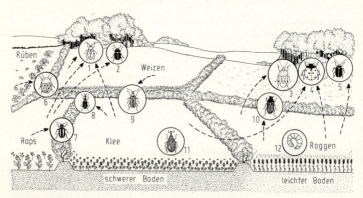

Abb. 9.9: Überwinterung von Insekten der Felder in Mitteleuropa (nach Tischler 1965).
Mittelstrecken-Wanderer: 1. Wiesenwanze *(Lygus)*, **2.** Glanzkäfer *(Meligethes)*, **3.** Getreidewanze *(Aelia)*, **4.** Marienkäfer *(Coccinella)*, **5.** Knöterich-Erdfloh *(Haltica)*; **Kurzstrecken-Wanderer: 6.** Schildkäfer *(Cassida)*, **7.** Kohlerdfloh *(Phyllotreta)*, **8.** Spitzrüßler *(Apion)*, **9.** Getreidehähnchen *(Oulema)*, **10.** Samenlaufkäfer *(Amara)*; **Feldüberwinterer: 11.** Kleerüßler *(Hypera zoilus)*, **12.** Saateulenraupe *(Agrotis segetum)*.

Strecken abwandernde Arten begeben sich zu angrenzenden Feldrainen, Hecken und Waldrändern (Abb. 9.9). Die sog. Mittelstrecken-Wanderer stellen speziellere Ansprüche an Boden und Mikroklima des Winterlagers, wo sich dann Assoziationen mit ähnlichen Präferenzen zusammenfinden [519]. Nur wenige Arten der Agrarlandschaften sind echte Fernwanderer, wie die asiatische Getreidewanze *(Eurygaster integriceps)* und einige Marienkäfer (Coccinellidae).

Wegen des Fruchtwechsels müssen in allen Fällen, also auch für viele Feldüberwinterer, Bestände ihnen zusagender Bedingungen neu besiedelt werden. Dies geschieht meistens vom Feldrand aus. Dabei ist die Kenntnis über Sinnesleistungen und Verhalten der betreffenden Tiere höchst wichtig.

9.6 Hecken, Gehölze, Obstanlagen, Bäume an Landstraßen

Für die Besiedlung der vom Menschen veränderten Landschaft ist es nicht gleichgültig, ob es sich um weite, offene Flächen handelt, ob die Feldfluren von einem Netz von Hecken durchzogen sind, ob Feldgehölze (kleine Wäldchen) die Einförmigkeit auflockern, ob das Gelände flach, hügelig oder gebirgig ist. Bedeutung hat darüber hinaus das Verteilungsmuster der angebauten Pflanzen.

Zur Veranschaulichung zunächst nur zwei Beispiele aus Mitteleuropa: In einer parkartigen Feldmark, bei der Gehölze, Baumreihen, Busch- und Baumgruppen in Abständen von weniger als 500 m auseinander liegen, finden sich selten mehr als 5 Saatkrähen *(Corvus frugilegus)* zur Nahrungssuche zusammen. In einer baumarmen oder baumlosen Agrarlandschaft bilden sich dagegen größere Ansammlungen, weil einzelne Individuen beim Fraß bald weitere anziehen. Das durch die Landschaft bedingte Sichtfeld beeinflußt somit die mögliche Schadwirkung der Krähen auf Saatfeldern im Frühjahr und Herbst [480]. – Massenvermehrungen der Feldmaus *(Microtus arvalis)* wurden in Mitteleuropa erst möglich, als Wälder weitgehend gerodet und Sümpfe trockengelegt waren. Wo dadurch Gebiete auffallender Weiträumigkeit entstanden, wie in Teilen Hollands und NW-Deutschlands, häufen sich größere Feldmausplagen. In einer durch Wallhecken gegliederten Landschaft, die das östliche Holstein charakterisiert, sind periodische Massenvermehrungen der Feldmaus unbekannt [196].

Kaum erforscht ist die Ökologie von Bäumen, die Landwege und Chausseen säumen. Abb. 9.10 und 9.11 veranschaulichen den manchmal auffälligen Befall durch Misteln und Feuerwanzen.

Abb. 9.10: Laubholz-Mistel *(Viscum album)* auf einer einen Landweg säumenden Pappel *(Populus)* im Winteraspekt (Orig.).

9.6.1 Heckennetz

Werden Hecken dicht und breit genug angelegt, so entsteht eine große Mannigfaltigkeit an Lebensbedingungen für Pflanzen und Tiere auf engstem Raum. Beträchtliche Unterschiede von Temperatur, Licht und Feuchtigkeit kennzeichnen ihre Ränder. Im Inneren der Hecke herrscht dagegen ein recht ausgeglichenes Mikroklima. Es können daher Arten aus dem Wald mit solchen der offenen Landschaft zusammentreffen, da gleichsam ein doppelter Waldsaum gebildet wird. Solche Hecken bieten genügend Licht für sonnenliebende Organismen, Schatten für Dämmerungstiere, gute Nistgelegenheit und Unterschlupf, Spähplätze für Laurer, Überwinterungsquartiere, schließlich reichhaltige Nahrungsquellen für jegliche Ernährungsweise (Abb. 9.12) [674].

9.6 Hecken, Gehölze, Obstanlagen, Bäume an Landstraßen

Abb. 9.11: Larven der Feuerwanze *(Pyrrhocoris apterus)* auf der Borke einer am Landweg stehenden Linde *(Tilia),* an deren Jungtrieben und Samen die Wanzen saugen (nach Tischler 1959).

Abb. 9.12: Wallhecke zwischen Feldern in Ost-Holstein (Orig.).

Für die einzelnen Arten ist eine Grenzziehung zu den benachbarten Feldern und Grünlandflächen verschieden und, ebenso wie die Besiedlung der Hecken selbst, von der ökologischen Gesamtsituation abhängig [67]. Das gilt sogar für die Aktivität der im Boden lebenden Bakterien und Pilze, die in einigen Fällen von Feldgehölzen oder Hecken zur Feldmitte hin zunimmt, in anderen Fällen in einem 10 m breiten Saum des angrenzenden Feldes am intensivsten ist.

Schon Zäune mit alten Pfählen, die sich vor einer Feldhecke entlangziehen, können die Lebewelt bereichern. In Oldenburg wurden 44 Arten von Hymenoptera Aculeata (Grabwespen, Wegwespen, Faltenwespen, Goldwespen, Wildbienen) festgestellt, die im oder am Holz solcher Pfähle nisteten und zehn weitere Arten, die sich dort nur zum Sonnen aufhielten. Sie alle finden in den Hecken reiche Nahrung [255].

Der Einfluß der Hecken auf die Landschaft und ihre biologische Bedeutung muß in jeder Klimazone gesondert betrachtet werden. Zu-

9.6 Hecken, Gehölze, Obstanlagen, Bäume an Landstraßen

dem hängt er vom Boden und der Struktur der Hecke ab (Alter, Breite, Höhe, Reichhaltigkeit der Pflanzen in ihrer Wirkung auf die Tiere [685, 483].

Windschutz kann sich mindestens auf das zehnfache der Heckenhöhe, unter Umständen noch viel weiter erstrecken. Auf Insekten, die gegen den Wind fliegen oder passiv von ihm erfaßt werden, üben viele Hecken einen Aggregationseffekt aus [391]. Samen und Früchte von Unkräutern [300] oder Sporen von Pilzen [571] werden nicht oder kaum von Hecken abgefiltert.

Temperatur. Im Vergleich zu heckenfreiem Gelände wird in Nähe von Hecken eine höhere Temperatursumme erreicht, weil die Erwärmung am Tage stärker ist als die Abkühlung nachts. Dies wirkt sich in einer der Windschutzwirkung entsprechenden Zone auf größeren Ernteertrag aus, wenn man von dem unmittelbaren, wenige Meter breiten Streifen des Regenschattens und des Wurzelbereichs der Heckenpflanzen absieht. Die geringere Entwicklung der Randpflanzen in Feldkulturen ohne Hecken ist dagegen durch starke Einstrahlung von Seitenlicht und erhöhten Wärmeverlust durch Wind verursacht. Auf der Leeseite (Windschutz) gibt es mehr Tage mit Bodenfrost als auf der Luvseite.

Feuchtigkeit. Die Verdunstung wird im Vergleich zum Umland der Hecken herabgesetzt, diese Abnahme aber zum Teil wieder durch die Erhöhung der Temperatur ausgeglichen. Höhere Feuchte und vermehrte Ablagerung von Schnee in Heckennähe, starker Taufall in doppeltem bis dreifachem Abstand der Heckenhöhe sind charakteristisch.

Biologie. Viele, wenn auch nicht alle Typen von Hecken und Windschutzstreifen verlängern gleichsam den Wald als Korridore in eine sonst waldarme Landschaft. Außerdem bestehen gewisse Wechselbeziehungen mit Arten angrenzender Lebensräume. Einige wirtswechselnde Rostpilze sowie Blattläuse und verschiedene ihrer Feinde (Anthocoridae, Coccinellidae, Chrysopidae, Syrphidae, Aphidiidae) gehen im Frühjahr oder Frühsommer von Hecken auf Kulturfelder über. Auch manche unspezifische Tiere als Räuber wie Staphyliniden, Spinnen, Laufkäfer, Spitzmäuse, Igel suchen von den Hecken her je nach der Situation auf bis zu 30–60 m breiten Feldzonen nach Beute. Parasitoide mögen noch weiter fliegen. Heckenspinnen fangen in ihren Netzen kleine Dipteren, Blattläuse und Thripse [786]. Schließlich holen sich Heckenvögel einen Teil ihrer Nahrung aus dem Umland der Hecke, in der sie nisten [782]. Andererseits finden selbst typische Feldbewohner während der kalten Jahreszeit in Hecken und Waldrändern ein günstiges Refugium [519].

Im ganzen gesehen sind aber die biologischen Austauschvorgänge mindestens bei dichten, waldartigen Wallhecken auf schwerem Boden, wie sie z. B. in NW-Deutschland vorkommen, nicht sehr groß. Felder, Wiesen und Weiden haben andere Lebensgemeinschaften als Hecken und Feldgehölze [658, 525]. In Gebieten mit leichteren Böden sind die Unterschiede weniger scharf. Neuerdings erleichtert der Intensiv-Akkerbau mit engerer Fruchtfolge und dichteren Pflanzenbeständen das Eindringen von Waldarten auf Felder [611]. Wie sich das Bild an der Grenzzone mit den Jahreszeiten ändern kann, zeigt Abb. 9.13 [212].

Eine etwas abweichende Situation bedingen die lichteren Hecken etwa Süddeutschlands, in denen Rosengewächse *(Crataegus, Rosa, Prunus spinosa)* dominieren. Einige der von diesen Pflanzen lebenden Insekten samt ihren Parasitoiden stellen sich auch in Obstplantagen ein. So wurden z. B. von 6 Arten Kleinschmetterlingen an Weißdorn *(Crataegus)* 24 Arten meist unspezialisierter Parasitoide gezogen, die Feinde von über 40 potentiellen Schadinsekten sind [143].

Je intensiver Ackerbau betrieben wird, desto mehr verschwinden leider die Hecken. In Schleswig-Holstein gab es 1950 noch rund 75 000 km Wallhecken. Davon war 1980 bereits ein Drittel verschwunden [253].

Im Steppenklima der Ukraine leben viele Arten der dortigen Schluchtwälder in den künstlichen Windschutzstreifen. Je weiter man nach Süden kommt, desto größer wird der Anteil der Steppentiere in diesen Aufforstungen und desto ungünstiger die Situation für Waldtiere [230].

9.6.2 Feldraine

Wenn Sträucher fehlen, sind biologische Beziehungen von Acker- und Wiesenrainen zu den angrenzenden Flächen naturgemäß enger als es bei Hecken der Fall ist. Doch tragen auch sie schon zur Bereicherung der Lebewelt bei [120]. Entscheidend kann sich die Mahd eines Feldrains

---

Zu Abb. 9.13:
Carabidae: 1. *Carabus cancellatus,* **2.** *Nebria brevicollis* (Larve), **3.** *Leistus rufescens* (Larve), **4.** *Bembidion lampros,* **5.** *B. tetracolum,* **6.** *Agonum (Platynus) dorsale,* **7.** *A. mülleri,* **8.** *A. (Pl.) assimile,* **9.** *Pterostichus melanarius,* **10.** *Pt. niger,* **11.** *Harpalus rufipes;* **Catopidae: 12.** *Catops* (Larve); **Staphylinidae: 13.** *Lesteva longelytrata,* **14.** *Lathrymaeum atrocephalum,* **15.** *L. unicolor,* **16.** *Olophrum assimile,* **17.** *Oxytelus rugosus,* **18.** *Stenus biguttatus,* **19.** *St. clavicornis,* **20.** *Tachyporus hypnorum,* **21.** *T. chrysomelinus,* **22.** *T. obtusus,* **23.** *Drusilla canaliculata;* **Cryptophagidae: 24.** *Atomaria atricapilla;* **Cantharidae: 25.** *Cantharis* (Larve). **Links:** Wiese, **rechts:** Wintergetreide.

9.6 Hecken, Gehölze, Obstanlagen, Bäume an Landstraßen

Abb. 9.13: Jahresaspekte der Käferbesiedlung einer Wallhecke und angrenzender Agrarkulturen in NW-Deutschland (**oben:** Januar; **Mitte:** April; **unten:** August) (etw. veränd. nach Fuchs 1969).

auf das zeitliche Zusammentreffen von Insekten mit bestimmten Pflanzen auswirken [124].

Ein gutes Beispiel für Metabiose (Wegbereitung einer Art für eine andere) am Feldrain: Dort legt der Weberknecht *Mitopus morio* im Spätsommer und Herbst mit Vorliebe seine Eier in Hohlräume von Pflanzen, in denen selbst im Winter die Embryonalentwicklung vor sich gehen kann. Die Weibchen benutzen wegen ihres weichen Legebohrers zur Eiablage Löcher, die von Insekten stammen, welche vorher die Stengel bewohnt hatten. In manchen Fällen sind es die hohlen der Brennessel *(Urtica dioica)*, aus denen sich die Larven des Rüsselkäfers *Ceutorhynchus pollinarius* zur Verpuppung ins Freie herausgebohrt haben. In anderen Fällen schiebt der Weberknecht seine Eier in kleine Hohlräume der markhaltigen Stiele des Beifuß *(Artemisia vulgaris)*, die von Larven der Bohrfliege *Oxyna parietina* ausgefressen waren, ehe sie die Pflanze zur Verpuppung verließen [687].

Nahe verwandte Arten können sich in ihrer Bindung an Feldraine unterscheiden. So halten sich in Schleswig-Holstein einige Feldheuschrecken, die Trockenheit und Wärme lieben, auf breiten Grasrainen auf, ohne in die angrenzenden Getreidebestände mit ihrem feuchtkühleren Mikroklima einzudringen. Nach der Getreidemahd aber wandern sie auf die Stoppelfelder. Nach Farbmarkierungen war diese Tendenz bei *Chortippus brunneus* stark, bei *Ch. biguttulus* weniger, bei *Ch. apricarius* nur schwach ausgeprägt [242].

Vor allem sind krautreiche Feldraine (in Abhängigkeit von ihrer Größe) individuen- und artenreicher in ihrer Fauna als die angrenzenden Felder. Das gilt erwartungsgemäß nicht nur für Ameisen, sondern auch für viele Familien der Dipteren (mit sapro- und phytotrophen Larven), für Käfer (besonders Carabidae, Staphylinidae, Chrysomelidae, Curculionidae) sowie für Spinnen und Rhynchoten, um die wichtigsten Gruppen zu nennen [587a].

9.6.3 Feldgehölze

Die Besiedlung von Restgehölzen der Agrarlandschaft als Refugien für Waldtiere hängt sehr von der Flächengröße des Wäldchens ab. Je kleiner die Fläche, desto mehr Euryöke und Feldarten wandern ein und um so weniger Waldtiere können sich auf die Dauer dort halten. Als Minimalareale wurden in Feldgehölzen vom Eichen-Hainbuchentyp in Mitteleuropa für Waldlaufkäfer 2–3 ha, für Waldspinnen 10 ha als erforderlich angesehen [406]. Kleine Fichtenbestände inmitten der Feldmark bilden kaum ein Refugium für Waldarten [408].

Für einige Kleinsäuger und Vögel haben «Waldinseln» in Agrarflächen durchaus noch Bedeutung als Waldersatz. Waldränder von Feldgehölzen entsprechen in ihrer Pflanzen- und Tierwelt weitgehend den Hecken [682]. Bei Feldgehölzen nimmt die Besiedlungsdichte der Vögel mit zunehmender Waldgröße ab, die absolute Artenzahl steigt jedoch an [475].

9.6.4 Obstanlagen

Es würde zu weit führen, schon allein auf die Fülle der Arthropoden auf Apfelbäumen einzugehen. Wo keine Bekämpfung stattfindet, können sich in Mitteleuropa etwa 1000 Arten auf den Bäumen einer Apfelplantage ansiedeln. Rund 300 von ihnen sind Pflanzenfresser, etwa 300 Parasitoide, 200 Räuber; weitere 200 ernähren sich vom Honigtau der Blattläuse oder von den epiphytischen Algen, Flechten, Moosen der Bäume [627]. Jeder Eingriff in das Beziehungsgefüge führt zu Kompensationen. Natürlich vernichten sich auch die Feinde phytotropher Arten gegenseitig, und schließlich fallen etliche Arthropoden den Vögeln zum Opfer (sowohl an «Schädlingen» wie an «Nützlingen»).

Individuendichten vieler Organismen im Obstgarten und Werte ihrer Biomasse liegen unter Umständen höher als im vergleichbaren Laubwald. Von drei dominierenden Insektengruppen war dies zwar weniger deutlich bei Dipteren und Collembolen, doch sehr auffallend bei Käfern, für die sich Carabiden als gute Indikatoren erwiesen [217]. Dies dürfte mit der Biotopstruktur zusammenhängen.

Selbst für die Überwinterung von Arthropoden am Stamm und seiner Basis bieten sich geeignete Verstecke für Milben, Thripse, Wanzen, Käfer, Raupen und Puppen von Schmetterlingen [610]. An den Zweigen findet man im Winter die schwarzen Eier von Blattläusen, die elfenbeinfarbenen von Blattflöhen (Psyllidae) und die roten der Spinnmilben *(Panonychus)*. Der Tisch ist also auch im Winter für Vögel, namentlich Meisen, reich gedeckt.

10 Urbanlandschaft

Mit den Siedlungen des Menschen wurden ganz neuartige Lebensräume geschaffen, deren Eigenarten von Gehöften und Dörfern über Stadtränder bis zum Stadtkern in immer extremerer Form in Erscheinung treten. Zahlreiche Pflanzen und Tiere verloren dadurch ihre Existenz. Andere aber konnten sich nun besser entfalten und ihr ursprüngliches Areal erweitern.

Stadtlandschaften sind nur durch Zufuhr an Energie und Nahrung möglich, die von außen einerseits durch Kohle, Erdöl, Wasser-, Wind- und Kernkraft, andererseits durch die Produkte der Land-, Forst- und Wasserwirtschaft hineinkommen. Es handelt sich also um abhängige Ökosysteme ohne definierbare Grenzen [198, 61, 337, 338]. Die urbane Ökologie hat besondere Fragestellungen für: (1) Grünflächen (Gärten, Parks, Friedhöfe), (2) Öd- und Brachland (Ruderalstellen), (3) Straßen und Häuserbereich (Gebäude und Gebäudeteile).

10.1 Kulturfolger und Synanthrope

Bei den durch das Wirken des Menschen vor allem durch die Agrarlandschaft begünstigten Arten spricht man von Kulturfolgern. So gingen, wie Kap. 9.4.1 berichtete, manche phytotrophe Organismen auf die Kulturpflanzen über. Etliche Sapro- und Zootrophe kamen im Gefolge der Weidetiere. Sogar einige Wald-, Sumpf- und Steppenbewohner wurden gleichsam Kulturfolger.

Weitere Arten wurden unbeabsichtigt in die Siedlungen des Menschen eingeschleppt oder drangen von selbst dort ein. Entstand eine besonders enge Bindung im Bereich der Dörfer und Städte, so spricht man von Synanthropie [489]. Die Honigbiene ist weder ein Kulturfolger noch synanthrop, sondern wie die Haustiere domestiziert. Pflanzen werden auch nach dem Grad der Beeinflussung durch den Menschen einem «Hemerobiensystem» zugeordnet. Zur 4. Gruppe zählen im wesentlichen Arten in Agrarlandschaften und Gärten, zur 5. und 6. solche aus der Urbanlandschaft mit ihren Ruderalflächen [641].

Der Grad der Synanthropie läßt sich durch einen einfachen Index errechnen.

$$S = \frac{2a + b - 2c}{2}$$

a ist der Anteil der Individuen einer Art im Urbangebiet, b im Agrarbereich, c in den weniger vom Menschen beeinflußten Biotopen. Der Index reicht von höchster Synanthropie (+100) bis zu völlig fehlender (−100) [450].

Die Bindung bestimmter Organismen an die strukturellen, trophischen oder klimatischen Verhältnisse im Siedlungsgebiet des Menschen hat lediglich regionale Gültigkeit. Sie ist obligatorisch, wo die betreffende Art im wesentlichen nur unter anthropogenen Bedingungen existiert, wie die Mehlschwalbe *(Delichon urbica)*, die Stubenfliege *(Musca domestica)* und der Kompostwurm *(Eisenia fetida)* in Mitteleuropa. Fakultativ synanthrop nennt man Organismen, die zwar im Siedlungsraum des Menschen ihr Optimum finden, aber auch außerhalb desselben vorkommen, so daß von dort Ersatz möglich ist. Beispiele dafür sind Turmfalke *(Falco tinnunculus)* und Wanderratte *(Rattus norvegicus)*. Bei obligatorisch synanthropen Arten spricht man auch von Eusynanthropie, bei fakultativen von Hemisynanthropie.

Viele Pflanzen und Tiere lassen eine regional gerichtete zu- oder abnehmende Bindung an den Menschen erkennen. Manche, die im Süden noch in den verschiedensten Lebensräumen vorkommen, schließen sich nach Norden hin immer enger an den Menschen an. Das gilt z. B. für die Schafgarbe *(Achillea millefolium)*, die in Mitteleuropa Wiesen und Triften besiedelt, nördlich des Polarkreises aber zur Ruderalpflanze geworden ist. Solche Standorte sind in der Regel wärmer; außerdem kann höherer Nährstoffgehalt den Nachteil geringerer Wärme für die Pflanze in gewisser Weise ausgleichen. Quecke *(Agropyron repens)*, die in Mitteleuropa auf jedem Ödland und Grünland wächst, besiedelt in Norwegen außer Spülsäumen an Küsten nur noch sehr nährstoffreiche Kulturflächen.

Nach Norden zunehmende Synanthropie zeigen auch bestimmte Schnecken, Spinnen, Pseudoskorpione, Opilioniden, Asseln, Diplopoden und viele Insekten, wenn man deren Biotopbevorzugung vom Mittelmeergebiet bis nach Fennoskandia verfolgt (Abb. 10.1) [690, 704]. Interessant ist die Verbreitung des Federflüglers *Bambara fusca* (Ptiliidae) in Nordamerika. Die Gattung ist subtropisch und tropisch. Dieser winzige Käfer lebt in Florida in der Streuschicht von Wäldern. Nördlich von Florida gibt es zahlreiche Fundorte bis hinauf nach Illinois und Pennsylvania, die alle auf die mikroklimatisch warmen Haufen von Sägemehl der großen Sägewerke beschränkt sind [148].

Man muß die dargestellte Tendenz zum Prinzip der zunehmenden Synanthropie vom Optimalbereich zu den Randzonen ihres Areals erweitern. Dies zeigt sich gut bei Schmeißfliegen: So lebt die Goldfliege *Lucilia sericata* in Südeuropa und selbst noch im südlichen Mitteleuropa außer in Siedlungen im Freien, ist dort also hemisynanthrop. In

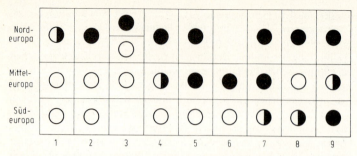

Abb. 10.1: Änderung der Synanthropie von Süden nach Norden in Europa (Orig.).
Weiße Kreise: Günstigste Existenz in natürlichen oder landwirtschaftlichen Biotopen; halbschwarze Kreise: urbane Bedingungen werden bevorzugt, aber Existenz anderswo noch möglich; schwarze Kreise: nur noch im Siedlungsbereich des Menschen (urban).
1: Spinne *Centromerita bicolor*, Assel *Porcellio scaber*, Collembole *Hypogastrura assimilis*, Laufkäfer *Carabus nemoralis*; **2:** Tausendfuß *Polydesmus inconstans*, Collembole *Entomobrya multifasciata*, Fliege *Calliphora vomitoria*; **3:** Fliege *Cynomyia mortuorum*; **4:** Pseudoskorpion *Lamprochernes nodosus*, Assel *Armadillidium vulgare*, Collembole *Isotomina thermophila*, Laufkäfer *Pristonychus terricola*; **5:** Silberfischchen *Lepisma saccharina*, Grille *Acheta domesticus*, Schabe *Blatella germanica*, Ameise *Ponera punctatissima*; **6:** Spinne *Ostearius melanopygius*, Ohrwurm *Anisolabis annulipes*; **7:** Fliege *Lucilia sericata*; **8:** Fliege *Lucilia caesar*; **9:** Fliege *Calliphora vicina*.

den kühleren Gebieten Europas wurde sie zu einer rein urbanen, eusynanthropen Art (S = 98 in Finnland, 89 in der Tschechoslowakei, 33 in Ungarn). *Calliphora vicina (erythrocephala)* wird nach Norden *und* nach Süden hin stärker synanthrop als sie es in Mitteleuropa ist (S = 95 in Finnland, 43 in Mitteleuropa, 87 in Südeuropa). Ähnlich wie *L. sericata* verhält sich *C. vomitoria*, ähnlich wie *C. vicina* reagiert *L. caesar* [626].

Synanthropie kann sich im Bereich der Häuser, Müllhalden, aber auch in Gärten und Stadtparks zeigen. Manche Grabwespen (Sphecidae) und Erdbienen (Apoidea) siedeln in den Fugen zwischen Pflastersteinen oder in festgetretenen Fußwegen und lassen sich nicht einmal durch ständiges Betreten oder durch Harken der Wege vertreiben [254, 256]. Die aus dem Wald stammende Erdbiene *Andrena armata* ist erst um 1900 nach Norddeutschland vorgedrungen, wo sie heute Parks und Gärten in den Städten in großer Dichte besiedelt und im Frühjahr dort zu den häufigsten Wildbienen gehört. Die Seidenbiene *(Colletes davie-*

sanus) legt ihre Nester in Fugen alter Häuser an. Zur gleichen Nistweise sind einige Grabwespen übergegangen. Viele dieser aculeaten Hymenopteren waren in Lebensstätten heimisch, die immer mehr eingeengt oder verändert wurden, wie Steilwände von Urstromtälern (s. Abb. 4.4) und Meeresküsten, Flugsandgebiete und lichte Wälder. Sie fanden im urbanen Bereich und in Kiesgruben innerhalb der Kulturlandschaft neue Niststätten (Abb. 10.2). Zu einer gefährlichen synanthropen Stechmücke in den Tropen ist *Aedes aegypti* geworden, die ursprünglich als Baumhöhlenbrüter im Wald lebte und Überträger von Gelbfieber-Virus auf den Menschen ist.

Aus der Vogelwelt ergeben sich weitere Aspekte. Auch hier gibt es Arten von ausgesprochener Synanthropie, zu denen in Mitteleuropa Weißstorch *(Ciconia ciconia)*, Mauersegler *(Apus apus)* und Haussperling *(Passer domesticus)* gehören, andererseits solche, die anthropogene Biotope meiden wie Haselhuhn *(Tetrastes bonasia)*, Wintergoldhähnchen *(Regulus regulus)* oder Haubenmeise *(Parus cristatus)* [451]. Wieder andere zeichnen sich durch jahreszeitlich wechselnde Synanthropie aus. So sucht der Star *(Sturnus vulgaris)* mehr in den Sommermonaten

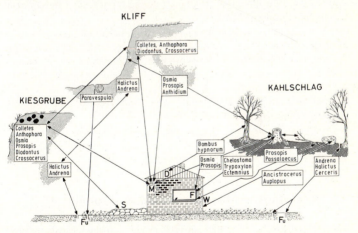

Abb. 10.2: Ökologische Beziehungen von Stechimmen (Hymenoptera Aculeata) zwischen natürlichen Lebensräumen (Kliff), anthropogenen Biotopen außerhalb des Siedlungsbereichs des Menschen (Kiesgrube, Kahlschlag) und Siedlungen des Menschen (Gärten, Gebäude) (nach Tischler 1973b).
Fu: Fußwege, Rasen, Beete in Stadtgärten; **S:** Steinwall; **M:** Mörtel zwischen Mauersteinen; **D:** Dachboden; **F:** Fensterrahmen aus Holz; **W:** Wand der Außenseite des Gebäudes. *Prosopis* = *Hylaeus*.

Siedlungsbereiche des Menschen auf; manche Körnerfresser wie Buchfink *(Fringilla coelebs)* und Goldammer *(Emberiza citrinella)* tun dies bevorzugt dagegen in den kalten Monaten.

Da Vögel zu den ökologisch besonders gut erforschten Tieren gehören, ist es nicht erstaunlich, daß sich bei ihnen sogar der allmähliche Übergang zur Synanthropie verfolgen läßt. So war die Amsel *(Turdus merula)* bis zur Jahrhundertwende in Europa noch allgemein ein scheuer Waldvogel. Allmählich hat sie sich von Westen nach Osten hin zu einem Stadtvogel gewandelt. Östlich der Weichsel begann diese Änderung im Verhalten, die durch Verringerung der Fluchtdistanz möglich wurde, erst seit etwa 1930. – Das mit der Kollektivierung der Viehwirtschaft in der Mongolei verbundene Seßhaftwerden größerer Menschengruppen führte zur Synanthropie verschiedener Greif- und Krähenvögel, Sperlinge und der Klippentaube *(Columba rupestris)* im Laufe von weniger als 50 Jahren [425 a].

Es sind im engeren Siedlungsbereich des Menschen günstige Öko- und Mikroklimate, gute Nahrungsbedingungen und Nistverhältnisse, die Vielfalt der Biotopstrukturen sowie die von vielen Organismen tolerierte Dynamik schneller und intensiver Veränderungen der Umwelt, die zur Synanthropie geführt haben. Ständig schafft der Mensch neue Möglichkeiten der Auslese.

Wir wissen meist nicht, warum einige Arten sich an die neue Situation anpassen konnten, andere, oft sogar nahe verwandte dagegen nicht. Präadaptive Qualitäten in Struktur und Leistungen des Organismus oder flexibles Verhalten mögen entscheidend sein. In manchen Fällen mag schon eine weite ökologische Toleranz genügen. Die oftmals starke Vermehrung einiger synanthroper Arten könnte ebenso eine Folge geringerer Konkurrenz wie erhöhter Fruchtbarkeit oder größeren Ausbreitungsvermögens sein. Gerade auf diesem Gebiet liegt noch ein reiches Betätigungsfeld für «Vergleichende Naturgeschichte» als Voraussetzung zu einer synoptischen Urbanökologie [490].

10.2 Die Stadt, ein Mosaik von Lebensräumen

Klima. Im Durchschnitt des Jahres liegt die Lufttemperatur um etwa 1 °C, an klaren Tagen um mehrere Grade höher als im Umland der Stadt. Niederschläge fallen im Stadtgebiet meist reichlicher; wegen deren schnellen Abfließens und Versickerns ist die relative Luftfeuchtigkeit jedoch geringer als außerhalb der Stadt. Die stärkere Verunreinigung der Luft führt zu mehr Wolken- und Nebelbildung, wodurch sich die Sonneneinstrahlung vermindert.

Boden. Der Kalkgehalt der Baureste bedingt oft eine alkalische Reaktion der sich entwickelnden Böden. Durch Straßenstaub kommen Nährstoffe (Stickstoff, Phosphor, Kalium) hinzu, die kolloidal gebunden, nur langsam löslich sind und den Pflanzen daher lange zur Verfügung stehen. Straßenkehrricht hat höheren Nährstoffgehalt als Gartenerde. Bei genügender Feuchtigkeit kann an geeigneten Stellen ein rascher Pflanzenbewuchs einsetzen [679]. Auf kalkreichen Industriehalden finden sich sogar ausgesprochen kalkliebende Arten ein.

Lebewelt. Das Artenspektrum in einer Stadt ändert sich mit ihrer geographischen Lage, etwa vom atlantisch zum kontinental beeinflußten Klimagebiet oder von Norden nach Süden. So dominieren in Westeuropa mehr hygrophile Pflanzen und Tiere, in Osteuropa herrschen trockentolerante vor.

Mit der steigenden Tendenz zur Urbanisation gingen viele Arten zugrunde, andere kamen hinzu. Es entstanden neue Pflanzenassoziationen, etwa zwischen Pflastersteinen, an regelmäßig betretenen Stellen, auf weniger begangenem Rasen, auf Schutt und Schotter, an Weg-, Straßen- und Mauerrändern [294]. Entsprechendes gilt für die Tiere [759, 370]. Ökoklima, Struktur und Nahrungsverhältnisse sind im Stadtkern wesentlich verschieden von den Randbereichen. Die Auswirkungen seien nur für zwei mehr oder weniger verwilderte Haustiere dargestellt.

In Bezirken geschlossener Bebauung spielt wegen genügender Hauskost eine tierische Zusatzbeute für **Hauskatzen** kaum eine Rolle; die Bedeutung der Katze als Nesträuber wird hier leicht überschätzt. In Flächen offener Bebauung werden Jungkaninchen und Vögel häufiger erbeutet. Am Stadtrand bilden Mäuse neben Kaninchen den Hauptteil der Nahrung, gefolgt von Jungvögeln und Insekten [59].

Ähnlich unteschiedlich sind die Lebensbedingungen der **Haustauben** zwischen Zentrum und Peripherie einer Stadt. Im Stadtinneren leben sie fast nur von der Nahrung, die ihnen von «Taubenfreunden» angeboten wird. Das reiche Futterangebot steht im Mißverhältnis zu geeigneten Brutplätzen. Direkte und indirekte Folgen von Streß regulieren dann die Bevölkerungsdichte. Es erhöht sich schon die Mortalität im Ei. Die Nestlinge werden mangelhaft betreut und daher leichter von Krankheiten und Parasiten befallen. Nesträuber fügen weitere Verluste zu. Schließlich gehen viele Jungtauben nach dem Ausfliegen durch Unerfahrenheit zugrunde (Verhungern, Unfälle). Dagegen vergrößern sich die Chancen zum Überleben zur Stadtperipherie beträchtlich. Je mehr die Schwärme zu den Außenbezirken hin siedeln, desto mehr müssen sie selbst für ihre Nahrung sorgen, und die Nachkommenschaft bleibt gesunder [250].

Im Areal von London, das über 30 km weit bebaut ist, sind in den letzten hundert Jahren 78 heimische Pflanzen ausgestorben und viele weitere selten geworden. Andere, früher seltene wie *Epilobium angustifolium, Melilotus officinalis, Reseda lutea* wurden häufig. Seit vierzig Jahren sind dort 90 Arten von Schmetterlingen verschwunden, dafür traten 35 neue auf. Für die Veränderung erwies sich nicht das Alter der bebauten Flächen als entscheidend. Vielmehr kommt dem Mosaik und jeweiligem Anteil der unbebauten Stellen (Gärten, Parks, Flußufer, Bahnkörper, Ruderalgelände) größte Bedeutung für den Reichtum der Arten zu [125].

Gewässer. Parkteiche, Löschwasserbecken, Flußarme, Kanäle, kleine Wasserstellen im Stadtbereich beherbergen viele Pflanzen und Tiere. Unter ihnen spielen Insekten wiederum eine große Rolle. Das gilt namentlich für Dipterenlarven (vor allem Mücken), Wasserwanzen und Wasserkäfer. Für die Wiederbesiedlung im Frühjahr oder Erstbesiedlung neu angelegter Teiche kann die Lage des Gewässers in der Stadt wesentlich sein. Fliegende Wasserinsekten werden im Stadtgebiet leicht durch reflektierende Flächen oder Lichtquellen irregeführt. Dies betrifft z. B. die großen Schwimmkäfer *(Dytiscus)*, die einem inmitten der Stadt gelegenen Teich oft fehlen. Am schnellstens erscheinen meistens Wasserläufer (Gerridae), Ruderwanzen (Corixidae), Taumelkäfer (Gyrinidae) und einige Libellen. Sogar kleine Tümpel enthalten häufig Molche und Frösche. Wassergeflügel wie die Stockente *(Anas platyrhynchos)* folgt den Flüssen, Flußarmen und Kanälen bis in die Städte hinein. Die Fütterung überhöhter Bestände an Wasservögeln aller Art in Stadtparkteichen verstärkt die Eutrophierung und hat eine ganzjährige «Wasserblüte» des Phytoplankton zur Folge. Es kann vom dominierenden Zooplankton nicht mehr in Schach gehalten werden.

Schon ein kleines Wasserbecken im Garten weist nach einem Jahr eine reiche Algen- und Pilzflora und eine mannigfaltige Kleintierwelt auf. Bei einer diesbezüglichen Untersuchung, die auf mehrjährigen Beobachtungen gründet, gelangte ein Viertel der Tierarten, zu denen Oligochaeten, Kleinkrebse und Wassermilben gehören, durch Wind oder durch Transport mit fliegenden Insekten und Vögeln hinein. Den weitaus größten Teil der Wasserbewohner stellten die Fluginsekten selbst. Sie leben entweder auch als Vollkerfe noch im Wasser (Käfer, Wanzen) oder legen wenigstens ihre Eier in das Becken und verbringen noch ihre Larvenzeit in demselben (Libellen, Dipteren, Trichopteren). Im geschilderten Beispiel stammten die meisten Organismen aus der Litoralzone von Seen [664].

10.3 Grünflächen (Gärten, Parks)

Von den in weiterer oder näherer Entfernung vom Stadtrand liegenden Obstanlagen über die durch Bäume, Sträucher und Blumenbeete oft reich strukturierten Gärten der Dörfer und Stadtränder bis zu den Grünflächen inmitten des Häusermeeres einer Stadt gibt es einige biologische Gemeinsamkeiten. Andererseits zeigen sich gerade für Tiere je nach der Vielfalt der Pflanzen, der Nahrung, Deckung und Ruheplätze im einzelnen auch recht unterschiedliche Bilder.

Gärten. Die Anlage von Gärten führt uns einige Jahrtausende weit in die Antike zurück. Schon bei Sumerern, Ägyptern, Persern und später bei den Römern spielten Gärten eine große Rolle. Aus christlicher Zeit verdanken wir eine der ersten europäischen Urkunden über den Gartenbau Karl dem Großen, dessen Verzeichnis «Capitulare de villis» 72 Pflanzenarten nennt, zu denen Obstbäume und Kräuter gehören. In seinem «Liber de cultura hortorum» beschreibt Walahfried Strabo (809–849), der die letzten 11 Jahre seines Lebens Abt von Reichenau war, Anlage und Kräuter des dortigen Klostergartens in lateinischen Hexametern [632].

Von den Klostergärten führt ein langer Weg bis zu den Bauerngärten, die sich heute noch in einigen Dörfern erhalten haben. In ihnen wachsen Gemüse-, Gewürz- und Heilpflanzen, andererseits bunte Zierpflanzen. Heute wird beides oft getrennt, so daß die Fauna in den einzelnen Gärten sehr unterschiedlich sein kann.

Den Nutzpflanzen gesellen sich zahlreiche Unkräuter bei, die in mancher Hinsicht mit denen der Hackfruchtfelder übereinstimmen. So beträgt der Anteil an Therophyten hier wie dort 70–90%. Indessen enthalten Kulturfelder in Mitteleuropa nur 3–6% der seit Beginn des 16. Jahrhunderts neu eingewanderten Arten (Neophyten) im Vergleich zu 10–20% in Gärten. Noch bemerkenswerter sind die mengenmäßigen Unterschiede der letzteren. Danach sind weniger als 20% der Unkrautindividuen auf Hackfruchtfeldern Neophyten, während ihr Anteil in Gärten 30–50% beträgt [470].

Überwiegen Zierpflanzen, so stellen sich wegen der Fülle an Blumen zahlreiche Blütenbesucher ein. Unter ihnen fällt die große Artenzahl an Wildbienen auf; im Vergleich zu ihnen spielt die Honigbiene *(Apis mellifera)* oft nur eine geringe Rolle für die Bestäubung [4]. Dieser Reichtum an Arten ist natürlich nur bei einer Vielfalt von Gartenblumen möglich, zumal denjenigen Wildbienen, die noch eine zweite Generation im Jahr durchlaufen, keine Obstblüten mehr zur Verfügung stehen [254]. Um einen Begriff von Insekten an Blütenpflanzen eines Vorgartens zu geben, sei ein Beispiel aus Leicester angeführt. Dort kamen auf 257 Arten Blütenpflanzen 83 der 250 in England heimischen Schwebfliegen (Syrphidae), 21 der 70 Tagfalter und 529 der 2000 Schlupfwespen (Ichneumonidae) Britanniens vor. Auffallend war der Wechsel der Häufigkeit im Laufe der Jahre [463].

Viele Pflanzenfresser befallen die Kräuter, Sträucher und Bäume im Garten und werden ihrerseits von Parasitoiden, diese oft von Hyperparasitoiden dezimiert. Auch im Garten leben die Organismen keineswegs beziehungslos nebeneinander, sondern sind durch vielfältige Interaktionen verknüpft. Die große Bedeutung der Vögel dabei kommt noch bei den Parks zur Sprache.

In Gärten sind Nacktschnecken und Gehäuseschnecken häufig, da ihre Ernährung recht mannigfaltig sein kann. Die Weinbergschnecke *(Helix pomatia)* zeichnet sich durch ausgesprochene Standorttreue aus. Durch ihr Heimfindevermögen sucht sie jeden Herbst wieder den Platz auf, in dem sie überwintert und schon als Jungschnecke gelebt hatte, obwohl ihr Aktionsraum sich vom dritten Lebensjahr an auf etwa 35 m Entfernung erweitert. Im Freien wird die Schnecke 7–8 Jahre alt. Selbst kleine Populationen im Garten können in ihrer Größe über Jahrzehnte ziemlich konstant bleiben [691].

Parks. Parkanlagen, Friedhöfe, kleine Stadtwälder, Botanische Gärten, die inmitten von Häuserkomplexen liegen, gleichen in ihrer Besiedlung Wald- und Wieseninseln. Wichtig sind vor allem ihre Lage, Größe, Nahrungsbedingungen und strukturelle Vielseitigkeit. Im Vorkommen der Tierwelt spiegeln sich eigenes Ausbreitungsvermögen, leichte Verschleppbarkeit, geringe Körpergröße und weite Toleranzbreite deutlich wider.

Ein Beispiel mag der 3,5 ha große, ehemalige Botanische Garten in Kiel geben [700, 542, 694]. Etlichen Waldtieren genügen bereits kleine Baumbestände. In den offenen Flächen der Rasen und Beete finden sich Bewohner des Dauergrünlands und der Felder aus der Agrarlandschaft ein. Am Randbereich eines kleinen Teiches kommen typische Ufertiere vor. Für die Auswahl der Arten spielt das Isolationsphänomen eine Rolle. So fehlen einem solchen isolierten Park meistens größere Diplopoden, Spinnen und Carabiden, welche die Wälder, Hecken, Wiesen und Äcker im Umland der Stadt besiedeln. Von Spinnen dominieren kleine Arten, die sich aëronautisch verbreiten und gegen Störungen durch Mahd, Bodenbearbeitung und Vertritt behaupten können. Unter den Carabiden sind die flugfähigen, ebenfalls vorwiegend kleineren Arten am reichlichsten vorhanden. Asseln und Diplopoden geringer Körpergröße herrschen vor. Oft nur begrenzte Stellen mit günstigen

Nahrungsverhältnissen ermöglichen eine Massenvermehrung synanthroper Tiere.

Für das Fehlen mancher Pflanzenbewohner scheint der Mangel an geeigneten Winterlagern mit genügender Streuschicht verantwortlich zu sein. Deshalb sind am Boden überwinternde Gallwespen (Cynipidae), Gallmücken (Cecidomyiidae) und Blattminierer (Lynetiidae, Curculionidae) in der Stadt seltener als in deren Umgebung oder fehlen ganz. Dagegen pflegen die in irgendeinem Stadium an Holzgewächsen überwinternden Gallmilben, Blattläuse, blattminierenden Psylliden und Zwergmotten (Nepticulidae) im Stadtbereich häufiger oder wenigstens ebenso häufig zu sein wie außerhalb [590]. Wenn eine genügende Vielfalt an Pflanzen wächst, ist die Artenzahl an Insekten in den Vegetationsschichten groß. Einige Wildbienen und Hummeln sind zu Kulturfolgern geworden. Auch an ausländischen Zierpflanzen gibt es nicht nur Blütenbesucher, sondern eine Fülle von pflanzenfressenden Arten. Oft wurde erst ein Nahrungswechsel zur Voraussetzung ihrer Existenz in der Stadt [469].

In Parks, Friedhöfen und größeren Gärten kommen Vogeldichten vor, die denen in kleinen Wäldern außerhalb der Stadt nicht nachstehen oder diese sogar um das zwei- dreifache übertreffen können [698]. In den Grünanlagen der Städte sind nämlich die Nahrungsverhältnisse oft besonders günstig, während der Ausfall durch Feinde gering sein kann. Vor allem spielen der gute Deckungsgrad und die Heterogenität des Lebensraums eine Rolle [116]. Dennoch bleiben manche Gartenvögel noch immer vom Wald als Reservoir für Nachschub abhängig. Ohne einen solchen könnte sich die Amsel *(Turdus merula)* wegen geringen Nachwuchserfolges auf die Dauer nicht in der Stadt halten. Für Amseln, die das Brutalter erreicht haben, bieten sich jedoch in Gärten optimale Bedingungen [172].

10.4 Ruderalgelände, Brachflächen, Mülldeponien

Es gibt ganz verschiedene, unter Einfluß des Menschen stehende, ursprünglich oder sekundär (z. B. durch Vertritt) zunächst pflanzenarme Standorte, denen im Bereich von Siedlungsgebieten oft eine gare Bodenkrume fehlt. Solche Flächen sind starken Schwankungen der Temperatur und Feuchtigkeit ausgesetzt. Sich selbst überlassen, werden sie bald überwachsen und gehen nach Bodenbildung in eine für das Gebiet übliche Landschaftsform über.

Ihre Lebensgemeinschaften wurden in Mitteleuropa an folgenden Typen untersucht: (1) Trümmergelände kriegszerstörter Städte [679,

52], (2) Brachflächen am Stadtrand [636], (3) Rekultivierungsflächen von Braunkohlen-Halden [147, 440], (4) Mülldeponien [679, 699].

In besonderem Maße handelt es sich um ein bodenbiologisches Problem. Die Besiedlung in den Anfangsstadien geschieht noch recht zufällig durch Opportunisten, die sich bei Pflanzen vornehmlich unter Therophyten, bei Tieren unter räuberisch lebenden Carabiden, Staphyliniden und Spinnen finden. Der allmählichen Bodenbildung geht die Zunahme der Saprotrophen parallel, zunächst vor allem der Collembolen, später der Regenwürmer, Diplopoden und Isopoden (Asseln). Doch gibt es Ausnahmen der Reihenfolge. So sind gerade Asseln im Trümmerschutt der Städte sehr frühe Bodenbildner. Das Auftreten der Phytotrophen ändert sich der Vegetation entsprechend. Chenopodiaceen und Cruciferen erscheinen meist eher als Gramineen, Leguminosen und Compositen. Das wirkt sich auf die von diesen abhängigen Tierkomplexe aus. Mikroklima und Nahrungsangebot sind für die weitere Besiedlung wesentlich.

Auf Flugplätzen finden sich gerne dort, wo das Gras 5–10 cm kurz gehalten wird, größere Scharen von Krähen *(Corvus)*, Kiebitz *(Vanellus)* und Staren *(Sturnus)* ein, um nach Regenwürmern und Insektenlarven zu suchen. Wenn man das Gras 15–20 cm hochwachsen läßt, bleibt die Zahl der Vögel weit geringer [75].

Mülldeponien. Von allen Ruderaltypen bieten Müllhalden die am meisten abweichenden Bedingungen [121]. Sofern sie vor allem organische Abfälle enthalten, ist deren Verrottung im Inneren mit hoher Wärmebildung verbunden. Messungen in nur 20 cm Tiefe ergaben 40–50 °C, als die Außentemperatur 16–18 °C betrug. Dadurch können dort ausgesprochen thermophile Tiere leben. Beispiele aus Mitteleuropa sind die Grille *Acheta domesticus*, der Ohrwurm *Anisolabis annulipes*, Schaben *Blatella germanica* und *Blatta orientalis*, die alle aus wärmeren Gebieten stammen. Manche Arten aus der heimischen Fauna bleiben in Müllhalden das ganze Jahr über aktiv, während sie in unmittelbarer Nachbarschaft eine Winterruhe durchmachen. Zwei beherrschende Gruppen sind Käfer [395] und Fliegen [621]. Mülldeponien werden von Ratten, Krähen und in Städten um die Nord- und Ostsee auch von Silbermöwen *(Larus argentatus)* aufgesucht (Abb. 10.3).

Nach Bekämpfungsaktionen von Ratten in Städten stellt sich deren frühere Bestandesdichte bald wieder ein. Nur wo man Müllplätze saniert, kann man ihre Menge im Stadtgebiet dauerhaft vermindern. In Nordamerika können Müllablagerungen im ländlichen Bereich noch andere «Allesfresser» anlocken, so die Weißfußmaus *(Peromyscus leucopus)* und Chipmunk *(Tamias striatus)*, die außer reichlicher Nahrung dort gute Brutgelegenheit finden und weniger Feinde haben [108].

Abb. 10.3: Saatkrähen *(Corvus frugilegus)* und Silbermöwe *(Larus argentatus)* auf einer Mülldeponie (nach Porath 1964).

10.5 Häuser- und Straßenbereich

Die sog. «Steinwüste» der Stadt wird von vielen Organismen besiedelt. Einzelbäume, Böden und Pflasterritzen, Gemäuer und Häuser wurden zu Konzentrationsstellen des Lebens.

Straßenbäume. Der Faunenvergleich einer isoliert in der Großstadt (Wien) stehenden Lärche *(Larix decidua)* mit ihrem natürlichen Vorkommen im Alpengebiet zeigte eine erstaunliche Übereinstimmung ihres Tierbesatzes [568]. Schon ein einzelner Baum kann demnach in einer andersartigen Umgebung eine Oase bilden, in der viele verirrte und vom Wind verschlagene Tiere sich zu retten und dauernd zu halten vermögen. Das gilt nicht nur für Pflanzenfresser, sondern auch für deren Parasiten und räuberischen Feinde. So konnte sich ein biozönotischer Konnex bilden, der nur an eine Lärche, nicht an die Lebensgemeinschaft des ganzen Waldes gebunden ist. Allerdings fehlten im vorliegenden Fall einige Nahrungsspezialisten wie Fichtengalläuse (Adelgidae) und die sich von ihnen ernährenden Coccinelliden *Scymnus* und *Exochomus*, welche sich in der Isolation nicht längere Zeit behaupten können.

An Eichen *(Quercus fusiformis, Q. virginiana)* in einer Stadt in Texas fiel auf, daß die Fluktuationen bestimmter Gallwespen *(Disholcaspis cinerosa)* wesentlich größer waren als an natürlichen Standorten der Eichen im Walde. Der Grund ließ sich leicht entdecken. Die Cynipiden überwintern an der Baumrinde, ihre Parasitoide aber bleiben in den Gallen, die mit den Blättern abfallen und in der Stadt weggefegt werden. Es weist zugleich auf die stabilisierende Wirkung der Parasitoide hin [198].

In etlichen Städten Europas und Nordamerikas sind durch den Pilz *Ceratocystis ulmi* die Ulmen als Straßenbäume abgestorben. Der Pilz wird von Ulmensplintkäfern *(Scolytus*-Arten) und anderen Borkenkäfern als Sporen auf den Baum übertragen. Durch das Wachstum seiner Hyphen verstopft er die Wasserleitung in den Gefäßen der jüngsten Jahresringe. Dagegen überleben Ulmen leichter in Wäldern, in denen sie zerstreut wachsen, oder im Auenwald, in dem sie größere Bestände bilden.

Biologisch bedeutsamer als Staub ist in einer Großstadt die gasförmige Verunreinigung der Luft. Hier steht Schwefeldioxid an erster Stelle. Aufschlüsse über dessen Wirkungen ergaben Untersuchungen an Rinde von Eschen *(Fraxinus)* außerhalb einer Stadt, am Stadtrand und inmitten der Stadt [235]. Mit zunehmendem Gehalt an SO_2 und anderen Schadstoffen zum Stadtkern hin werden Baumalgen *(Pleurococcus)* und Flechten allmählich eliminiert. Dadurch verlieren die von ihnen lebenden Rindenläuse (Psocoptera), Raupen und sonstige Phytotrophe ihre Nahrungsgrundlage und gehen ebenfalls zugrunde. Räuberische Wanzen, Laufkäfer der Gattung *Dromius*, Larven von Florfliegen (Chrysopidae), Spinnen und Weberknechte dagegen werden ebenso wenig wie polytrophe Arten (Ohrwurm *Forficula*, kleine Käfer, Milben) betroffen. Sie beschränken sich nicht auf die Stammregion, sondern wissen auch in der Baumkrone ihre Beute zu finden. Hier haben wir ein Beispiel für größere Elastizität, die gerade vielen Prädatoren eigen ist.

Indikatoren. Flechten reagieren nicht nur auf SO_2, sondern auch auf H_2F_2. Baumrinde hat im feuchten Zustand Säurewerte (pH) weit unter 7. In diesem sauren Bereich liegt SO_2 als Clathrat vor ($SO_2 \times 6 H_2O$). Wo die Konzentration des Gas-Hydrates über 170 µg/m^3 beträgt, wachsen keine Flechten mehr. Rindenbewohnende Flechten fehlen daher weitgehend in großen Städten und Ballungsgebieten. Epi- und endolithische Flechten auf kalkhaltigem Substrat der Steine haben eine größere Toleranz gegen SO_2, weil es eine Abpufferung zum SO_3-Ion bewirkt, das weniger toxisch ist.

Außer Flechten können Algen, Pilze und Moose gute Anzeiger für Verunreinigung der Luft sein. Allerdings bedarf es großer Erfahrung, um aus ihrem Vorkommen oder Fehlen Rückschlüsse auf die Menge an Schadstoffen zu ziehen. Von solchen Kryptogamen müssen in jedem Untersuchungsgebiet Serien nach dem Grad ihrer Empfindlichkeit aufgestellt werden [497, 775]. Außerdem ist zu beachten, daß einige Flechten und Algen nur wegen höherer Lufttrockenheit aus manchen Stadtteilen zurückgedrängt werden, also nicht unbedingt wegen Verschmutzung der Luft fehlen. Das Mikroklima hat für das Wachstum von Flechten große Bedeutung. Moose speichern in hohem Maß Schwermetalle in ihren Zellen.

Für die verschiedenen Bedingungen in Böden, an den Kryptogamen auf Steinen und Baumrinde in der Stadt haben sich Hornmilben (Oribatei) als geeignete Indikatoren erwiesen, weil sie empfindlich reagieren. Ihr Artenbild ändert sich deutlich von den Außenbezirken über Parks und Ruderalstellen bis zum eng bebauten Stadtkern [763].

Pflaster und Mauerritzen. Für die im Häuserbereich lebenden kleineren Tiere ist das Mikroklima viel entscheidender als das Großklima der Stadt. Allein in Oldenburg wurden zwischen Pflastersteinen der Bürgersteige, Parkplätze und Straßen 22 Arten von aculeaten Hymenopteren (Ameisen, Grabwespen, Grabbienen u. a.) als Nistbewohner festgestellt. Sie erscheinen wegen der günstigen kleinklimatischen Bedingungen dort früher als außerhalb des Stadtgebietes und können daher zum Teil noch eine weitere Generation im Jahr hervorbringen [256].

Ein besonderer Lebensraum bei Gebäuden am Stadtrand kann unter Steinen einer Hausterrasse entstehen, sofern deren Fugen nicht zu dicht aneinander liegen. Hier wurden in Kiel unter einer Fläche von 5,6 m^2 ohne Berücksichtigung der Mesofauna über 70 Arten registriert. Es treffen dort Synanthrope, vor allem aus Kellern, mit Bewohnern der Gärten zusammen, wobei eine strukturierte Lebensgemeinschaft entsteht [686].

Selbst eine alte Stadtmauer mit ausgeprägtem Lückensystem zwischen den Steinblöcken und je nach der Exposition verschiedenem Mikroklima besitzt eine eigene Biozönose, deren Arten durch Wohn- und Nahrungsbeziehungen verknüpft sind. Da sie sich zum Teil räumlich und zeitlich aus dem Wege gehen, ist die Lebewelt auch hier recht vielseitig. Lückenbewohner und Klettervermögen bestimmen die Auswahl der Pflanzen und Tiere. Unter den letzteren gibt es Fallensteller, Laurer, Jäger, Stechsauger, doch wenig Weidegänger. Kennzeichnend sind Ortstreue, Thigmotaxis, Aggregationsbildung, Euryökie, hoher Anteil (etwa 50%) an Synanthropen. Es leben dort Schnecken, Asseln,

Spinnen, Weberknechte, Oribatiden, Collembolen, Ameisen, Grabwespen, Dipteren und Rhynchoten [315].

Gebäude. Ganz spezifisch ist die Besiedlung der Bauwerke [760, 337]. Dächer und Häuserwände bieten manchen Vögeln Nistgelegenheit. Moospolster auf dem Dach haben eine spezielle Mikrofauna. Fledermäuse suchen Verstecke vor allem in Altbauten. In vielen Städten Europas ist *Eptesicus serotinus* noch recht häufig. Ihr Flugbeginn ist synchron mit dem Sonnenuntergang (Abb. 10.4) [152, 373]. Auch *Plecotus auritus* und *Pipistrellus pipistrellus* sind schon fast synanthrope Fledermäuse geworden.

Unterschiedlich ist das Artenbild in Gewächshäusern, Mühlen, Bäckereien, aber auch auf Dachböden, in Zimmern und Kellern. Außerdem sei auf die Bewohner von verbautem Holz (Pilze, Insekten), auf Vorratsschädlinge und Hausungeziefer hingewiesen. Viele kommen aus anderen geographischen Zonen und mußten sich an die neuen Verhältnisse anpassen [623]. Die Erforschung der Lebensweise und Umweltansprüche solcher Arten hat unser ökologisches Wissen sehr bereichert (Abb. 10.5). Die Bedeutung der hygienischen Gegebenheiten geht aus folgender Beobachtung hervor. In einer Wohnung am Stadtrand von Kiel (mit Hühnerhaltung, Kartoffel- und sonstiger Vorratslagerung im Keller, Gemüseanbau statt Rasen im Garten) wurden nach dem 2. Weltkrieg 181 Arten von Dipteren in Zimmern gefangen, darunter 32 Indigene

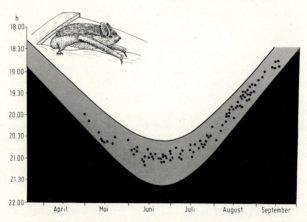

Abb. 10.4: Aktivitätsbeginn der Fledermaus *Eptesicus serotinus* in Abhängigkeit von der Abenddämmerung (veränd. nach Eisentraut 1952). Hellperiode: weiß; Dämmerungszeit: grau; Nacht: schwarz.

aus Haus und Garten [676]. Heute dringen in die gleiche Wohnung nur ganz vereinzelt wenige Fliegen- und Mückenarten ein.

10.6 Mensch und Stadt

Die Lebenshaltung des Menschen und seine von Technik, Handel und Verwaltung geprägte Arbeit in der Stadt, ist – wie schon erwähnt – auf Zufuhr von Wasser, Nahrung und Energie von außerhalb, aber auch auf Abtransport fester Abfälle und Abwässer nach draußen angewiesen. Besonders eng bleibt die Verbindung mit der Agrarlandschaft.

In Nordamerika lebten 1980 etwa 74% in Städten, in Europa und Australien 70%, in der UdSSR und in Lateinamerika 60%, in Asien und Afrika 27%. Auf die Weltbevölkerung gesehen betrug 1920 der Anteil

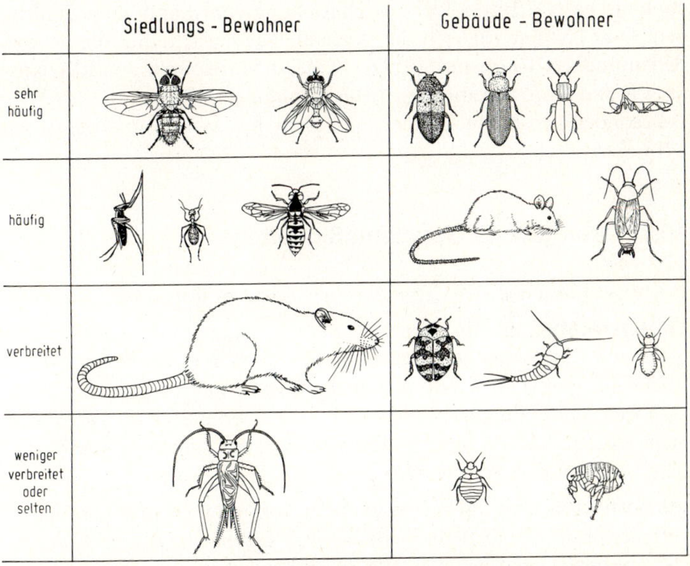

Abb. 10.5: Siedlungs- und Gebäudebewohner (nach Tischler 1980a).
Links (von oben nach unten): Fliegen; Stechmücke, Ameise, Wespe; Ratte; Heimchen *(Acheta)*. **Rechts:** Vorratsinsekten *(Dermestes, Tribolium, Oryzaephilus)* und Holzinsekten *(Anobium)*; Hausmaus, Schabe *(Blatta)*; Textilschädlinge *(Anthrenus)* und Lästlinge *(Lepisma, Liposcelis)*; Temporärparsiten (Bettwanze, Floh).

der Stadtbewohner 14%, 1980 schon 40%; im Jahr 2000 rechnet man mit 50%.

Durch die zunehmende Verstädterung ergibt sich eine neuartige Situation: (1) Die Vergrößerung der Städte führt zu höherem Raumbedarf und der dafür notwendigen Transportstraßen. Dies geschieht auf Kosten landwirtschaftlicher Nutzflächen. In den USA gehen in jedem Jahrzehnt etwa 2,5 Millionen Hektar Land durch Bebauung und Straßen verloren. Vor 1900 gab es noch keine Stadt mit 5 Mill. Einwohnern, 1950 waren es schon 6, 1980 bereits 28 Städte. (2) Der Bedarf an Wasser, Energie und Rohstoffen wächst mit der Zusammenballung der Menschen in den Städten und bedingt zugleich die Verletzbarkeit des «Ökosystem Stadt». (3) Konzentration von Luftverschmutzung und Wärmeenergie. (4) Täglich muß Nahrung in die Stadt gebracht werden; der Mensch bildet das Ende vieler Nahrungsketten. (5) Das Abfallproblem wird größer. (6) Der Anstieg der Bevölkerung in der Stadt beruht zu 60% aus eigener Vermehrung, zu 40% aus Einwanderung. (7) Psychologische und physiologische Umstellung vom Land- zum Stadtleben. Dies bedingt zugleich die steigende Reiselust; daher die heutige Bedeutung des Tourismus. (9) Die Stadt ist Mittelpunkt von Ideenaustausch und Konzentration für neue Erfindungen [765].

Besondere Probleme gibt es außerdem für das Gesundheitswesen [293, 375].

10.7 Ökologische Gesetzmäßigkeiten

Wichtige Tatsachen der Urbanökologie seien im folgenden präzisiert:

Lebensräume. In Obstgärten, Parks, verbautes Holz der Gebäude gelangten Bewohner des Waldes hinein, in Gärten und Grasflächen solche der Agrarlandschaft, in manche Ruderalstellen Arten von Trockenrasen und Halbwüsten. Häuser bilden einen Ersatz für Felsen und Steinwüsten. Kanäle, Teiche, Kleinstgewässer bringen limnische Lebensräume in den Stadtbereich [759, 337, 643].

Inseleffekte. Durch die Strukturierung einer Stadt entstehen inselartig verteilte Biotope, z. B. isolierte Parks, Stadtgärten, Garten- und Parkteiche, spezielle Gebäudetypen. Für ihre Besiedlung sind Größe und Entfernungen wesentlich [177]. In derartigen «Inseln» können Feind-Beute-Systeme stärker fluktuieren als in großflächigen Lebensräumen. Vielgestaltigkeit muß nicht stabilisieren.

Artenbild. Verarmung der heimischen Pflanzen- und Tierwelt, vor allem zum Stadtkern hin. Andererseits Bereicherung durch neugeschaffene Bedingungen (geringerer Feinddruck, leichter Nahrungserwerb, Siedlungsmöglichkeit, Verstecke). Einwanderer und eingeschleppte Arten, namentlich südlicher Herkunft, können sich in nördlicher gelegenen Städten einbürgern. Trotz Unterschieden im Großklima geographisch entfernter Städte gibt es einen Grundstock gemeinsamer Arten, Gattungen oder Lebensformen [116, 640].

In das dynamische Bild gehört der Häufigkeitwechsel mancher Arten im Verlauf längerer Zeiträume. So ist, um nur ein Beispiel zu nennen, durch vermehrte und nicht immer hygienisch einwandfreie Haltung von Hauskatzen neuerdings der Katzenfloh *(Ctenocephalides felis)* in den Städten vieler Länder häufig geworden, der auch den Menschen befällt. Der früher vorherrschende Schweinefloh *(Pulex irritans)* wurde dagegen selten [736].

Massenauftreten. Manche Arten vermehren sich unter den neuen Verhältnissen besonders stark. Es betrifft namentlich Vorratsschädlinge und Haus-Ungeziefer (Schaben, Staubmilben). Doch kommt es auch im Freien zur Massenvermehrung. Dann kann z. B. die Grasmilbe *Bryobia haustor* von vernachlässigten Rasenplätzen sogar in Häuser eindringen [761].

Die 0,2–0,5 mm kleinen Staubmilben können bis zu 200, gelegentlich sogar bis zu 10 000 Individuen in 1 g Staub vorkommen. Am häufigsten sind die Pyroglyphidae *Dermatophagoides farinae* und *D. pteronyssinus,* die in der Natur an Vogelfedern und in Vogelnestern leben. Sie halten sich in Wohnungen mit Vorliebe unter Matratzen, in Teppichen und Polstermöbeln auf, wo sie sich von Hautschuppen, Feder- und Haarresten, Bakterien, Sporen und Hyphen von Schimmelpilzen sowie von Pollen ernähren. In ihren Kotpartikeln befindliche Stoffe rufen bei vielen Menschen starke Allergien hervor. Die Milben sind heute fast kosmopolitisch verbreitet [623].

Verhalten. Einige Tiere der Stadt ändern sich in ihrem nichterblichen Verhalten: Gewöhnung nachtaktiver Schmetterlinge an ständige Straßenbeleuchtung [372]; Übergang vieler Insekten an fremdländische Zierpflanzen in den Grünanlagen der Städte [469]; Änderungen der Nistgewohnheiten und Fluchtdistanz bei Vögeln [556]; Erhöhung des Anteils von Stand- gegenüber Zugvögeln bei Teilziehern. In diesem Zusammenhang ist interessant, daß die ausgeprägte Bindung der West-Hausmaus *(Mus musculus domesticus)* an den Menschen auf Inseln im Nordatlantik und vor der englischen Küste wieder aufgegeben wurde [506].

Wildlebende Säugetiere können ihre Scheu vor dem Menschen verlieren. So gewöhnen sich neuerdings in zunehmendem Maße Steinmarder *(Martes foina)* an Dachböden in Stadthäusern Mitteleuropas. Die Jungtiere nagen gerne an Zündkabeln, Kühlschläuchen und Isoliermaterial von Autos. Der Steinmarder ist äußerst lernfähig. – Vor allem in Großstädten Englands sind Füchse *(Vulpes*

vulpes) von Wald- zu Stadtbewohnern geworden. In einigen Bezirken von London und Bristol erreichen sie Populationsdichten von fünf Familiengruppen/km^2, deren Sexualindex, Natalitäts- und Mortalitätsraten konstant bleiben [263]. – In indischen Städten sind verwilderte *Rhesus*-Affen schon lästig geworden. – Präriewölfe *(Canis latrans)* drangen in Los Angeles ein, wo sie Hunde und Katzen jagten [144].

Genetische Änderungen. Verlust endogener Dormanz bei Samen mancher Kulturpflanzen [587]. Polyploidie vieler Ruderalpflanzen [671]. Entstehung neuer Unterarten bei Pflanzen *(Oenothera, Corispermum, Bromus)* [640]. Resistenz von Ratten, Insekten und Milben gegen Biozide [112]. Industriemelanismus bei Insekten, vor allem Schmetterlingen [329].

Konnexe. Die verschiedenen Organismen in der Stadt sind in mannigfacher Weise durch Nahrungsbeziehungen verknüpft. Das beginnt schon mit Subsystemen in Strukturteilen. So leben auf Dachböden verschiedene Räuber (Milben, Cleridae) und Parasitoide (Braconidae, Chalcidoidea) von holzzerstörenden Insektenlarven. Die Parasitoide ihrerseits fallen Spinnen zum Opfer [33].

Bereits durch Staubreste im Haus kann eine Nahrungskette entstehen, die mit Bakterien und Schimmelpilzen ihren Anfang nimmt und über saprotrophe Kleintiere (z. B. Staubmilben) zu räuberischen Milben *(Cheyletus)* und von ihnen zu Spinnen führt [74].

Stoff- und Energiehaushalt. In Städten gibt es ein Übergewicht der Konsumenten (in erster Linie durch den Menschen, seine Hunde und Katzen). Demgegenüber haben Produzenten und Destruenten geringe Bedeutung. Durch reichen Import (Stoff- und Energiezufuhr) und Export (Beseitigung der Abfälle, Warentransport) ist ein von außen abhängiges Ökosystem entstanden, das zudem noch von Emissionen fester, flüssiger und gasförmiger Substanzen belastet wird [643]. Emissionen beschleunigen die Verwitterung der Bausteine, die dann vor allem von Cyanobakterien und Pilzen besiedelt werden.

Ausklang

Mit Beginn des Ackerbaus und der Tierhaltung griff der Mensch stärker in die Natur ein, als zuvor allein durch die Jagd, obwohl vielleicht Mammut und einige andere Tiere auf solche Weise ausgerottet worden sind. Jedoch nahmen irreversible Schäden durch Bodenerosion, weiträumige Vernichtung der Tropenwälder und rapider Artenschwund erst im letzten Jahrhundert weltweite Ausmaße an.

Bringt man alle Probleme der Umweltzerstörung auf einen Nenner, so bleibt als wichtigste Ursache das rasche Wachstum der Menschheit. Mit dieser Vermehrung mußte die technische Entwicklung Schritt halten, um die Bevölkerungen mit allen Notwendigkeiten des Lebens zu versorgen. Andererseits ermöglichten Wissenschaft und Technik gerade den steilen Anstieg der Populationskurve.

Heute steht der Schutz der Natur vor dem Menschen und für ihn im Vordergrund vielfältiger Bemühungen. Dazu gehören Maßnahmen zur Erhaltung wildlebender Pflanzen und Tiere (Artenschutz), zum Bestand natürlicher und naturnaher Lebensräume (Reservatschutz), zur Pflege, Gestaltung und zur Überwachung einer eingeschränkten Nutzung größerer Landschaftsteile (Landschaftsschutz) [79, 44]. Man kann dem Artenrückgang schon im Kleinen entgegensteuern. Isolierte Refugialbiotope wie Feldgehölze, Bruch- und Auwaldrelikte, Trockenrasen, Feuchtwiesen, Moore sollten, wo immer es möglich ist, mit Hecken, Baumreihen, Rainen, Uferbepflanzungen, unbewirtschaftet bleibenden Randzonen verknüpft werden, so daß gleichsam ein «Verbundsystem» entsteht [407].

Bei den «Roten Listen» der seltenen oder gefährdeten Pflanzen und Tiere könnte man großräumiger denken. In vielen Fällen sind Arten, die in einem kleinen Land als schützenswerte Seltenheit gelten, nur wieder zurückweichende Vorposten eines weit größeren Areals, in dem sie noch durchaus häufig sind. Auch Auswilderung, d. h. Aussetzen von Vögeln und Säugetieren nach Aufzucht in Gefangenschaft, muß mit Vorsicht betrieben werden. Haltung und Zucht unterliegen bereits der Auslese bei Bedingungen der Gefangenschaft, die für ein Wildleben ungünstige Eigenschaften fördern könnte [251]. Konflikte zwischen Landwirtschaft und Umweltschutz wird es noch lange geben [252, 71]. Doch ließe sich quantitatives Wachstum mehr als bisher durch qualitatives ersetzen.

Maßvollen Belangen der Wirtschaft gegenüber aufgeschlossen zu sein, sich die ökologischen Erkenntnisse bei der Pflege und Gestaltung der Landschaften nutzbar zu machen und die Schönheit der Natur nicht aus dem Auge zu verlieren, setzen den Willen zum Abwägen, Bereitschaft zum Kompromiß und Fähigkeit des Denkens in großen Zusammenhängen voraus.

Literatur

Obwohl å = aa, ä = ae, č = tsch, ö und ø = oe, š = sch, ü = ue bedeuten, sind sie als a, c, o, s, u Buchstaben eingereiht worden. ARES = Annual Review of Ecology and Systematics. Angaben der Bildquellen im Literaturverzeichnis enthalten.

1. Ahlquist, D., Nelson, R., Steiger, D., Jones, J., Ellefson, R.: Glycerol metabolism in the hibernating black bear. – J. comp. Physiol. B. **155**, 75–79 (1984).
2. Albert, R.: Salt regulation in halophytes. – Oecologia (Berl.) **21**, 57–71 (1975).
3. Aletsee, L.: Begriffliche und floristische Grundlagen zu einer pflanzengeographischen Analyse der europäischen Regenwassermoorstandorte. – Beitr. Biol. Pflanzen **43**, 117–160 (1967).
4. Anasiewicz, A., Warakomska, Z.: Analysis of pollen collected by wild Apoidea from fruit trees and bushes. – Ekol. Polska **19**, 509–523 (1971).
5. Anderson, J. M., Wood, T. G.: Mound composition and soil modification by two soil-feeding termites (Termitinae, Termitidae) in a riparian Nigerian forest. – Pedobiol. **26**, 77–82 (1984).
6. Anderson, N. H., Sedell, J.: Detritus processing by macroinvertebrates in stream ecosystems. – Ann. Rev. Ent. **24**, 351–377 (1979).
7. Ant, H.: Biologische Probleme der Verschmutzung und akuten Vergiftung von Fließgewässern, unter besonderer Berücksichtigung der Rheinvergiftung im Sommer 1969. – Schrift.reihe Landschaftspfl. u. Naturschutz H. **4**, 97–126 (1969).
8. Ant, H.: Die Verschmutzung durch Öl und Detergentien und ihre biologische Bedeutung. – Schrift.reihe Landschaftspfl. u. Naturschutz H. **4**, 127–156 (1969).
9. Ant, H.: Verschmutzte Meere. – Bild d. Wissensch., 117–125 (1972).
10. Ardö, P.: Studies in the marine shore dune ecosystem with special reference to the dipterous fauna. – Opuscula Entom. (Lund), Suppl. **15**, 1–255 (1957).
11. Arens, W., Bauer, Th.: Diving behaviour and respiration in *Blethisa multipunctata* in comparison with two other ground beetles. – Physiol. Entomol. **12**, 255–261 (1987).
12. Arnoldi, K., Ghilarov, M.: Die Wirbellosen im Boden und in der Streu als Indikatoren der Besonderheiten der Boden- und Pflanzendecke der Waldsteppenzone. – Pedobiol. **2**, 183–222 (1963).
13. Arp, A., Childress, J.: Blood components prevent sulfide poisoning of respiration of the hydrothermal vent tube worm *Riftia pachyptila*. – Science **219**, 295–297 (1983).
14. Ax, P.: Die Bedeutung der interstitiellen Sandfauna für allgemeine Probleme der Systematik, Ökologie und Biologie. – Veröff. Inst. Meeresforschg. Bremerhaven, Sonderbd. **2**, 15–66 (1966).

15 Ax, P.: Populationsdynamik, Lebenszyklen und Fortpflanzungsbiologie der Mikrofauna des Meeressandes. – Verh. Dtsch. Zool. Ges. in Innsbruck 1968, 66–113 (1969).
16 Backlund, H.: Wrackfauna. – Opuscula Entom. (Lund), Suppl. 5, 1–236 (1945).
17 Backlund, H.: Red locusts and vegetation. – Oikos 6, 124–148 (1955).
18 Baker, H. G.: The evolution of weeds. – ARES 5, 1–24 (1974).
19 Balogh, J., Loksa, J.: Quantitative-biosoziologische Untersuchung der Arthropodenwelt ungarischer Sandgebiete. – Arch. Biol. Hung. 18, 65–100 (1948).
20 Baross, J., Deming, J.: Growth of ‹black smoker› bacteria at temperatures of at least 250 °C. – Nature 303, 423–426 (1983).
21 Bartels, H.: Welche Eigenschaften begünstigen die Tylopoden für das Leben in großen Höhen? – Verh. Dtsch. Zool. Ges. (Hannover 1982), 185–194 (1982).
22 Bauer, L., Weinitschke, H.: Landschaftspflege und Naturschutz. – G. Fischer, Jena, 3. Aufl. 1973, 382 S.
23 Bauer, S., Thielcke, G.: Gefährdete Brutvogelarten in der Bundesrepublik Deutschland und im Land Berlin: Bestandesentwicklung, Gefährdungsursachen und Schutzmaßnahmen. – Vogelwarte 31, 183–391 (1982).
24 Bauer, Th., Christian, E.: Habitat dependent differences in the flight behaviour of Collembola. – Pedobiol. 30, 233–239 (1987).
25 Baur, B., Raboud, Ch.: Life history of the land snail *Arianta arbustorum* along an altitudinal gradient. – J. Anim. Ecol. 57, 71–87 (1988).
26 Bayly, J.: Salinity tolerance and osmotic behaviour of animals in athalassic saline and marine hypersaline waters. – ARES 3, 233–268 (1972).
27 Bazzaz, F., Pickett, S.: Physiological ecology of tropical succession: a comparative review. – ARES 11, 287–310 (1980).
28 Beck, A. M., Vogl, R.: The effects of spring burning on rodent populations in a brush prairie savanna. – J. Mammal. 53, 336–346 (1972).
29 Beck, L.: Bodenzoologische Gliederung und Charakterisierung des amazonischen Regenwaldes. – Amazoniana 3, 69–132 (1972).
30 Beck, L.: Der Einfluß der jahresperiodischen Überflutungen auf den Massenwechsel der Bodenarthropoden im zentral-amazonischen Regenwaldgebiet. – Pedobiol. 12, 133–148 (1972).
31 Beck, L., Friebe, B.: Verwertung von Kohlenhydraten bei *Oniscus asellus* (Isopoda) und *Polydesmus angustus* (Diplopoda). – Pedobiol. 21, 19–29 (1981).
32 Beck, L., Görke, K.: Tagesperiodik, Revierverhalten und Beutefang der Geißelspinne *Adametus pumilio* C. L. Koch im Freiland. – Z. Tierpsychol. 35, 173–186 (1974).
33 Becker, G.: Räuber und Parasiten holzzerstörender Insekten in Gebäuden. – Verh. Dtsch. Ges. angew. Ent. 12, 76–86 (1954).
34 Beier, M.: Zur Phänologie einiger *Neobisium*-Arten (Pseudoscorpiones). – Proc. 8. Int. Congr. Entomol. Stockholm 1948, 1002–1007 (1950).
35 Bej-Bienko, G.: O nekotorych zakonomernostjach izmenenija bezpozvon-

očnych pri osvoenii celinnoj stepi (On some regularities in changes of the virgin steppe invertebrate fauna under cultivation). – Entomol. obozr. **40**, 763–775 (1961).
36 Bell, R.: The use of the herb layer by grazing ungulates in the Serengeti. – Brit. Ecol. Soc. Sympos. **10**, 111–124 (1970).
37 Bentley, P.: Adaptations of Amphibia to arid environments. – Science **152**, 619–623 (1966).
38 Berendse, F., Oudhof, E., Bol, J.: A comparative study on nutrient cycling in wet heathland ecosystems. I. Litter production and nutrient losses from the plant. – Oecologia (Berl.) **74**, 174–184 (1987).
39 Berezancev, Ju.: Značenie gryzunov i nasekomojadnych mlekopitajuščych v nodderžanii prirodnych očagov trichinelleza (The role played by rodents and insectivorous mammals in the maintenance of natural nidi of trichinellosis). – Zool. Ž. **39**, 832–837 (1960).
40 Bezzel, E.: Vögel in der Kulturlandschaft. – Ulmer, Stuttgart 1982, 350 S.
41 Bick, H., Hansmeyer, K., Olschowy, G., Schmoock, P.: Angewandte Ökologie – Mensch und Umwelt. – G. Fischer, Stuttgart/New York 1984. Bd. **1**: 531 S., Bd. **2**: 552 S.
42 Bigot, L.: Observations sur les variations de biomasses des principaux groupes d'invertebres de la «Sansouire» Camargaise. – La Terre et la Vie **3**, 319–334 (1963).
43 Bilio, M.; Die aquatische Bodenfauna von Salzwiesen der Nord- und Ostsee. I u. II. Int. Rev. ges. Hydrobiol. **49**, 509–562 (1964) u. **51**, 147–195 (1966).
44 Blab, J.: Grundlagen des Biotopschutzes für Tiere. – Schrift.reihe Landschaftspfl. u. Naturschutz H. **24**, 2. Aufl. 1986, 257 S.
45 Blab, J.: Biologie, Ökologie und Schutz von Amphibien. – Schrift.reihe Landschaftspfl. u. Naturschutz, H. **18**, 3. Aufl. 1986, 150 S.
46 Blake, J.: A comparison of the animal communities of coniferous and deciduous forests. – Illinois biol. Monogr. **10**, 1–148 (1926).
47 Bliss, L.: A comparison of plant development in microenvironments of arctic and alpine tundras. – Ecol. Monogr. **26**, 303–337 (1956).
48 Bliss, L., Courlin, G., Pattie, D., Riewe, R., Whitfield, D., Widden, P.; Artic tundra ecosystems. – ARES **4**, 359–399 (1974).
49 Bock, K., Scheubel, J.: Die biologische Messung der Wassergüte. – Naturwiss. **66**, 505–512 (1979).
50 Boeker, P.: Häufigkeit, Vergesellschaftung und Standortansprüche möglicher Grünlandunkräuter. – Verh. 4. Int. Pflanzenschutz Kongr. Hamburg **1**, 431–436 (1959).
51 Boer, P. den: The significance of dispersal power for the survival of species, with special reference to the carabid beetles in a cultivated countryside. – Fortschr. Zool. **25**, 79–94 (1979).
52 Boettger, C.: Die Trümmerfauna Braunschweigs. – 11. Int. Kongr. Entomol. (Wien 1960), **3**, 195–200 (1962).
53 Bogen, H.: Knaurs Buch der modernen Biologie. – Droemer, München/Zürich 1967, 335 S.

54 Bogert, Ch.: How reptiles regulate their body temperature. – Sci. Americ. **200**, 105–120 (1959).
55 Boneß, M.: Die Fauna der Wiesen, unter besonderer Berücksichtigung der Mahd. – Z. Morph. Ökol. Tiere **42**, 255–277 (1953).
56 Boneß, M.: Biocoenotische Untersuchungen über die Tierwelt von Klee- und Luzernefeldern. – Z. Morph. Ökol. Tiere **47**, 309–373 (1958).
57 Boneß, M.: Arthropoden im Hochwassergenist von Flüssen. – Bonner zool. Beitr. **26**, 383–401 (1975).
58 Bonner, W., Berry, R. (Ed.): Ecology in the Antarctis. – Acad. Press, London/New York/Toronto 1980, 150 S.
59 Borkenhagen, P.: Zur Nahrungsökologie streunender Hauskatzen (*Felis sylvestris f. catus* Linné, 1758) aus dem Stadtbereich Kiel. – Z. Säugetierkd. **44**, 375–383 (1979).
60 Bornemissza, G.: The Australian dung beetle project 1965–1975. – Austr. Meat Res. Com. Rev. **30**, 1–30 (1976).
61 Bornkamm, R., Lee, J. A., Seaward, M. (Ed.): Urban Ecology. – 2. Europ. Ecol. Symp., Blackwell Sci. Publ., Oxford/London/Edinburgh 1982, 370 S.
62 Bosch, Ch.: Die sterbenden Wälder. Fakten, Ursachen, Gegenmaßnahmen. – Beck, München (BSR 277), 2. Aufl. 1983, 158 S.
63 Böttger, K.: Vergleichend-ökologische Studien zum Entwicklungszyklus der Süßwassermilben (Hydrachnellae, Acari). II. Der Entwicklungszyklus von *Limnesia maculata* und *Unionicola crassipes*. – Int. Rev. ges. Hydrobiol. **57**, 263–319 (1972).
64 Bourlière, F. (Ed.): Ecosystems of the world. **13**: Tropical Savannas. – Elsener Sci. Publ. Comp. 1983, 730 S.
65 Bourlière, F., Hadley, M.: The ecosystem of tropical savannas. – ARES **1**, 125–152 (1970).
66 Bousfield, J.: Plant extracts and chemically triggered positive rheotaxis in *Biomphalaria glabrata* (Say), snail intermediate host of *Schistosoma mansoni* (Samban). – J. Appl. Ecol. **16**, 681–690 (1979).
67 Bowden, J., Dean, G.: The distribution of flighing insects in and near a tall hedgerow. – J. Appl. Ecol. **14**, 343–354 (1977).
68 Branham, J., Reed, S., Bailey, J., Caperon, J.: Coral-eating sea stars *Acanthaster planci* in Hawai. – Science **172**, 1155–1157 (1971).
69 Braun-Blanquet, J., Walter, H.: Zur Ökologie der Mediterranpflanzen (Untersuchungen über den osmotischen Wert). – Jb. wiss. Bot. **74**, 697–778 (1931).
70 Braune, H.-J.: Einfluß der Gelegestruktur des Wirtes auf die Wirksamkeit eines Eiparasiten von *Spodoptera litura* (F.) (Lepidoptera, Noctuidae). – Drosera '**82**, 7–16 (1982).
71 Brauns, A.: Agrarökologie im Spannungsfeld des Umweltschutzes. – Westermann, Braunschweig 1985, 395 S.
72 Brehm, A.: Reisen im Sudan 1847 bis 1852. – Erdmann, Tübingen/Basel 1975, 412 S.
73 Brock, Th.: High temperature systems. – ARES **1**, 191–220 (1970).

73a Brohmer, P., Schaefer, M.: Fauna von Deutschland – Quelle & Meyer, Heidelberg/Wiesbaden, 17. Aufl. 1988, 586 S.
74 Bronswijk, J. van: House dust as an ecosystem. – Rec. Adv. Acarol. 2, 167–172 (1979).
75 Brough, T., Bridgeman, C.: An evaluation of long grass as a bird deterrent on British airfields. – J. Appl. Ecol. 17, 243–253 (1980).
76 Brown, G. W. (Ed.): Desert Biology. – Bd. 1 u. 2. Acad. Press, New York/London 1968 u. 1974, 635 u. 601 S.
77 Brown, J. H., Davidson, D. W.: Competition between seed-eating rodents and ants in desert ecosystems. – Science **196**, 880–882 (1977).
78 Bruce, A.: Garnelen der Korallenriffe und ihre Farbmuster. – Endeavour **34**, 23–27 (1979).
79 Buchwald, K., Engelhardt, W. (Ed.): Handbuch für Planung, Gestaltung und Schutz der Umwelt. – BLV Verlagsges. München/Wien/Zürich 1978/80, Bd. 1: 245 S., Bd. 2: 502 S., Bd. 3: 271 S., Bd. 4: 252 S.
80 Buck, C.: Auswirkungen eines Waldbrandes auf Tiere und Pflanzen unter besonderer Berücksichtigung der Mäuse und Arthropoden. – Drosera '79, 63–80 (1979).
80a Busche, G.: Zur Bestandesabnahme der Schafstelze *(Motacilla flava)* in Schleswig-Holstein. – Vogelwarte **33**, 109–114 (1985).
81 Callauch, R.: Ackerunkraut-Gesellschaften auf biologisch und konventionell bewirtschafteten Äckern in der weiteren Umgebung von Göttingen. – Tuexenia **1**, 25–37 (1981).
82 Cameron, G. N.: Analysis of insect trophic diversity in two salt marsh communities. – Ecology **53**, 58–73 (1972).
83 Carrey, F.: A brain heater in the swordfish. – Science **216**, 1327–1329 (1982).
84 Caspers, H.: Über Lunarperiodizität bei marinen Chironomiden. – Verhdl. dtsch. Zool. Ges. (Rostock), 148–157 (1939).
85 Caspers, H.: Rhythmische Erscheinungen in der Fortpflanzung von *Clunio marinus* (Dipt. Chiron.) und das Problem der lunaren Periodizität bei Organismen. – Arch. Hydrobiol. Suppl. Bd. **18**, 415–594 (1951).
86 Castri, F. di, Mooney, H. (Ed.): Mediterranean type ecosystems. Origin and structure. – Ecol. Studies 7. Springer, Berlin/Heidelberg/New York 1973, 405 S.
87 Cermak, B.: Ökologie und Populationsdynamik hochalpiner Araneen unter besonderer Berücksichtigung von Verteilung, Individuendichte und Biomasse in Grasheidebiotopen. – Veröff. öster. MaB-Hochgebirgsprogr. Hohe Tauern **4**, 237–246 (1981).
88 Černov, Ju.: K izučeniju životnogo poč' arktičeskich tundr Jakuti (On studying animal soil dwellers in the arctic tundra of Yakutia). – Zool. Ž. **40**, 326–333 (1961).
89 Chabot, B., Billings, W.: Origins and ecology of the Sierran alpine flora and vegetation. – Ecol. Monogr. **42**, 163–199 (1972).
90 Chapin, F., Johnson, D. A., Mckendrick, J.: Seasonal movement of nutrients in plants of differing growth form in an Alaskan tundra ecosystem: implication for herbivory. – J. Ecol. **68**, 189–209 (1980).

91 Chapman, R. N.: Animal Ecology. – McGraw Hill Comp., New York/London 1931, 464 S.

92 Chen, O., Collins, J., Goldsmith, T.: The ultraviolett receptor of bird retinas. – Science **225**, 337–340 (1984).

93 Cheng, L. (Ed.): Marine insects. – North Holland Publ. Comp. Amsterdam/Oxford 1976, 581 S.

94 Cherett, J.: The foraging behavior of *Atta cephalotes* L. (Hymenoptera, Formicidae), I. Foraging pattern and plant species attacked in tropical rain forest. – J. Anim. Ecol. **37**, 387–403 (1968).

95 Chernov, Yu. (Černov, Ju): The living tundra. – Cambridge Univ. Press, Cambridge/London/New York 1985, 213 S.

96 Christensen, N. L., Muller, C. H.: Relative importance of factors controlling germination and seedling survival in *Adenostoma* Chaparral. – Amer. Midl. Nat. **93**, 71–78 (1975).

97 Claasen, P.: *Typha* insects: their ecological relationships. – Cornell Univ. Agr. Exper. Stat., Mem. **47**, 463–531 (1921).

97a Clarke, A.: Seasonality in the antarctic marine environment. – Comp. Biochem. Physiol. **90 B**, 401–473 (1988).

98 Clarke, G.: Elements of ecology. – J. Wiley & Sons, New York 1954, 534 S.

99 Cody, M., Mooney, H.: Convergence versus nonconvergence in mediterranean climate ecosystems. – ARES **9**, 265–321 (1978).

100 Coe, M.: The ecology of the alpine zone of Mount Kenya. – Monogr. Biol. **17**, Den Haag 1967, 136 S.

101 Collins, N., Mitchell, R., Wiegert, R.: Functional analysis of a thermal spring ecosystem, with an evaluation of the role of consumers. – Ecology **57**, 1221–1232 (1976).

102 Connell, J.: Community interactions on marine rocky intertidal shores. – ARES **3**, 169–192 (1973).

103 Coope, G., Angus, R.: An ecological study of a temperate interlude in the middle of the last glaciation, based on fossil Coleoptera from Isleworth, Middlesex. – J. Anim. Ecol. **44**, 365–391 (1975).

104 Corliss, J., Ballard, R.: Oases of life in the cold abyss. – Nat. Geogr. Mag. **152**, 440–453 (1977).

105 Coulianos, C.: Djur och mikroklimat. – Zool. Revy **56**, 58–70 (1962).

106 Coulson, J., Horobin, J., Butterfield, J., Smith, G. R.: The maintenance of annual lifecycles in two species of Tipulidae (Diptera); a field study relating development, temperature and altitude. – J. Anim. Ecol. **45**, 215–233 (1976).

107 Coulson, J., Whittaker, J. B.: Ecology of moorland animals. – In: Heal & Perkins (Ed.), Production ecology of British moors and montane grasslands. Ecol. Stud. **27**, 52–93. Springer, Berlin/Heidelberg/New York 1978.

108 Courtney, P., Fenton, M.: The effects of a small rural garbage dump on populations of *Peromyscus leucopus* Refinesque and other small mammals. – J. Appl. Ecol. **13**, 413–422 (1976).

109 Cowell, E.: The effects of oil pollution on saltmarsh communities in Pembrokeshire and Cornwall. – J. Appl. Ecol. **6**, 133–142 (1969).
110 Cox, G., Atkins, M.: Agricultural ecology. An analysis of world food production systems. – Freeman, San Francisco 1979, 727 S.
111 Crawford, C.: Biology of desert invertebrates. – Springer, Berlin/Heidelberg/New York 1981, 314 S.
112 Croft, B.: Arthropod resistance to insecticides: A key to pest control failures and successes in North American apple orchards. – Ent. exp. & appl. **31**, 88–110 (1982).
113 Crosby, A.: Ecological imperialism. The biological expansion of Europe. 900–1900. – Cambridge Univ. Press, Cambridge/New York/New Rochelle 1987, 368 S.
114 Cummins, K.: Trophic relations of aquatic insects. – Ann. Rev. Ent. **18**, 183–206 (1973).
115 Cymorek, S.: Zur Ursache der Bindung des Käfers *Lasioderma redtenbacheri* (Anobiidae) an die Flockenblume *Centaurea scabiosa* (Compositae) und an Steppenrelikte im Rheinland. – Decheniana **120**, 29–54 (1968).
116 Cyr, A., Cyr, J.: Welche Merkmale der Vegetation können einen Einfluß auf Vogelgemeinschaften haben? – Vogelwelt **100**, 165–181 (1979).
117 Dabrowska-Prot, E., Luczak, J., Wójcik, Z.: Ecological analysis of two invertebrate groups in the wet alder wood and meadow ecotone. – Ekol. Polska **21**, 753–812 (1973).
118 Dadykin, V.: K poznaniju kornevych sistem rastenij razvivajuščichsja na postojanno cholodnych počvach (Zur Kenntnis der Wurzelsysteme der auf ständig kalten Böden sich entwickelnden Vegetation). – Bjull. MOIP **55**, 59–69 (1950).
119 Dahl, F.: Vergleichende Untersuchungen über die Lebensweise wirbelloser Aasfresser. – Sitzungsber. preuß. Akad., Wiss. Berlin **2**, 17–30 (1896).
120 Dambach, Ch.: A study of the ecology and economic value of crop field borders.– Grad. School. Stud., Biol. Sci. Ser. **2**, Ohio, 1–205 (1948).
121 Darlington, A.: Ecology of refuse tips. – Heinemann Educ. Books, London 1969, 138 S.
122 Darwin, C.: The formation of vegetable mould through the action of worms, with observations on their habits. – John Murray, London 1883, 328 S.
123 Daubenmire, R.: Ecology of fire in grasslands. – Adv. Ecol. Res. **5**, 209–266 (1968).
124 Davis, B. N.: The effects of mowing on the meadow cranesbill *Geranium pratense* L., and the weevil *Zacladus geranii* (Payk.). – J. Appl. Ecol. **10**, 747–759 (1973).
125 Davis, B. N.: Urbanisation and diversity of insects. – In Mound & Waloff (Ed.), Diversity of Insect Faunas. Roy. Ent. Soc. London, Sympos. **9**, 126–138 (1978).
126 Decker, H.: Phytonematologie. – Dtsch. Landw. Verl. Berlin 1969, 526 S.
127 Delamare-Deboutville, C.: Microfaune du sol des pays tempérés et tropicaux. – Vie et Milieu, Suppl. **1**, Paris 1951, 360 S.

128 Derksen, W.: Die Sukzession der pterygoten Insekten im abgestorbenen Buchenholz. − Z. Morph. Ökol. Tiere **37**, 683−734 (1941).
129 De Vries, A.: Biological antifreeze agents in coldwater fishes. − Comp. Biochem. Physiol. **73 A**, 627−640 (1982).
130 Diels, L.: Das Verhältnis von Rhythmik und Verbreitung bei den Perennen des europäischen Sommerwaldes. − Ber. Dtsch. Bot. Ges. **36**, 337−351 (1918).
131 Dierl, W.: Distribution and isolating factors in the races of *Papilio machaon* (Lepidoptera: Papilionidae) in Central Himalaya. − Proc. 15. Int. Congr. Ent. Washington 1976, 171−172 (1977).
132 Dierschke, F.: Die Vogelbestände einiger Erlenbruchwälder Ostpreußens und Niedersachsens. − Ornith. Abhandl. **10**, 1−32 (1951).
133 Dierschke, F., Oelke, H.: Die Vogelbestände verbrannter niedersächsischer Kiefernforsten 1976 − ein Jahr nach der Waldbrandkatastrophe 1975. − Vogelwelt **100**, 26−44 (1979).
134 Dieterlein, F.: Jahreszeiten und Fortpflanzungsperioden bei den Muriden des Kivusee-Gebiets (Congo). I. Ein Beitrag zum Problem der Populationsdynamik in den Tropen. − Z. Säugetierkd. **32**, 1−44 (1967).
135 Dirks-Edmunds, J.: A comparison of biotic communities of the cedar-hemlock and oak-hickory associations. − Ecol. Monogr. **17**, 235−260 (1947).
136 Disalvo, L., Gunderson, K.: Regenerative functions and microbial ecology of coral reefs. I. Assays for microbial populations. − Canad. J. Microbiol. **17**, 1081−1089 (1971).
137 Dobrowolski, K.: Structure of the occurrence of waterfowl types and morpho-ecological forms. − Ekol. Polska A, **17**, 29−72 (1969).
138 Dolderer, F.: So reich ist eine Schafweide der schwäbischen Alb. − Aus der Heimat (Stuttgart) **60**, 270−274 (1952).
139 Dölling, L.: Der Anteil der Tierwelt an der Bildung von Unterwasserböden. − Verh. Zool.-Bot. Ges. Wien **101/102**, 50−85 (1962).
140 Domsch, K., Gams, W.: Pilze aus Agrarböden. − G. Fischer, Stuttgart 1970, 222 S.
141 Douce, K., Crossley, D.: Acarina abundance and community structure in arctic coastal tundra. − Pedobiol. **17**, 32−42 (1977).
142 Downes, J.: Adaptations of insects in the arctic. − Ann. Rev. Ent. **10**, 257−274 (1965).
143 Dreyer, D.: Zur Biologie wichtiger Weißdorninsekten und ihrer Parasiten. − Z. angew. Ent. **97**, 286−298 (1984).
144 Dröscher, V.: Überlebensformel. Wie Tiere Umweltgefahren meistern. − Econ Verl., Düsseldorf/Wien, 2. Aufl. 1983, 335 S.
145 Droste, M.: Charakteristik der Wirbellosenfauna flacher Gewässer in einem Niedermoor. − Verh. Ges. Ökol. (Bern 1982) **12**, 361−366 (1984).
146 Dunger, W.: Über die Zersetzung der Laubstreu durch die Boden-Makrofauna im Auenwald. − Zool. Jb. Syst. **86**, 129−180 (1958).
147 Dunger, W.: Entwicklung der Bodenfauna auf rekultivierten Kippen und

Halden des Braunkohlentagebaues. – Abhandl. u. Ber.: Naturkundemuseum Görlitz **43**, (2), 1–256 (1968).
148 Dybas, H.: Evidence for parthenogenesis in the featherwing beetles, with an taxonomic review of a new genus and eight species (Coleoptera. Ptiliidae). – Fieldiana: Zool. **51**, 11–52 (1966).
149 Eastman, T., De Vries, A.: Die Antarktisfische. – Spektrum d. Wissensch. H. 1. 84–91 (1987).
150 Edney, E.: Water balance in land arthropods. – Zoophysiol. and Ecol. **9**. Springer, Berlin/Heidelberg/New York 1977, 282 S.
151 Ehrendorfer, F.: Geobotanik. – In: Strasburger, Lehrbuch der Botanik, G. Fischer, Stuttgart, 32. Aufl. 1983.
152 Eisentraut, M.: Beobachtungen über Jagdroute und Flugbeginn bei Fledermäusen. – Bonn. Zool. Beitr. **3**, 211–220 (1952).
153 Eisentraut, M.: Der Winterschlaf mit seinen ökologischen und physiologischen Begleiterscheinungen. – G. Fischer, Jena 1956, 160 S.
154 Elbourn, C.: Influence of substrate and structure on the colonization of an artifact simulating decaying oak wood on oak trunks. – Oikos **21**, 32–41 (1970).
155 Elger, D.: Untersuchungen zur Biologie und Ökologie symboviner Musciden und Tabaniden in Norddeutschland (Diptera: Muscidae, Tabanidae). – Diss. Tierärztl. Hochschule Hannover 1985, 173 S.
156 Ellenberg, Heinz (Ed.): Integrated experimental ecology. Methods and results of ecosystem research in the German Solling project. – Ecol. Studies **2**. Springer, Berlin/Heidelberg/New York 1971, 214 S.
157 Ellenberg, H.: Vegetation Mitteleuropas mit den Alpen. – Ulmer, Stuttgart, 3. Aufl. 1982, 989 S.
158 Ellenberg, H.: Entwicklung ohne Rückschläge. Antworten eines Ökologen auf 20 Fragen im Hinblick auf die ländliche Entwicklung in den Tropen und Subtropen. – GTZ, Eschborn 1984, 139 S.
159 Ellenberg, H., Mayer, R., Schauermann, J.: Ökosystemforschung. Ergebnisse des Sollingprojekts 1966–1986. – Ulmer, Stuttgart 1986, 507 S.
160 Ellenberg, Hermann: Wilddichte, Ernährung und Vermehrung beim Reh. – Verh. Ges. Ökologie **3**, 59–76, Den Haag 1975.
161 Ellenberg, Her.: Gefährdung wildlebender Pflanzenarten in der Bundesrepublik Deutschland. – Forstarchiv **54**, 127–133 (1983).
162 Ellenberg, Her.: Immissionen – Produktivität der Krautschicht-Populationsdynamik des Rehwilds. – Z. f. Jagdwiss. **32**, 171–183 (1986).
163 Elster, H.-J.: Die Stoffwechseldynamik der Binnengewässer. – Verh. Dtsch. Zool. Ges. München 1963 (Zool. Anz. Suppl. **27**), 335–387 (1964).
164 Elton, Ch.: The pattern of animal communities. – Methuen & Co, London 1966, 432 S.
165 Elton, Ch.: The structure of invertebrate populations inside neotropical rain forest. – J. Anim. Ecol. **42**, 55–104 (1973).
166 Elton, Ch.: Conservation and the low population density of invertebrate inside neotropical rain forest. – Biol. Conserv. **7**, 3–15 (1975).

167 Eltringham, S.: Life in mud and sand. – Engl. Univ. Press, London 1971, 218 S.
168 Emmons, L.: Ecology and resource partitioning among nine species of African rain forest squirrels. – Ecol. Monogr. 50, 31–54 (1980).
169 Engel, H.: Beiträge zur Flora und Fauna der Binnendüne bei Bellinchen (Oder). – Märkische Tierwelt 3, 230–294 (1938).
170 Epstein, E.: Mineral metabolism of halophytes. – Symp. Brit. Ecol. Soc.: 1968, 345–355 (1969).
171 Erdös, J.: Beobachtungen über die Insektencönose des Schilfes. – 8. Wandervers. Dtsch. Entomol. (München), 171–177, Berlin 1957.
172 Erz, W.: Populationsökologische Untersuchungen an der Avifauna zweier nordwestdeutscher Großstädte. – Z. wiss. Zool. 170, 1–111 (1964).
173 Erz, W.: Veränderungen in der Wirbeltierfauna als Folge technischer Entwicklung. – Ber. über Landw. 50, 100–111 (1972).
174 Estes, J., Palmisano, J.: Seaotters; their role in structuring nearshore communities. – Science 185, 1058–1060 (1974).
175 Evans, G. C.: A sack of uncut diamonds: the study of ecosystems and the future resources of mankind. – J. Anim. Ecol. 45, 1–39 (1976).
176 Evans, W.: Perception of infrared radiation from forest fires by *Melanophila acuminata* De Geer (Buprestidae, Col.). – Ecology 47, 1061–1065 (1966).
177 Faeth, H., Kane, Th.: Urban Biogeography. City parks as islands for Diptera and Coleoptera. – Oecologia (Berl.) 32, 127–133 (1978).
178 Feder, H.: Escape responses in marine invertebrates. – Sci. Americ. 227, 92–100 (1972).
179 Feeny, P.: Defence ecology of the Cruciferae. – Ann. Missouri Bot. Gard. 64, 221–234 (1977).
179a Fenchel, T.: Marine plankton food chains. – ARES 19, 19–38 (1988).
180 Ferenz, H.: Anpassungen des Laufkäfers *Pterostichus nigrita* F. (Coleoptera, Carabidae) an subarktische Bedingungen. – Verh. Ges. Ökol. 3, 181–182, Den Haag 1975.
181 Feucht, O.: Der Wald als Lebensgemeinschaft. – Schr. dtsch. Naturkundever. 3, Hohenlohesse, Oehringen 1936; 80 S. Text, 80 S. Abb.
182 Field, C., Laws, R.: The distribution of the layer herbivores in the Queen Elisabeth National Park, Uganda. – J. Appl. Ecol. 7, 273–294 (1970).
183 Fiennes, R.: Zoonoses and the origins and ecology of human disease. – Acad. Press, London/New York/San Francisco 1979, 196 S.
184 Firbas, F.: Über die Bedeutung des thermischen Verhaltens der Laubstreu für die Frühjahrsvegetation des sommergrünen Laubwaldes. – Beih. Bot. Centralbl., Abt. II, 44, 179–198 (1927).
185 Fisher, St. G., Likens, G.: Stream ecosystem: organic energy budget. – BioScience 22, 33–35 (1972).
186 Fittkau, E.: Crocodiles and the nutrient metabolism of Amazonian waters. – Amazoniana 4, 103–133 (1973).
187 Fittkau, E.: Armut in der Vielfalt – Amazonien als Lebensraum für Weichtiere. – Mitt. Zool. Ges. Braunau 3, 329–343 (1981).

188 Fittkau, E., Klinge, H.: On biomass and trophic structure of the Central Amazonian rain forest ecosystems. – Biotropica **5**, 1–14 (1973).
189 Fog, K.: Studies on decomposing wooden stumps. I. The microflora of hardwood stumps. – Pedobiol. **17**, 240–261 (1977).
190 Ford, E., Deans, J.: The effects of canopy structure on the stemflow, throughfall and interception loss in a young Sitka spruce plantation. – J. Appl. Ecol. **15**, 905–917 (1978).
191 Formosov, A.: The crop of cedar nuts, invasion into Europe of the sibirian nutcracker and fluctuations in numbers of the squirrel. – J. Anim. Ecol. **2**, 70–81 (1932).
192 Formosov, A., Kodachova, K.: Les rangeurs vivant en colonies dans la steppe eurasienne et les influences sur les sols et la vegetation. – La Terre et la Vie **1**, 116–129 (1961).
193 Foster, W., Treherne, J.: Insect of marine saltmarshes: problems and adaptations. – In: Cheng (Ed.) Marine insects, 5–42, North-Holland Publ. Comp. Amsterdam/Oxford 1976.
194 Foster, W., Treherne, J.: Dispersal mechanisms in an intertidal aphid. – J. Anim. Ecol. **47**, 205–217 (1978).
195 Fox, J. F.: Forest fires and the snowshoe hare – Canada lynx cycle. – Oecologia (Berl.) **31**, 349–374 (1978).
196 Frank, F.: Grundlagen, Möglichkeiten und Methoden der Sanierung von Feldmausplagegebieten. – Nachrichtenbl. Dtsch. Pflanzenschutzd. (Braunschweig) **8**, 147–158 (1956).
197 Frankie, G.: Tropical forest phenology and pollinator plant coevolution. – In: Gilbert & Raven, Coevolution of animals and plants, 192–209. Univ. Texas Press, Austin/London 1975.
198 Frankie, G., Ehler, L.: Ecology of insects in urban environments. – Ann. Rev. Entomol. **23**, 367–387 (1978).
199 Frankie, G., Opler, P., Bawa, K.: Foraging behaviour of solitary bees: implications for cutcrossing of a neotropical forest tree species. – J. Ecol. **64**, 1049–1057 (1976).
200 Franz, H.: Die thermophilen Elemente der mitteleuropäischen Fauna und Beeinflussung durch die Klimaschwankungen der Quartärzeit. – Zoogeographica **3**, 159–320 (1936).
201 Franz, H.: Die Tiergesellschaften hochalpiner Lagen. – Biol. Generalis **18**, 1–29 (1944).
202 Franz, H.: Die Rolle der Böden in den hochalpinen Ökosystemen. – Verh. Ges. Ökol. **4**, 41–48, Den Haag 1976.
203 Franz, H.: Ökologie der Hochgebirge. – Ulmer, Stuttgart 1979, 495 S.
204 Franz, H.: Ökologie des hochalpinen Raumes in den Alpen. – Verh. Ges. Ökol. (Graz 1985), **15**, 11–18 (1987).
205 Franz, J. M.: Über die Zonenbildung der Insektenkalamitäten in Urwäldern. – Forstwiss. Cbl. **67**, 38–48 (1949).
206 Franz, J. M., Krieg, A.: Biologische Schädlingsbekämpfung. – Parey, Berlin/Hamburg, 3. Aufl. 1982, 252 S.
207 Fraser, J.: Treibende Welt. Eine Naturgeschichte des Meeresplanktons. –

Verständl. Wiss. 85, Springer, Berlin/Heidelberg/New York 1965, 151 S.
208 Friederichs, K.: Der Kaffeebeerenkäfer in Niederländisch Indien. Z. angew. Ent. 11, 325–385 (1925).
209 Friederichs, K.: Zur Epidemiologie des Kiefernspanners. Ein Programm. – Z. angew. Ent. 16, 197–205 (1930).
210 Friedländer, C. P.: Heathland ecology. – Heinemann, London/Melbourne/Toronto 1960, 94 S.
211 Fritzsche, R., Karl, E., Lehmann, W., Proeseler, G.: Tierische Vektoren pflanzenpathogener Viren. – G. Fischer, Jena 1972, 521 S.
212 Fuchs, G.: Die ökologische Bedeutung der Wallhecken in der Agrarlandschaft NW-Deutschlands, am Beispiel der Käfer. – Pedobiol. 9, 432–458 (1969).
213 Funke, W.: Heimfindevermögen und Ortstreue bei *Patella* L. (Gastropoda, Prosobranchia). – Oekologia (Berl.) 2, 19–142 (1968).
214 Funke, W.: Rolle der Tiere in Wald-Ökosystemen des Solling. – In: Ellenberg (Ed.), Ökosystemforschung, 143–164. Springer, Berlin/Heidelberg/New York 1973.
215 Funke, W.: Wälder, Objekte der Ökosystemforschung. Die Stammregion – Lebensraum und Durchgangszone von Arthropoden. – Jahresber. naturwiss. Ver. Wuppertal 32, 45–50 (1979).
216 Funke, W.: Wirbellose Tiere als Bioindikatoren in Wäldern. – VDI-Berichte Nr. 609, 133–176 (1987).
217 Funke, W., Heinle, R., Kuptz, St., Majzlan, O., Reich, M.: Arthropodengesellschaften im Ökosystem «Obstgarten». Verh. Ges. Ökol. (Hohenheim 1984) 14, 131–141 (1986).
218 Gajduk, V.: Faktory obuslovlivajuščie lin'ki i pigmentaciju volosjanogo pokrova gornostaja *(Mustela erminea)* (Factors of moulting and hair cover pigmentation in *Mustela erminea*). – Zool. Ž. 56, 1226–1231 (1977).
219 Garrett, S.: Biology of root-infecting fungi. – Cambridge Univ. Press, London 1956, 293 S.
220 Gates, G. E.: Ecology of some earthworms with special reference to seasonal activity. – Amer. Mid. Natur. 66, 61–86 (1961).
221 Gauckler, K.: Die Gipshügel in Franken, ihr Pflanzenkleid und ihre Tierwelt. – Abh. Naturhist. Ges. Nürnberg 29, 1–92 (1957).
222 Geptner, M.: Atoll kak ekologičeskoe celoe (Atoll as an ecological unity). – Ž. obšč. biol. 49, 544–560 (1979).
223 Gerdes, G., Krumbein, W., Reineck, H.-E. (Ed.): Mellum. Portrait einer Insel. – W. Kramer, Frankfurt/M. 1987, 344 S.
224 Gerlach, S.: Die Mangroveregion tropischer Küsten als Lebensraum. – Z. Morph. Ökol. Tiere 46, 626–730 (1958).
225 Gerlach, S.: Über das tropische Korallenriff als Lebensraum. – Zool. Anz., Suppl. 23, 356–363 (1960).
226 Gerlach, S.: Ökologische Bedeutung der Küste als Grenzsaum zwischen Land und Meer. – Naturw. Rundsch. 16, 219–227 (1963).
227 Ghilarov (Giljarov), M.: Parallelismus in the formation of entomocoenoses

of grain fields in eastern Europe and North Amerika. – Comt. Rend. (Doklady), Acad. Sci. URSS **38**, 44–46 (1943).
228 Ghilarov, M.: Rol' stepnych gryzunov v proischoždenii polevoj počvennoj fauny i sornopolevoj rastitel'nosti (Die Bedeutung der Steppennager für die Entstehung der Feldbodenfauna und der Unkrautflora). – Dokl. Akad. Nauk SSSR **79**, 669–671 (1951).
229 Ghilarov, M.: Gesetzmäßigkeiten der Komplexbildung schädlicher Insekten bei Bearbeitung des Steppenneulandes. – Pflanzenschutzkongr. Berlin 1955, 131–144 (1956).
230 Ghilarov, M.: Die zonale Verbreitung der Bodenwirbellosen in den Steppengehölzen. – Verh. **11**. Int. Kongr. Entomol. Wien, **2**, 446–448 (1962).
231 Ghilarov, M.: Osnovnye napravlenija prisposoblenij nasekomych k žizni v pustyne (The main directions in insect adaptations to the life in the desert). – Zool. Ž. **43**, 443–454 (1964).
232 Ghilarov, M.: Zakonomernosti prisposoblenij členistonogich k žizni na suše (Gesetzmäßigkeiten der Anpassung der Arthropoden an das Leben auf dem Land). – Nauka, Moskau 1970, 276 S.
233 Ghilarov, M., Arnoldi, K.: Steppe elements in the soil Arthropod fauna of North-West Caucasus mountains. – Mem. Soc. Ent. Ital. **48**, 103–112 (1969).
234 Ghilarov, M., Mamajev, B.: Über die Ansiedlung von Regenwürmern in den artesisch bewässerten Oasen der Wüste Kysyl-Kum. – Pedobiol. **6**, 197–218 (1966).
235 Gilbert, O.: Some indirect effects of air pollution on barkliving invertebrates. – J. Appl. Ecol. **8**, 77–84 (1971).
236 Gillham, M.: Ecology of the Pembrokeshire Islands. III. The effect of grazing vegetation. – J. Ecol. **43**, 172–206 (1955).
237 Gillham, M.: Alternation of the breeding habitats by seabirds and seals in Western Australia. – J. Ecol. **49**, 289–300 (1961).
238 Golley, F. B., Odum, H. T., Wilson, R. F.: The structure and metabolism of a Puerto Rico red mangrove forest in May. – Ecology **43**, 9–19 (1962).
239 Goreau, Th., Goreau, N., Yonge, C.: Reef corals: autotrophs or heterotrophs? – Biol. Bull. **141**, 247–260 (1971).
240 Goss-Custard, J.: Responses of redshank, *Tringa totanus*, to the absolute and relative densities of two prey species. – J. Anim. Ecol. **46**, 867–874 (1977).
241 Gradmann, R.: Die Steppenheide. – Aus der Heimat (Stuttgart) **46**, 97–123 (1933).
242 Graf, D.: Untersuchungen über den Einfluß der Getreidemahd auf Feldheuschrecken benachbarter Ackerraine. – Zool. Anz. **174**, 183–189 (1965).
243 Gray, B.: Economic tropical forest entomology. – Ann. Rev. Ent. **17**, 313–354 (1972).
244 Gressit, J.: Biogeography and ecology of landarthropods of Antarctica. – In: v. Mieghem u. v. Oye (Ed.): Biogeography and Ecology in Antarctica. Monogr. Biol. **15**, Junk, den Haag, 431–490 (1965).

245 Gressit, J. (Ed.): Entomology of Antarctica. – Antarctic Res. Ser. **10**, Washington 1967, 395 S.
246 Grime, J.: Plant strategies and vegetation processes. – Wiley & Sons, Chichester/New York/Brisbane 1979, 222 S.
247 Grimm, R.: Der Energieumsatz der Arthropodenpopulationen im Ökosystem Buchenwald. – Verh. Ges. Ökol. **5**, 125–131, Den Haag 1977.
248 Groebbels, F.: Gemeinsame und besondere Züge der Landschaftsgebundenheit deutscher Brutvogelarten. – Deutsche Vogelwelt (Berl.) H. **1**, 1–8 (1938).
249 Günther, K., Deckert, K.: Wunderwelt der Tiefsee. – Herbig Verlag, Berlin-Grünwald 1950, 240 S.
250 Haag, D.: Regulationsmechanismen bei der Stadttaube *Columba livia forma domestica*) (Gmelin 1789). – Verh. Naturf. Ges. Basel **97**, 31–42 (1987).
251 Haase, E.: Züchtung, Genbank und Biotopschutz – die genetische Begründung des Naturschutzes. – Schrift.reihe Dtsch. Bund Vogelschutz, H. **6**, 27–44 (1987).
252 Haber, W.: Konflikte zwischen Landwirtschaft und Umweltschutz. – Bayer. Landw. Jahrb. **54**, 11–32 (1977).
253 Haber, W.: Der Landbau in ökologischer Sicht. – Schrift.reihe Dtsch. Rat Landespflege, H. **34**, 323–327 (1980).
254 Haeseler, V.: Anthropogene Biotope (Kahlschlag, Kiesgrube, Stadtgärten) als Refugien für Insekten, untersucht am Beispiel der Hymenoptera Aculeata. – Zool. Jb. Syst. **99**, 133–212 (1972).
255 Haeseler, V.: Landschaftsökologischer Stellenwert von Zaunpfählen am Beispiel der Nistgelegenheit für solitäre Bienen und Wespen (Hym. Aculeata). – Natur u. Landschaft **54**, 8–13 (1979).
256 Haeseler, V.: Ameisen, Wespen und Bienen als Bewohner gepflasterter Bürgersteige, Parkplätze und Straßen (Hymenoptera, Aculeata). – Drosera '**82**, 17–32 (1982).
257 Haeseler, V.: Nord- und Ostfriesische Inseln als «Reservate» thermophiler Insekten am Beispiel der Hymenoptera Aculeata. – Mitt. dtsch. Ges. allg. angew. Ent. **4**, 447–452 (1985).
258 Halbach, U.: Die wissenschaftliche Erforschung der Umwelt durch die Ökologie und ihre Bedeutung. – Universitas **33**, 905–912 (1978).
259 Hanf, M.: Ackerunkräuter und Ackergräser – ihre Verbreitung, Gefährdung und wirtschaftliche Bedeutung. – BASF Mittlg. Landbau, H. **1**, 1985, 95 S.
260 Harnisch, O.: Die Biologie der Moore. – Schweizerbart, Stuttgart 1929, 146 S.
261 Harper, J.: Population biology of plants. – Acad. Press., London/New York/San Francisco 1977, 892 S.
262 Harris, P.: Insect in the population dynamics of plants. – In: v. Emden (Ed.), Sympos. Roy. Ent. Soc. London **6**, 119–128 (1973).
263 Harris, S., Smith, G. C.: Demography of two urban fox *(Vulpes vulpes)* populations. – J. Appl. Ecol. **24**, 75–86 (1987).

264 Hasler, A. (Ed.): Coupling of land and water systems. – Ecol. Studies 10, Springer, Berlin/Heidelberg/New York 1975, 309 S.
265 Hauenschild, C., Fischer, A., Hofmann, D.: Untersuchungen am pazifischen Palolowurm *Eunice viridis* (Polychaeta) in Samoa. – Helgol. wiss. Meeresunters. 18, 254–295 (1968).
266 Haukioja, E.: On the role of plant defenses in the fluctuation of herbivore populations. – Oikos 35, 202–213 (1980).
267 Hayward, C.: Alpine biotic communities of the Vinta Mountains, Utah. – Ecol. Monogr. 22, 93–120 (1952).
268 Heimbach, F.: Die unterschiedlichen Schlüpfzeiten zweier sympatrischer Arten der Mücke *Clunio* (Chironomidae) und deren ökologische Bedeutung. – Verh. Ges. Ökol. 6, 99–104, Göttingen 1978.
269 Heinrich, G.: Der Vogel Schnarch. Zwei Jahre Rallenfang und Urwaldforschung in Celebes. – Reimer u. Vohsen, Berlin 1932, 198 S.
270 Heitland, W.: Untersuchungen an Parasitoiden von Dipteren im Strandanwurf der Kieler Förde. – Bonn. Zool. Beitr. 39, 129–145 (1988).
271 Hempel, G., Weikert, H.: The neuston of the subtropical and boreal Northeastern Atlantic Ocean. A review. – Marine Biol. 13, 70–88 (1972).
272 Henkel (Genkel), P.: On the ecology of the mangrove vegetation. – Mittlg. Flor.-soz. Arbeitsgem., N. F. 10, 201–206 (1963).
273 Hensen, V.: Die Tätigkeit des Regenwurms *(Lumbricus terrestris)* für die Fruchtbarkeit des Erdbodens. – Z. wiss. Zool. 28, 354–364 (1877).
274 Herlitzius, R., Herlitzius, H.: Streuabbau in Laubwäldern. Untersuchungen in Kalk- und Sauerhumusbuchenwäldern. – Oecologia (Berl.) 30, 147–171 (1977).
275 Herre, W.: Rentiere. – Neue Brehm Bücherei 180. Ziemsen, Wittenberg 1956, 47 S.
276 Herre, W.: Gedanken zu Problemen des Schutzes von Säugetieren. – Z. Säugetierkd. 28, 1–7 (1963).
277 Herre, W.: Grundfragen zoologischer Domestikationsforschung. – Nova Acta Leopold., N. F. 241, Bd. 52, 1–16 (1980).
278 Herre, W., Röhrs, M.: Haustiere – zoologisch gesehen. – G. Fischer, Stuttgart/New York, 2. stark veränd. u. erweit. Aufl. 1990, 412 S.
279 Herrera, C.: A study of avian frugivores, bird dispersed plants, and their interactions in mediterranean scrubland.– Ecol. Monogr. 54, 1–23 (1984).
280 Heydemann, B.: Die biologische Grenze Land-Meer im Bereich der Salzwiesen. – F. Steiner, Wiesbaden 1967, 200 S.
281 Heydemann, B.: Das Freiland- und Laborexperiment zur Ökologie der Grenze Land-Meer. – Verh. Dtsch. Zool. Ges. in Heidelberg 1967, 256–309 (1968).
282 Heydemann, B.: Ökologie und Schutz des Wattenmeers. – Schr.Reihe Bundesminis. Ernähr., Landw., Forsten. Angew. Wiss. H. 225. Münster-Hiltrup 1981, 232 S.
283 Heydemann, B., Müller-Karch, J.: Biologischer Atlas Schleswig-Holstein: Lebensgemeinschaften des Landes. – Wachholtz, Neumünster 1980, 263 S.

284 Heymer, A.: Sédentarisation, acculturation et maladies infectieuses, un problème socio-écologique des Pygmées Bayaka. – Bull. Soc. Path. Ex. 78, 226–238 (1985).
285 Hill, Th.: The biology of weeds. – Stud. in Biol. 79, Camelot Press, Southampton 1977, 64 S.
286 Hobbs, R., Gimmingham, C.: Vegetation, fire and herbivore interactions in heathland. – Adv. Ecol. Res. 16, 87–173 (1987).
287 Hodge, C.: The oldest life in the world. – Arizona Highways Mag. 61, No 10, 11–15 (1985).
288 Hoffmann, L.: An ecological sketch of the Camargue. – British Birds 51, 321–349 (1958).
289 Holdhaus, K.: Die Spuren der Eiszeit in der Tierwelt Europas. – Abh. Zool.-Bot. Ges. Wien 18, 1–493 (1954).
290 Holmes, R.: Differences in population density, territoriality, and food supply of Dunlin on arctic and subartic tundra. – Brit. Ecol. Soc., Sympos. 10, 303–319 (1970).
291 Horvath, L.: Communities of breeding birds in Hungary. – Acta Zool. (Budapest) 2, 319–331 (1956).
292 Howarth, F. G.: Ecology of cave arthropods. – Ann. Rev. Ent. 28, 365–389 (1983).
293 Howe, G. M.: A world geography of human diseases. – Acad. Press, London/New York/San Francisco 1977, 621 S.
294 Hülbusch, K.: Pflanzengesellschaften in Osnabrück. – Mittlg. Florist.-soziol. Arbeitsgem. 22, 51–75 (1980).
295 Hull, F.: Some rain forest insects of Panama. – Proc. 10. Int. Congr. Entomol. (Montreal) 2, 775–777 (1958).
296 Huntley, B., Walker, B. (Ed.): Ecology of tropical savannas. – Springer, Berlin/Heidelberg/New York 1982, 669 S.
297 Hynes, H.: The ecology of stream insects. – Ann. Rev. Ent. 15, 25–42 (1970).
298 Illies, J.: Die Lebensgemeinschaft des Bergbaches. – Neue Brehm Bücherei 289. Ziemsen, Wittenberg 1961, 106 S.
299 Illies, J. (Ed.): Limnofauna Europaea. – G. Fischer, Stuttgart/New York, 2. Aufl. 1978, 532 S.
300 Illner, K.: Über den Einfluß von Windschutzpflanzungen auf die Unkrautverbreitung. – Angew. Meteorol. 2, 370–373 (1954/57).
301 Immelmann, K., Immelmann, G.: Verhaltensökologische Studien an afrikanischen und australischen Estrildinen. – Zool. Jb. Syst. 94, 609–686 (1967).
302 Irmler, U.: Anpassung von *Eupera simoni* Jousseaume (Bivalvia, Sphaeriidae) an den zentralamazonischen Überschwemmungswald. – Verh. Dtsch. Zool. Ges. 69 Jahresvers. Hamburg, S. 225 (1976).
303 Irving, L.: Adaptations to cold. – Sci. Americ. 214, 94–101 (1966).
304 Irving, L.: Arctic life of birds and mammals including man. – Springer, Berlin/Heidelberg/New York 1972, 192 S.
305 Jacobs, W.: Fliegen, Schwimmen, Schweben. – Verständl. Wiss. 36, Springer, Berlin/Göttingen/Heidelberg, 2. Aufl. 1954, 136 S.

306 Jaeger, E.: The North American deserts. – Palo Alto, Calif. Stanford Univ. Press, Stanford 1957, 308 S.
307 Jahn, W.: Ökologische Untersuchungen an Tümpeln, unter besonderer Berücksichtigung der Folgen von Wasserverschmutzung durch Öl. – Arch. Hydrobiol. 70, 442–483 (1972).
308 James, S.: Effects of fire and soil type on earthworm populations in a tallgrass prairie. – Pedobiol. 24, 37–40 (1982).
309 Janetschek, H.: Tierische Sukzessionen auf hochalpinem Neuland. – Ber. Naturw. Med. Ver. Innsbruck 48/49, 1–215 (1949).
310 Janetschek, H.: Zur Biologie von Antarktika. – Ber. naturw.-med. Ver. Innsbruck 53, 235–246 (1963).
311 Jannasch, H.: Leben in der Tiefsee – Neue Forschungsergebnisse. – Naturw. Rdschau 40, 379–388 (1987).
312 Janzen, D.: Herbivores and the number of tree species in tropical forests. – Amer. Natural. 104, 501–528 (1970).
313 Janzen, D.: Protection of *Barteria* (Passifloraceae) by *Pachysima* ants (Pseudomyrmecinae) in a Nigerian rain forest. – Ecology 53, 885–892 (1972).
314 Janzen, D.: Tropical agroecosystems. – Science 182, 1212–1219 (1973).
315 Joger, H. G.: Untersuchungen über die Tierwelt einer Stadtmauer. – Zool. Jb. Syst. 115, 69–91 (1988).
316 Joger, U.: Die wassergefüllte Wagenspur: Untersuchungen an einem anthropogenen Miniatur-Ökosystem. – Decheniana (Bonn) 134, 215–226 (1981).
317 Johnson, E. A., Rowe, J. S.: Fire in the subarctic wintering ground of the Beverley Caribou herd. – Amer. Midl. Natural. 94, 1–14 (1975).
318 Jordan, C., Kline, J.: Mineral cycling: some basic concepts and their application in a tropical rain forest. – ARES 3, 33–50 (1972).
319 Kalela, O.: Seasonal changes of habitat in the Norwegian lemming, *Lemmus lemmus* (L.). – Ann. Acad. Sci. Fenn. Ser. A. IV Biol. 55, 1–72 (1961).
320 Kalff, J., Knoechel, R.: Phytoplankton and their dynamics in oligotrophic and eutrophic lakes.– ARES 9, 475–495 (1978).
321 Kalle, K.: Das Problem der gelösten organischen Substanz, erläutert an den Verhältnissen im Meerwasser. – Mitt. Int. Ver. Limnol. 14, 72–82 (1968).
322 Kämpfe, L.: Vergleichende Untersuchungen zur Autökologie von *Heterodera rostochiensis* Wollenweber und *Heterodera schachtii* Schmidt, sowie einiger anderer Nematodenarten abweichender Lebensstätten. – Parasitol. Schriftenreihe 14, 1–205, G. Fischer, Jena 1962.
323 Kaškarov, D.: Osnovy ekologii životnych (Grundlagen der Tierökologie). – 2. Aufl. Učevno-pedagog. izdatel'stvo, Leningrad 1944, 383 S.
324 Kaškarov (Kachkarov), D., Korovine, E.: La vie dans les désert. – Payot, Paris 1942, 361 S.
325 Kaškarov (Kashkarov), D., Lein, L.: The yellow ground squirrel of Turkestan (*Cynomys fulvus oxianus* Thoms.). – Ecology, 8, 63–73 (1927).
326 Kelsall, J.: Structural adaptations of moose and deer for snow. – J. Mammal. 50, 302–310 (1969).

327 Kenchington, R.: Coral-reef ecosystems: a sustainable resource. – Nat. & Resources (Unesco) **21**, No 2, 18–27 (1985).
328 Kendeigh, S. Ch., Pinowski, J. (Ed.): Productivity, population dynamics and systematics of granivorous birds. – Polish Sci. Publ., Warszawa 1973, 410 S.
329 Kettlewell, H.: The phenomenon of industrial melanism in Lepidoptera. – Ann. Rev. Ent. **6**, 245–262 (1961).
330 Kevan, P.: Insect pollination of high arctic flowers. – J. Ecol. **60**, 831–847 (1972).
331 Kevan, P.: Sun tracking solar furnaces in high arctic flowers: significance for pollination and insects. – Science **189**, 723–726 (1975).
332 Kils, U., Klages, N.: Der Krill. – Naturw. Rdschau **32**, 397–402 (1979).
333 King, C.: The weasel *Mustela nivalis* and its prey in an English woodland. – J. Anim. Ecol. **49**, 127–159 (1980).
334 Kinne, O.: Über den Einfluß des Salzgehaltes auf verschiedene Lebensprozesse des Knochenfisches *Cyprinodon macularius*. – Veröff. Inst. Meeresforschg. Bremerhaven, Sonderbd., 49–66 (1963).
335 Kinne, O.: The effect of temperature and salinity on marine and brackish water animals. – Oceannogr. Mar. Biol. Ann. Rev. **2**, 281–339 (1964).
336 Kitching, R.: An ecological study of water-filled treeholes and their position in the woodland ecosystem. – J. Anim. Ecol. **40**, 281–302 (1971).
337 Klausnitzer, B.: Ökologie der Großstadtfauna. – G. Fischer, Jena 1987, 234 S.
338 Klausnitzer, B.: Verstädterung von Tieren. – Neue Brehm-Bücherei **579**, Ziemsen, Wittenberg 1988, 315 S.
339 Klekovski, R., Dombrovska-Prot, E.: O problematike počvenno-zoologičeskich issledovanij v institute ėkologii pol'skoj akademii nauk (On the problems of pedozoological investigations in the institut of ecology of Polish Academy of Sciences). – Ekologija H. 2, 80–86 (1979).
340 Klinge, H.: Beiträge zur Kenntnis der tropischen Böden. – Z. Pflanzenernähr., Düng., Bodenkd. **97**, 106–118 (1962).
341 Klinge, H., Fittkau, E.: Filterfunktionen im Ökosystem des zentralamazonischen Regenwaldes. – Mitt. Dtsch. Bodenkd. Ges. **16**, 130–135 (1972).
342 Klingel, H.: Die soziale Organisation der Equiden. – Verh. Dtsch. Zool. Ges. (Karlsruhe) 71–80 (1975).
343 Klippel, R.: Ökologische Untersuchungen an Arthropoden in Kellern Hamburger Wohnhäuser. – Ent. Mitt. Zool. Staatsinst. u. Museum Hamburg **9**, 1–49 (1957).
344 Klomp, H., Teerink, B.: The density of the invertebrate summer fauna on the crowns of pine trees, *Pinus sylvestris*, in the central part of the Netherlands. – Beitr. Ent. (Berl.) **23**, 325–340 (1973).
345 Kluge, M.: Der CO_2-Stoffwechsel der Sukkulenten als Anpassung an Wassermangel. – Verh. Ges. Ökol. **2**, 75–76, Den Haag 1974.
346 Knipper, H., Kevan, D. K. McE.: Über Flügelfärbung und Scheingraben von *Acrotylus junodi* Schulthess (Orth. Acrid. Oedipodinae). – Veröff. Überseemuseum Bremen, Reihe A, **2**, 213–226 (1954).

347 Koepcke, H. W.: Zur Analyse der Lebensformen. – Bonn. zool Beitr. 7, 151–185 (1956).
348 Koepcke, H. W.: Zur Tierwelt Amazoniens. – In Frey, P. (Ed.): Amazonien. Verl. Orell Füssli, Zürich/Schwäbisch Hall, 121–130 (1983).
349 Koepcke, H. W., Koepcke, M.: Über den Stoffumsatz an den peruanischen Sandstranden des Meeres. – Publ. Mus. Hist. Nat. Javier Prado, Ser. A. Zool. Lima (Peru) **8**, 1–25 (1952).
350 Koepcke, H. W., Koepcke, M.: Die warmen Feuchtluftwüsten Perus (Eine Einteilung in Lebensstätten unter besonderer Berücksichtigung der Vögel). – Bonn zool. Beiträge **4**, 79–146 (1953).
351 Koepcke, J.: Artspezifische Muster der Tarnfärbung aas- und kotfressender Tagschmetterlinge im tropischen Regenwald von Peru. – Dipl. Arbeit Univ. Kiel, Zool. Inst. 1980, 96 S.
352 Koepcke, M.: Über die Resistenzformen der Vogelnester in einem begrenzten Gebiet des tropischen Regenwaldes in Peru. – J. Ornith. **113**, 138–160 (1972).
353 Köhnlein, J.: Die Bedeutung der Unterbodenporung. – Landw. Forschg. **14**, Sonderh. 61–71 (1960).
354 Konopka, H.: Heiße Quellen und ihre Lebewesen. – Natur u. Museum **105**, 357–367 (1975).
355 Kopelke, J.-P.: Die Problematik der Analyse von Populationsschwankungen am Beispiel eines tropischen Fließwasser-Ökosystems. – Natur u. Museum **112**, 138–149 (1982).
355a Korn, H., Korn, U.: The effect of gerbils *(Tatera brantsii)* on primary production and plant species composition in a southern African savanna. – Oecologia (Berl.) **79**, 271–278 (1989).
356 Körner, Ch.: Wasserhaushalt und Spaltverhalten alpiner Zwergsträucher. – Verh. Ges. Ökol. **4**, 23–30, Den Haag 1976.
357 Koshima, S.: A novel cold-tolerant insect found in a Himalayan glacier. – Nature **310**, 225–227 (1984).
358 Kowarik, I., Sukopp, H.: Auswirkungen von Luftverunreinigungen auf die spontane Vegetation (Farn- und Blütenpflanzen). – Angew. Botanik **58** 157–170 (1984).
359 Kratochwil, A.: Pflanzengesellschaften und Blütenbesucher-Gemeinschaften: biozönologische Untersuchungen in einem nicht mehr bewirtschafteten Halbtrockenrasen (Mesobrometum) im Kaiserstuhl (Südwestdeutschland). – Phytocoenologia **11**, 455–669 (1984).
360 Kratochwil, A., Schwabe, A.: Trockenstandorte und ihre Lebensgemeinschaften in Mitteleuropa: Ausgewählte Beispiele. – In: Ökologie und ihre biologischen Grundlagen, H. 6, Terrestrische Ökosysteme. Univ. Tübingen 1984, 161 S.
361 Krivochatskij, V.: Svjasi člentistonogich norovych ekosistem bol'šoj pesčanki s okružajuščimi ekosistemami (Connections of arthropods of the hole ecosystems of *Rhombomys opimus* with the surrounding ecosystems). – Entom. Obozr. **61**, 779–785 (1982).
362 Krogerus, R.: Ökologie und Verbreitung der Arthropoden der Triebsand-

gebiete an den Küsten Finnlands. – Acta Zool. Fenn. **12**, 1–308 (1932).

363 Krogerus, H.: Mikroklima und Artverteilung. – Acta Soc. Fauna Flora Fenn. **60**, 290–308 (1937).

364 Kropac, Z.: Estimation of weed seeds in arable soil. – Pedobiol. **6**, 105–128 (1966).

365 Krüger, F., Mitchell, D., Jarvis, J.: Mediterranean-Type Ecosystems: The role of nutrients. – Ecol. Stud. **43**, Springer, Berlin 1983, 552 S.

366 Krüll, F.: Zeitgebers for animals in the continuous daylight of high arctic summer. – Oecologia (Berl.) **24**, 149–157 (1976).

367 Kubitzki, K.: Die Pflanzenwelt Amazoniens. – In: Frey, P. (Ed.): Amazonien. Verl. Orell Füssli, Zürich/Schwäbisch Hall, 157–166 (1983).

368 Kuenzler, E.: Phosphorus budget of a mussel population. – Limnol. Oceanogr. **6**, 400–415 (1961).

369 Kühnelt, W.: Die litorale Landtierwelt ostalpiner Gewässer. – Int. Rev. Hydrobiol. **43**, 430–457 (1944).

370 Kühnelt, W.: Gesichtspunkte zur Beurteilung der Großstadtfauna (mit besonderer Berücksichtigung der Wiener Verhältnisse). – Öster. Zool. Zeitschr. **6**, 30–54 (1955).

371 Kühnelt, W.: Nahrungsbeziehungen innerhalb der Tierwelt der Namibwüste (Südwestafrika). – Sitz.ber. öster. Akad. Wiss., math.-nat. Kl. Abt. I. **174**, 185–190 (1965).

372 Kurtze, W.: Synökologische und experimentelle Untersuchungen zur Nachtaktivität von Insekten. – Zool. Jb. Syst. **101**, 297–344 (1974).

373 Kurtze, W.: Beobachtungen zur Flugaktivität und Ernährung der Breitflügel-Fledermaus *Eptesicus serotinus* (Schreber). – Drosera '82, 39–46 (1982).

374 Lagerspetz, K.: Biocoenological notes on the *Parmelia saxatilis-Dactylochelifer latreilli* community of seashore rocks. – Arch. Soc. Zool. Bot. Fenn. **7**, 131–142 (1953).

375 Lamotte, M.: The structure and function of a tropical savannah ecosystem. – Ecol. Studies **11**, 179–222. Springer, Berlin/Heidelberg/New York 1975.

376 Lanes, R.: Elephants as agents of habitat and landscape change in East Africa. – Oikos **21**, 1–15 (1970).

377 Larcher, W.: Produktionsökologie alpiner Zwergstrauchbestände auf dem Patschenkofel bei Innsbruck. – Verh. Ges. Ökol. **4**, 3–7, Den Haag 1976.

378 Larcher, W.: Ökophysiologische Konstitutionseigenschaften von Gebirgspflanzen. – Ber. Dtsch. Bot. Ges. **96**, 73–85 (1983).

379 Larkin, P., Elbourn, C.: Some observations on the fauna of dead wood in live oak trees. – Oikos **15**, 79–92 (1964).

380 Larsen, E. Bro: Biologische Studien über tunnelgrabende Käfer auf Skallingen. – Videnskab. Medd. naturhist. Forens. København **100**, 1–231 (1936).

381 Larsen, E. Bro: On subsocial beetles from salt-marsh, their care of progeny

and adaptation to salt and tide. – Trans. 9. Int. Congr. Entomol. (Amsterdam) **1**, 502–506 (1952).

381a Larson, D. W.: The impact of ten years at $-20\,°C$ on gas exchange in five lichen species. – Oecologia (Berl.) **78**, 87–92 (1989).

382 Latter, P.: Decomposition of a moorland litter, in relation to *Marasmius androsaceus* and soil fauna. – Pedobiol. **17**, 418–427 (1977).

383 Laudien, H.: Untersuchungen zur Keimhemmung von Gemmulae. – Zool. Anz. **189**, 259–265 (1972).

384 Lee, K. E.: Earthworms of tropical regions – some aspects of their ecology and relationships with soils. – In: Satchell, J. (Ed.): Earthworm ecology from Darwin to vermiculture. Chapman & Hall, London/New York 1983, 495 S.

385 Lee, K. E., Wood, T. G.: Termites and Soils. – Acad. Press, London/New York 1971, 251 S.

386 Leetham, J., Milchunas, D.: The composition and distribution of soil microarthropods in the shortgrass steppe in relation to soil water, root biomass, and grazing by cattle. – Pedobiol. **28**, 311–325 (1985).

387 Lehmann, H.: Ökologische Untersuchungen über die Carabidenfauna des Rheinufers in der Umgebung von Köln. – Z. Morph. Ökol. Tiere **55**, 597–630 (1965).

388 Lehmann, U.: Drift und Populationsdynamik von *Gammarus pulex fossarum* Koch. – Z. Morph. Ökol. Tiere **60**, 227–274 (1967).

389 Lehmann, U., Neumann, D., Kaiser, H.: Gezeitenrhythmische und spontane Aktivitätsmuster von Winkerkrabben. I. Ein neuer Ansatz zur quantitativen Analyse von Lokomotionsrhythmen. – J. comp. Physiol. **91**, 187–221 (1974).

390 Lewis J. R.: The ecology of rocky shores. – Engl. Univ. Press, London 1972, 323 S.

391 Lewis, T.: The distribution of flying insects near a low hedgerow. – J. Appl. Ecol. **6**, 443–452 (1969).

392 Lieth, H.: Versuch einer kartographischen Darstellung der Produktivität der Pflanzendecke auf der Erde. – Geogr. Taschenbuch Steiner, Wiesbaden, 72–80 (1964/65).

393 Lindroth, C.: Verbindungen und Barrieren in der zirkumpolaren Verbreitung der Insekten. – Verh. **11**. Int. Kongr. Entomol. (Wien) 1, 438–445 (1961).

394 Liss, W., Gut, L., Westigard, P., Warren, C.: Perspectives on arthropod community structure, organization and development in agricultural crops. – Ann. Rev. Ent. **31**, 455–478 (1986).

395 Lohse, G.: Beiträge zur Kenntnis der Fauna eines Müllplatzes in Hamburg. – Ent. Mitt. Zool. Inst. u. Museum Hamburg **36**, 205–211 (1962).

396 Loquet, M., Bhatnagar, T., Bouché, M., Rouelle, J.: Essai d'estimation de l'influence ecologique des lombriciens sur les microorganismes. – Pedobiol. **17**, 400–417 (1977).

397 Lövei, G.: Ground beetles (Coleoptera: Carabidae) in two types of maize fields in Hungary. – Pedobiol. **26**, 57–64 (1984).

398 Ludwig, W.: Zur evolutorischen Erklärung der Höhlentiermerkmale durch Allelelimination. – Biol. Zbl. **62**, 447–455 (1942).

399 Lugo, A., Snedaker, S.: The ecology of mangroves. – ARES **5**, 39–64 (1975).

400 Lundman, B.: Ergebnisse der anthropologischen Lappenforschung. – Anthropos **47**, 119–132 (1952).

401 Lundt, H.: Ökologische Untersuchungen über die tierische Besiedlung von Aas im Boden. – Pedobiol. **4**, 158–180 (1964).

402 Lussenhop, J.: Soil arthropod response to prairie burning. – Ecology **57**, 88–98 (1976).

403 MacKay, W., Silva, S., Whitford, W.: Diurnal activity patterns and vertical migration in desert soil microarthropods. – Pedobiol. **30**, 65–71 (1987).

404 Macnae, W.: Mangroves in Eastern and Southern Australia. – Austr. J. Bot. **14**, 67–104 (1966).

405 Mader, H.-J.: Die Isolationswirkung von Verkehrsstraßen auf Tierpopulationen, untersucht am Beispiel von Arthropoden und Kleinsäugern der Waldbiozönose. – Schrift.reihe Landschaftspfl. u. Naturschutz (Bonn-Godesberg) **19**, 1979, 126 S.

406 Mader, H.-J.: Untersuchungen zum Einfluß der Flächengröße von Inselbiotopen und deren Funktion als Trittstein oder Refugium. – Natur u. Landschaft **56**, 235–242 (1981).

407 Mader, H.-J.: Die Verinselung der Landschaft und die Notwendigkeit von Biotopverbundsystemen. – Mitt. d. LÖLF **10** (4) 6–14 (1985).

408 Mader, H.-J., Mühlenberg, M.: Artenzusammensetzung und Ressourcenangebot, untersucht am Beispiel der Carabidenfauna. – Pedobiol. **21**, 46–59 (1981).

409 Main, A., Littlejohn, M., Lee, A.: Ecology of Australian frogs. – In: Keast, Crocker, Christian (Ed.), Biogeography and Ecology in Australia, 396–411. Monogr. Biol. 8. Junk, Den Haag 1959.

410 Majer, J. D.: Short-term responses of soil and litter invertebrates to a cool autumn burn in Jarrah *(Eucalyptus marginata)* forest in Western Australia. – Pedobiol. **26**, 229–247 (1984).

411 Malaisse, F., Freson, R., Goffinet, G., Malaisse-Mousset, M.: Litter fall and litter breakdown in Miombo. – In: Golley & Medina (Ed.), Tropical ecological systems. – Ecol. Studies **11**, 137–152. Springer, Berlin/Heidelberg/New York 1975.

412 Maloiy, G.: Comparative physiology of desert animals. – Acad. Press. London 1972, 413 S.

413 Mani, M.: Ecology and biogeography of high altitude insects. – Ser. Entomol. 4. Junk, Den Haag 1968, 527 S.

414 Mann, K.: The dynamics of aquatic ecosystems. – Adv. Ecol. Res. **6**, 1–81 (1969).

415 Marchand, H.: Die Bedeutung der Heuschrecken und Schnabelkerfe als Indikatoren verschiedener Graslandtypen. – Beitr. z. Ent. (Berl.) **3**, 116–162 (1953).

416 Marples, T.: A radionuclide tracer study of arthropod food chains in a *Spartina* salt marsh ecosystem. – Ecology 47, 270–277 (1966).
417 Martin, G.: Über Verhaltensstörungen von Legehennen im Käfig. – Angew. Ornith. 4, 145–192 (1975).
418 McLuhan, T.: Touch the earth. – Simon & Shuster, New York 1971, 185 S.
419 McNaughton, S.: Serengeti migratory wildebeest: facilitation of energy flow by grazing. – Science 191, 92–94 (1976).
420 Medwedew, S.: Die Veränderung der Entomofauna in der Ukraine im Zusammenhang mit der Bildung der Kulturlandschaft. – Sowjetwiss. Naturwiss. Beitr., 629–645 (1959).
421 Melber, A.: *Calluna*samen als Nahrungsquelle für Laufkäfer in einer nordwestdeutschen Sandheide (Col. Carabidae). – Zool. Jb. Syst. 110, 87–95 (1983).
422 Menge, B., Lubchenco, J.: Community organization in temperate and tropical rocky intertidal habitats: Prey refuges in relation to consumer pressure gradients. – Ecol. Monogr. 51, 429–450 (1981).
423 Mergner, H., Schuhmacher, H.: Morphologie, Ökologie und Zonierung von Korallenriffen bei Aqaba (Golf von Aqaba, Rotes Meer). – Helgol. wiss. Meeresunters. 26, 238–358 (1974).
424 Mertens, R.: Die Tierwelt des tropischen Regenwaldes. – Kramer, Frankfurt/M. 1948, 144 S.
425 Meštrov, M.: Un nouveau milieu aquatique souterrain: le biotope hypotelminorhétique. – C. R. Acad. Sci. (Paris) 254, 2677–2679 (1962).
425a Mey, E.: Herbstdaten zur mongolischen Avifauna. – Mitt. Zool. Mus. Berl. 64, Suppl.: Ann. Orn. 12, 79–128 (1988).
426 Mieghem, J. v., Oye, P. v., Schnell, J. (Ed.): Biogeography and ecology in Antarctica. – Monogr. Biol. 15 (Junk, Den Haag) 1965, 762 S.
427 Miller, K. L.: Cold-hardiness strategies of some adult and immature insects overwintering in interior Alaska. – Comp. Biochem. Physiol. 73A, 595–604 (1982).
428 Milewski, A.: A comparison of ecosystems in Mediterranean Australia and Southern Africa: Nutrient-poor sites at the Barrens and the Caledon Coast. – ARES 14, 57–76 (1983).
429 Möhring, C.: Die Netto-Primärproduktivität – ein Indikator für die Standortqualität? Ein Beitrag zur Diskussion über das Biotische Ertragspotential. – Arb.ber. Lehrstuhl Landschaftsökologie Münster 6, 1–119 (1984).
430 Moeller, J.: Ökologische Untersuchungen über die terrestrische Arthropodenfauna im Anwurf mariner Algen. – Z. Morph. Ökol. Tiere 55, 530–586 (1965).
431 Monteith, L.: Responses by *Diprion hercyniae* (Hymenoptera: Diprionidae) to its food plant and the influence on its relationship with its parasite *Drino*. – Canad. Ent. 99, 682–685 (1967).
432 Mothes, G., Blume, R.: Versuch einer biocönotischen Gliederung des Stechlinsees anhand der ökologischen Analyse des Makrobenthos in Ver-

bindung mit statistischen Auswertungsverfahren. – Z. wiss. Zool. **180**, 67–147 (1969).
433 Morris, R. F. (Ed.): The dynamics of epidemic spruce budworm populations. – Mem. Ent. Soc. Canada **31**, 1–332 (1963).
434 Müller, G.: Bodenbiologie. – G. Fischer, Jena 1965, 889 S.
435 Müller, H. J.: Wesen und Probleme der Agroökosysteme. – Biol. Rdschau **14**, 285–296 (1976).
436 Müller, K.: Stream drift as a chronobiological phenomenon in running water ecosystems. – ARES **5**, 309–323 (1974).
437 Nekrasova, K., Kozlovskaja, L., Domračeva, L., Ština, E.: The influence of invertebrates on the development of Algae. – Pedobiol. **16**, 286–320 (1976).
438 Neumann, D.: Die Kombination verschiedener endogener Rhythmen bei der zeitlichen Programmierung von Entwicklung und Verhalten. – Oecologia (Berl.) **3**, 166–183 (1969).
439 Neumann, D.: Mechanismen für die zeitliche Anpassung von Verhaltens- und Entwicklungsleistungen an den Gezeitenzyklus. – Verh. Dtsch. Zool. Ges. (Hamburg) **69**, 9–28 (1976).
440 Neumann, U.: Die Sukzession der Bodenfauna (Carabidae Coleoptera, Diplopoda und Isopoda) in den forstlich rekultivierten Gebieten des Rheinischen Braunkohlenreviers. – Pedobiol. **11**, 193–226 (1971).
441 Newell, R.: The biology of intertidal animals. – Amer. Elsevier Publ., New York 1970, 555 S.
442 Niebuhr, O.: Die Vogelwelt des feuchten Eichen-Hainbuchenwaldes. – Ornith. Abhandl., Muster-Schmidt, Göttingen, **1**, 1948, 28 S.
443 Nielsen, A.: The torrential invertebrate fauna. – Oikos **2**, 176–196 (1950).
444 Nielsen, C. O.: Studies on the soil microfauna. II. The soil inhabiting nematodes. – Nat. Jutlandica **2**, 1–311 (1949).
445 Niemann, E.: Taxonomie und Keimungsphysiologie der *Tilletia*-Arten von Getreide und Wildgräsern. – Phytopath. Z. **28**, 113–166 (1956).
446 Noodt, W.: Deuten die Verbreitungsbilder reliktärer Grundwasser-Crustaceen alte Kontinentzusammenhänge an? – Naturw. Rdschau **21**, 470–476 (1968).
447 Novikov, G. A.: Ekologija zverej i ptic lesostepnych dubrav (Ökologie der Säuger und Vögel der Waldsteppen-Wälder). – Univ. Verl., Leningrad 1959, 352 S.
448 Noy-Meir, I.: Desert ecosystems: environment and producers. – ARES **4**, 25–51 (1974).
449 Noy-Meir, I.: Desert ecosystems: higher trophic levels. – ARES **5**, 195–214 (1975).
450 Nuorteva, P.: Synanthropy of blowflies (Dipt., Calliphoridae) in Finland. – Ann. Ent. Fenn. **29**, 1–49 (1963).
451 Nuorteva, P.: The synanthropy of birds as an expression of the ecological cycle disorder caused by urbanization. – Ann. Zool. Fenn, **8**, 547–553 (1971).
452 Nyffeler, M., Benz, G.: Zur ökologischen Bedeutung der Spinnen der Vege-

tationsschicht von Getreide- und Rapsfeldern bei Zürich (Schweiz). – Z. angew. Ent. 87, 348–376 (1979).

453 Odum, E. P.: Trophic structure and productivity of silver springs, Florida. – Ecol. Monogr. 27, 55–112 (1957).

454 Odum, H. T., Odum, E. P.: Trophic structure and productivity of a windward coral reef community on Eniwetik Atoll. – Ecol. Monogr. 25, 291–320 (1955).

455 Ognew, S.: Säugetiere und ihre Welt. – Akad. Verlag, Berlin 1959, 362 S.

456 Ohle, W.: Der Stoffhaushalt der Seen als Grundlage einer allgemeinen Stoffwechseldynamik der Gewässer. – Kieler Meeresforsch. 18, Sonderh., 107–120 (1962).

457 Ohle, W.: Chemische und mikrobiologische Aspekte des biogenen Stoffhaushaltes der Binnengewässer. – Mitt. Int. Ver. Limnol. 14, 122–133 (1968).

458 Oppenheimer, H.: Adaptation to drought: xerophytism. – Arid Zone Res. 15, 105–138 (1960).

459 Overbeck, F.: Die Moore Niedersachsens. – Schr. Wirtschaftswiss. Ges. z. Studium Niedersachsens, N. F. 3, Dorn Verl., Bremen-Horn, 2. Aufl. 1950, 112 S.

460 Overbeck, F.: Botanisch-geologische Moorkunde unter besonderer Berücksichtigung der Moore Nordwestdeutschlands als Quellen der Vegetations-, Klima- und Siedlungsgeschichte. – Wachholtz, Neumünster 1975, 719 S.

461 Overbeck, J.: Prinzipielles zum Vorkommen der Bakterien im See. – Mitt. Intern. Ver. Limnol. 14, 134–144 (1968).

462 Ovington, J.: Quantitative ecology and the woodland ecosystem concept. – Ad. Ecol. Res. 1, 103–192 (1962).

463 Owen, D. F.: Insect diversity in an English suburban garden. – In: Frankie, G. & Koehler, C. (Ed.): Perspectives in Urban Entomology. – Acad. Press, New York/San Francisco/London. 13–29 (1978).

464 Paine, R. T.: A short-term, experimental investigation of resource partitioning in a New Zealand rocky intertidal habitat. – Ecology 52, 1096–1106 (1971).

465 Palmgren, P.: Quantitative Untersuchungen über die Vogelfauna in den Wäldern Südfinnlands. – Acta Zool. Fenn. 7, 1–218 (1930).

466 Palmgren, P.: Zur Kausalanalyse der ökologischen und geographischen Verbreitung der Vögel Nordeuropas. – Arch. Naturgesch. N. F. 7, 235–269 (1938).

467 Papageorgis, C.: Mimicry in Neotropical butterflies (Lep.). – Amer. Scientist 63, 523–532 (1975).

468 Papi, F., Pardi, L.: Nuovi reperti sullorientamento lunare di *Talitrus saltator* Montagu (Crustacea Amphipoda). – Z. vergl. Physiol. 41, 583–596 (1959).

469 Pappa, B.: Zierpflanzenschädlinge in und um Hamburg. – Entom. Mittlg. Zool. Mus. Hamburg 5 (Nr. 92), 25–79 (1976).

470 Passarge, H.: Gartenunkraut-Gesellschaften. – Tuexenia 1, 63–79 (1981).

471 Pauer, R.: Zur Ausbreitung der Carabiden in der Agrarlandschaft, unter besonderer Berücksichtigung der Grenzbereiche verschiedener Feldkulturen. – Z. angew. Zool. **62**, 457–489 (1975).

472 Paviour-Smith, K.: The biotic community of a salt meadow in New Zealand. – Trans. Roy. Soc. N. Z. **83**, 525–554 (1956).

473 Pax, F.: Die Tierwelt der mitteleuropäischen Schwefelquellen. – Senckenbergiana **28**, 139–152 (1948).

474 Pearse, V., Muscatine, L.: Role of symbiotic algae (Zooxanthellae) in coral calcification. – Biol. Bull **141**, 350–363 (1971).

475 Peitzmeier, J.: Untersuchungen über die Siedlungsdichte der Vogelwelt in kleinen Gehölzen in Westfalen. – Natur u. Heimat **10**, 30–37 (1950).

476 Petrusevič, K., Grodzin'skij, W.: Značenie rastitel'nojadnych životnych v ekosistemach (Bedeutung pflanzenfressender Tiere in Ökosystemen). – Ekologija **4**, 5–17 (1973).

477 Peus, F.: Die Tierwelt der Hochmoore, unter besonderer Berücksichtigung der europäischen Hochmoore. – Borntraeger, Berlin 1932, 277 S.

478 Pieczyńska, E.: Ecology of the eulittoral zone of lakes. – Ekol. Pol. **20**, 637–723 (1972).

479 Pijl, L. v. d.: Priniciples of dispersal in higher plants. – Springer, Berlin/Heidelberg/New York, 2. Aufl. 1972, 162 S.

480 Pinowski, J.: Factors influencing the number of feeding rooks (*Corvus frugilegus frugilegus* L.) in various field environments. – Ekol. Pol. **A, 7**, 435–483 (1959).

481 Pieroznikow, E.: Seed bank in the soil stabilized ecosystem of a deciduous forest (Tilio-Carpinetum) in the Bialowieza National Park. – Ekol. Pol. **31**, 145–172 (1983).

482 Poinsot-Balaguer, N.: Dynamique des communantes de Colleemboles en milieu xerique mediterraneen. – Pedobiol. **16**, 1–17 (1976).

483 Pollard, E., Hooper, M., Moore, N.: Hedges. – Collins, London 1977, 256 S.

484 Pomeroy, L.: The strategy on mineral cycling. – ARES **1**, 171–190 (1970).

485 Ponge, J.-F.: Etude écologique d'un humus forestier par l'observation d'un petit volume. – Pedobiol. **31**, 1–64 (1988).

486 Popp, E.: Semiaquatile Lebensräume (Bülten) in Hoch- und Niedermooren. IV. Die Insekten der Bülten. – Intern. Rev. ges. Hydrobiol. **51**, 315–367 (1966).

487 Porath, E.: Ein Beitrag zur Ökologie der Saatkrähe (*Corvus frugilegus* L.). – Z. angew. Zool. **51**, 31–47 (1964).

488 Poulson, Th., White, W. B.: The cave environment. – Science **165**, 971–979 (1969).

489 Povolný, D.: Einige Erwägungen über die Beziehungen zwischen den Begriffen «Synanthrop» und «Kulturfolger». – Beitr. Entomol. (Berlin) **13**, 439–444 (1963).

490 Povolný, D. Šustek, Z.: Some considerations on animal synanthropy and its manifestations on model groups Sarcophagidae (Diptera) and Carabidae (Coleoptera). – Acta Univ. Agric. Brno **33**, 175–199 (1985).

491 Prokosch, P.: Population, Jahresrhythmus und traditionelle Nahrungsplatzbindungen der Dunkelbäuchigen Ringelgans (*Branta b. bernicla*, L. 1758) im Nordfriesischen Wattenmeer. – Ökol. d. Vögel **6**, 1–99 (1984).
492 Pschorn-Walcher, H.: Die Parasitenkomplexe europäischer Diprionidae in ökologisch-evolutionsbiologischer Sicht. – Z. zool. Syst. Evolut.-forschung **26**, 89–103 (1988).
493 Pschorn-Walcher, H., Gunhold, P.: Zur Kenntnis der Tiergemeinschaft in Moos- und Flechtenrasen an Park- und Waldbäumen. – Z. Morph. Ökol. Tiere **46**, 342–354 (1957).
494 Pulliainen, E.: Nutritive values of some lichens used as food by reindeer in northeastern Lapland. – Ann. zool. Fenn. **8**, 385–389 (1971).
495 Quezel, P.: Circum-Mediterraneum forest ecosystems. – Nature und Resources **12**, (3) 16–23 (1976).
496 Rahn, H., Ar, A.: The avian egg: Incubation time and water loss. – Condor **76**, 147–152 (1974).
497 Ranft, H., Dässler, H.: Zur Rauchempfindlichkeit von Flechten und Moosen und ihre Verwendung als Testpflanzen. – Arch. Naturschutz u. Landschaftsforschg. **12**, 189–202 (1972).
498 Ranwell, D.: Ecology of salt marshes and sand dunes. – Chapman & Hall, London 1972, 258 S.
499 Rasa, A.: Die perfekte Familie. – Dtsch. Verl. Anstalt Stuttgart 1984, 327 S.
500 Raymont, J.: The production of marine plankton. – Adv. Ecol. Res. **3**, 117–205 (1966).
501 Read, D., Feeny, P., Root, R.: Habitat selection by the aphid parasite *Diaeretiella rapae* (Hymenoptera: Braconidae) and hyperparasite *Charips brassicae* (Hymenoptera: Cynipidae). – Cand. Ent. **102**, 1567–1582 (1970).
502 Regal, Ph.: Pollination by wind and animals: ecology of geographic patterns. – ARES **13**, 497–524 (1982).
503 Rehder, H.: Phytomasse- und Nährstoffverhältnisse einer alpinen Rasengesellschaft (Caricetum firmae). – Verh. Ges. Ökol. **4**, 93–99, Den Haag 1976.
504 Rehm, A., Humm, H.: *Sphaeroma terebrans:* a threat to the mangroves of Southwestern Florida. – Science **182**, 173–174 (1973).
505 Reichle, D. (Ed.): Analysis of temperate forest ecosystems. – Ecol. Studies **1**. Springer, Berlin/Heidelberg/New York 1970, 304 S.
506 Reichstein, H.: *Mus musculus* Linnaeus, 1758 – Hausmaus. – in: Handb. Säugetiere Europas. Akad. Verlagsges. Wiesbaden **1**, 421–451 (1978).
507 Reise, K.: Experiments on epibenthic predation in the Wadden Sea. – Helgol. wiss. Meeresunters. **31**, 55–101 (1978).
508 Reise, K., Ax, P.: A meiofaunal «Thiobios» limited to the anaerobic sulfide system of marine sand does not exist. – Marine Biol. **54**, 225–237 (1979).
509 Remane, A.: Einführung in die zoologische Ökologie der Nord- und Ostsee. – Lief. **34** von: Grimpe & Wagler, Tierwelt der Nord- und Ostsee. Akad. Verlagsges., Leipzig 1940, 238 S.

510 Remane, A.: Ordnungsformen der lebenden Natur. – Stud. Generale 3, 404–410 (1950).
511 Remane, A.: Die Brackwasser-Submergenz und die Umkomposition der Coenosen in Belt- und Ostsee. – Kieler Meeresforsch. 11, 59–73 (1955).
512 Remane, A., Schlieper, C.: Biology of brackish water. – Schweizerbart, Stuttgart, 2. Aufl. 1971, 372 S.
513 Remane, R.: Die Besiedlung von Grünlandflächen verschiedener Herkunft durch Wanzen und Zikaden im Weser-Ems-Gebiet. – Z. angew. Ent. 42, 353–400 (1958).
514 Remmert, H.: Der Strandanwurf als Lebensraum. – Z. Morph. Ökol. Tiere 48, 461–516 (1960).
515 Remmert, H.: Über die Besiedlung des Brackwasserbeckens der Ostsee durch Meerestiere unterschiedlicher ökologischer Herkunft. – Oecologia (Berl.) 1, 296–303 (1968).
516 Remmert, H.: Die Überwindung der Salinitätsschranke zwischen Meer und Land. – Verh. Dtsch. Zool. Ges. (Heidelberg), 310–316 (1968).
517 Remmert, H.: Arctic animal ecology. – Springer, Berlin/Heidelberg/New York 1980, 250 S.
518 Remmert, H.: Spitzbergen und Südgeorgien. Ein ökologischer Vergleich. – Natur u. Museum 115, 237–249 (1985).
519 Renken, W.: Untersuchungen über Winterlager von Insekten. – Z. Morph. Ökol. Tiere 45, 34–106 (1956).
520 Rheinheimer, G.: Die Rolle der heterotrophen Mikroorganismen in marinen Ökosystemen. – Verh. Ges. Ökol. 6, 29–34, Göttingen 1978.
521 Richards, M.: The tropical rain forest. – Cambridge Univ. Press, New York 1966, 450 S.
522 Robert, P., Blaisinger, P., Stengel, M.: L'évolution des populations du hanneton commun *Melolontha melolontha* L. (Coleoptera: Scarabaeidae) en France, jusqu'en 1985. – Acta Oecologica 7, 287–294 (1986).
523 Robinson, J.: On the fauna of a brown flux of an elm tree, *Ulmus procera* Salisb. – J. Anim. Ecol. 22, 149–153 (1953).
524 Rodriguez, G.: Some aspects of the ecology of tropical estuaries. – Ecol. Studies 11, 313–333. Springer, Berlin/Heidelberg/New York 1975.
525 Rotter, M., Kneitz, G.: Die Fauna der Hecken und Feldgehölze und ihre Beziehung zur umgebenden Agrarlandschaft. – Waldhygiene 12, 1–82 (1977).
526 Roubik, D.: Obligate necrophagy in a social bee. – Science 217, 1059–1060 (1982).
527 Ruttner, F.: Grundriß der Limnologie. – W. de Gruyter, Berlin, 3. Aufl. 1962, 332 S.
528 Ryan, J.: Insects in the High Arctic. – Proc. 15. Int. Congr. Entomol. (Washington), 167–172 (1977).
529 Ryszkowski, L.: Structure and function of the mammal community in an agricultural landscape. – Acta Zool. Fenn. 169, 45–59 (1982).
530 Rzóska, J.: The upper Nile swamps, a tropical wetland study. – Freshwater Biol. 4, 1–30 (1974).

531 Sachs, R.: Present and future parasite problems in African game. – Brit. Ecol. Soc. 18. Sympos. Bangor, 303–312 (1977).
532 Sahrhage, D.: Lebende Ressourcen des Meeres. – Naturw. Rdschau 34, 137–142 (1981).
533 Sakai, A., Otsuka, K.: Freezing resistance of alpine plants. – Ecology 51, 665–671 (1970).
534 Šamurin, V., Tichmenev, E.: Vsaimosvjazi meždu entomofil'nymi rastenjami i antofil'nymi nasekomymi v biogeocenozach arktiki (Relationships between entomophilous plants and anthophilous insects in arctic ecosystems). – Ž. obšč. biol. 35, 243–250 (1974).
535 Sanders, N., Shelford, V.: A quantitative and seasonal study of a pine-dune animal community. – Ecology 3, 306–320 (1922).
536 Sanford, R.: Apogeotropic roots in an Amazonian rain forest. – Science 235, 1062–1064 (1987).
537 Sanford, W., Wangari, E.: Tropical grassland and utilization. – Nature Resources (Unesco) 21, 12–27 (1985).
538 Sarma, V.: Marine park complete (almost). – Nature 306, 419 (1983).
539 Sarmiento, G., Monasterio, M.: A critical consideration of the environmental conditions associated with the occurence of savanna ecosystems in tropical America. – Ecol. Studies 11, 223–250. Springer, Berlin/Heidelberg/New York 1975.
540 Sasekumar, A.: Distribution of macrofauna on a Malayan mangrove shore. – J. Anim. Ecol. 43, 51–69 (1974).
541 Schaefer, M.: Einfluß der Raumstruktur in Landschaften der Meeresküste auf das Verteilungsmuster der Tierwelt. – Zool. Jb. Syst. 97, 55–124 (1970).
542 Schaefer, M.: Welche Faktoren beeinflussen die Existenzmöglichkeit von Arthropoden eines Stadtparks – untersucht am Beispiel der Spinnen (Araneida) und Weberknechte (Opilionida). – Faun.-Ökol. Mittlg. (Kiel) 4, 305–318 (1973).
543 Schaefer, M.: Trophische Beziehungen in einem Küstendünen-Ökosystem, einer «natürlichen Monokultur» von *Ammophila arenaria*. – Verh. Ges. Ökol. 5, 241–248, Den Haag 1977.
544 Schaefer, M.: Chemische Ökologie – ein Beitrag zur Analyse von Ökosystemen? Naturw. Rdschau 33, 128–134 (1980).
545 Schaefer, M.: Räuberische Arthropoden in der Streuschicht eines Kalkbuchenwaldes: Biomasse, Energiebilanz, «Feinddruck» und Aufteilung der Ressourcen. – Verh. Dtsch. Zool. Ges. 1983, S. 206 (1983).
546 Schaefer, M.: Waldschäden und die Tierwelt des Bodens. – Allg. Forstzeitschr., 676–679 (1985).
546a Schaefer, M., Haas, L.: Untersuchungen zum Einfluß der Mahd auf die Arthropodenfauna einer Bergwiese. – Drosera '79, 17–40 (1979).
547 Schauermann, J.: Zur Abundanz und Biomassendynamik der Tiere in Buchenwäldern des Solling. – Verh. Ges. Ökol. 5, 113–124, Den Haag 1977.
548 Schauermann, J.: Tiergesellschaften der Wälder im Solling unter dem Ein-

fluß von Luftschadstoffen und künstlichem Säure- und Düngereintrag. – Verh. Ges. Ökol. (Gießen 1986), **16**, 53–62 (1987).
548a Scheerpeltz, O., Höfler, K.: Käfer und Pilze. – Verl. Jugend u. Volk, Wien 1948, 315 S.
549 Schimitschek, E.: Forstentomologische Studien im Urwald Rothwald. – Z. angew. Ent. **34**, 178–215, 513–542; **35**, 1–54 (1952/53).
550 Schjötz-Christensen, B.: The beetle fauna of the Corynephoretum in the ground of the Mole laboratory. – Natura Jutlandica **6/7**, 1–120 (1957).
551 Schlichter, D.: Das Zusammenleben von Riffanemonen und Anemonenfischen. – Z. Tierpsych. **25**, 933–954 (1968).
552 Schlieper, C.: Leben in der Tiefsee. – Naturw. u. Medizin **3**, 31–47 (1966).
553 Schlieper, C.: High pressure effects on marine invertebrates and fishes. – Marine Biol. **2**, 5–12 (1968).
554 Schlüter, A.: Bio-akustische Untersuchungen an Mikrohyliden in einem begrenzten Gebiet des tropischen Regenwaldes von Peru. – Salamandra (Frankf./M.) **16**, 114–131 (1980).
555 Schmidt, E.: Ökosystem See. – Biol. Arbeitsbücher **12**. Quelle & Meyer, Heidelberg, 3. Aufl. 1979, 172 S.
556 Schmidt, G.: Von den Auswirkungen des Bombenkrieges auf die Oekologie der Vögel der Stadt Kiel. – Vogelwelt **74**, 139–144 (1953).
557 Schmidt-Nielsen, K.: Desert animals. Physiological problems of heat and water. – Clarendon Press, Oxford 1964, 277 S.
558 Schmidt-Nielsen, K.: Animal physiology. Adaptation and environment. – Univ. Press, Cambridge/London/New York, 2. Aufl. 1980, 560 S.
559 Schmidt-Nielsen, K., Schmidt-Nielsen, B.: The desert rat. – Sci. Americ. **189**, 73–78 (1953).
560 Schminke, H.: *Hexabathynella halophila* gen. n., spec. n. und die Frage nach der marinen Abkunft der Bathynellacea (Crustacea: Malacostraca). – Marine Biol. **15**, 282–287 (1972).
561 Schminke, H.: Evolution, System und Verbreitungsgeschichte der Familie Parabathynellidae (Bathynellacea, Malacostraca). – Akad. Wiss. Literatur Mainz. Steiner, Wiesbaden 1973, 192 S.
562 Schober, H.: Biologische und ökologische Untersuchungen an Grasmonokulturen. – Z. angew. Zool. **46**, 401–455 (1959).
563 Scholander, P., Dam, L. v., Scholander, S.: Gas exchange in the roots of mangroves. – Amer. J. Bot. **42**, 92–98 (1955).
564 Schönborn, W.: Zoozönotische Struktur- und Konnexitätsanalyse in Kiefernstümpfen. – Biol. Zbl. **80**, 645–633 (1961).
564a Schönborn, W.: Principy modeli biotopa (Grundlagen zu einem Biotopmodell). – J. obščej Biol. **39**, 685–698 (1978).
565 Schönborn, W.: Secondary production and energy transfer in the polluted river Saale (Thuringia, Southern GDR). – Int. Rev. ges. Hydrobiol. **72**, 539–557 (1987).
566 Schreiber, K.-F. (Ed.): Sukzessionen auf Grünlandbrachen. – Münstersche Geogr. Arb. H. **20**, 1985, 230 S.

567 Schremmer, F.: Die Wiese als Lebensgemeinschaft. – Bios 7. Hollinek, Wien 1949, 108 S.
568 Schremmer, F.: Beobachtungen und Untersuchungen über die Insektenfauna der Lärche *(Larix decidua)* im östlichen Randgebiet ihrer natürlichen Verbreitung mit besonderer Berücksichtigung einer Großstadtlärche. – Z. angew. Ent. 45, 1–48, 113–153 (1959).
569 Schröder, H., Marxen-Drewes, H.: Hecken in intensiv genutzten Agrarlandschaften. – Verh. Ges. Ökol. (Gießen 1986) **16**, 117–122 (1987).
570 Schrödinger, E.: What is life? – Cambridge Univ. Press 1945, 92 S.
571 Schrödter, H.: Untersuchungen über die Wirkung einer Windschutzpflanzung auf den Sporenflug und das Auftreten der *Alternaria*-Schwärze an Kohlsamenträgern. – Angew. Meteorol. **1**, 154–158 (1953).
572 Schubart, H., Beck, L.: Zur Coleopterenfauna amazonischer Böden. – Amazoniana **1**, 311–322 (1968).
573 Schuhmacher, H.: Untersuchungen zur Taxonomie, Biologie und Ökologie einiger Köcherfliegenarten der Gattung *Hydropsyche* Pict. (Insecta, Trichoptera). – Int. Rev. ges. Hydrobiol. **55**, 511–557 (1970).
574 Schuhmacher, H.: Korallenriffe. Ihre Verbreitung, Tierwelt und Ökologie. – BLV, München/Bern/Wien 1976, 275 S.
575 Schuhmacher, H.: Initial phases in reef development, studied at artificial types off Eilat, (Red Sea). – Helgol. wiss. Meeresunters. **30**, 400–411 (1977).
576 Schuhmacher, H.: A hermit crab, sessile on corals, exclusively feeds by feathered antennae. – Oecologia (Berl.) **27**, 371–374 (1977).
577 Schulte, G.: Vertikalwanderungen küstenbewohnender Milben (Acari, Oribatei). – Netherl. J. Sea Res. **7**, 68–80 (1973).
578 Schulte, G.: Die Küstenbindung terrestrischer Arthropoden und ihre Bedeutung für den Wandel des Ökosystems «marines Felslitoral» in unterschiedlichen geographischen Breiten. – Mitt. Dtsch. Ges. allg. angew. Ent. **1**, 211–219 (1978).
579 Schulz, E.: Das Farbstreifenwatt und seine Fauna, eine ökologische biozönotische Untersuchung an der Nordsee. – Kieler Meeresforsch. **1**, 359–377 (1937).
580 Schulze, E.-D.: Die Wirkung von Licht und Temperatur auf den CO_2-Gaswechsel verschiedener Lebensformen aus der Krautschicht eines montanen Buchenwaldes. – Oecologia (Berl.) **9**, 235–258 (1972).
581 Schulze, E.-D., Fuchs, M., Fuchs, M. J.: Spacial distribution of photosynthetic capacity and performance in a mountain spruce forest of northern Germany. III. The significance of the evergreen habit. – Oecologia (Berl.) **30**, 239–248 (1977).
582 Schuster, R.: Das marine Litoral als Lebensraum terrestrischer Kleinarthropoden. – Int. Rev. ges. Hydrobiol. **47**, 359–412 (1962).
583 Schuster, R.: Die Ökologie der terrestrischen Kleinfauna des Meeresstrandes. – Verh. Dtsch. Zool. Ges. (Kiel), 492–521 (1965).
584 Schütz, L.: Ökologische Untersuchungen über die Benthosfauna im Nordostseekanal, III. – Int. Rev. ges. Hydrobiol. **54**, 553–592 (1969).

585 Schüz, E.: Grundriß der Vogelzugskunde. – Parey, Berlin/Hamburg, 2. Aufl. 1971, 390 S.
586 Schüz, E.: Status und Veränderung des Weißstorch-Bestandes. – Naturwiss. Rdschau **33**, 102–105 (1980).
587 Schwanitz, F.: Die Entstehung der Kulturpflanzen als Modell für die Evolution der gesamten Pflanzenwelt. – In: Heberer (Ed.), Die Evolution der Organismen. Bd. II/2, 175–300. G. Fischer, Stuttgart, 3. Aufl. 1971.
587a Schwenninger, H.: Die Bedeutung der Feldraine für die Artenvielfalt von Agrarökosystemen unter besonderer Berücksichtigung der Insektenfauna der Krautschicht. – Mitt. Dt. Ges. Allg. Angew. Ent. **6**, 364–370 (1988).
588 Schwoerbel, J.: Einführung in die Limnologie. – UTB **31**, G. Fischer, Stuttgart/New York, 3. Aufl. 1977, 191 S. (6. Aufl. 1987, 243 S.).
589 Sdobnikov, V.: Vzaimootnošenija severnogo olenja *(Rangifer tarandus)* s životnym mirom tundry i lesa (Wechselbeziehungen des Rentiers *(Rangifer tarandus)* mit der Tierwelt der Tundra und des Waldes). – Trudy arktič. Inst. SSSR (Leningrad) **24**, 5–66 (1935).
590 Segebade, R., Schaefer, M.: Zur Ökologie der Arthropodenfauna einer Stadtlandschaft und ihrer Umgebung. II. Pflanzengallen und Pflanzenminen. – Anz. Schädl.kd., Pflanz.schutz, Umweltschutz **52**, 117–121 (1979).
591 Seiler, R.: Fortbewegung und Nahrungserwerb bei *Matuta lunaris* Forskal (Calappidae, Oxystomata, Decapoda, Crustacea). – Zool. Anz. **196**, 161–166 (1976).
592 Sheppe, W.: Invertebrate predation on termites of the african savanna. – Insectes Sociaux **17**, 205–218 (1970).
593 Siebeck, O.: Untersuchungen zur Biotopbindung einheimischer Pelagial-Crustaceen. – Verh. Ges. Ökol. **2**, 11–24, Den Haag 1974.
594 Siepe, A.: Einfluß häufiger Überflutungen auf die Spinnen-Besiedlung am Oberrhein-Ufer. – Mitt. dtsch. Ges. allg. angew. Ent. **4**, 281–284 (1985).
595 Silvertown, J.: Phenotypic variety in seed germination behavior: the ontogeny and evolution of somatic polymorphism in seeds. – Amer. Naturalist **124**, 1–16 (1984).
596 Sieburth, J.: Bacterial substrates and productivity in marine ecosystems. – ARES **7**, 259–285 (1976).
597 Sinclair, A. R.: The resource limitation of trophic levels in tropical grassland ecosystems. – J. Anim. Ecol. **44**, 497–520 (1975).
598 Sioli, H.: Die Fruchtbarkeit der Urwaldböden des brasilianischen Amazonasgebietes und ihre Bedeutung für die zukünftige Nutzung. – Staden-Jb. **5**, 23–36 (1958).
599 Skuhravý, V. (Ed.): Invertebrates and vertebrates attacking common reed stands *(Phragmites communis)* in Czechoslovakia. – Studie ČSAV (Praha) **1**, 1–113 (1981).
600 Skuhravý, V., Starý, P.: Entomofauna des Kleefeldes *(Trifolium pratense* L.) und ihre Entwicklung (Tschech. mit dtsch. Zus.). – Rozpravy čsl. Akad. věd **69** (7) 1–83 (1959).
601 Skwarra, E.: Die Ameisenfauna des Zehlaubruches. – Schr. Physik.-ökon. Ges. Königsberg/Pr. **66**, 3–174 (1929).

602 Slijper, E.: Riesen des Meeres. Eine Biologie der Wale und Delphine. – Verständl. Wiss. 80, Springer, Berlin/Göttingen/Heidelberg 1962, 119 S.
603 Smith, C. C., Reichman, W.: The evolution of food caching by birds and mammals. – ARES 15, 329–351 (1984).
604 Smith, Ch.: The effect of overgrazing and erosion upon the biota of the mixed-grass prairie of Oklahoma. – Ecology 20, 381–397 (1940).
605 Sokolov, V., Chernov (Černov), Yu.: Arctic ecosystems: conservation and development in an extreme environment. – Nature and Resources (Unesco) 19, Nr. 3, 2–9 (1983).
606 Sokolova, M.: Trophic structure of deep-sea macrobenthos. – Marine Biol. 16, 1–12 (1972).
607 Sorokin, Ju: Issledovanie filtrazonnogo i osmotičeskogo pitanija korallov (A study of filtrational and osmotic feeding in Corals). – Ž. obšč. biol. 33, 123–128 (1972).
608 Sousa, W.: The role of disturbance in natural communities. – ARES 15, 353–391 (1984).
609 Spedding, C.: The biology of agricultural systems. – Acad. Press, London/New York/San Francisco 1975, 261 S.
610 Speyer, W.: Die an der Niederelbe in Obstbaum-Fanggürteln überwinternden Insekten. I–VI. – Z. Pflanzenkrankh. 43, 113–138, 517–533; 44, 321–330, 577–585; 45, 433–462; 46, 13–27 (1933/36).
611 Stachow, U.: Aktivitäten von Laufkäfern (Carabidae, Col.) in einem intensiv wirtschaftenden Ackerbaubetrieb unter Berücksichtigung des Einflusses von Wallhecken. – Schrift.reihe Inst. Wasserwirtsch. u. Landschaftsökol. Univ. Kiel 5, 1987, 128 S.
612 Stachurski, A.: Nutrient control in throughfall waters of forest ecosystems. – Ekol. pol. 35, 3–69 (1987).
613 Starmühlner, F.: Ergebnisse der Österreichischen Island-Expedition 1955. Zur Individuendichte und Formänderung von *Lymnaea peregra* Müller in isländischen Thermalbiotopen. – Sitzungsber. Öster. Akad. Wiss., Math.-naturw. Kl., Abt. I, 166, 331–384 (1957).
614 Stebaev, I.: Zoologičeskaja characteristika tundrovych poč (Zoological characteristics of tundra soils). – Zool. Ž. 41, 816–825 (1962).
614a Stebaev, I.: The biological principle of habitat change and general characters of the landscape distribution of grasshoppers (Orthoptera, Acrididae) in mountain- and arid regions of South Sibiria (Russ.). – Ent. Obosr. 53, 3–23 (1974).
615 Steele, J., McIntyre, A., Edwards, R. R., Trevallion, A.: Interrelations of a young plaice population with its invertebrate food supply. – Brit. Ecol. Soc., Sympos. 10, 375–388 (1970).
616 Steenhof, K., Kochert, M.: Dietary responses of three raptor species to changing prey densities in a natural environment. – J. Anim. Ecol. 57, 37–48 (1988).
617 Steffan, A. W.: Zur Produktionsökologie von Gletscherbächen in Alaska und Lappland. – Verh. Dtsch. Zool. Ges. 65, 73–78 (1972).
618 Steffan, A. W.: Zur Struktur und Verflechtung von Kleinlebensvereinen in

Felstümpeln der Meeresküste. – Verh. Ges. Ökol. (Bern 1982) **12**, 425–436 (1984).
619 Stegmann, B.: Die Herkunft eurasiatischer Steppenvögel. – Bonn. Zool. Beiträge **9**, 208–230 (1958).
620 Stegmann, B.: Die Herkunft der paläarktischen Taiga-Vögel. – Arch. Naturgesch. N. F. **1**, 355–398 (1932).
621 Stein, W.: Untersuchungen über die Fliegenfauna einer geordneten Mülldeponie. – Umwelthygiene **25**, 168–172 (1974).
622 Stein, W.: Untersuchungen zur Mikrohabitatbindung von Laufkäfern des Hypolithions eines Seeufers (Col., Carabidae). – Z. angew. Ent. **98**, 190–200 (1984).
623 Stein, W.: Vorratsschädlinge und Hausungeziefer. – Ulmer, Stuttgart 1986, 287 S.
624 Steinberger, Y., Freckman, D., Parker, L. W., Whitford, W.: Effects of simulated rainfall and litter quantities on desert soil biota: nematodes and microarthropodes. – Pedobiol. **26**, 267–274 (1984).
625 Steinböck, O.: Über die Fauna der Kryokonitlöcher alpiner Gletscher. – Der Schlern **31**, 65–70 (1957).
626 Steinborn, H.-A.: Ökologische Untersuchungen an Schmeißfliegen (Calliphoridae). – Drosera '81 17–26 (1981).
627 Steiner, H.: Die Arthropoden des Apfelbaumes, ihre jahreszeitliche Verteilung und Möglichkeiten zur Ermittlung ihres Schädlichkeits-Nützlichkeitsgrades. – Verh. Dtsch. Ges. angew. Ent. **14**, 129–134 (1958).
628 Stengel, E., Weise, K.: Biologie. – Ernst Klett, Stuttgart 1958, 296 S.
629 Stephenson, T. A., Stephenson, A.: Life between tidemarks on rocky shores. – Freeman & Comp., San Francisco 1972, 425 S.
630 Stimm, B.: Waldsterben. Eine aktuelle Bestandserhebung, Schadbilder und Schadensumfang. – Ecomed, Landsberg/München 1984, 80 S.
631 Stöckli, A.: Der Boden als Lebensraum. – Vierteljahresschr. Naturf. Ges. Zürich **91**, 1–17 (1946).
632 Stoffler, H.-D.: Der Hortulus des Walahfried Strabo. Aus dem Klostergarten des Klosters Reichenau. – Thorbecke, Sigmaringen, 2. Aufl. 1985, 102 S.
633 Storch, V.: Meeresborstenwürmer. – Neue Brehm Bücherei **422**, Ziemsen, Wittenberg 1971, 80 S.
634 Strenzke, K.: Ökologie der Wassertiere. – Handb. Biol. **3**, 115–192. Akad. Verlagsges. Athenaion, Konstanz/Wiesbaden 1963 (Als Einzeldruck 1956).
635 Strong, D., McCoy, E., Rey, J.: Time and the number of herbivore species: the pests of sugarcane. – Ecology **58**, 167–175 (1977).
636 Strueve-Kusenberg, R.: Sukzession und trophische Struktur der Bodenfauna von Brachlandflächen. – Pedobiol. **21**, 132–141 (1981).
637 Sturm, H.: Zur Ökologie der andinen Páramaregion. – Biographica **14**. Junk, Den Haag/Boston/London 1978, 121 S.
638 Sukačev, V., Dylis, N. (Ed.): Osnovy lesnoj biogeocenologii. – Nauka, Moskva 1964, 574 S. (engl. Übers.: Fundamentals of forest biogeocoenology. Oliver & Boyd, Edinburgh/London, 672 S.).

639 Sudhaus, W., Rehfeld, K., Schlüter, D., Schweiger, J.: Beziehungen zwischen Nematoden, Coleopteren und Dipteren in der Sukzession beim Abbau von Kuhfladen. – Pedobiol. 31, 305–322 (1988).
640 Sukopp, H.: Wandel von Flora und Vegetation in Mitteleuropa unter dem Einfluß des Menschen. – Ber. Landw. 50, 112–139 (1972).
641 Sukopp, H.: Dynamik und Konstanz in der Flora der Bundesrepublik Deutschland. – Schrift.reihe Vegetationskd. 10, 9–26 (1976).
642 Sukopp, H.: Veränderung von Flora und Vegetation in Agrarlandschaften. – Ber. Landw. (Parey), Sonderbd., 255–264 (1981).
643 Sukopp, H.: Stadtökologische Forschung und deren Anwendung in Europa. – Düsseldorfer Geobot. Kolleg 4, 3–28 (1987).
644 Sunderland, K., Fraser, A., Dixon, A.: Field and laboratory studies on money spiders (Linyphiidae) as predators of cereal aphids. – J. Appl. Ecol. 23, 433–447 (1986).
645 Susmel, L., Viola, F., Bassato, G.: Ecologia della Lecceta del Supramonte di Orgoselo (Sardegna Centro-orientale). – Ann. Centro Econ. Mont. Venezie (Padova) 10, 1–261 (1976).
646 Švarc, S., Danilov, N.: Biogeocenozy lesotundry i južnoj tundry (Ecosystems of forest tundra and southern tundra). – Ž. obšč. biol. 33, 648–656 (1972).
647 Swift, M., Heal, O., Anderson, J. M.: Decomposition in terrestrial ecosystems. – Studies in Ecol. 5. Blackwell Sci. Publ., Oxford/London/Edinbourgh 1979, 372 S.
648 Tait, R.: Meeresökologie. Eine Einführung. – Thieme, Stuttgart 1971, 305 S.
649 Tamm, J.: Die Flora und Fauna der jahresperiodisch trockenliegenden Überschwemmungsfluren der Edertalsperre – eine Auenbiozönose? – Verh. Ges. Ökol. (Bern 1982) 12, 355–360 (1984).
650 Tardent, P.: Meeresbiologie. Eine Einführung. – Thieme, Stuttgart 1979, 381 S.
651 Tarman, K.: The origin of cave Acarofauna. – Proc. 4. Int. Congr. Speleology in Yugosl. 1965, 253–255 (1969).
652 Taylor, C. R.: The eland and the oryx. – Sci. Amer. 220, 89–95 (1969).
653 Teal, J.: Community metabolism in a temperate cold spring. – Ecol. Monogr. 27, 283–302 (1957).
654 Teal, J.: Energy flow in the salt marsh ecosystem of Georgia. – Ecology 43, 614–624 (1962).
655 Tedrow, J., Harms, H.: Tundra soil in relation to vegetation, perma frost and glaciation. – Oikos 11, 237–249 (1960).
656 Tesch, F.-W.: Aale mit Ultraschall-Sendern. – Umschau (Frankf.) 74, 554–555 (1974).
657 Thiele, H.-U.: Die Tiergesellschaften der Bodenstreu in den verschiedenen Waldtypen des Niederbergischen Landes. – Z. angew. Ent. 39, 316–367 (1956).
658 Thiele, H.-U.: Ökologische Untersuchungen an bodenbewohnenden Cole-

opteren einer Heckenlandschaft. – Z. Morph. Ökol. Tiere **53**, 537–586 (1964).
659 Thiele, H.-U., Kirchner, H.: Über die Körpergröße der Gebirgs- und Flachlandpopulationen einiger Laufkäfer (Carabidae). – Bonn. zool. Beiträge **9**, 294–302 (1958).
660 Thienemann, A.: Die Binnengewässer Mitteleuropas. – Schweizerbart, Stuttgart 1925, 255 S.
661 Thienemann, A.: Pflanze und Tier im hohen Norden. – Natur u. Volk **64**, 202–207 (1934).
662 Thienemann, A.: Die Tierwelt der tropischen Pflanzengewässer. – Archiv Hydrobiol. Suppl. **13**, 1–91 (1934).
663 Thienemann, A.: Die Ursachen der Stechmückenplage im hohen Norden. – Natur u. Volk **68**, 587–593 (1938).
664 Thienemann, A.: Die Tierwelt eines astatischen Gartenbeckens in vier aufeinanderfolgenden Jahren. – Schweiz. Zeitschr. Hydrobiol. **11**, 15–48 (1948).
665 Tieszen, L. (Ed.): Vegetation and production ecology of an Alaskan Arctic Tundra. – Ecol. Studies **29**. Springer, New York/Heidelberg/Berlin 1978, 686 S.
666 Thiollay, J.: L'exploitation des feux de brouse par les oiseaux en Afrique occidentale. – Alauda (Paris) **39**, 54–72 (1971).
667 Thorson, G.: Zur jetzigen Lage der marinen Bodentier-Ökologie. Verh. Dtsch. Zool. Ges. (Wilhelmshaven), 276–327 (1952).
668 Thum, M.: Segregation of habitat and prey in two sympatric carnivorous plant species, *Drosera rotundifolia* and *Drosera intermedia*. – Oecologia (Berl.) **70**, 601–605 (1986).
669 Thum, M.: Moorbewohnende Ameisen und eine Zwergzikadenart als Schadinsekten beim europäischen Sonnentau. – Verh. Dtsch. Zool. Ges. (Bielefeld), S. 192 (1988).
670 Tietjen, J.: Ecology and distribution of deep-sea meiobenthos of North Carolina. – Deep-Sea Res. **18**, 941–957 (1971).
671 Tischler, G.: Über die Siedlungsfähigkeit von Polyploiden. – Z. f. Naturforschung **1**, 157–159 (1946).
672 Tischler, W.: Untersuchungen am Statozystenapparat bei *Sergestes Edwardsii*. – Zool. Anz. **110**, 14–16 (1935).
673 Tischler, W.: Zur Ökologie der wichtigsten in Deutschland an Getreide schädlichen Pentatomiden I. u. II. – Z. Morph. Ökol. Tiere **34**, 317–366 (1938), **35**, 251–287 (1939).
674 Tischler, W.: Biocönotische Untersuchungen an Wallhecken. – Zool. Jb. Syst. **77**, 283–400 (1948).
675 Tischler, W.: Grundzüge der terrestrischen Tierökologie. – Vieweg, Braunschweig 1949, 220 S.
676 Tischler, W.: Biozönotische Untersuchungen bei Hausfliegen. – Z. angew. Ent. **32**, 195–207 (1950).
677 Tischler, W.: Malarialage und Mückenbekämpfung in Montenegro. – Anz. Schädlingskd. **23**, 65–69 (1950).

678 Tischler, W.: Ein biozönotischer Beitrag zur Besiedlung von Steilwänden. – Verh. Dtsch. Zool. Ges. (Marburg), 214–229 (1951).

679 Tischler, W.: Biozönotische Untersuchungen an Ruderalstellen. – Zool. Jb. Syst. **81**, 122–174 (1952).

680 Tischler, W.: Ist der Begriff «Kultursteppe» in Mitteleuropa berechtigt? – Forschg. u. Fortschr. **29**, 353–356 (1955).

681 Tischler, W.: Synökologie der Landtiere. – G. Fischer, Stuttgart 1955, 414 S.

682 Tischler, W.: Synökologische Untersuchungen an der Fauna der Felder und Feldgehölze. – Z. Morph. Ökol. Tiere **47**, 54–114 (1958).

682a Tischler, W.: Zur Biologie der Feuerwanze (*Pyrrhocoris apterus* L.) – Zool. Anz. **163**, 392–396 (1959).

683 Tischler, W.: Studien zur Bionomie und Ökologie der Schmalwanze *Ischnodemus sabuleti* Fall. (Hem., Lygaeidae). – Z. wiss. Zool. **163**, 168–209 (1960).

684 Tischler, W.: Pflanzenpathologie. – Handb. Biol. Bd. 7, 177–232. Akad. Verlagsges. Athenaion, Konstanz/Wiesbaden 1962 (Als Einzeldruck 1957).

685 Tischler, W.: Agrarökologie. – G. Fischer, Jena 1965, 499 S. (russ. Übers.: Selskochozjajstvennaja Ekologija. Kolos, Moskva 1971, 455 S. – poln. Übers.: Agroekologia. PWRILL, Warszawa 1971, 485 S.).

686 Tischler, W.: Untersuchungen über das Hypolithion einer Hausterrasse. – Pedobiol. **6**, 13–26 (1966).

687 Tischler, W.: Zur Biologie und Ökologie des Opilioniden *Mitopus morio* F. – Biol. Zbl. **86**, 473–488 (1967).

688 Tischler, W.: Getreidestoppeln als Winterlager für Kleintiere. – Zool. Jb. Syst. **95**, 523–541 (1969).

689 Tischler, W.: Über Strukturelemente im Ökosystem am Beispiel der Umbellifere *Angelica sylvestris* L. – Biol. Zbl. **92**, 327–345 (1973).

690 Tischler, W.: Ecology of arthropod fauna in man-made habitats: The problem of synanthropy. – Zool. Anz. **191**, 157–161 (1973).

691 Tischler, W.: Zur Biologie der Weinbergschnecke *(Helix pomatia)*. – Faun.-ökol. Mittlg. (Kiel) **4**, 283–298 (1973).

692 Tischler, W.: Kontinuität des Biosystems Erle *(Alnus)* – Erlenblattkäfer *(Agelastica alni)*. – Z. angew. Zool. **64**, 69–92 (1977).

693 Tischler, W.: Biologie der Kulturlandschaft. Eine Einführung. – G. Fischer, Stuttgart/New York 1980, 253 S.

694 Tischler, W.: Asseln (Isopoda) und Tausendfüßer (Myriopoda) eines Stadtparks im Vergleich mit der Umgebung der Stadt: zum Problem der Urbanbiologie. – Drosera '80, 41–52 (1980).

695 Tischler, W.: Grundriß der Humanparasitologie. – G. Fischer, Jena, (1. Aufl. 1969), 3. Aufl. 1982, 199 S.

696 Tischler, W.: Naturgeschichte und Ökologie. – Zool. Anz. (Jena) **219**, 297–304 (1987).

697 Tischler, W.-H.: Untersuchungen über die tierische Besiedlung von Aas in verschiedenen Strata von Waldökosystemen. – Pedobiol. **16**, 99–105 (1976).

698 Tomialojc, L., Profus, P.: Comparative analysis of breeding bird communities in two parks of Wroclaw and in adjacent Querco-Carpinetum forest. – Acta Ornithol. **16**, 118–177 (1977).
699 Topp, W.: Zur Ökologie der Müllhalden. – Ann. zool. Fenn. **8**, 194–222 (1971).
700 Topp, W.: Die Besiedlung eines Stadtparks durch Käfer. – Pedobiol. **12**, 336–346 (1972).
701 Topp, W.: Zur Besiedlung einer neu entstehenden Insel. Untersuchungen am «Hohen Knechtsand». – Zool. Jb. Syst. **102**, 215–240 (1975).
702 Topp, W.: Biozönotische Untersuchungen in einem Kar der östlichen Hohen Tauern. – Carinthia II (Klagenfurt) **165/85**, 275–284 (1975).
703 Topp, W.: Verteilungsmuster epigäischer Arthropoden in einer Binnendünenlandschaft. – Schr. Naturw. Ver. Schlesw.-Holst. **49**, 61–79 (1979).
704 Topp, W.: Vorkommen und Diversität von Laufkäfer-Gemeinschaften in verschiedenen Ökosystemen (Col., Carabidae). – Drosera '82, 109–116 (1982).
704a Topp, W., Ring, R.: Adaptations of Coleoptera to the marine environments I & II. – Can. J. Zool. **66**, 2464–2474 (1988).
705 Townsend, C., Hildrew, A.: Field experiments on the drifting, colonization and continuous redistribution of stream benthos. – J. Anim. Ecol. **45**, 759–772 (1976).
706 Tranquillini, W.: Physiological ecology of the alpine timberline. – Ecol. Studies. **31**. Springer, Berlin/Heidelberg/New York 1979, 137 S.
707 Treherne, J., Foster, W.: Diel activity of an intertidal beetle, *Dichirotrichus gustavi* Crotch. – J. Anim. Ecol. **46**, 127–138 (1977).
708 Troll, C.: Termitensavannen, Studien zur Vegetations- und Landschaftskunde der Tropen II. – Länderkundl. Forschg., Festschr. Krebs, 275–312, Stuttgart 1936.
709 Troll, C.: Die geographische Landschaft und ihre Erforschung. – Stud. Generale **3**, 163–181 (1950).
710 Troll, C.: Das Pflanzenkleid der Tropen in seiner Abhängigkeit von Klima, Boden und Mensch. – In: Deutscher Geographentag, Frankfurt 1951. Verl. Amt f. Landeskd. Remagen **28**, 35–67 (1952).
711 Troll, C.: Ökologische Landschaftsforschung und vergleichende Hochgebirgsforschung. – Erdkundl. Wiss. **11**, Steiner, Wiesbaden 1966, 366 S.
712 Troll, C. (Ed.): Geo-ecology of the mountainous regions of the tropical Americas. – Collq. Geogr. **9**, Bonn 1968, 223 S.
713 Tscharntke, T.: Klärteiche – Feuchtgebiete in einer ausgeräumten Landschaft. – Natur u. Landschaft **58**, 333–337 (1983).
714 Tscharntke, T.: Attack by a stem-boring moth increases susceptibility of *Phragmites australis* to gall-making by a midge: mechanisms and effect on midge population dynamics. – Oikos **54**, 93–100 (1989).
715 Turček, F.: Notes on the bird-population of the bottomland-forests around the Danube with special reference to its economic importance (tschech. mit engl. Zus.). – Aquila **63/64**, 15–40 (1956/57).

716 Turček, F.: Ökologische Beziehungen der Vögel und Gehölze. – Slowak. Akad. Wiss., Bratislava 1961, 330 S.
717 Turček, F.: Vögel der Kiefernwälder in den Tatra-Vorgebirgen (tschech. mit dtsch. Zus.). – Biológia (Bratislava) **18**, 504–514 (1963).
718 Turček, F.: Ökologische Beziehungen der Säugetiere und Gehölze. – Slowak. Akad. Wiss., Bratislava 1967, 211 S.
719 Turček, F.: Synökologie eines isolierten Moores im Schemnitzen Gebirge, Slowakei (ČSSR). – Ekol. Pol. **18**, 251–271 (1970).
720 Turček, F.: Ecological studies of birds and mammals on mat-grasslands. – Ekol. pol. **20**, 441–461 (1972).
721 Tuxen, S.: The hot springs, their animal communities and their zoogeographical significance. – Zool. of Iceland **1**. Munksgaard, Copenhagen/Reykjavik 1944, 206 S.
722 Ueckert, D., Hansen, R. M.: Dietary overlap of grasshoppers on Sandhill Rangeland in northeastern Colorado. – Oecologia (Berl.) **8**, 276–295 (1971).
723 Uhlmann, E.: Unsere Material- und Vorratsschädlinge in ihrer Beziehung zum Freilandleben. – Mitt. Ges. Vorratsschutz **13**, 57–60 (1937), **14**, 3–10 (1938).
724 Ulrich, B.: Die Rolle der Bodenversauerung beim Waldsterben: Langfristige Konsequenzen und forstliche Möglichkeiten. – Forstwiss. Cbl. **105**, 421–435 (1986).
725 Ulrich, J.: Grundlagen der Meereskunde. Textband zum «Atlas der Ozeanographie». – Schr. Naturw. Ver. Schlesw.-Holst., Sonderbd. **2**, Kiel 1986, 190 S.
726 Ulrich, W.: Wirtsbeziehungen der parasitoiden Hautflügler in einem Kalkbuchenwald (Hymenoptera). – Zool. Jb. Syst. **114**, 303–342 (1987).
727 Utermöhl, H.: Ditrophie in tropischen und deutschen Seen. – Natur u. Museum **113**, 344–348 (1983).
728 Uvarov, B.: The aridity factor in the ecology of locusts and grasshoppers of the world. – In: Human and animal ecology. Arid Zone Res. (Paris, UNESCO) **18**, 235–248 (1957).
729 Vale, Th.: Sagebrush conversion projects: an element of contemporary environmental change in the western United States. – Biol. Conserv. **6**, 274–284 (1974).
730 Vandel, A.: Biospéologie. La biologie des animaux cavernicoles. – Gauthier-Villars, Paris 1964, 619 S.
731 Vareschi, E.: The ecology of Lake Nakuru (Kenya), I. Abundance and feeding of the Lesser Flamingo. – Oecologia (Berl.) **32**, 11–35 (1978).
732 Vareschi, E.: The ecology of Lake Nakuru (Kenya). II. Biomass and spatial distribution of fish. – Oecologia (Berl.) **37**, 321–335 (1979).
733 Vareschi, V.: Vegetationsökologie der Tropen. – Ulmer, Stuttgart 1980, 294 S.
734 Varley, G.: Modern natural history. – The Naturalist No **906**, 73–77 (1968).

735 Vater, G.: Gesundheitsschädlinge in Städten. – Wiss. Z. Univ. Leipzig, Math.-Naturw. Reihe 35, 627–639 (1986).
736 Vater, G., Vater, A.: Flöhe (Siphonaptera) beim Menschen. Befundanalyse 1961 bis 1983 im Bezirk Leipzig (DDR) I u. II. – Angew. Parasitol. 25, 148–156 (1984); 26, 27–38 (1985).
737 Veblen, T., Schlegel, F., Escobar, B.: Structure and dynamics of old growth *Nothofagus* forest in Valdivian Andres, Chile. – J. Ecol. 68, 1–31 (1980).
738 Vernberg, W. B., Vernberg, F. J.: Environmental physiology of marine animals. – Springer, Berlin/Heidelberg/New York 1972, 346 S.
739 Vestal, A.: An associational study of Illinois sand prairie. – Bull. Ill. Stat. Lab. Nat. Hist. 10, 1–96 (1913).
740 Vickerman, G., Wratten, S.: The biology and pest status of cereal aphids (Hemiptera: Aphididae) in Europe: a review. – Bull. Ent. Res. 69, 1–32 (1979).
741 Viereck, L.: Wildfire in the Taiga of Alaska. – Quatern. Res. 3, 465–495 (1973).
742 Vlijm, L., Kraan, L. v. d., Wingerden, W.: Significance of functional and structural relationships in the soil and litter layer. – Rev. Ecol. Biol. Sol 11, 511–518 (1974).
743 Vogel, M.: Ökologische Untersuchungen in einem *Phragmites* Bestand. – Diss. Univ. Marburg 1981, 97 S.
744 Vogel, M.: The distribution and ecology of epigeic invertebrates on the subantarctic Island of South Georgia. – Spixiana 8, 153–163 (1985).
745 Vos, A. de: Ecological conditions affecting the production of wild herbivorous mammals on grasslands. – Adv. Ecol. Res. 6, 137–183 (1969).
746 Wägele, H.: Riesenwuchs kontra spektakuläre Farbenpracht – Nudibranchia der Antarktis. – Natur u. Museum 118, 46–53 (1988).
747 Waitzbauer, W.: Produktionsbiologische Aspekte schilffressender Insekten. – Verh. Dtsch. Zool. Ges. 65, 116–119 (1972).
748 Walter, H.: Die Vegetationszonen der Erde in öko-physiologischer Betrachtung. – Bd. 1. Die tropischen und subtropischen Zonen. 3. Aufl. 1973, 743 S.; Bd. 2. Die gemäßigten und arktischen Zonen. 1968, 1001 S.; G. Fischer, Stuttgart.
749 Walter, H.: Vegetation und Klimazonen – UTB 14. Ulmer, Stuttgart, 5. Aufl. 1984, 382 S.
750 Walter, H., Straka, H.: Arealkunde. Floristisch-historische Geobotanik. – Ulmer, Stuttgart, 2. Aufl. 1970, 478 S.
751 Ward, L., Lakhani, K.: The conservation of *Juniper:* the fauna of foodplant island sites in southern England. – J. Appl. Ecol. 14, 121–135 (1977).
752 Watanabe, H., Ruaysoongnern, S.: Cast production by the megascolecid earthworm *Pheretima* sp. in Northeastern Thailand. – Pedobiol. 26, 37–44 (1984).
753 Waterhouse, D.: The biological control of dung. – Sci. Amer. 230, 101–109 (1974).
754 Waters, Th.: The drift of stream insects. – Ann. Rev. Ent. 17, 253–272 (1972).

755 Weaver, J., Fitzpatrick, F.: The prairie. – Ecol. Monogr. 4, 113–293 (1934).
756 Weck, J.: Die Wälder der Erde. – Verständl. Wiss. 67. Springer, Berlin/Göttingen/Heidelberg 1957, 152 S.
757 Weidemann, G.: Struktur der Zoozönose im Buchenwald-Ökosystem des Solling. – Verh. Ges. Ökol. 5, 59–74, Den Haag 1977.
758 Weidemann, G.: Über die Bedeutung von Insekten im Ökosystem Laubwald. – Mitt. dtsch. Ges. allg. angew. Ent. 1, 196–204 (1978).
759 Weidner, H.: Die Großstadt als Lebensraum der Insekten. – Verh. 7. Int. Kongr. Entomol. (Berlin), Bd. 2, 1348–1361 (1939).
760 Weidner, H.: Die Insekten der «Kulturwüste». – Mitt. Hamburger Zool. Mus. u. Inst. 51, 89–173 (1952).
761 Weidner, H.: Die Entstehung der Hausinsekten. – Z. angew. Ent. 42, 429–447 (1958).
762 Weidner, H.: Fortschritte der angewandten Termitenkunde. – Z. Pflanz.-krankh. 83, 679–698 (1976).
763 Weigmann, G., Kratz, W.: Oribatid mites in urban zones of West Berlin. – Biology Fertility Soils 3, 81–84 (1987).
764 Wein, R., Bliss, L.: Changes in arctic *Eriophorum* tussock communities following fire. – Ecology 54, 845–852 (1973).
765 Whyte, A.: Ecological approaches to urban systems: retrospect and prospect. – Nature Resources (Unesco) 21, No 1, 13–20 (1985).
766 Wickler, W.: Zum Problem der Signalbildung am Beispiel der Verhaltensmimikry zwischen *Aspidontus* und *Labroides* (Pisces, Acanthopterygii). – Z. Tierpsychol. 20, 657–679 (1963).
767 Wiehe, H.: Über die Auswirkungen von Störungen (menschlicher Einfluß) auf den Brutvogelbestand eines Bruchwaldes bei Braunschweig. – Vogelwelt 94, 161–175 (1975).
768 Wielgolaski, F. (Ed.): Fennoscandian Tundra ecosystems. 1. Plants and Microorganisms. 2. Animals and System Analysis. – Ecol. Studies 16, 366 S., 17, 337 S.; Springer, Berlin/Heidelberg/New York 1975.
769 Wiens, J.: Population responses to patchy environments. – ARES 7, 81–120 (1976).
770 Wilcke, D.: Über die vertikale Verteilung der Lumbriciden im Boden. – Z. Morph. Ökol. Tiere 41, 372–385 (1953).
771 Wild, A.: Licht als Streßfaktor bei Waldbäumen. – Naturw. Rdschau 41, 93–96 (1988).
772 Williams, E. D.: Changes during 3 years in the size and composition of the seedbank beneath a long-term pasture as influenced by defoliation and fertilizer regime. – J. Appl. Ecol. 21, 603–615 (1984).
773 Wilson, G. D., Hessler, R.: Speciation in the deep sea. – ARES 18, 185–207 (1987).
774 Winter, K., Schauermann, J., Schaefer, M.: Sukzession von Arthropoden in verbrannten Kiefernforsten. I. Methoden und allgemeiner Überblick. – Forstwiss. Cbl. 99, 324–340 (1980).
775 Wit, T. de: Flechtenverbreitung in den Niederlanden. – Schrift.reihe Vegetationskd. 10, 169–176 (1976).

776 Wohlenberg, E.: Die Wattenmeer-Lebensgemeinschaften im Königshafen von Sylt. – Helgol. Wiss. Meeresunters. **1**, 1–92 (1937).
777 Wolda, H., Roubik, D.: Nocturnal bee abundance and seasonal bee activity in a Panamanian forest. – Ecology **67**, 426–433 (1986).
778 Wolff, J.: The role of habitat patchiness in the population dynamics of snowshoe hares. – Ecol. Monogr. **50**, 111–130 (1980).
779 Young, A.: Community ecology of some tropical rain forest butterflies. – Amer. Midl. Natural. **87**, 146–157 (1972).
780 Young, A.: Evolutionary responses by butterflies to patchy distributions of resources in tropical environments. – Acta Biotheor. **29**, 37–64 (1980).
781 Zaret, T., Paine, R. T.: Species introduction in a tropical lake. – Science **182**, 449–455 (1973).
782 Zenker, W.: Beziehungen zwischen dem Vogelbestand und der Struktur der Kulturlandschaft. – Beitr. Avifauna Rheinland H. **15**, 1–249 (1982).
783 Ziegler, H.: Physiologische Anpassungen der Pflanzen an extreme Umweltbedingungen. – Naturw. Rdschau **22**, 241–247 (1969).
784 Zimka, J., Stachurski, A.: Vegetation as modifier of carbon and nitrogen transfer to soil in various types of forest ecosystems. – Ekol. pol. **24**, 493–514 (1976).
785 Zumpt, F.: Die Koleopterenfauna des Steppenheidebiotops von Bellinchen und Oderberg (Fauna marchica). – Beitr. Naturdenkmalspflege **14**, 363–449 (1931).
786 Zwölfer, H.: Hecken als ökologische Systeme. – Mitt. dtsch. Ges. allg. angew. Ent. **3**, 9–11 (1981).

Während des Drucks erschien: Blab, J., Terhardt, A., Zsivanovits, K.-P.: Tierwelt in der Zivilisationslandschaft. I. Säugetiere und Vögel. – Schrift.reihe Landschaftspfl. u. Naturschutz, H. **30**, 1989, 223 S.

Register

Aal, Wanderung 15, 37
Abbauvorgänge: Aas 57, 156
—, Detritus (s. l.) 89, 98, 116, 118, 121, 134, 139, 149, 157, 158, 160, 193, 215, 225, 239
—, Exkremente 195, 196, 206, 213, 217, 269
—, Holz 77, 89, 135, 136, 145, 156, 160, 172, 296
Abhärtung s. Frostabhärtung
Abwasser, -reinigung 20, 107, 243, 297
Abyssal 8, 33
Aërenchym 103
Agamospermie 259
Agrarlandschaft 243 ff
Aktionsradius 49, 200, 290
Aktionszentrum, Mikrokosmos 121, 126, 127, 156, 157, 186, 187, 202, 211, 269
Aktivitätsmuster, -phasen 49, 62, 76, 127, 129, 151, 181, 186, 198, 203, 220
Algenblüte s. Planktonblüte
Algenpigmente 17
Allometrie 243
Alpine Tundra s. Tundra
Alpiner Bereich 227
Anabiose s. Latenzzustand
Andelrasen, Salzwiese 67, 69 ff
Antarktis 18, 33, 239 ff
Anthropogaea (Kulturlandschaft s. str.) 5, 243 ff
Anthropogene Einflüsse 20, 107, 115, 119, 137, 144, 145, 162 ff, 168, 203, 209, 238, 245 ff, 269 ff, 301
Aquakultur 15
Äquatorialsubmergenz 33
Äquivalente Arten 264, 271
Archibenthal 8
Arktis 18, 19, 33, 214 ff
Arktisch-alpine Verbreitung 219
Artenbild, -armut, -mannigfaltigkeit, -zahl 26, 27, 35, 39, 53, 61, 71, 83, 84, 87, 91, 113, 120, 124, 131, 149, 150, 163, 186, 187, 203, 213, 218, 227, 241, 248, 281, 290, 298
Artenschutz 301
Astronomische Orientierung 58, 237
Ästuar 36, 38, 72, 75
Atoll 21, 22
Auenwald (Auwald) 115, 116
Aufgehängte Böden 130
Auftriebwasser 14
Aufwuchs 76, 86, 88
Ausbreitung 33, 39, 47, 81, 84, 104, 114, 125, 137, 153, 170, 171, 204, 205, 235, 255, 271, 286, 288, 290
Auswilderung 301
Autogamie 259

Bachregion s. Rhitral
Barriereriff 21, 22
Baumflußfauna 155, 252
Baumgrenze 227, 229
Baumhöhlen 130, 154,
  s. auch Phytotelme
Baumstamm, ökol. Rolle 77, 116, 154/156, 252, 281, 294
Belebtschlamm-Verfahren 108
Benthal 6, 8, 18, 95
Benthos 8, 19, 32, 81, 98
Bergbach s. Rhitral
Bergheiden 211
Bernsteinfauna 155
Bettwanze (*Cimex lectularius*) 297
Bevölkerungsfluktuationen s. Populationsdynamik
Bewässerung 248
Beweidung 71, 103, 197, 210, 244, 267/69
Biber 116
Binnendünen s. Dünen
Binnengewässer 79 ff
Biolumineszenz (Leuchtvermögen) 10, 30

Biotop, Definition 3
Biotopbindung 40, 283
Biotopgröße 213, 280, 290
Biozönose, Definition 2
Biozönotischer Konnex 13, 24 ff, 34, 50, 57, 62, 68, 93, 107, 111, 172, 186, 224, 239, 258, 271, 290, 293, 300
Blänke (Kolk) 118
Blasenwatt 54, 56
Blattschneiderameisen 135
Blockhalden 217, 240
Blütenbesuch 77, 126, 139, 140, 144, 178, 210, 217, 232, 259, 287, 289, 291
Böden 115, 133, 141, 147, 165, 174, 190, 201, 212, 215, 221, 230, 287
Bodenbildung 291, 292
Bohrasseln 77
Bohrmuscheln 8, 77
Bohrschwämme (Clionidae) 8
Brachflächen 291
Brachfliege (*Delia coarctata*) 270
Brackgewässer 35 ff
Brackwassersubmergenz 41
Brandrodung 134, 137, 247
Brandungsstrand 53, 54, 101
Bruchwald 4, 114, 265
Bulten 118

Cephalopoda (Tintenfische) 8, 28, 30, 31, 38
Chaparrals 142/144
Chemosynthese 34
Circadian s. Tagesrhythmik
C/N Verhältnis 114, 116, 215
C-4 Stoffwechsel (bei Pflanzen, deren erstes Fixierungsprodukt von CO_2, das auch nachts gebunden wird, 4 C-Atome enthält) 178, 194
Coecotrophie 197
Cyanobakterien: früher «Blaualgen» genannt

Dämmerungszone, Meer 10
Dauergrünland s. Grünland

Delphine (Delphinidae) 28
Desulfurikanten 57, 98
Diapause 137, 144, 152, 184 (Definition), 185, 223, 237
Ditroph 101
Domestikation 243/245
Doppeltes ökol. Vorkommen 62, 112
Dormanz, Definition 184, s. Diapause u. Quieszenz
Drahtwürmer (Larven der Elateridae-Käfer) 263, 270
Drift 89
Drosera (Sonnentau) 119, 121
Druckresistenz 16, 32
Dünen 4, 22, 41, 60, 211, 253
Dunginsekten 195, 269
Düngung 104, 108, 246/248, 252, 260, 262
Dunkelzone, Meer 10, 30 ff
Durchzügler 265
Dürreharte Pflanzen 176
Dy 101
Dystroph 100, 101

Edaphon 113, 115, 134 ff, 142, 147, 190, 225, 260 ff, 268
Eindeichung 71
Einsetzen neuer Arten 105, 188, 196, 244 ff
Einsprengsel andersartiger Lebensräume 4, 113 ff, 188, 209 ff
Eischale s. Vogelei
Eisregion 217
Emanzipation 176, 221
Emergenz 90
Emigration 202, 223
Empetrum (Krähenbeere) 60, 209, 217, 219, 232
Endofauna, Meer 19
Endolithion 8, 81
Endopelos 8
Endopsammon 8
Endozoisch 125
Enthärtung 164, 235
Entkalkung 80
Epifauna, Meer 19

Epilimnion 96, 97
Epilithion 8, 81
Epipelos 8
Epiphyllen 125, 130
Epiphyten 17, 117, 124/126, 130, 139, 140, 143, 155, 281, 294
Epipsammon 8
Epizoen 43
Erlenbruch s. Bruchwald
Ernteameisen 181, 183
Etagenbildung 125, 145
Eukalyptuswälder 140, 141, 144
Eulitoral 8, 19, 38, 44, 46 ff, 101
Euryhalin (weite Toleranz gegenüber Salzgehalt) 35, 37, 76
Euryök (weite Toleranz gegenüber Umweltfaktoren) 16, 50, 164, 280, 295
Eurytroph s. Polytroph
Eutroph, Eutrophie, Eutrophierung 20, 50, 97/99, 113, 212, 217, 246, 260, 288

Farbensehen der Vögel 126
Farbstreifen-Sandwatt 57
Farbwechsel 222
Faulschlamm 99, 107, 108
Felder, Kulturfelder 206, 259 ff, 269 ff
Feldgehölze, Restgehölze 245, 265, 280
Feldraine, (Ackerraine, Wiesenraine) 278, 280
Felsinseln 51
Felsküsten 47 ff
Felstümpel 50
Felswatt 50
Feuer 139, 142, 161, 168, 190, 195, 201, 202, 226
Fichtenforst 158
Filtrierer 12, 18, 28, 33, 65, 89, 106
Fischerei, Fischzucht 14, 15, 19, 29, 104, 105, 243
Flachmeer s. Schelfregion
Flachmoor 4, 113 ff, 217, 265
Fledermausblumen 77, 126

Fledermäuse 77, 83, 109, 125, 126, 296
Fliegende Fische 28, 29
Fließgewässer 86, 88 ff
Flugbrand, Weizen (*Ustilago tritici*) 270
Flugplätze 292
Flugspringer 131
Flüsse 90 ff
Flußströmung 91
Flußufer 92, 146, 188, 217, 245, 252
Förna 148
Frostabhärtung 164, 219, 235
Frostschutzmittel, Pflanzen 165; Tiere 241
Fruchtwechsel, -folge 248, 254, 258/260, 272, 273, 278
Fugenbewohner (Riffe, Gesteinsspalten, Mauerritzen, Straßenpflaster) 24, 42, 50, 233, 284, 285, 295

Galeriewald 4, 122, 190, 201
Garigue 143, 144
Gärten 289
Gebäudebewohner 296, 297
Gelbfieber-Virus 127, 257, 285
Gelbrost 270, 272
Gelegenheitsnutzer s. Opportunisten
Gemüsebau, Tropen 247
Generalisten = unspezialisierte Arten, z. B. 157, 213
Gendrift 132
Genetische Änderungen 84, 243, 300
Geophyten (Lebensform der Pflanzen) 150, 179, 184, 218
Getreidefelder 208, 253, 254, 270, 271, 280
Getreidehähnchen (*Oulema*) 270, 272
Getreidehalmfliege (*Chlorops pumilionis*) 270
Getreidehalmwespe (*Cephus pygmaeus*) 270

Getreidewanzen 254, 273
Gezeitenabhängige Rhythmik (Periodik) 24, 45, 49
Gezeitenzone s. Eulitoral des Meeres
Gigaswuchs 245
Gletscher 86, 234, 237, 251
Glossina 196, 249
Grasheiden 209 ff, 217, 232, 253
Grassamenfelder 271
Grünflächen, Stadt 289 ff
Grünland 257 ff, s. auch Weiden u. Wiesen
Grundwasser 36, 38, 53, 81/83, 86, 108, 113/115, 118, 142, 165, 201, 212
Guano (Vogelkot) 14, 53
Gyttia 99

Haarwechsel s. Farbwechsel
Hadal 11
Halbkulturlandschaft 243
Halbwüste 144, 173, 188, 201
Halmbruchkrankheit (*Pseudocercosporella*) 270, 272
Halophyten 69, 70, 74
Härtegrade s. Wasserhärte
Häuserbereich, Lebewelt s. Stadtbewohner
Haushund 244, 256, 300
Hauskatze 243, 244, 256, 287, 300
Haustaube 244, 287
Haustiere 200, 243, 244, 256, 282, 287
Hausungeziefer 296, 297, 299
Hecken 252, 260, 265, 273 ff
Heidekraut 68, 121, 160, 169, 209, 211, 212, 232
Heiden 209 ff, 253
Heimfindevermögen 49, 58, 290
Hemerobie 282
Hemi-Epiphyten 125, 130
Herkunft der Agrarorganismen 251 ff
Hirschwild 145, 149, 154, 166, 169, 265, 266, 268
Hochgebirge 227 ff, 245
Hochgebirgsvögel 233, 237

Hochmoor 4, 117 ff, 216, 265
Hochsee s. Ozeanische Region
Hochseevögel 29
Hochwanne 54, 55
Hochwasser 92
Höhlen 83 ff, 86
Holoplankton 18, 28, 81
Honigtopfameisen 181
Hühnerhaltung 244
Humanparasiten 127, 138, 171, 196, 200, 207, 227, 249, 256, 257
Humusbildung 62, 134, 147
Hungerfähigkeit, Tiere 176; Pflanzen 252
Hygrophil, Definition 4
Hylaea 123 ff
Hypertrophie, Hypertrophierung 20, 99, 106, 252
Hypolimnion 96, 98
Hypolithion (Lebewelt unter Steinen) 92, 175, 202, 295

Indikator, biol. 107, 163, 262, 281, 294
Industriemelanismus 300
Influenz (Umweltverändernde Lebenstätigkeit) 48, 52, 53, 63, 78, 135, 147, 195, 197, 198, 205, 206, s. auch Abbauvorgänge
Inseleffekt 121, 201, 280, 290, 298
Intensivkulturen, Intensität Landwirtschaft 143, 247/249, 259, 265, 278
Isozönose 271

Jahresperiodik 59, 136, 139, 150 ff, 174, 198, 221, 229, 271, 278, 279

Kahlfraß 152, 159, 161, 168, 170, 213
Kahlschlag 143, 162, 168
Kälteschutzstoffe s. Frostschutzmittel
Kalkalgentrottoir 50
Kalkschlamm 32
Kalk-Trockenrasen 209
Kartoffel 245, 255

Kauliflorie 126
Keimung s. Samenkeimung
Keller 85, 296
Kettenreaktionen, ökol. 105, 266/268
Kiefernforst 160
Kieselschlamm 32
Kiesgrube 285
Kläranlage, -teich 108, 109
Klärschlamm 108
Klee 248, 250, 260, 267, 269
Knöllchensymbiose 114, 260
Kommensalen (Zusammenleben einem zum Vorteil, dem anderen ohne Nachteil) 24, 186
Kompensation 74, 89, 114, 119, 152, 191, 198, 281
Konformität 176
Konkurrenz 48, 60, 66, 72, 73, 131, 142, 153, 187, 212, 245, 259, 286
Kontinentalschelf s. Schelfregion
Konzentrationsstellen des Lebens s. Aktionszentrum
Koprotrophie 197
Korallenfische 26
Korallenriffe 19, 21 ff
Körpertemperatur 12, 170, 182, 198, 221, 222
Krenal s. Quellen
Kreosotbusch (*Larrea*) 177, 187
Krill 28, 240
Krummholzgürtel 228
Kryokonitlöcher 234
Kryoviviparie 73, 74
Kulturfolger 244, 282, 291
Kulturgräser 254
Kulturlandschaft 243 ff
Kulturpflanzen 245, 282
Küstendünen s. Dünen
Küstengrundwasser 36, 38, 53

Lagune 21, 22
Landschaftsökologie, Definition 3
Landschaftsschutz 301
Landwirtschaft 245 ff, 259

Latenzzustand 51, 105, 144, 184, 236
Leben, Definition 1
Lebensformen 7, 16, 19, 54, 64, 91, 95, 131, 140, 172, 184, 191, 214, 228, 259, 264, 295, 299
Lebensgemeinschaft s. Biozönose
Lebensraum s. Biotop
Lenitisch 80
Leuchtsymbiose, -vermögen
 s. Biolumineszenz
Lianen 117, 124, 125, 140, 143
Lichtverhältnisse, Gebirge 229
–, Hecken 274
–, Wald 114, 125, 139, 158, 160, 170
–, Wasser 8, 14, 27, 102, 110
Limicolae (Watvögel) 57, 60, 72, 137, 217, 223
Limnische Verhältnisse 5, 37, 40, 42, 79 ff, 127, 157, 217, 288
Litoral 8, 16, 17, 95
Löß 201
Lotisch 80
Lückenfauna 55, 72, 82, 83, 262
Luftdruck 236
Luftstickstoff-Bindung 57, 114, 260
Luftverschmutzung
 s. Verschmutzung
Lunar-Rhythmik s. Gezeiten-Rhythmik
Luzerne 250, 269
Luxurieren 129

Macchie 143
Magnetfeld-Orientierung 15
Mahd 266, 267, 280
Makrofauna 10, 25, 59, 89, 116, 148, 262 (Definition)
Mangrove 72 ff
Marschküste 64 ff
Massenvermehrung:
–, Agrarlandschaft 273 (Feldmaus), 248 (Maikäfer), 263 (Schnecken)
–, Binnengewässer 106 (*Dreissena*-Muschel)
–, Heide 213 (Blattkäfer)
–, Meer 14, 15, 50 (Phytoplankter),

21, 26 (Seesterne), 37 (Schwefelbakterien)
–, Meeresküsten 77 (Bohrassel), 57 (Collembolen)
–, Steppe 202, 208 (Insekten, Nagetiere, Vögel)
–, Tundra 217 (Mücken), 216, 223 (Nagetiere)
–, Urbanlandschaft 299 (Staubmilben), 291 (Synanthrope)
–, Wälder 132, 149, 152, 159, 168, 170 (Insekten)
Mauerbewohner 295
Meer, Küsten 44 ff, 245
–, Lebensbereiche 7 ff, 239
–, Strömungen 6, 15, 18, 35
–, Vertikalzonierung 8
–, Vögel 29, 41, 51/53, 63, 66, 72, 197, 240
Megafauna, Definition 264
Melanismus 236, 300
Meliponinae-Bienen 130, 131
Mensch 138, 200, 202, 227, 238, 297
Meroplankton 17, 81
Mesofauna 10, 116, 155, 203, 262
Mesophil, Definition 4
Mesopsammal s. Sandlückensystem
Metabiose (Wegbereitung) 111, 199, 280
Metalimnion s. Sprungschicht (im See)
Methanbildner 34, 98, 108
Migrationen (einschl. Kleinwanderungen) 15, 37, 49, 89, 92, 111, 136, 137, 168, 185, 189/191, 194, 197, 202, 217, 223, 236, 237, 272
Mikrofauna 38, 41, 53, 59, 72, 75 ff, 88, 91, 101, 134, 147, 154, 155, 240, 261, 296
Mikroflora 12, 59, 70, 76, 87, 88, 116, 134, 135, 142, 147, 157, 233, 241, 260, 261, 264
Mimese 26, 128
Mimikry 128
Moder 134, 147, 158, 160
Mondlicht 49

Monsunwälder 138
Montaner Nadelwald 145, 166
Montaner Regenwald 124
Moorameisen 120, 121
Moore s. Flachmoor u. Hochmoor
Mosaikzyklus s. Sukzessionszyklus
Mull 147
Mülldeponie, -halde 292
Muränen (Muraenidae) 26
Mutualismus s. Symbiose (s. l)
Mykorrhiza 134, 137, 159, 160, 163, 165, 212, 219, 261
Myrmekophyten (Ameisenpflanzen) 126

Nahrungskette 12, 20, 107, 171, 208, 240, 298
– netz s. Biozönotischer Konnex
– regen 33
– spezialisten 128, 137, 213, 236, 253, 293
– umstellung 121, 187, 253 ff, 291
Nanoplankton 12
Naturschutz 301
Nekton 8, 27
Neophyten 289
Neotenie (Geschlechtsreife als Larve) 28, 82, 84
Nettoprimärproduktion s. Primärproduktion
Neuston 7
Niedermoor s. Flachmoor
Nische, ökol. (Wirkungsfeld einer Art) 172, 220
Nomadische Lebensweise 185, 186, 202, 227
Notophagus-Wälder 140

Oase 4, 188
Oberflächenhaut, Wasser 252, 281
Ökosystem, Definition 2
Oligotroph, Oligotrophie 11, 98/100, 118, 190
Ölverschmutzung 20, 70, 106
Opisthobranchia = Hinterkiemen-Schnecken

Opportunisten 47, 114, 252, 271, 292
Ordnungstypen, biol. 2
Ortswechsel 11, 97, 181, 197
Osmoregulation, Pflanzen 69, 71, 74, 129, 193
–, Tiere 38, 46, 50, 71
Ozeanischer Nadelwald 166
Ozeanische Region 11, 27 ff

Palolowürmer 24
Palsenmoor 216
Pampa 201 ff
Papageifische (Scardidae) 22
Parasitoide (Schmarotzerinsekten) 59, 68, 71, 72, 92, 111, 113, 150, 152, 155, 160, 161, 172, 195, 263, 271, 277, 278, 281, 290, 294, 300
Páramo 228
Park 252, 290, 291
Passatwälder 138
Pelagial 6, 7, 16, 17, 19, 28, 95
Pelos (Meeresbewohner im Schlick) 8
Periodik s. Rhythmik
Periophthalmus s. Schlammspringer
Periphyton s. Aufwuchs
Permafrostboden 165, 215, 224, 230
Persistente 47
Pest 207, 257
Phänologie s. Jahresperiodik
Pheromone (Ektohormone) 172
Phoresie s. Transportwirte
Photoperiode s. Jahresperiodik
Phototaxis 18
Phytal 17
Phytoplankton (pflanzl. Plankton) s. Plankton
Phytotelme 127, 129, 154
Picoplankton 12
Pilzbewohner 151
Pilzzüchter 135, 136, 156
Pionierpflanzen 60, 67, 73
Plankton, Plankter 7, 11 ff, 27, 28, 88 ff, 93, 95, 127, 157, 239
Planktonblüte (Algen-, Wasser-) 15, 17, 20, 288

Plantagen 137, 188, 243, 247, 281, 288
Pleustal 7, 92, 95
Pleuston 7
Pluripotenz 243
Pogonophora 34
Poikilohydr 176, 236
Poikilosmotisch (ohne osmotische Regulation) 46
Poikilotherme Anpassung 241
Poikilotrophie s. Hungerfähigkeit
Polsterpflanzenzone im Gebirge 233
Polygonboden 215, 230
Polymorphie, Polymorphismus (morphol. u. funktionelle Vielgestaltigkeit) 2, 251, 259
Polyploidie 235, 245, 251, 259, 300
Polytroph = Eurytroph (breite Nahrungswahl); Gegensatz s. Nahrungsspezialisten. Beispiel für beide 128
Populationsdynamik 18, 152, 168, 170, 202, 216, 223, 294, s. auch Massenvermehrung
Potamal 91
Präferendum 96, 119, 120, 151
Prallhang, Meeresstrand 53
Prärie 201 ff
Primärdüne 60
Primärproduktion = Bildung org. Stoffe aus anorganischen durch Pflanzen (Produzenten)
Produktion = Primärproduktion durch »Produzenten« und Sekundärproduktion durch »Konsumenten« (Pilze, Tiere, einige Bakterien) 6, 12, 14, 15, 23, 24, 68, 72, 93, 99, 110, 121, 123, 134, 149, 152, 158, 165, 186, 194, 200, 225, 226, 233, 247, 250
Produktivität = Produktion in einer Zeiteinheit
Profundal 95
Prosobranchia = Vorderkiemen-Schnecken
Protochlorophyten 12

Psammon (Meeresbewohner im Sand) 8
Pseudohylaea 123, 140
Pulmonata = Lungenschnecken
Puna 228
Putzerfische 26
Pygmäen 138

Quastenflosser 5, 29
Quellen 33, 34, 86/88 188
Queller (*Salicornia*) 66 ff, 73
Quieszenz 137, 152, 184 (Definition), 223

Reaktionsketten s. Kettenreaktionen
Red Tides s. Rote Flut
Regenwälder s. Hylaea u. Pseudohylaea
Rekultivierungsflächen 292
Remineralisierung, Meer 14; Land s. Abbauvorgänge
Reservatschutz 301
Rhitral 90, 91
Rhizosphäre 261
Rhythmik s. Gezeiten-, Jahres-, Tagesperiodik
Riedwiesen 265, 266
Rieselfelder 108
Rohhumus 134, 147, 160, 165, 212, 219
Röhricht 4, 40, 92, 102, 103, 110 ff
Rote Flut (Algenblüte) 20
Rote Liste 301
Roter Schnee 234
Rotschwingelrasen, Salzwiese 69 ff
Ruderalflächen 282, 288, 291 ff
Ruderalpflanzen 205, 251, 283, 300

Saisonregenwälder 138
Salicornia s. Queller
Salinitätsschranke 46
Salzgehalt 6, 35 ff, 44 ff, 71 ff, 79
Salzpflanzen s. Halophyten
Salzregulation s. Osmoregulation
Salzschichtung 36
Salztolerant s. Euryhalin
Salzwiesen 4, 68 ff

Samen- u. Fruchtfresser 116, 131, 139, 144, 145, 149, 150, 153, 179, 183, 187, 213, 252, 286
Samenkeimung 69, 73, 74, 110, 117, 118, 125, 137, 142, 153, 181, 184, 212, 251, 259
Sandlückensystem 53 ff, 82, 101
Sand-Schlickwatt 65
Sandstrand 4, 53 ff
Sand-Trockenrasen 211
Sandverschüttung 60, 64, 65, 178
Sandwatt 54, 64
Saprobiegrad 99, 107, 108
Sapropel 99
Sargassosee (Meeresbereich im Atlantik) 12, 14, 15
Sauerstoff-Verhältnisse 32, 34, 37, 42, 44, 53, 57, 65, 70, 74, 75, 87, 88, 98, 107 ff, 117, 136, 147, 154
Saumriff 21, 50
Saurer Regen s. Waldschäden
Savannen 190 ff
Savannennager 199
Savannenvögel 197
Schafweide 72, 144, 210
Schattenblätter 158
Schattenpflanzen 150
Schelfregion 14 ff, 27, 29
Schilf (*Phragmites*) 63, 102, 103, 110, 269
Schilfbewohner 111
Schlammspringer 77
Schlenken 118
Schlick, -watt, 4, 66 ff, 72 ff
Schlickgras (*Spartina*) 67, 69, 70
Schlickkrebs (*Corophium*) 66
Schluchtwälder, Steppe 201, 278
Schmelzwasser-Quelle 86
Schneeböden 217
Schneedecke 169, 223, 233, 236
Schneegrenze 227, 229, 232
Schneetälchen 233, 236
Schuttplätze 245, s. auch Mülldeponie
Schützenfisch 77
Schutztracht s. Mimese u. Mimikry

Schwarzbeinigkeit, Getreide (*Ophiobolus graminis*) 270, 272
Schwarzrost, Getreide (*Puccinia graminis*) 270
Schwefelbakterien 33, 34, 37, 57, 98, 107
Schwefelquellen 34, 88
Schwermetalle 20, 163, 295
Schwimmpflanzen 95, 102, 117
Sediment 8, 10, 16, 32, 51, 64ff, 75, 79
Sedimentfresser 10, 12, 33, 81, 89
Seegras (*Zostera*) 16, 59, 64
Seegurken (Holothuria) 10, 33
Seen 95ff
Seepocken = Cirripedia (Ordnung der Krebse)
Seetypen 99
See-Ufer 101ff
Segelflug 64, 182
Sekundärdünen 60
Sekundärkonsumenten = Arten, die sich von Pflanzenfressern (Primärkonsumenten) ernähren s. Produktion
Sekundärproduktion = Umwandlung organischer in arteigene Stoffe durch Konsumenten s. Produktion
Sekundärwald 134, 137
Selbstreinigung, Gewässer 107
Semihylaea 123, 138, 139
Seston 86
Sickerquelle 86
Silvaea 123, 145ff, 250, 252
Skleraea 123, 141ff, 246
Sodasee 106
Solifluktion 215, 230
Sommerruhe 144, 185
Sonnenblätter 158
Sonnenpflanzen 150
Spritzzone 46, 51
Sprungschicht, thermische 14, 15, 96, 98, 99
Stadtökologie s. Urbanlandschaft
Stadtbewohner 286ff
Stadtgewässer 288

Staubmilben 299, 300
Stausee 109
Stechmücken (Culicidae) 78, 112, 114, 127, 157, 217, 225, 257, 285
Steilwände 51, 93, 285
Steinbrand s. Weizensteinbrand
Stenök (geringe Reaktionsbreite) 50
Stenotherm 86
Steppe 201ff, 245, 251, 253
Steppenheide 209, 210, 253
Steppenheidewälder 141
Steppenläufer 204
Steppennager 205, 253
Steppenpflanzen 204, 253
Steppenvögel 201, 203, 205, 253
Stoffhaushalt (-kreislauf, -umsatz) 14, 17, 23ff, 57, 64, 75, 79, 86, 89, 97ff, 110, 133, 138, 146ff, 168, 217, 225, 262, 263, 266, 300
Strandanwurf 57ff, 101
Strandfliegen 59
Strandgräser 60, 254, 269
Strandvögel 63, 66
Straßenbäume, Wegbäume 273, 293
Straßenpflaster 295
Stratifikation 8, 29, 47, 96, 102, 125, 130, s. auch Zonierung
Strudler 12, 81
Strömungsverhältnisse s. Meer u. Fließgewässer
Strukturierung, Lebensraum 80, 112, 125, 127, 187, 209, 216, 232, 233, 264, 273, 281, 286, 291
Sturmvögel (Procellariidae) 29, 51, 240
Sturzquelle 86
Subantarktische Inseln 238
Sublitoral 8, 47
Substratfresser s. Sedimentfresser
Sukkulenten 70, 175, 176, 178, 181, 191, 229
Sukzessionszyklus 63, 64, 168, 212
Sumpflandschaften 110ff, 217, 251, 252, 265
Sumpfzypressenwald 116
Supralitoral 46, 50ff, 57ff

Suspensionsfresser 11, 12
Symbiose, Symbionten 23, 26, 31, 34, 114, 197, 260, s. auch Mykorrhiza
Synanthropie, Synanthrope 282, 291, 295
System, Definition 1

Tagesperiodik, -rhythmik 8, 24, 45, 49, 59, 84, 98, 129, 182, 194, 198, 220, 236
Taiga 123, 164 ff
Talsperre 109, 116
Tarntracht s. Mimese
Tauchen 28, 101, 241
Teich 104, 109, 127
Temperaturschichtung (Wasser) s. Sprungschicht
Tentakelfänger 64
Termitarien, Termitenhügel 195
Termiten 78, 130, 134 ff, 139, 181, 187, 195, 197
Termitenwäldchen 195
Territorien 150, 199, 200, 220
Tertiärdünen 61
Thermalquellen 4, 33, 34, 87
Therophyten (Lebensform der Pflanzen) 179, 183, 184, 191, 206, 218, 235, 252, 269, 289, 292
Tieflandfluß s. Potamal
Tiefsee 29 ff
Tiefseegraben s. Hadal
Tiefseeton 32
Tintenfische s. Cephalopoda
Torf 69, 102, 113, 114, 117, 212, 215, 217
Torfmoos (*Sphagnum*) 117
Torpor 101
Toxotes s. Schützenfisch
Trampelkletten 204
Transportwirte 90, 100
Treiberameisen 139
Treibhauseffekt 138
Trichine 171, 172, 200, 227
Trockenlandschaften 145, 173 ff, 190 ff, 253

Trockenrasen, -heiden 209 ff, 217, 253, 265
Trockenwälder 123, 141 ff, 190
Troglobionten (spezifische Höhlenbewohner) 83, 84
Tropfkörperverfahren 108
Trophiegrad 99
Trophogene Zone 98
Tropholytische Zone 98, 100
Tropische Trockengehölze 123
Tsetsefliegen s. *Glossina*
Tümpel 104, 157, 288
Tümpelquelle 86
Tundra, alpine 228 ff
–, arktische (nordische) 121, 213, 214 ff
Tundravögel 220, 223

Überbeweidung 173, 189, 198, 206, 247
Überflutung, -schwemmung 44, 50, 69, 70, 74, 75, 92, 101, 116, 134, 136, 185, 238, 248, 252
Überlebensstrategien 175 ff
Überschwemmungswald 136
Überwinterung 151, 152, 230, 236, 272, 273, 281, 291
Uferflucht 98
Ulmensterben 294
Umweltverschmutzung s. Verschmutzung
Umweltverändernde Lebenstätigkeit s. Influenz
Unkräuter 245, 251, 253, 258 ff, 271, 289
Urbanlandschaft, -ökologie 282 ff
Utricularia 103

Verbergetracht s. Mimese
Verbreitung s. Ausbreitung
Verbundsystem 301
Verkehrsstraßen durch Wald 164
Verknüpfungsgefüge s. Biozön. Konnex
Verlandung 67
Vermeidungsstrategie 161 ff

Vermoorung 61, 119, 165
Versalzung 247, 248
Verschmutzung, Land 163, 294, 300
–, Meer 20
–, Süßwasser 106 ff
Verteilungsmuster 47, 126, 127, 220, 273, s. auch Stratifikation u. Strukturierung
Vertikalwanderung 11, 12, 49, 97
Viehweiden s. Weiden
Viviparie (Lebendgebären) 28, 73, 74, 84, 196, 233
Vogelberge 51, 52
Vogelblumen 126, 140, 144
Vogelei, Gasaustausch 237
Vogelzug 72, 137, 197, 223, 265
Vorratsschädlinge 252, 296, 297
Vorzugsbereich, -temperatur s. Präferendum

Wälder 122 ff, 252
Waldgewässer 127, 157
Waldgrenze 229, 232
Waldhochmoor 120, 160
Waldhonig 159
Waldinseln 201, 280, 290
Waldrodung 134, 137, 143
Waldsteppe 146, 201, 202, 203
Waldschäden, -sterben 163
Waldteiche, -tümpel s. Waldgewässer
Waldtundra 214, 216, 223
Waldtypen 122, 123
Waldverjüngung 167
Waldvögel 132, 153, 154
Wale 28
Walrat 28
Wanderameisen 126, 135
Wanderfeldbau 247
Wanderheuschrecken 180, 185, 188, 202, 208
Wanderraupen (Heerwurm) 195
Wanderungen (sensu lato) s. Migration
Warntracht 26, 128
Wasserdruck 31, 102

Wasserhärte 79
Wasserhaushalt, Pflanzen 129, 142, 165, 176 ff, 192 ff, 235
–, Tiere 178 ff, 197
Wasseroberfläche s. Pleustal
Wasserzirkulation 17, 98
Watt 64 ff
Wattschnecken 66
Wattsingen 66
Wattwurm (*Arenicola*) 65 ff
Weidegänger, -tiere 66, 76, 189, 195, 197 ff, 203, 219, 232, 244, 267
–, Parasiten 206, 225, 256, 269
Weiden, Viehweiden 206, 210, 250, 266 ff
Weiher 104
Weinbergschnecke (*Helix*) 290
Weizengallmücke, rote (*Sitodiplosis mosellana*) 270
Weizensteinbrand 254, 270
Welwitschia 175
Wiederbesiedlung 20, 59, 104, 191, 202, 273, 288
Wiesen (Mäh-, Sumpf-, Süßgras-) 4, 71, 113, 250, 266
Windschutzstreifen, Steppe 201, 278
Winteraktivität 151, 169, 221
Winterfärbung 222
Winterruhe 151, 170, 218
Winterschlaf 151, 170, 189, 223, 236
Wintersteher 235
Wohnhöhlen 182, 186, 189, 202, 203, 213
Wollgräser (*Eriophorum*) 119, 121, 217, 226
Wurzelatmung 74, 114, 117
Wurzelknöllchen 114, 260
Wüsten 57, 173 ff, 201
Wüstenvögel 179, 201

Xerophil, Definition 4
Xerophyten 176 ff

Zaunpfähle 276
Zeitgeber 45, 170, 220, 222
Zonationskomplex, Definition 4

Zonierung 8, 17, 24, 29, 47, 64 ff, 73, 102, 115, 231
Zooplankton (tierisches Pl.) s. Plankton
Zooxanthellen 23
Zuckerrohr 246, 254
Zuckerrübe 189, 255
Zugvögel s. Vogelzug
Zwergstrauchheiden, alpine 232
–, atlantische 212, 213
–, nordische 216, 217
Zyklische Sukzession
   s. Sukzessionszyklus

BUCHTIPS · BUCHTIPS · BUCHTIPS · BUCHTIPS

Bick
Ökologie
Grundlagen, terrestrische und aquatische Ökosysteme, angewandte Aspekte
1989. X, 327 S., 104 Abb., 16 farb. Taf., 23 Tab., kt. DM 48,–

Bick/Hansmeyer/Olschowy/Schmoock
Angewandte Ökologie – Mensch und Umwelt
Band 1 · Einführung – Räumliche Strukturen – Wasser – Lärm – Luft – Abfall
1984. XIV, 531 S., kt. DM 69,–

Band 2 · Landbau – Energie – Naturschutz und Landschaftspflege – Umwelt und Gesellschaft
1984. XII, 552 S., kt. DM 69,–
Komplettpreis bei geschlossener Abnahme beider Bände DM 118,–

Klötzli
Ökosysteme
Aufbau, Funktionen, Störungen
2. Aufl. 1989. XII, 464 S., 166 Abb., 87 Tab., kt. DM 44,80 (UTB 1479)

Schaefer/Tischler
Ökologie
mit englisch-deutschem Register
2. Aufl. 1983. 354 S., 38 Abb., 6 Tab., kt. DM 26,80 (UTB 430)

Stugren
Grundlagen der Allgemeinen Ökologie
4. Aufl. 1986. 356 S., 146 Abb., 17 Tab., geb. DM 58,–

Tischler
Einführung in die Ökologie
3. Aufl. 1984. X, 437 S., 100 Abb., kt. DM 49,–

Tischler
Grundriß der Humanparasitologie
3. Aufl. 1982. 199 S., 80 Abb., 6 Tab., kt. DM 28,–

Tischler
Biologie der Kulturlandschaft
1980. X, 253 S., 70 Abb., kt. DM 36,–

Klausnitzer
Ökologie der Großstadtfauna
1987. 225 S., 105 Abb., 8 Taf., 78 Tab., geb. DM 52,–

Preisänderungen vorbehalten

GUSTAV FISCHER VERLAG Stuttgart New York

BUCHTIPS · BUCHTIPS · BUCHTIPS · BUCHTIPS

Reisigl/Keller
Alpenpflanzen im Lebensraum
Alpine Rasen, Schutt- und Felsvegetation
1987. 149 S., 189 Farbfot.,
86 Zeichn., 58 wissenschaftl.
Grafiken, geb. DM 34,–

Reisigl/Keller
Lebensraum Bergwald
Alpenpflanzen in Bergwald, Baumgrenze und Zwergstrauchheide
1989. 144 S., 182 Farbfot.,
86 Zeichn., 34 wissenschaftl.
Grafiken, geb. DM 34,–

Kreeb
Methoden zur Pflanzenökologie und Bioindikation
1990. Etwa 336 S., 119 Abb.,
15 Tab., geb. etwa DM 38,–

Sedlag/Weinert
Biogeographie, Artbildung, Evolution
Die biologischen Fachgebiete in lexikalischer Darstellung
1987. 333 S., 120 Abb., 11 Tab.,
kt. DM 27,80 (UTB 1430)

Cox/Moore
Einführung in die Biogeographie
1987. VIII, 311 S., 99 Abb., 5 Tab.,
kt. DM 29,80 (UTB 1408)

Preisänderungen vorbehalten

Strasburger
Lehrbuch der Botanik
33. Aufl. 1990. Etwa 1200 S.,
geb. etwa DM 94,–

Martensen/Probst
Farn- und Samenpflanzen in Europa
Mit Bestimmungstabellen bis zu den Gattungen
1990. Etwa 500 S., etwa 75 Abb.,
etwa 233 ill. Bestimmungstab.,
geb. etwa DM 78,–

Ökologie der Erde
In vier Bänden
Herausgegeben von Prof. Dr. Dr.
H. Walter und Prof. Dr. S.-W. Breckle

Band 1 · Ökologische Grundlagen in globaler Sicht
1983. VIII, 238 S., 132 Abb.,
24 Tab., geb. DM 44,–

Band 2 · Spezielle Ökologie der Tropischen und Subtropischen Zonen
1984. XX, 461 S., 330 Abb.,
116 Tab., geb. DM 48,–

Band 3 · Spezielle Ökologie der Gemäßigten und Arktischen Zonen Euro-Nordasiens
1986. X, 587 S., 401 Abb., 125 Tab.,
geb. DM 48,–

Band 4 · Spezielle Ökologie der Gemäßigten und Arktischen Zonen außerhalb Euro-Nordasiens
1990. Etwa 600 S., etwa 400 Abb.,
etwa 95 Tab., geb. etwa DM 48,–

GUSTAV FISCHER VERLAG Stuttgart New York